CAPA: CARA A CARA

FOTOGRAFÍAS DE ROBERT CAPA SOBRE LA GUERRA CIVIL ESPAÑOLA

Museo
Nacional
Centro
de Arte
Reina
Sofía

MINISTERIO DE EDUCACIÓN Y CULTURA

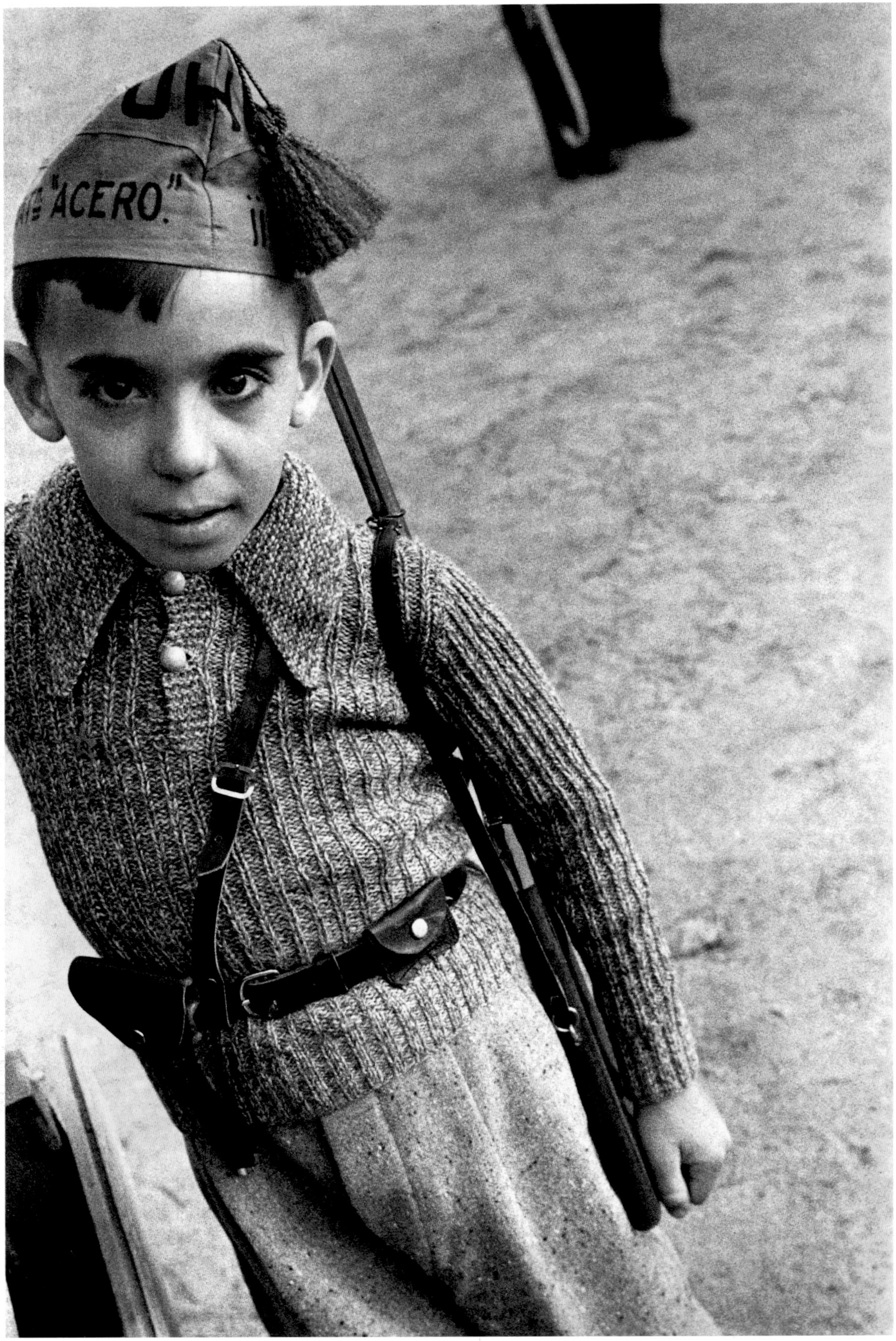

Barcelona, agosto–septiembre, 1936

CAPA: CARA A CARA

FOTOGRAFÍAS DE ROBERT CAPA SOBRE LA GUERRA CIVIL ESPAÑOLA

DE LA COLECCIÓN DEL
MUSEO NACIONAL CENTRO DE ARTE REINA SOFÍA

PRESENTACIONES POR ESPERANZA AGUIRRE GIL DE BIEDMA,
JOSÉ GUIRAO CABRERA, Y CORNELL CAPA

ENSAYOS HISTÓRICOS POR JUAN P. FUSI AIZPÚRUA,
RICHARD WHELAN, Y CATHERINE COLEMAN

APERTURE

MUSEO NACIONAL CENTRO DE ARTE REINA SOFÍA, MINISTERIO DE EDUCACIÓN Y CULTURA

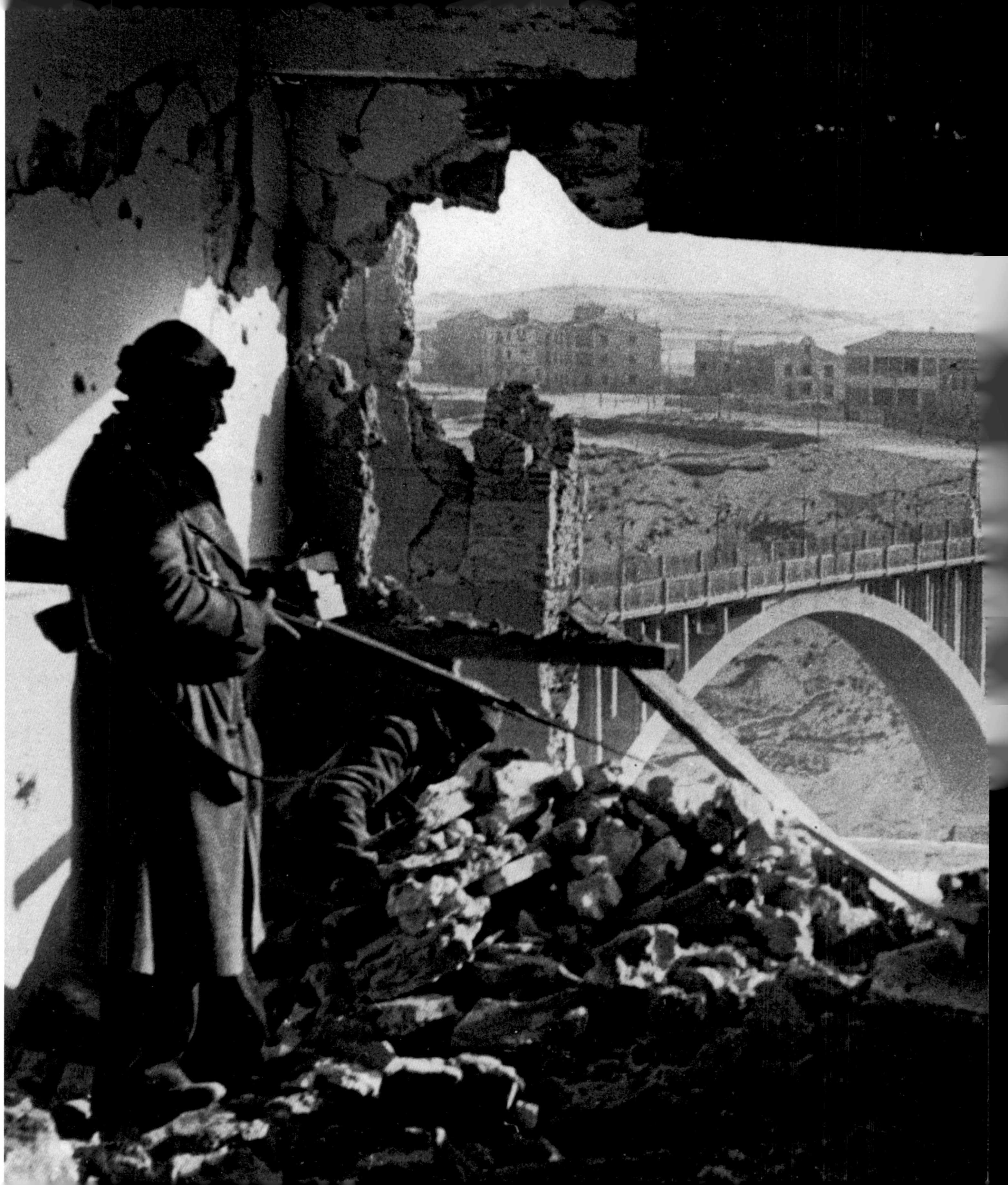

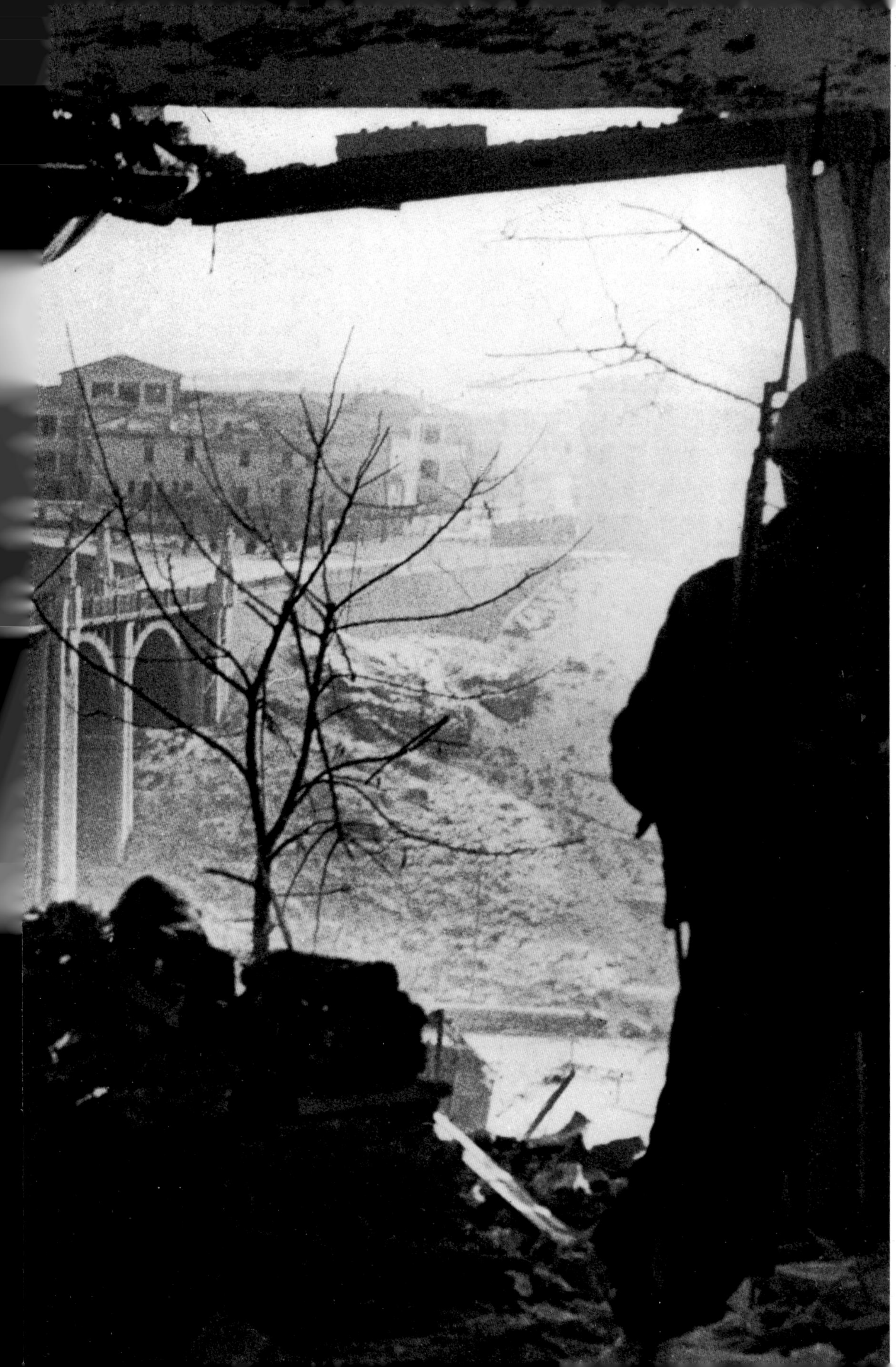

ÍNDICE

PRESENTACIONES

ENSAYOS

Teruel, frente de Aragón, 3 de enero, 1938

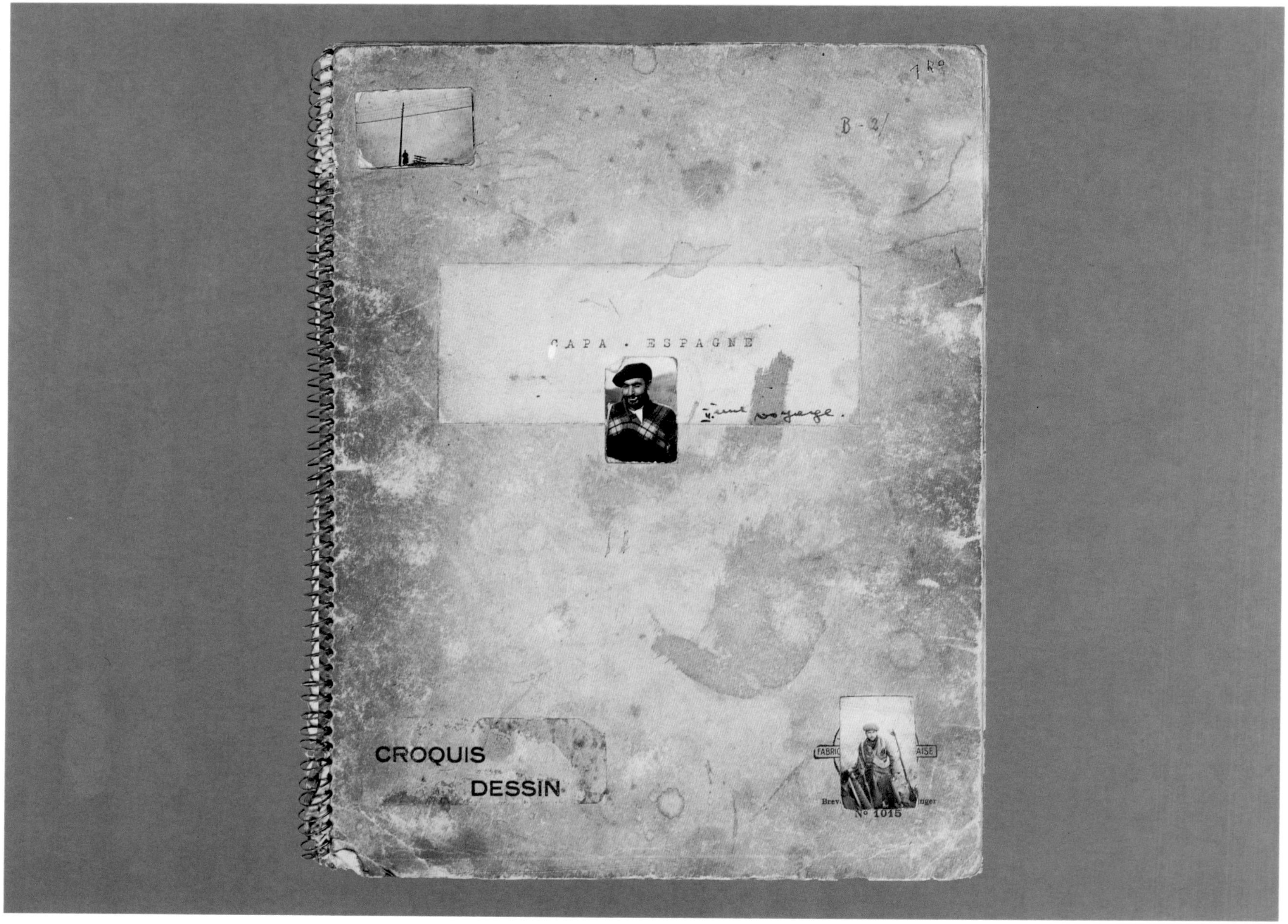

La cubierta de uno de los cuadernos de Robert Capa, Archives Nationales, París

En primer lugar, queremos expresar nuestro más sincero agradecimiento a Cornell Capa, que tan generosamente ha donado al Museo Nacional Centro de Arte Reina Sofía las fotografías más significativas que su hermano, Robert Capa, reportero gráfico de prestigio internacional, tomó durante la Guerra Civil española.

La fotografía, junto con el cine, quizás una de las manifestaciones artísticas más claramente identificadoras de la cultura de nuestro siglo, se ha convertido en uno de los instrumentos fundamentales de nuestra memoria colectiva y en fuente importante de nuestra historia. La fotografía ha cambiado la percepción del mundo del hombre moderno. Robert Capa no se limitaba a documentar las grandes batallas, captaba el impacto que esta invención exclusivamente humana—la guerra—producía en la población civil. Las fotografías de Capa han constituido un símbolo de los estragos que la Guerra Civil produjo en todos los españoles, creando un icono universal, *Muerte de un miliciano* (Cerro Muriano, septiembre de 1936), que junto con el *Guernica* de Picasso continúa siendo la imagen más cruda de una contienda felizmente lejana.

Acogemos con enorme gratitud la donación de Capa, porque su presencia en una colección estatal española implica que este legado contribuirá a mantener vivo el recuerdo de los acontecimientos que se desencadenaron hace ya más de cincuenta años, unos acontecimientos que no deben caer en el olvido pero que se encuentran ya felizmente superados a través de ese instrumento de concordia que es nuestra Constitución y de la pujante realidad española de nuestros días, basada en la convivencia pacífica de todos los españoles y en la confianza en nuestro propio futuro.

MARIANO RAJOY BREY
Ministro de Educación y Cultura

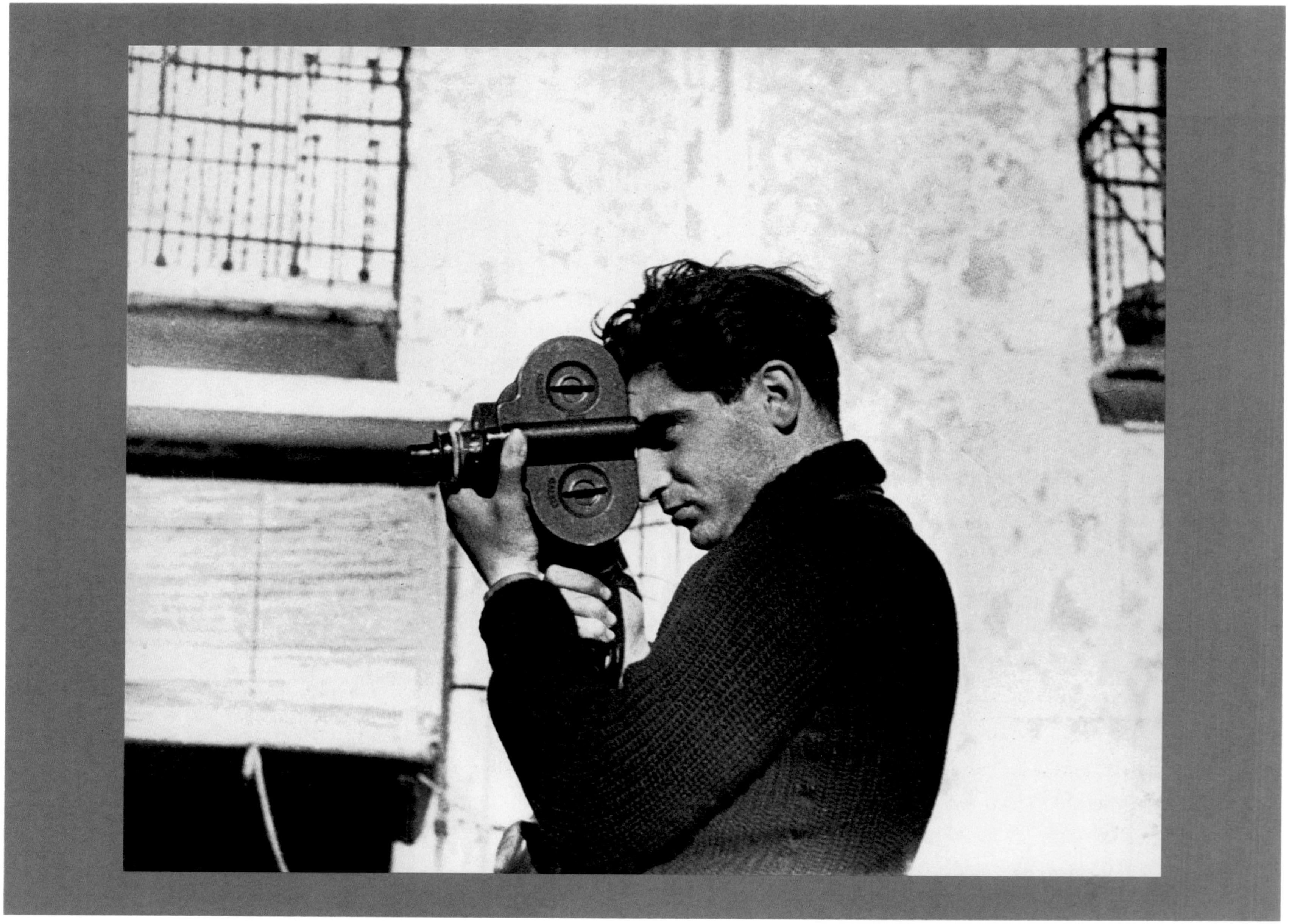

Robert Capa en España, 1936. Foto atribuida a Gerda Taro

Las fotografías que Robert Capa tomó durante la Guerra Civil española son de una belleza innegable. Son reflejo de las relaciones humanas y de su nobleza; captan momentos de alegría y de tragedia, tanto en el frente como en la vida cotidiana. Sin embargo, la donación de Cornell Capa al Museo Nacional Centro de Arte Reina Sofía es importante además por otra razón: ha otorgado al museo un corpus de fotografías de la década de 1930 que constituirán la base de futuras investigaciones y estudios comparativos.

Dicha década tiene una especial relevancia en la Colección Permanente del museo: el *Guernica* de Picasso y sus bocetos constituyen el eje en torno al cual se articulan no sólo el resto de las obras que integran la vanguardia española anterior a la Guerra Civil, sino además la totalidad de la Colección Permanente, actuando así este emblemático lienzo a manera de gozne, de elemento de unión entre las mencionadas vanguardias y las creaciones surgidas tras el final de la contienda. Las fotografías de Capa en blanco y negro documentan la destrucción causada por el bombardeo nacional en las zonas urbanas republicanas y el sufrimiento de la población civil, acto que provoca e inspira la génesis de la gran pintura de Picasso realizada en 1937. Los dos artistas plasman en la figura humana la esperanza perdida de un pueblo. La mayor parte de la obra de Capa se dedica al reportaje de guerra; Picasso lleva a cabo la misma denuncia en la pintura llamada *Guernica*. De ahí nuestra calurosa acogida a las 205 fotografías de Robert Capa que constituyen una importante aportación a nuestra colección, en constante crecimiento.

Hemos incluido en la exposición fotografías de Capa pertenecientes al Archivo Histórico Nacional, sección Guerra Civil, de Salamanca, probablemente entregadas por Capa mismo al Dr. Juan Negrín durante la Guerra Civil. Algunas de estas imágenes son únicas.

El Museo Nacional Centro de Arte Reina Sofía ha expuesto la obra de algunos grandes fotógrafos del siglo XX como Brassaï, Paul Strand, Manuel Álvarez Bravo y László Moholy-Nagy, y, evidentemente, no podía faltar Robert Capa. Su hermano, Cornell Capa, nos anunció su deseo de que España pudiera disfrutar de la historia completa de la implicación de Robert Capa en la Guerra Civil española. De ahí que ahora tengamos el privilegio de disfrutar de esta espléndida donación, que colma un vacío en las colecciones de fotografía del museo, y que queramos manifestarle nuestro más sincero agradecimiento por ello.

José Guirao Cabrera
Director, Museo Nacional Centro de Arte Reina Sofía

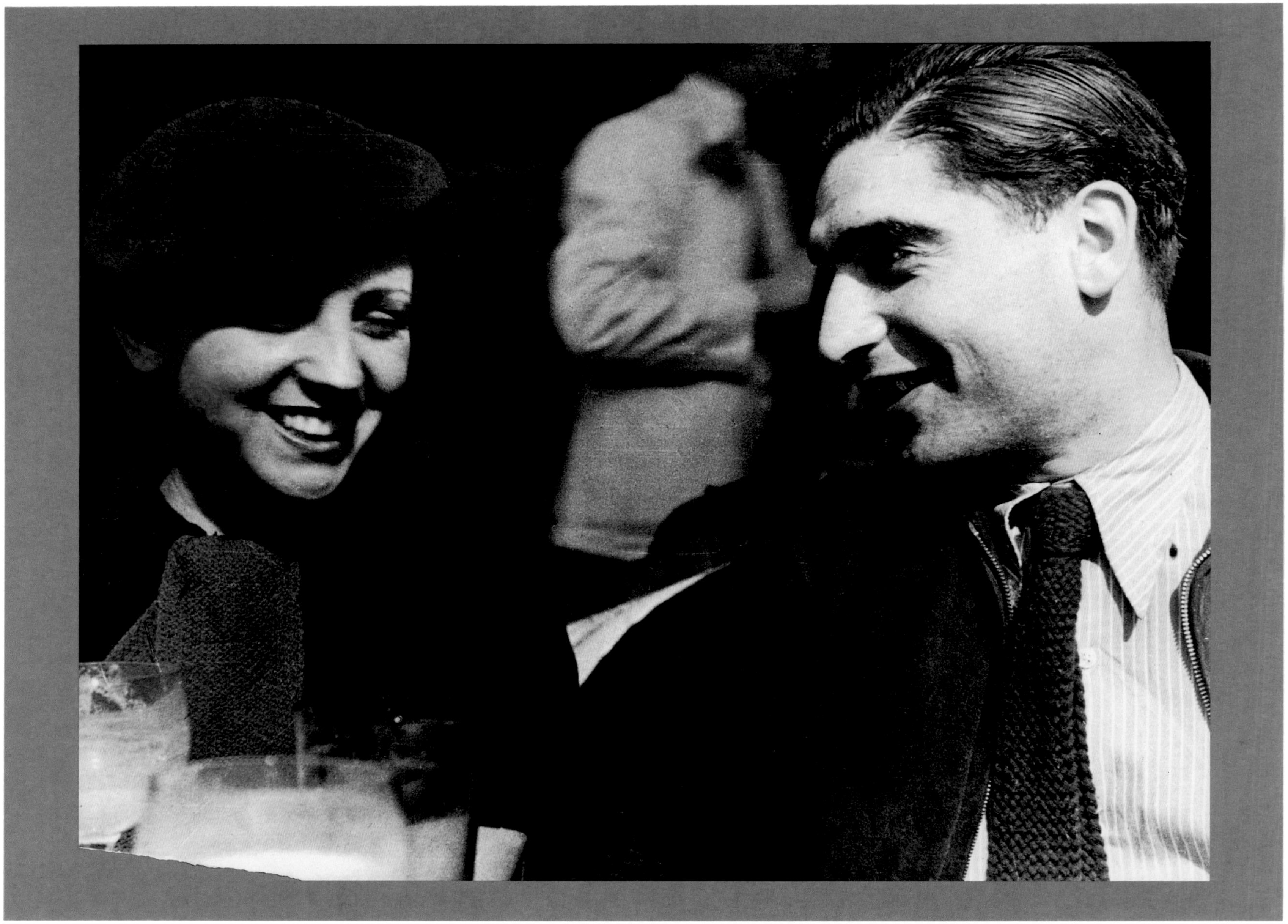

Gerda Taro y Robert Capa, París, otoño 1935. Fotografía de Fred Stein

Mi hermano Bob fue a España por la misma razón por la que lo hicieron todos los voluntarios procedentes de todo el mundo que fueron a luchar por la República. Todos sabían que ésa era su lucha y no únicamente la del pueblo español. Creían y albergaban la esperanza de que una victoria republicana provocaría el derrumbamiento del fascismo en toda Europa y que, de este modo, se impediría la guerra mundial que cada día que pasaba parecía más inevitable. ¡Ay!, pero esos nobles sueños se iban a ver frustrados, al menos temporalmente.

Bob fue a España con una refugiada alemana que se llamaba Gerda Taro. Eran jóvenes, idealistas y estaban enamorados. Sus cámaras eran sus armas, y las utilizaban para obtener el apoyo internacional para la causa republicana. Gerda murió trágicamente en Brunete en julio de 1937 y Bob nunca logró recuperarse totalmente de su dolor. Aunque al principio no podía soportar la idea de volver a la guerra que había matado a la mujer que amaba, su gran amor por los españoles pronto le empujó a volver para documentar la lucha del pueblo español hasta el final amargo.

Me produce un inmenso placer y una gran satisfacción donar, en memoria de mi hermano, 205 excelentes fotografías que tomó de la Guerra Civil española al Museo Nacional Centro de Arte Reina Sofía y, por tanto, a los españoles. Siempre he deseado ofrecer a España este extraordinario documento visual de uno de los capítulos más dolorosos de la historia de esta nación. Espero que este poderoso testimonio trágico ayude a curar viejas heridas y a evitar contiendas futuras.

CORNELL CAPA

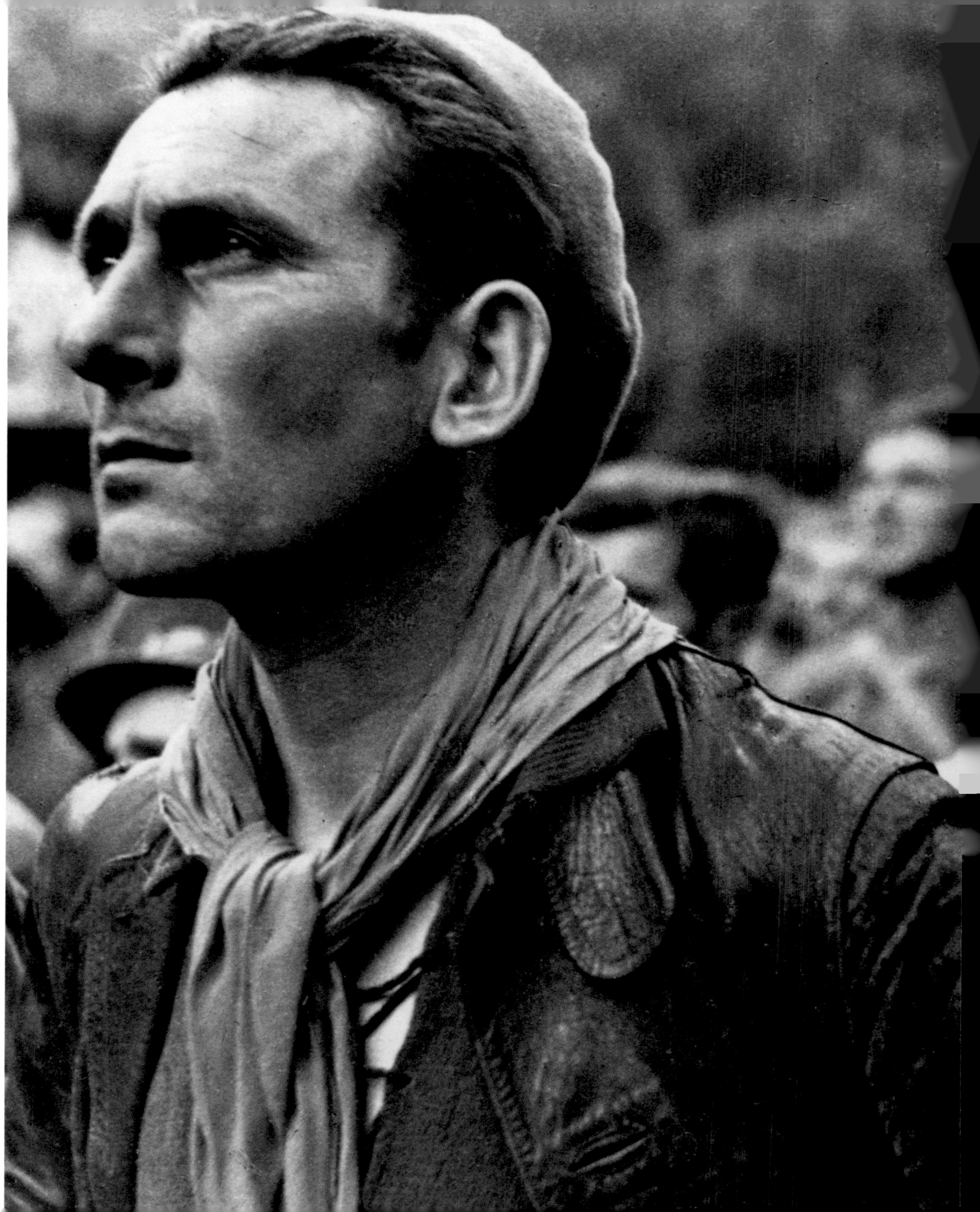

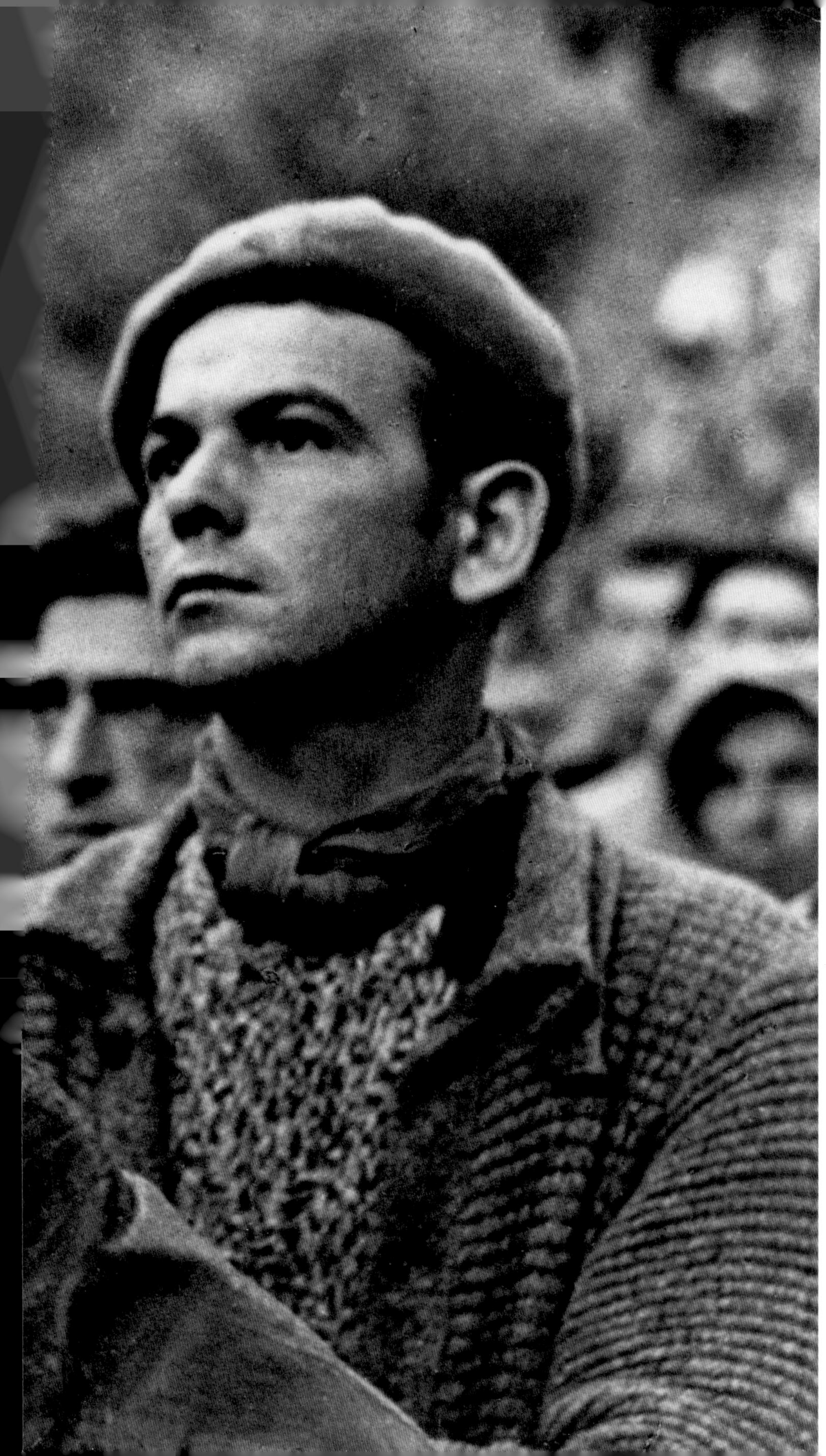

Recuerdo que en España, durante la guerra, tuve la revelación de "otro hombre" y de otra clase de soledad: ni cerrada ni maquinal, sino abierta a la trascendencia. Sin duda la cercanía de la muerte y la fraternidad de las armas producen, en todos los tiempos y en todos los países, una atmósfera propicia a lo extraordinario, a todo aquello que sobrepasa la condición humana y rompe el círculo de soledad que rodea a cada hombre. Pero en aquellos rostros —rostros obtusos y obstinados, brutales y groseros, semejantes a los que, sin complacencia y con un realismo, acaso encarnizado, nos ha dejado la pintura española— había algo como una desesperación esperanzada, algo muy concreto y al mismo tiempo muy universal. No he visto después rostros parecidos.

Octavio Paz
Laberinto de soledad

Montblanc, Tarragona,
25 de octubre, 1938

Las fronteras que dividen a los pueblos
las romperemos pronto.
Las masas hablan mil lenguas
pero tienen un solo corazón.

Para los obreros no hay patria ufana
sólo libertad y paz.
Para que por la paz y la libertad
todos hablen solaz.

Los hombres cantan mientras trabajan.
Las mujeres cantan en sus tareas.
Todo el mundo canta
cuando por fin el pueblo libre.

Pero que calle ahora la guitarra
y la jota aragonesa.
Primero viene la Internacional
y luego la Marsellesa.

Rojas con la sangre del pueblo
y de las bombas del enemigo
nuestras banderas brotan como flores
sobre las barricadas de la libertad.

Muchacha del Frente Popular
no tengas celos de mí
si a mi corazón uno
a la libertad y a ti.

ANÓNIMO
Canción popular de la guerra

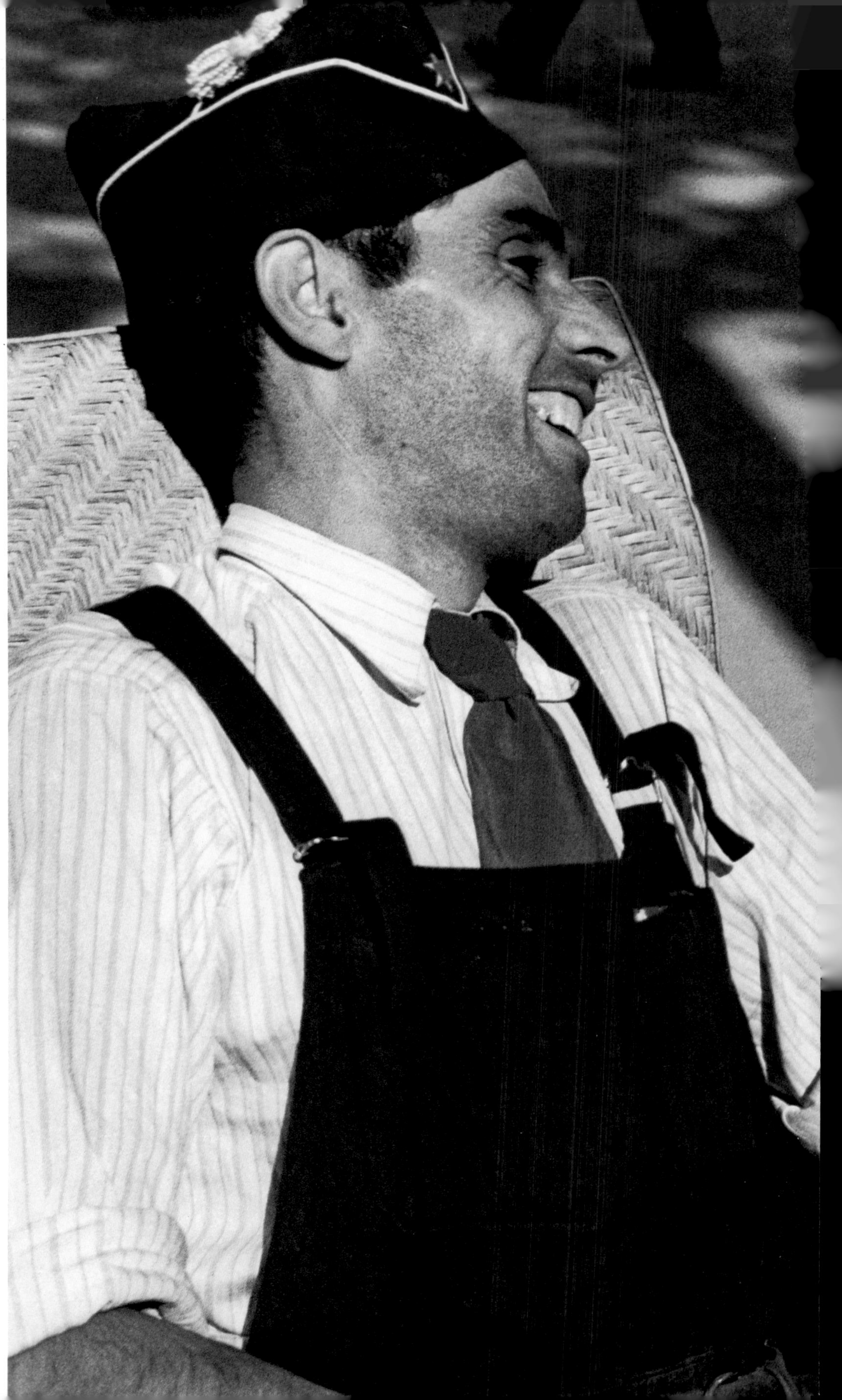

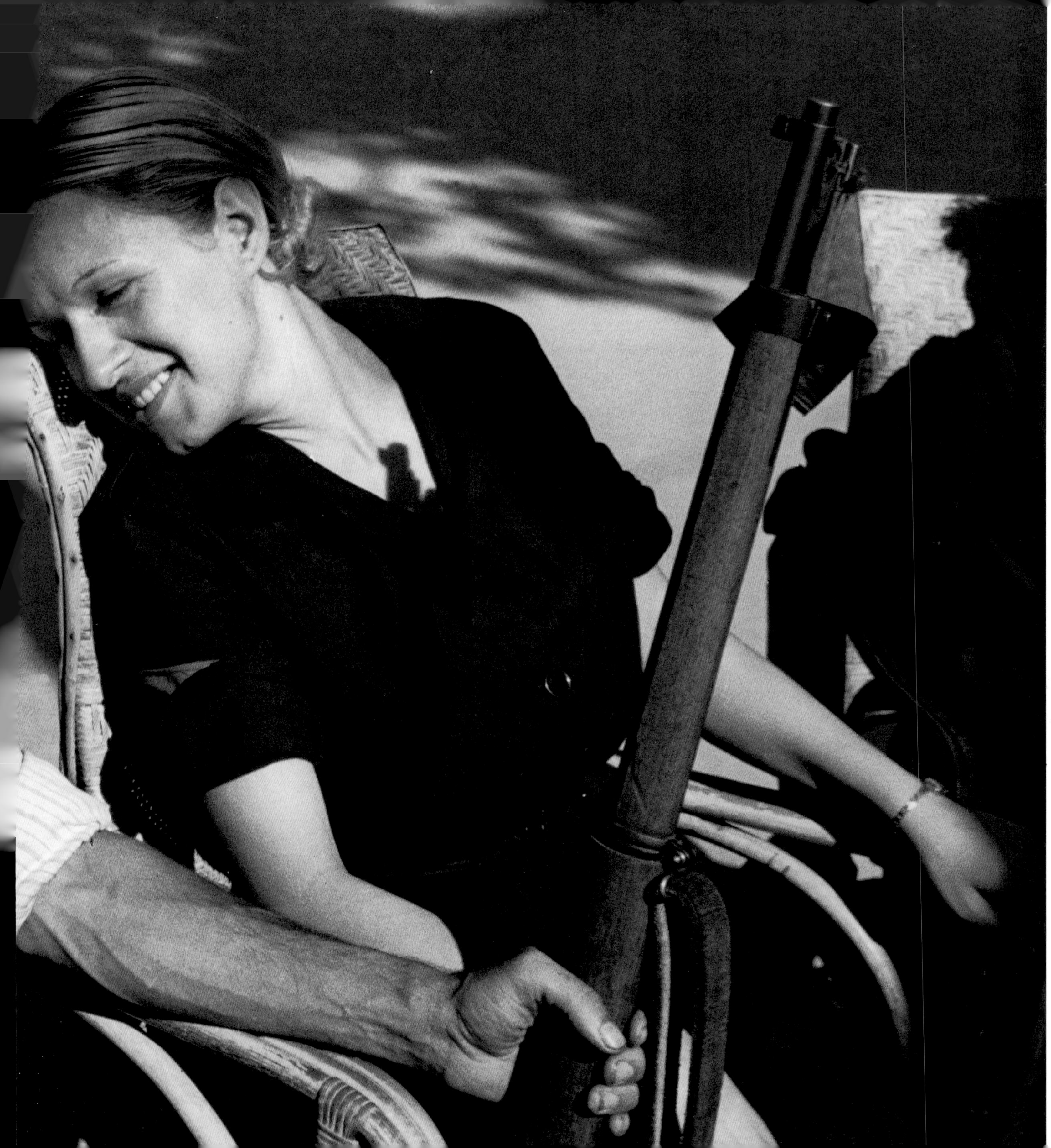

Barcelona, agosto, 1936

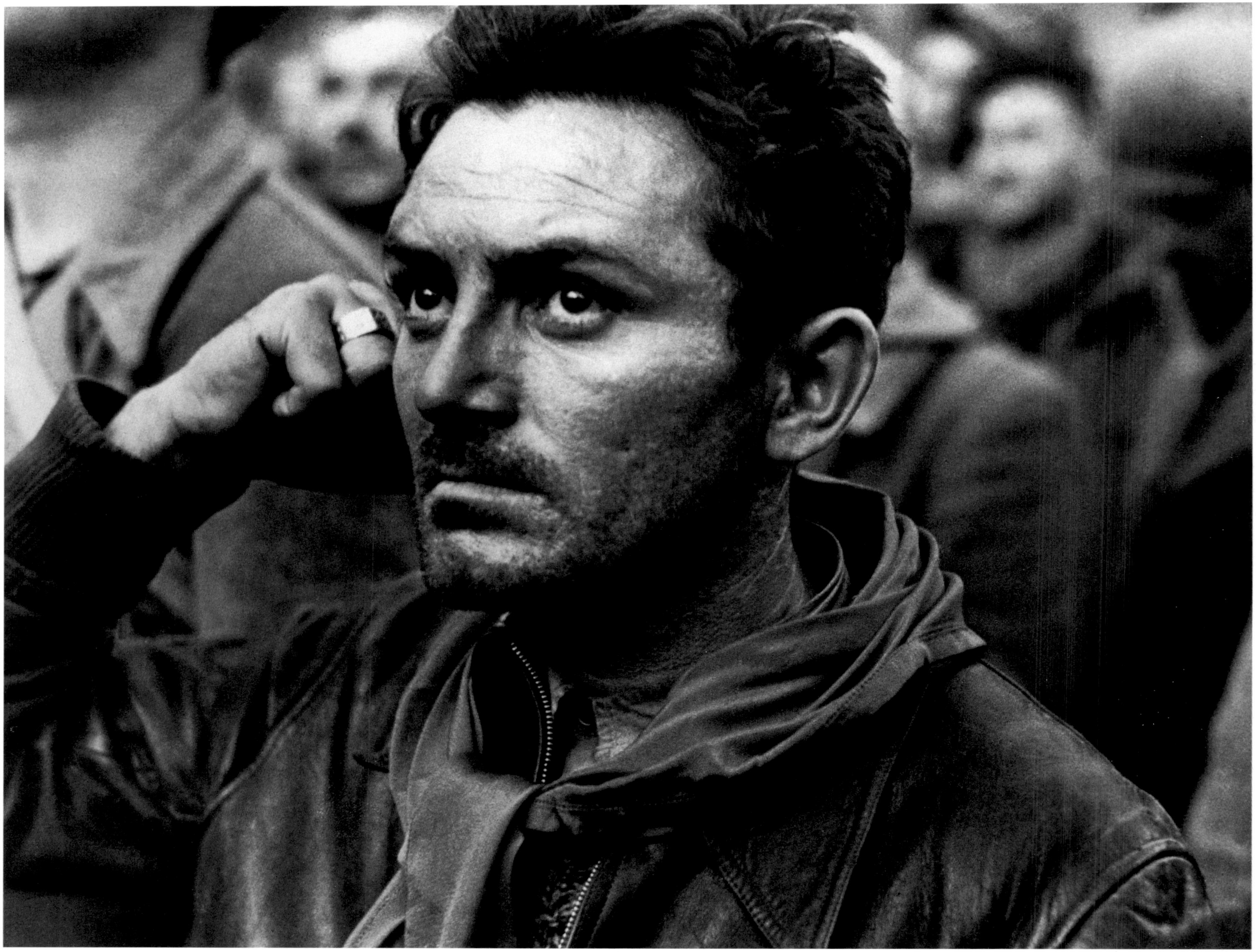

Montblanc, Tarragona, 25 de octubre, 1938

LA CULTURA DEL ANTIFASCISMO

JUAN P. FUSI AIZPÚRUA

El antifascismo fue la gran causa moral de la izquierda europea en los años treinta. Como dijo el poeta británico Stephen Spender, "los años treinta fueron la década en que los jóvenes escritores se politizaron": "la política de esta generación—añadió—fue casi exclusivamente de izquierdas".[1]

Spender se refería ante todo a la llamada *generación de Auden*, esto es, a los poetas W.H. Auden, Day Lewis, Louis Mac Niece y al novelista Christopher Isherwood (y a sí mismo). Todos ellos, en efecto, se aproximaron a la izquierda, simpatizaron con el partido comunista, trataron de escribir literatura de alguna forma *comprometida* y, en el caso que aquí nos interesa, apoyaron a la República en la Guerra Civil española. Pero el giro intelectual a la izquierda era mucho más amplio. Incluso en las universidades de Oxford y Cambridge pudo apreciarse un cierto interés por el marxismo. Uno de los mayores éxitos editoriales de toda la década fue *The Coming Struggle for Power* (*La inminente lucha por el poder*), el libro del aristócrata pro-comunista John Strachey publicado en 1932. La iniciativa, por ejemplo, del Club del Libro de Izquierda, creado en 1936 por el editor Victor Gollancz, tuvo un extraordinario éxito: llegó en poco tiempo a los 60.000 miembros y algunos de sus folletos llegaron a vender hasta 750.000 ejemplares. Dos jóvenes escritores, John Cornford y Julian Bell, los dos militantes comunistas, educados en Cambridge y miembros de familias de la alta burguesía intelectual británica, morirían en la guerra de España combatiendo por los republicanos; George Orwell resultaría gravemente herido en ella.[2]

También en los Estados Unidos, país sin gran tradición política socialista y/o izquierdizante, una mayoría de intelectuales (O'Neill, Dos Passos, Steinbeck, Edmund Wilson, Dashiell Hammett, Lillian Hellman, Richard Wright, Clifford Odets...) se identificó ahora, en los años treinta, con la izquierda e intentó dar a su obra un explícito contenido político. Revistas como *The New Masses* y *Partisan Review*, creada en 1934 y dirigida por Philip Rhav y William Phillips, y centros de debate como los clubs *John Reed*, creados en varias ciudades americanas a partir de octubre de 1929 (que tomaron su nombre de John Reed, el periodista radical creador del Partido Comunista norteamericano y muerto en Rusia en 1920), realizaron una amplia labor de discusión, análisis y divulgación de las ideas y planteamientos de la izquierda. La Guerra Civil española tendría un enorme impacto en el país (entre otras razones, por las fotografías de Capa, que aparecieron en *Life*, la revista de mayor difusión). Dos Passos, Hemingway, Martha Gellhorn, Waldo Frank, asumieron abiertamente la defensa de la causa republicana: 2.800 voluntarios norteamericanos se alistaron en el Batallón Lincoln de las Brigadas Internacionales.[3]

En Francia, algunos de los más significados escritores asociados al surrealismo (André Breton, Louis Aragon, Paul Eluard, Georges Pérec, Pierre Unik) se adhirieron en 1927 al Partido Comunista Francés (último paso de un proceso de politización desencadenado por su oposición a la creciente implicación del Ejército francés en la guerra de Marruecos contra la insurrección anticolonial en el Riff): el surrealismo estuvo hasta 1933—en que se produciría la ruptura—*al servicio de la revolución*, de acuerdo con el título de una de sus revistas. Muchos otros escritores franceses—Malraux, Gide, Rolland, Barbusse, Alain, Benda, Tzara, Guéhenno, Nizan, Cassou y un larguísimo etcétera—se adhirieron a la Asociación de Escritores y Artistas Revolucionarios creada en 1932 y participaron en iniciativas como el movimiento Amsterdam-Pleyel (1932–1933), la Liga de los Derechos del Hombre, el Comité de Vigilancia de Intelectuales Antifascistas (1934) y tomaron parte, igualmente, en los Congresos Internacionales de Escritores para la Defensa de la Cultura celebrados el primero en París en 1935, y el segundo en España en 1937, en plena Guerra Civil, por tanto, y en Valencia, en ese momento capital de la República española, como un acto evidente de adhesión a ésta.[4]

En Alemania, el teatro de Brecht, que evolucionó hacia el marxismo en los años veinte, y de Piscator, películas como *El Ángel Azul* (1930) de Sternberg, o *Hampa* (1931) de Jutzi, la pintura cruel y esperpéntica de Otto Dix y Georg Grosz, o la más alegórica de Max Beckmann, novelas como *Sin novedad en el frente* (1928) de Remarque, y *Berlin Alexanderplatz* (1929) de Döblin, habían reflejado en su momento el pesimismo de los intelectuales y artistas ante la evolución de la nueva democracia alemana—la República de Weimar, establecida en 1918, tras la derrota en la I Guerra Mundial—y ante el auge de las fuerzas de la derecha y en especial, del nacional-socialismo (atmósfera que reflejaría muy bien Christopher Isherwood en sus novelas *Mr. Norris Changes Trains*, 1935, y *Goodbye to Berlin*, 1939). La *Bauhaus*, la escuela de diseño, artes y oficios creada en 1919 y en la que colaboraron, entre otros, Walter Gropius, Mies van der Rohe, Kandinsky, Paul Klee y Moholy-Nagy, había nacido con el propósito último de aplicar los principios del arte de vanguardia a la vida cotidiana de las clases trabajadoras (fábricas, viviendas obreras) para crear así entornos revolucionarios de gran simplicidad y belleza. La llamada Escuela de Frankfurt (el Instituto de Investigaciones Sociales de la Universidad de esa ciudad creado en 1923)—Max Horkheimer, Theodor Adorno, Walter Benjamin—se centró precisamente en la elaboración de una teoría crítica del marxismo. La llegada de Hitler al poder en 1933 puso fin a todo ello: la casi totalidad de los nombres citados, y centenares de intelectuales alemanes, tuvieron que exiliarse. La vida intelectual alemana quedó así desarticulada y dispersa. Con todo, también el exilio alemán y la guerra española quedaron de alguna forma, bien siniestra, unidos: el suicidio, el 26 de septiembre de 1940, de Walter Benjamin, refugiado en París desde 1933, en la localidad de Port Bou, en la frontera franco-española—hacia donde había huido, tras la ocupación de Francia por los nazis, con la esperanza de cruzar a España—cuando el nuevo régimen español le denegó el permiso de entrada, adquirió el valor de una trágica metáfora.[5]

Desde luego, no faltaron intelectuales de derechas. Lo fueron algunos tan notables como Spengler y Heidegger, Ezra Pound, T.S. Eliot, Evelyn Waugh, Ernst Jünger—el autor de *Tempestades de acero* (1920), uno de los libros más vendidos de la posguerra, una exaltación de los ideales caballerescos de honor, riesgo y valor—como Céline y Drieu La Rochelle—cuya gran novela *Gilles* (1939) ambientada en la I Guerra Mundial contraponía la virilidad y autenticidad de la guerra y de la vida en el frente con la mediocridad e hipocresía de la vida de la retaguardia—y como los italianos Gentile, Malaparte y Mario Sironi, todos ellos adheridos al fascismo. En la misma España, donde una mayoría de intelectuales habían apoyado la República en 1931 y la seguirían apoyando en 1936 (Lorca sería fusilado; Miguel Hernández moriría en la cárcel; Alberti, Guillén, Bergamín, Luis Cernuda, Pedro Salinas, Pau Casals, Miró, Buñuel, Juan Ramón Jiménez, Madariaga y tantos otros se exiliarían), otros como Ramiro de Maeztu, Manuel Bueno, Pedro Muñoz Seca—los tres, fusilados en la guerra—D'Ors, Pemán, José Mª Salaverría, Foxá, Sainz Rodríguez, o como los intelectuales fascistas y falangistas (Giménez Caballero, Ledesma Ramos, Sánchez Mazas, Ridruejo, Eugenio Montes, Luis Rosales, Panero, etcétera) y muchos más militaron en la derecha y apoyaron, en 1936, el levantamiento militar.[6]

Pero Spender llevaba razón: la izquierda, incluso el comunismo, fue la gran tentación de los intelectuales de los años treinta. Eso tuvo su precio: lo más grave, el silencio de muchos intelectuales ante el estalinismo—incluso su complicidad con él—las críticas agresivas contra los pocos que se atrevieron a denunciar el régimen soviético y la política comunista, como ocurrió con Gide al publicar en 1936 *Retorno de la URSS* y con Orwell en 1938 por su *Homenaje a Cataluña*, el libro en el que narraba su experiencia en la Guerra Civil española. Pero la politización de los intelectuales hizo que legitimaran con su apoyo causas evidentemente populares y progresivas: la más clamorosa, la causa republicana en la Guerra Civil española. En efecto, la Guerra Civil española, que estalló cuando el 18 de julio de 1936 parte del Ejército español se sublevó contra la II República—el régimen democrático instaurado por decisión popular en abril de 1931—devino una esperanza y un símbolo: galvanizó las ilusiones democráticas y revolucionarias de la opinión internacional.

LA GUERRA CIVIL: LA SUBLEVACIÓN MILITAR

En todo caso, desde aquella fecha y hasta el 1 de abril de 1939, España se vio envuelta en una larga y enconada guerra civil que, por su violencia y por sus connotaciones ideológicas y políticas, conmocionó la conciencia del mundo occidental.[7] La derecha vio la Guerra Civil como una cruzada contra el comunismo: la izquierda la idealizó como la resistencia romántica del pueblo y del proletariado contra el fascismo. Manuel Azaña (1880-1940), el líder republicano, jefe del Gobierno entre 1931 y 1933 y presidente de la República desde la primavera de 1936, un intelectual angustiado por la tragedia de su país, la vio de otra forma: como una "alucinación colectiva", donde coexistieron el heroísmo y las atrocidades, la intolerancia y el fanatismo, el odio y el miedo.[8]

La Guerra Civil española alcanzó dimensiones internacionales. Alemania e Italia, las potencias fascistas, apoyaron abiertamente, con armas y soldados, la sublevación militar. La Unión Soviética auxilió a la República, y un importante contingente de voluntarios en su mayoría de ideología comunista, las Brigadas Internacionales, combatió a su lado. Pero la Guerra Civil fue un hecho español. Azaña mismo señaló que la discordia interna de la clase media y, en general, de la burguesía española —profundamente dividida por razones religiosas y sociales— fue el origen último de la guerra.

Estaba en lo cierto. La caída de la Monarquía y la proclamación de la República en abril de 1931 no fueron solamente un cambio de régimen. La coalición republicano-socialista que, bajo el liderazgo de Azaña, gobernó entre 1931 y 1933, inició un ambicioso programa de reformas de los que, desde su perspectiva, eran los grandes problemas de España. Quiso, para ello, expropiar los latifundios y distribuir la tierra entre los campesinos; crear un nuevo Ejército que fuera, ante todo, profesional y neutral en política. La coalición buscó limitar la influencia de la Iglesia católica, secularizar la vida social y promover una educación liberal y laica; y quiso finalmente rectificar la organización centralista del Estado y conceder la autonomía a las regiones con lenguas y culturas diferenciadas —Cataluña, País Vasco, Galicia— en las que habían surgido, desde finales del siglo XIX, importantes movimientos nacionalistas.

Los planes del Gobierno polarizaron la vida política y social. Las reformas provocaron la oposición y el rechazo de la opinión católica, de la Iglesia, de los terratenientes y de muchos militares. Algunas de las iniciativas gubernamentales —como la reforma agraria— estuvieron técnicamente mal concebidas; en otros casos, como en la disolución de los jesuitas o en la prohibición de la enseñanza a las órdenes religiosas, la República actuó con excesivo e innecesario sectarismo; se alienó así el apoyo de núcleos muy importantes de las clases medias urbanas y rurales. Sus medidas, por otra parte, no fueron suficientes para satisfacer la revolución de expectativas que el cambio de régimen había producido en amplios sectores de las clases trabajadoras y del campesinado. Algunos no le dieron tiempo: los sindicatos anarco-sindicalistas de la Confederación General del Trabajo (CNT) desencadenaron una verdadera ofensiva revolucionaria contra el Gobierno prácticamente desde el verano de 1931.

Por todo ello, el proceso político hacia la estabilidad democrática entró pronto en crisis. Las elecciones de 1933 marcaron un significativo giro a la derecha. Un partido católico, divorciado del espíritu de la República —la Confederación Española de Derechas Autónomas (CEDA)— se convirtió en la clave del poder en los años 1934 y 1935, un "bienio negro" en el que una buena parte de la legislación aprobada en 1931–1933 fue rectificada en sentido conservador. Ante el temor de un fascismo a la española, el Partido Socialista Obrero Español, la principal fuerza de la izquierda, optó por la insurrección. La revolución socialista, desencadenada en octubre de 1934 —que fracasó y provocó cientos de muertos y dejó a varios miles de personas en la cárcel— lesionó seriamente la legitimidad del régimen republicano. Por eso, cuando en febrero de 1936, la izquierda, unida en un Frente Popular encabezado por Azaña, ganó las elecciones, un grupo de militares derechistas fue a la conspiración y promovió el golpe de Estado que estalló de forma general el 18 de julio de 1936 (aunque algunos oficiales se habían sublevado en el norte de África el día anterior).

Sólo una parte del Ejército se levantó. Los militares, dirigidos por los generales Franco, Sanjurjo, Mola y Queipo de Llano, se sublevaron por varias razones: porque aducían que la República era un régimen sin legitimidad política; porque entendían que la concesión de autonomía a las regiones (de hecho, en julio de 1936 sólo se había concedido la autonomía a Cataluña) era una amenaza a la unidad de España; porque pensaban que las huelgas y los desórdenes revelaban la falta de autoridad de la democracia; porque consideraban que la legislación republicana atacaba la esencia católica de España. Los militares sublevados creyeron que el golpe de Estado triunfaría de forma inmediata. Se equivocaron: desencadenaron una devastadora guerra civil de tres años.

La sublevación militar triunfó sólo en una parte de España: en Galicia, Navarra, Álava, Castilla la Vieja, en las capitales de Aragón, en algunas ciudades de Andalucía, en las islas Canarias y Baleares

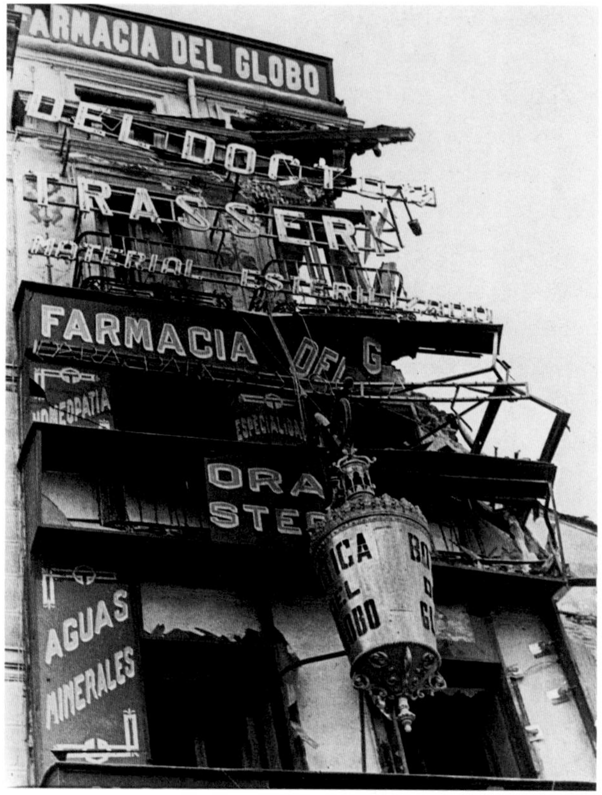

Farmacia del Globo, Madrid, 1937. Por gentileza del Archivo Histórico Nacional, Sección Guerra Civil, Salamanca. A finales de la década de 1970 se descubrió en los archivos del Ministerio de Asuntos Exteriores sueco una pequeña maleta que contenía 97 fotografías de Robert Capa y diversos documentos, perteneciente a Juan Negrín, primer ministro de la República española. Todos los documentos y fotografías de dicha maleta se hallan ahora en la Sección Guerra Civil, del Archivo Histórico Nacional de Salamanca. La fotografía de arriba es una de ellas.

(salvo en Menorca) y en las colonias del norte de África. Fracasó en Madrid, en Cataluña, en Levante, en las provincias marítimas del norte, en el centro-sur del país, en gran parte de Andalucía y de Aragón. De los 31.000 oficiales que el Ejército español tenía en 1935, se sublevaron unos 14.000; unos 8.500 permanecieron leales a la República; el resto sufrió distinta suerte. La República contó en teoría con unos 160.000 soldados, más gran parte de la aviación y de la marina; los sublevados, que adoptaron el nombre de "nacionales", retuvieron unos 150.000 soldados, entre ellos, el cuerpo de elite del Ejército español, el Ejército de África —unos 47.000 hombres—que Franco pudo trasladar muy pronto a la Península mediante un puente aéreo posible por la ayuda alemana e italiana.

El aparente equilibrio de fuerzas ocultaba, sin embargo, un hecho esencial: que la República careció inicialmente, durante varios meses, de unidad en la dirección política y militar de la guerra. Ello se debió a la naturaleza misma de la respuesta popular al golpe de Estado: la sublevación militar desencadenó un proceso revolucionario de la clase trabajadora que, bajo la dirección de los partidos obreros y de los sindicatos, rompió la estructura misma del Estado republicano. Fue eso lo que dio a la Guerra Civil española la significación que conmocionó la imaginación romántica de la izquierda europea, lo que hizo de aquélla la épica idealizada de la resistencia popular y proletaria contra la agresión del fascismo. Desde un punto de vista militar, el resultado fue desastroso: la revolución deshizo el Ejército republicano, sustituido por una fuerzas irregulares y poco disciplinadas, basadas en milicias de partidos y sindicatos, mandadas por oficiales improvisados. El entusiasmo de los milicianos impidió ciertamente el triunfo de la sublevación. Pero hasta la primavera de 1937, la República no pudo disponer de un ejército verdaderamente operativo: ésa fue la primera razón de su derrota.

EL AVANCE SOBRE MADRID

Inicialmente, el objetivo de las tropas rebeldes era Madrid. Para finales de septiembre de 1936, las tropas del Ejército de África mandadas por Franco estaban a las puertas de la capital por el sur, tras haber avanzado más de 500 kilómetros, ocupado gran parte del sur y del oeste de España y tomado ciudades importantes como Badajoz y Toledo. En el norte, las tropas de Mola habían, a su vez, conquistado San Sebastián y la línea de la frontera vasco-francesa, y amenazaban Madrid desde las sierras situadas al norte de la ciudad (Somosierra, Los Leones). La guerra era todavía una guerra "menor". Era básicamente una guerra de columnas, en la que ambos mandos empleaban pocos efectivos. La infantería era el arma principal, y aviación, artillería y marina jugaban un papel secundario. Pero la guerra había mostrado ya uno de sus aspectos más siniestros y crueles: ambos bandos desencadenaron desde el primer momento la represión a gran escala en sus respectivas retaguardias. Los militares rebeldes fusilaron a afiliados a los partidos de izquierda y sindicatos, a cientos de maestros—símbolo del laicismo republicano—a algunos intelectuales republicanos (el más conocido, Federico García Lorca), incluso a 16 sacerdotes próximos al nacionalismo vasco; los republicanos—casi siempre, simples patrullas de asesinos incontrolados, esto es, no las autoridades republicanas—ejecutaron a personas conocidas por sus opiniones conservadoras y católicas, a militantes de los partidos de la derecha, a militares sospechosos, a numerosísimos sacerdotes y religiosos (un total de 6.500 a lo largo de toda la guerra). Badajoz, donde los nacionales fusilaron a 2.000–4.000 personas en agosto de 1936, y las alocuciones del general Queipo de Llano desde Sevilla, quedaron como símbolos de la violencia franquista; los asaltos a las cárceles de Madrid y Bilbao y los fusilamientos de Paracuellos del Jarama, localidad próxima a Madrid, fueron la expresión del terror republicano. En total, unas 60.000 personas serían ejecutadas en la zona de Franco—en los años de la guerra—y unas 30.000 como mínimo en la zona republicana.

La ofensiva sobre Madrid comenzó en octubre de 1936 y tuvo varias fases, todas ya de gran intensidad militar, pues Franco no abandonó el asalto hasta febrero de 1937, cuando sus tropas fueron contenidas en la batalla en torno al río Jarama. La resistencia de Madrid, dirigida por una Junta de Defensa presidida por el general Miaja, reforzó la leyenda del antifascismo español. Probó, además, otras dos cosas: que la República empezaba a organizar sus ejércitos y que la guerra se internacionalizaba. Lo primero fue posible a partir de la formación, a principios de septiembre, de un Gobierno de coalición presidido por el socialista Francisco Largo Caballero (1869–1946), en el que los comunistas tenían dos puestos y al que poco después se incorporaron cuatro ministros anarquistas. En la defensa de Madrid, Miaja dispuso, entre otros efectivos, de ocho brigadas de nueva creación, dos de ellas integradas por miembros de las Brigadas Internacionales; y pudo usar también carros y aviones soviéticos. Franco empleó, a su vez, tanquetas y aviones alemanes e italianos.

Los esfuerzos (no demasiado consistentes) de Gran Bretaña y Francia por imponer la no-intervención internacional en España y localizar así el conflicto, habían, por tanto, fracasado. Alemania e Italia reconocieron a Franco en noviembre de 1936. Alemania envió ese mismo mes la Legión Cóndor, compuesta por un centenar de aviones con pilotos y mandos alemanes, y enviaría, además, unos 5.000 asesores a lo largo de toda la guerra. Italia mandó unos 70.000 soldados, que entraron en combate a partir de enero de 1937. La Unión Soviética puso al servicio de la República unos 2.000 asesores (instructores, aviadores, artilleros, etcétera); el total de alistados en las Brigadas Internacionales fue de unos 60.000 hombres. Franco recibió unos 1.200 aviones alemanes e italianos, y unos 350 tanques; la República, 1.300 aviones (aunque por la disposición de sus aeropuertos y la distancia entre éstos y los frentes no pudo hacer pleno uso de ellos) y 900 tanques, casi todos de la Unión Soviética. La guerra de columnas del verano de 1936 iba a convertirse en una guerra total entre dos ejércitos cada vez mejor equipados y más numerosos; unos 500.000 soldados por cada bando en la primavera de 1937; la artillería y la aviación—con bombardeos sobre poblaciones civiles—cobrarían desde entonces, según los frentes, la misma importancia que la infantería.

LA PROGRESIÓN DE FRANCO

Tras una última y también fallida ofensiva sobre Madrid, desde Guadalajara, en marzo de 1937, llevada principalmente por las tropas italianas—4 divisiones, 35.000 hombres, aviones, carros de combate, etcétera—Franco llevó la guerra al norte. El 31 de marzo de ese año, tras bombardeos masivos de la aviación y de la artillería, desencadenó un gran ataque contra el País Vasco, región autónoma (desde octubre de 1936) bajo un Gobierno encabezado por el Partido Nacionalista Vasco. El 26 de abril, aviones alemanes destruyeron Guernica, capital espiritual de los vascos, un hecho que conmocionó a la opinión internacional; Bilbao, la principal ciudad de la región, centro de la industria siderúrgica y del sector naval españoles y el primer puerto del país, se rindió el 19 de junio tras durísimos combates. Días después, Franco conseguía otro gran éxito, esta vez moral y psicológico: el 1 de julio, 48 obispos hicieron público un documento en apoyo del levantamiento militar; la guerra se legitimaba así como una cruzada en defensa de la religión. Pese a un brillante contrataque republicano cerca de Madrid—en Brunete—diseñado por el nuevo jefe del Estado Mayor Central republicano, el general Vicente Rojo (1894–1966), Franco, que supo reaccionar a tiempo y detener la contra-ofensiva, se apoderó de Santander en agosto, y de Asturias en octubre, por lo que dominaba ya toda la cornisa cantábrica y los principales centros mineros y siderúrgicos del país, hecho determinante para la victoria final.

Además, el 1 de octubre de 1936, la plana mayor de la sublevación había nombrado al general Franco jefe del Gobierno y del Estado de la España nacional, y Generalísimo de sus ejércitos. Franco pensaba crear un Estado nuevo basado, según dijera, en principios totalitarios y de autoridad, un Estado unitario y fuerte, sin autonomías regionales; una dictadura militar, sin partidos políticos ni sindicatos libres, e inspirada en las doctrinas sociales de la Iglesia católica. En abril de 1937, ordenó la unificación en un movimiento o partido único (Falange Española Tradicionalista y de las J.O.N.S., siglas de algunos pequeños partidos fascistas) de todas las fuerzas políticas que habían apoyado el levantamiento del 18 de julio del 36 (falangistas, católicos, monárquicos, tradicionalistas). En enero de 1938, creó su primer Gobierno y en abril, promulgó el Fuero del Trabajo, especie de carta fundacional del nuevo Estado, que era definido como un régimen "nacional-sindicalista", bajo doble inspiración católica y fascista.

Franco había impuesto una completa unidad de mando en su zona, factor de importancia decisiva para el resultado de la guerra. El contraste con la evolución política de la zona republicana era revelador. En Aragón mandaba desde julio de 1936 un Consejo o Gobierno anarquista. En Cataluña, existía desde entonces un verdadero dualismo de poder: de una parte, la Generalitat, el gobierno autónomo regional integrado por catalanistas de izquierda, anarquistas y comunistas; de otro, el poderoso Comité Central de Milicias Antifascistas de Cataluña, bajo el liderazgo de la CNT, la sindical anarco-sindicalista, que controlaba fábricas, suministros y las milicias armadas. La autoridad del Gobierno central republicano era allí inexistente. En mayo de 1937, estalló una guerra civil dentro de la Guerra Civil, cuando milicias de la CNT y del POUM (Partido Obrero de Unificación Marxista), un pequeño partido filo-trotskista, se enfrentaron con las fuerzas de orden público de la Generalitat por el control de determinados enclaves de la capital catalana. La insurrección fue dominada, pero a un precio político y moral muy alto. El jefe del Gobierno central, el socialista Largo Caballero, dimitió—no quiso ilegalizar al POUM, como le exigían los comunistas y los asesores soviéticos—y fue reemplazado por un nuevo Gobierno presidido por otro socialista, el doctor Juan Negrín (1892–1952), en el que los comunistas eran ya la pieza clave del poder, tal vez porque fueron quienes más claramente comprendieron que la lógica de la guerra exigía la total unificación política y militar de la zona republicana. La autoridad del Gobierno central fue reafirmada en Cataluña y poco después, en Aragón. Por debajo de la visión romántica de la resistencia antifascista de la España republicana, aparecía otra realidad: la progresiva penetración de los comunistas (liderados por José Díaz y Dolores Ibárruri) en el aparato del poder político y militar del bando republicano, con una política que anteponía la victoria en la guerra a cualquier otra consideración, incluida la revolución.[9] Para quienes, como George Orwell, voluntario en las milicias del POUM, habían idealizado el carácter proletario de la lucha española, la revolución había sido traicionada: Orwell, como otros miembros del POUM acusados de agentes provocadores del fascismo, tuvo que huir perseguido por la policía bajo control del partido comunista (detenido, el líder del POUM Andrés Nín murió torturado).

LA VICTORIA FINAL

Otra fuerte contra-ofensiva de sus ejércitos, desencadenada en diciembre de 1937, permitió a la República recuperar Teruel, una de las capitales aragonesas. Pero los nacionales retomaron la ciudad el 22 de febrero del año siguiente—tras durísimos y prolongados combates, librados bajo terribles condiciones atmosféricas—y luego, ya en marzo de 1938, lanzaron una gran ofensiva por el valle del Ebro hacia el Mediterráneo, cuyas playas alcanzaron el 15 de abril, cortando en dos el territorio republicano. Franco cometió entonces el error estratégico de dirigir sus ejércitos hacia el sur, hacia Valencia, por un terreno excepcionalmente difícil—las sierras del Maestrazgo—circunstancia que facilitó la defensa republicana. Fue una operación que pudo traerle graves complicaciones militares, a pesar de que para entonces, primavera-verano de 1938, había logrado ya la superioridad aérea y la superioridad naval sobre sus enemigos. La flota republicana se vio obligada a permanecer prácticamente refugiada en sus puertos; el suministro de armamento y material bélico desde la Unión Soviética a la República a través del Mediterráneo quedó seriamente dañado.

Pero la República no estaba aún vencida. El Gobierno del enérgico Negrín había reforzado la disciplina del Ejército Popular y reorganizado eficazmente sus efectivos militares. Rojo volvió a sorprender militarmente a Franco. El 25 de julio de 1938, el Ejército republicano cruzó el río Ebro por varios puntos y avanzó en profundidad amenazando con romper la línea de las tropas nacionales. Pero, otra vez, Franco supo reaccionar a tiempo y mover sus ejércitos para detener el avance republicano. Luego, a partir del 11 de agosto, inició una agotadora guerra de desgaste contra las posiciones enemigas, mediante sucesivos ataques frontales, cuyo objetivo era la destrucción definitiva del Ejército Popular. La batalla del Ebro fue la más áspera y demoledora de la guerra: murieron en ella unos 20.000 soldados, y las bajas totales sumaron cerca de los 60.000 hombres por cada bando. Aunque la República aún retenía Cataluña, Madrid, gran parte de La Mancha, Valencia y el sureste español, y disponía de un ejército integrado por cuatro grandes cuerpos y un total de 49 divisiones (ocho menos que Franco), la suerte de la guerra estaba decidida: la batalla del Ebro había destrozado la moral y la capacidad operativa del Ejército Popular.

El 10 de diciembre, Franco inició la ofensiva sobre Cataluña, sobre el papel una de las operaciones mejor diseñadas por sus estados mayores en toda la guerra. En realidad, lo que ocurrió fue el hundimiento fulminante de Cataluña sin apenas resistencia, un hecho que indignaría al presidente Azaña que siempre pensó que Cataluña no había contribuido suficientemente al esfuerzo militar (lo que en parte era cierto, y en parte injusto: Barcelona, por ejemplo, sufrió unos 500 ataques aéreos a lo largo de la contienda). Barcelona cayó el 26 de enero de 1939, y las tropas de Franco llegaron días después a la frontera con Francia. 500.000 personas salieron penosamente (huyendo de cualquier forma) hacia el exilio (temporal o permanente), entre ellas el propio presidente de la República, Azaña, y el general Vicente Rojo.

Sólo Negrín y sus asesores comunistas creían posible prolongar la resistencia, lo que dado el estado de ambos ejércitos y la situación internacional—definida por la voluntad de las democracias occidentales de apaciguar a Hitler y Mussolini, los principales valedores de Franco—resultaba probablemente imposible. En cualquier caso, el 4 de marzo de 1939, el teniente coronel Casado, jefe del Ejército del Centro y cabeza visible del sector abandonista y no-comunista de la República, se sublevó contra Negrín y formó un Consejo Nacional de Defensa para negociar la paz con Franco. Madrid fue durante varios días escenario de violentos enfrentamientos entre las tropas de Casado y las tropas de Negrín, en los que murieron unas 2.000 personas. Franco, además, no quiso negociación alguna. Exigió la rendición incondicional. Sus tropas entraron en Madrid el 28 de marzo de 1939; el día 30, ocuparon Alicante, la última ciudad libre republicana en cuyo puerto unas 15.000 personas aguardaban inútilmente poder huir por mar. El 1 de abril, Franco proclamó la victoria: la guerra había terminado. Habían muerto unas 300.000 personas, de ellas unas 140.000 en el frente y el resto, en las retaguardias de ambas zonas. Otras 300.000 marcharon, para no regresar, al exilio, y un número similar—300.000—sufrió penas de prisión en las cárceles de Franco entre 1939 y 1945 (las cifras de ejecutados en esos años pueden estimarse entre un mínimo de 28.000—cifra admitida por el régimen de Franco—y un máximo de 200.000, cifra manejada por la oposición al mismo, y probablemente exagerada). Las destrucciones de edificios, puentes, ferrocarriles, carreteras, barcos, cultivos y ganado fueron incalculables. Los años de 1939 a 1942 fueron años de hambre en España.

La República de 1931 había sido el esfuerzo más serio que se había hecho en la historia de España para modernizar el país desde una perspectiva democrática. Franco (1892–1975), un militar conservador y católico, de pequeña estatura, prudente e inexpresivo, que creía que el liberalismo y los partidos políticos habían sido la causa de los males de España, creó un régimen autoritario y de poder personal que duró hasta su muerte en 1975.[10] Tres influen-

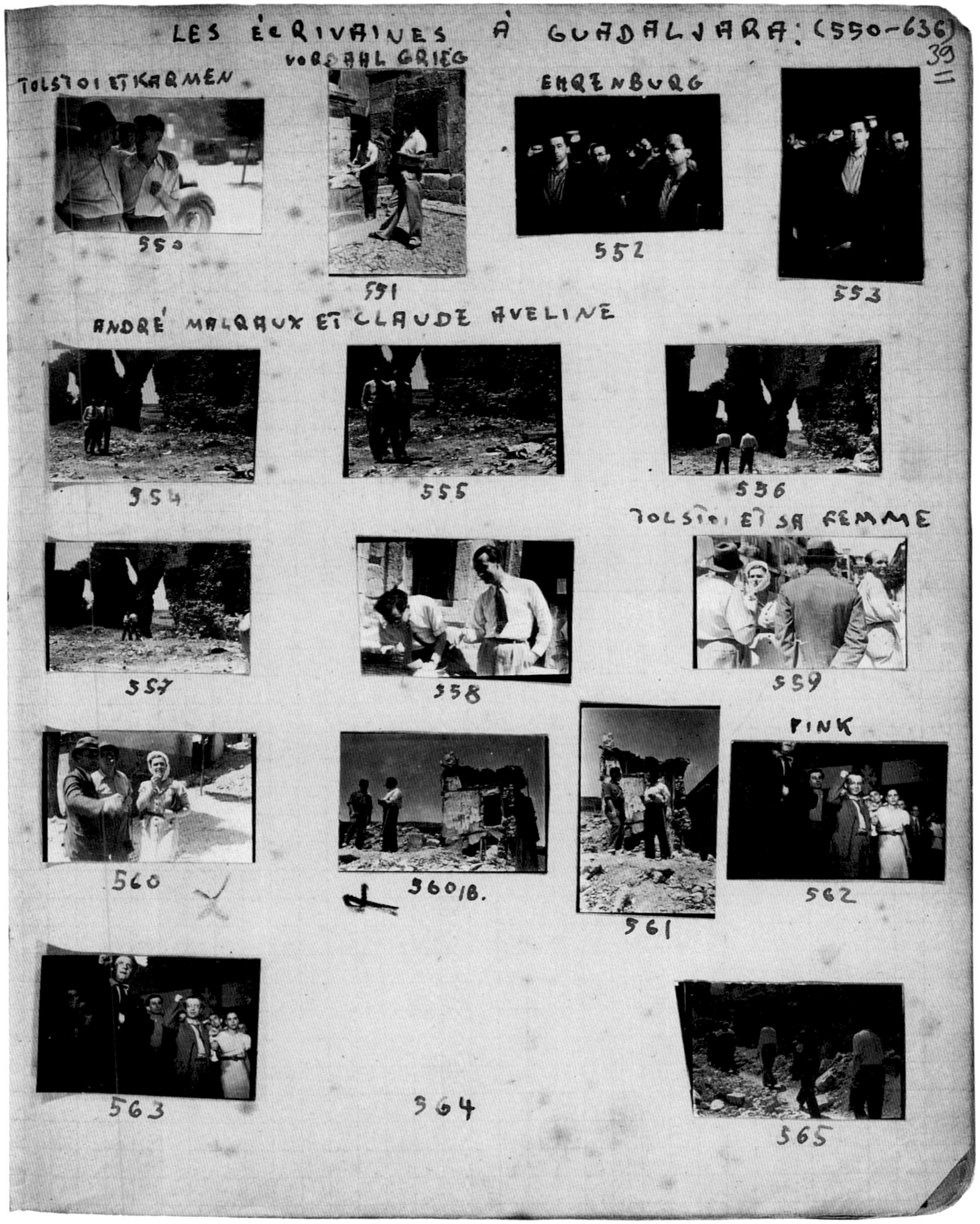

Fotografías del Congreso Internacional de Escritores por la Defensa de la Cultura, Valencia, julio de 1937. De los cuadernos de Robert Capa. Fotografías de Gerda Taro cias definieron el nuevo régimen: las ideas fascistas de la Falange, el pensamiento social-conservador de la Iglesia católica y los principios de orden, unidad nacional y autoridad de los militares. El régimen de Franco fue inicialmente un régimen totalitario, claramente alineado con la Alemania de Hitler y la Italia de Mussolini. Desde 1945 se definió como una monarquía social y católica (aunque el rey no fue restaurado). Sólo desde 1957–1961, después de dos décadas de economía nacionalista que casi llevaron al país a la bancarrota, el régimen de Franco liberalizó la economía y pudo comenzar la transformación que haría de España un país urbano, industrial y moderno.

Precisamente porque fue un gran momento de la humanidad (parafraseando lo que Péguy dijo en su día del *affaire* Dreyfus), la guerra española dejó una huella indeleble en la memoria histórica: el recuerdo de la guerra y de sus terribles consecuencias, el deseo de evitar la repetición de un fracaso colectivo como aquél, fue, por ejemplo, uno de los factores que favorecieron el espíritu de consenso y reconciliación que hizo posible la transición de España a la democracia a la muerte de Franco. La guerra produjo, desde luego, miles de libros, ensayos y artículos, centenares de novelas, numerosas películas y obras de teatro (seguía produciéndolos sesenta-setenta años después), muchos de ellos convertidos en seguida en clásicos: obras de arte como la fotografía de Capa *Muerte de un miliciano* (tomada en septiembre de 1936, en Cerro Muriano, Córdoba) y el *Guernica* de Picasso; testimonios personales como *Testamento español* de Koestler, *Homenaje a Cataluña* de Orwell, o *Los grandes cementerios bajo la luna* de Bernanos; novelas como *Por quién doblan las campanas* de Hemingway y *La esperanza* de Malraux (o el ciclo de novelas de Max Aub titulado *El laberinto mágico* o *La velada en Benicarló*, la novela dialogada escrita por el propio presidente republicano Azaña en 1937).

Buena parte de la memoria de la guerra reforzó inevitablemente la visión de España como un país trágico, violento, romántico, al tiempo generoso e idealista (antifascismo), al tiempo sangriento y brutal. Incluso, como el escritor Jorge Semprún haría decir al protagonista de su obra *La guerre est finie* (1965), la guerra terminaría convirtiéndose en un mito para antiguos combatientes y hasta en la buena conciencia lírica de la izquierda. Pero otra parte de ella, la más sustantiva—la contenida, por ejemplo, en los muchos y buenos libros de historia generados por la guerra, como los escritos por historiadores como Hugh Thomas, Gabriel Jackson, Raymond Carr y Edward Malefakis—haría posible entender la guerra en su verdadera perspectiva. Ello ayudaría a comprender por lo menos dos extremos: *primero*, que la guerra tuvo profundas connotaciones ideológicas y políticas (que, en otras palabras, no fue primariamente un conflicto de clases) y que la causa última de la Guerra Civil—como en el caso de otras guerras civiles—fue la división moral del país; *segundo*, que el proceso desencadenante de la Guerra Civil (la conspiración militar, la sublevación misma) se articuló a través de decisiones en última instancia individuales, que—por el mero hecho de serlo—pudieron, por tanto, o no haberse producido o haber sido de otra forma.

Por sus características, por sus implicaciones nacionales e internacionales, por el clima moral existente cuando estalló, por el resultado final (triunfo de Franco, ejecuciones, dictadura), la Guerra Civil española no dejó—como dejó, por ejemplo, la Guerra Civil norteamericana—una memoria épica y admirable. La memoria de la Guerra Civil española iba a ser una memoria trágica, el recuerdo de un horror incomprensible y probablemente innecesario e inútil. El historiador Jover Zamora la definiría como una verdadera crisis de civilización. Pensando en España, Orwell le comentó en cierta ocasión a Koestler que "la historia se paró en 1936".[11]

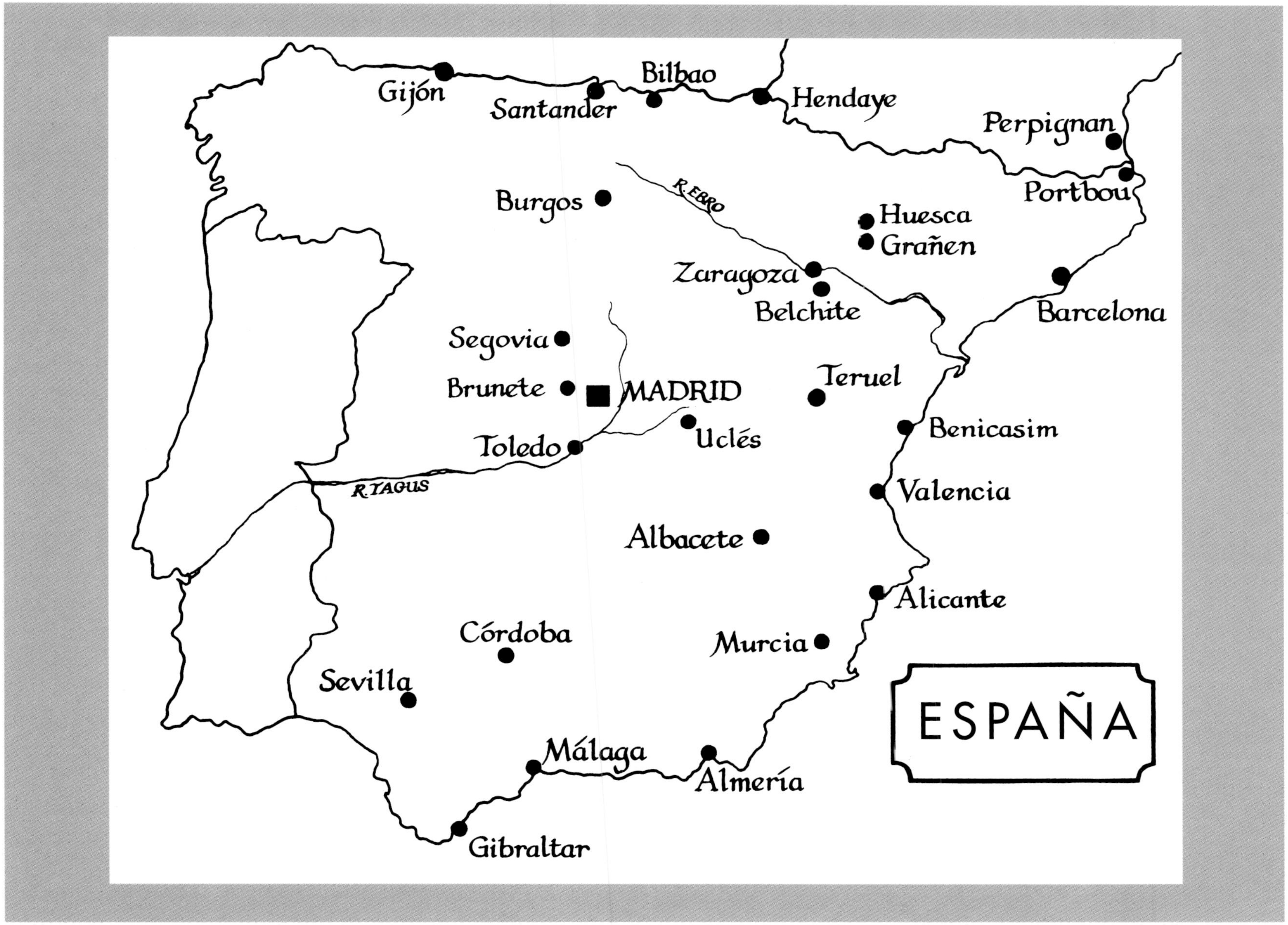
Gijón
Santander
Bilbao
Hendaye
Perpignan
Portbou
Burgos
R. EBRO
Huesca
Grañen
Zaragoza
Belchite
Barcelona
Segovia
Brunete
MADRID
Teruel
Toledo
Uclés
Benicasim
R. TAGUS
Valencia
Albacete
Alicante
Córdoba
Murcia
Sevilla
ESPAÑA
Málaga
Almería
Gibraltar

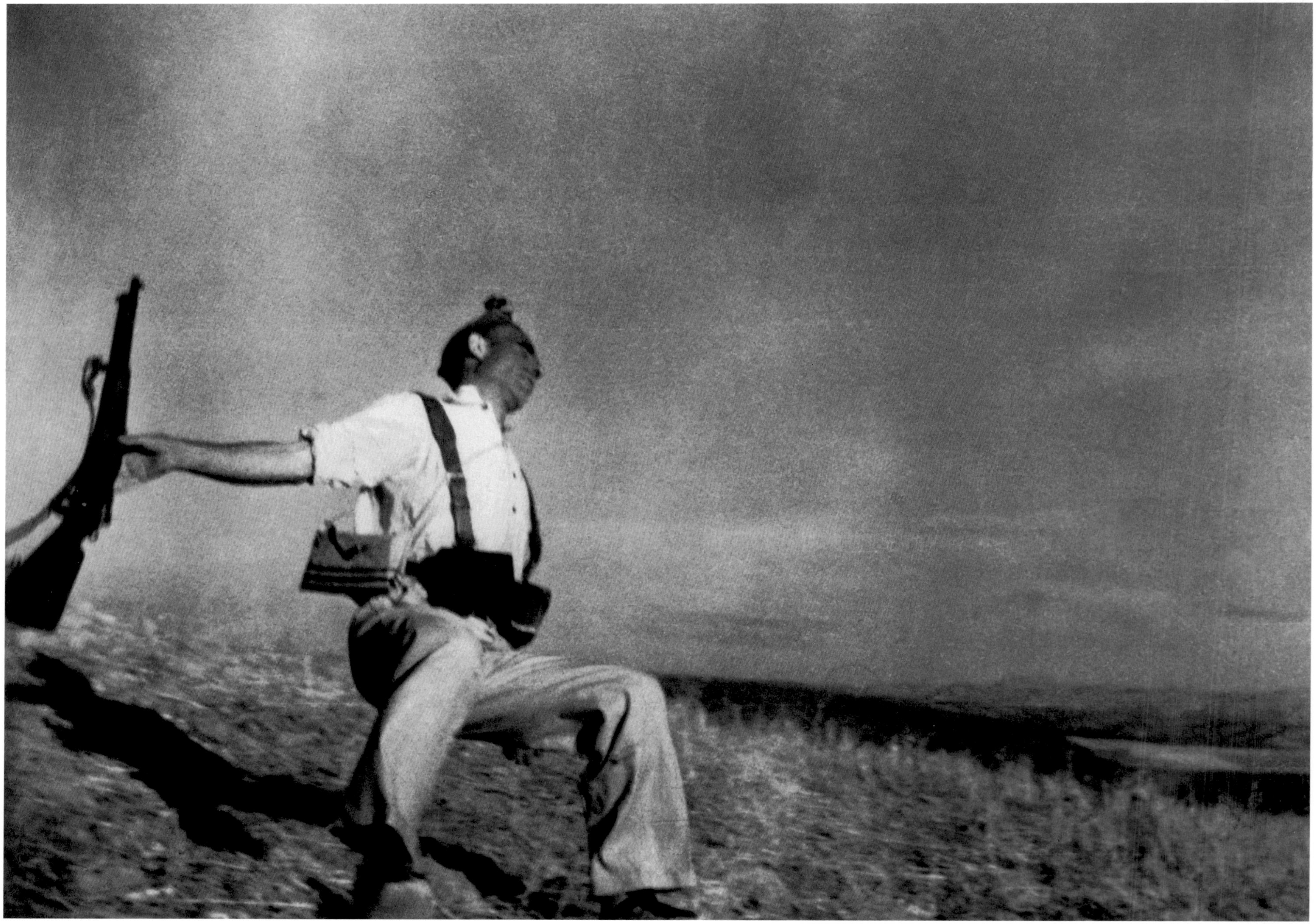

 Muerte de un miliciano. Cerro Muriano, frente de Córdoba, 5 de septiembre, 1936

ROBERT CAPA EN ESPAÑA

RICHARD WHELAN

I

En diciembre de 1938 la prestigiosa revista británica *Picture Post* publicó un reportaje fotográfico de once páginas sobre la Guerra Civil española con las fotos del joven de veinticinco años, Robert Capa, y le proclamó "el mejor fotógrafo de guerra del mundo".[1] Más de cuarenta años después de su muerte, nadie ha superado la fuerza extraordinaria y conmovedora de sus reportajes de cinco conflictos bélicos.

Además de documentar la Guerra Civil española, Capa pasó seis meses en China durante 1938 para fotografiar el movimiento de resistencia a la invasión japonesa, y posteriormente cubrió el escenario europeo de la Segunda Guerra Mundial (1941–45), la Primera Guerra Árabe-Israelí (1948), y la Guerra Franco-Indochina (1954). El 25 de mayo de 1954, mientras fotografiaba las maniobras francesas en el delta del río Rojo, Capa murió al pisar una mina anti-persona. Tenía cuarenta años.

Nació en 1913 con el nombre de André Friedmann en Budapest, donde sus padres tenían un elegante salón de alta costura. Ya de adolescente sintió un precoz interés por la reforma social y política. Su mentor, poeta y pintor, Lajos Kassak, dirigía un grupo socialista y de arte *avant-garde*. Entre los trabajos publicados en *Munka* (trabajo), la revista de dicho grupo, se hallaban las fotografías de los grandes reformistas americanos Jacob Riis y Lewis W. Hine, cuyas imágenes cargadas de sensibilidad hacia la inmigración, la pobreza y la explotación infantil sin duda influyeron en las fotografías de Capa de los refugiados, de la vida entre ruinas, de los niños soportando las dificultades y los horrores de la guerra.

Durante su etapa de estudiante de secundaria, André aún no había ni tan siquiera pensado en convertirse en fotógrafo. Aspiraba a ser periodista, ya que esa profesión le permitiría combinar su amor por la política y la literatura. Sin embargo, aún siendo brillante, sus perspectivas de ingresar en la Universidad húngara no eran prometedoras, ya que la dictadura proto-fascista y anti-semita limitaba estrictamente el número de estudiantes judíos que podían acceder a dicha institución. Como resultado de su participación en las manifestaciones y las protestas contra el régimen represor, André hubo de exiliarse de Hungría en julio de 1931, a los diecisiete años de edad.

Viajó a Berlín para estudiar periodismo en la *Deutsche Hochschule für Politik*. En Berlín participó en algunos grupos populares de discusión y asistió a las conferencias que organizaba Karl Korsch, que entonces era un alto cargo del Partido Comunista Alemán, antes de que lo expulsaran por defender una postura crítica frente a la política de Stalin. Korsch defendía una sociedad anarquista ideal, y estaba convencido de que España era la nación en la que podría generarse una sociedad de esas características.

El 12 de abril de 1931, el pueblo español había elegido un Gobierno republicano en las urnas. Dos días más tarde, el rey Alfonso XIII abdicaba, y se proclamaba la República en España. En junio de ese mismo año, Korsch asistió en Madrid como invitado a un congreso de la Confederación Nacional del Trabajo (CNT), la fuerte organización sindical anarquista (anarco-sindicalista). Lo que allí vio le llenó de entusiasmo y, a su regreso a Berlín, publicó un artículo optimista sobre la posibilidad de que en España pudiera desarrollarse una alternativa al comunismo estalinista.

Cuando Capa visitó España por primera vez para hacer un reportaje fotográfico sobre la Guerra Civil en 1936, se creyó en la obligación de buscar a las divisiones anarco-sindicalistas que luchaban en los alrededores de Córdoba. El hombre de su famosa fotografía del miliciano recién abatido llevaba una gorra con las iniciales de la CNT bordadas.

En Berlín, el ascenso del partido nazi intensificó el compromiso político de André Friedmann. La depresión económica mundial afectó seriamente al negocio familiar, y dejó sus estudios cuando sus padres ya no pudieron seguir mandándole dinero; consiguió un trabajo como chico de los recados y ayudante de la destacada agencia de fotografía Dephot. Fue allí donde se inició en la fotografía

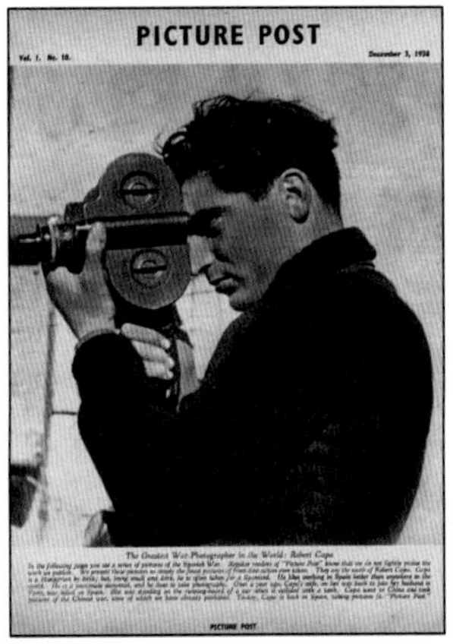

Picture Post, 3 de diciembre de 1938. La página que presentaba a Capa como "el mejor fotógrafo de guerra del mundo". El texto dice: "los lectores habituales de *Picture Post* saben que no alabamos a la ligera las obras que publicamos. Estas son sencillamente las mejores fotografías de acción en el frente jamás sacadas. Son obra de Robert Capa... Le gusta trabajar en España más que en ningún otro lugar del mundo. Es un apasionado demócrata y vive para hacer fotografías".

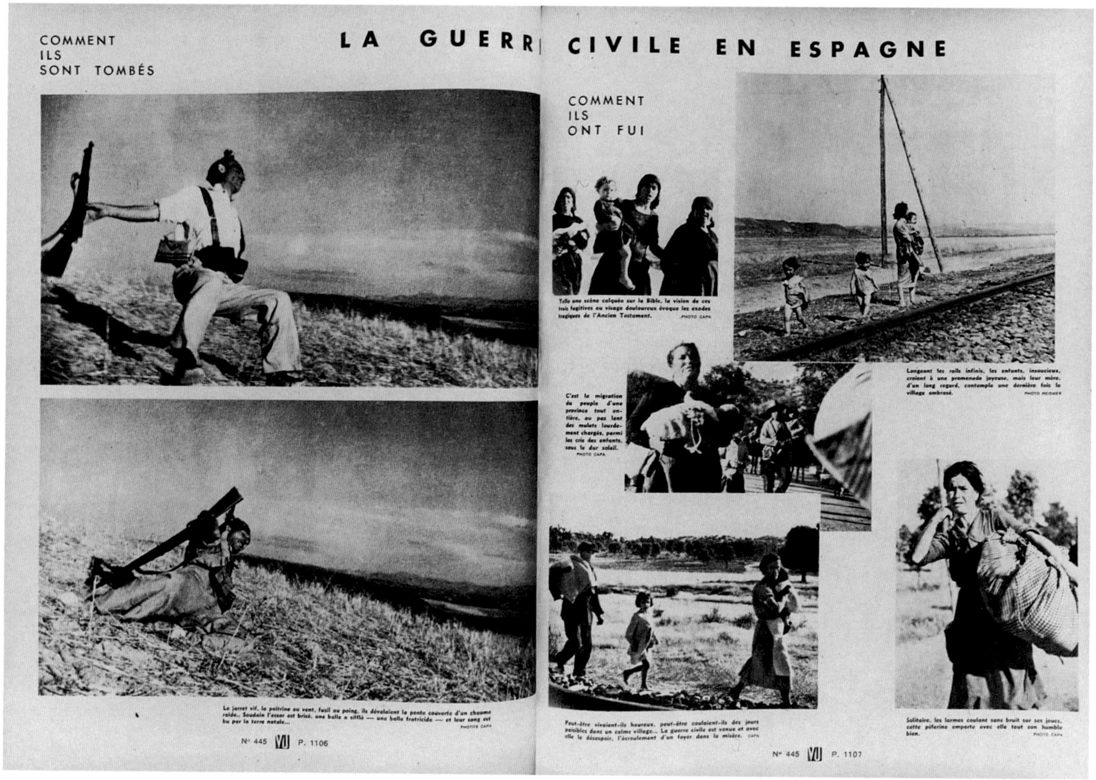
COMMENT ILS SONT TOMBÉS

LA GUERRE CIVILE EN ESPAGNE

COMMENT ILS ONT FUI

Nº 445 VU P. 1106

Nº 445 VU P. 1107

Vu, 23 de septiembre de 1936. "La Guerre Civile en Espagne..." (La Guerra Civil española: cómo cayeron, cómo huyeron). Primera publicación de la foto *Muerte de un miliciano*.

periodística. Su primer encargo importante resultó muy apropiado: a finales de 1932, el joven admirador de Trotsky cubrió una conferencia que daba en Copenhague el revolucionario ruso en el exilio.

Con la llegada de Hitler al poder a principios de 1933, André se vio obligado a trasladarse a París, donde halló enormes dificultades para encontrar trabajo durante casi dos años. Se enamoró de una joven refugiada alemana, Gerta Pohorylle, a quien enseñó los rudimentos de la fotografía. Ella, a su vez, tuvo la idea de vender las fotografías de André bajo el nombre de un americano imaginario: Robert Capa, el cual, siempre según Gerda, había obtenido un gran éxito en Estados Unidos. El ardid funcionó pero pronto fue descubierto, y André no tuvo más remedio que convertirse en Robert Capa. Posteriormente, Gerta cambiaría su nombre y pasaría a llamarse Gerda Taro, tomando su nuevo apellido de Taro Okamoto, escultor japonés, amigo de ella y de Capa en París.

En la primavera de 1935, el anterior jefe de André/Capa en Dephot le organizó un viaje a España para trabajar en varios encargos para unas revistas alemanas. Primero fue a San Sebastián donde trabajó en la historia de la vida cotidiana del boxeador Paulino Uzcudun, quien tenía programado su tercer combate con el campeón alemán Max Schmeling el 7 de julio en Berlín. Seguidamente, Capa se dirigió a Madrid para fotografiar a Juan de la Cierva quien, en 1923, inventó un artefacto precursor del helicóptero. Desgraciadamente, se negó a enseñárselo a Capa alegando que lo único que le motivaba ya era la lingüística, un tema con poco interés fotográfico. Sin embargo, en Madrid, Capa consiguió fotografiar al teniente coronel Emilio Herrera, uno de los pilotos más famosos de España que se preparaba para un ascenso en globo hasta una altitud de 25.000 metros y esperaba con ello batir el récord mundial.[2] Después de cubrir en Madrid el 14 de abril el gran desfile conmemorativo del cuarto aniversario de la República española, Capa se dirigió a Sevilla para fotografiar la feria y la Semana Santa.[3]

Se sentía muy afín a la cordialidad, exuberancia y generosidad del pueblo español, y las cartas que enviaba a su familia, repletas de anécdotas en las que narraba los contratiempos con los que se había topado, se asemejaban a la novela picaresca española. De hecho, España y Hungría tienen mucho en común: ambas son naciones ganaderas, amantes del pimentón, tienen una fuerte tradición gitana, y han vivido largos periodos de dominación islámica y de gobierno de los Habsburgo.

En París, durante la primavera de 1936, Capa fotografió los tumultuosos desfiles y mítines políticos que precedieron y sucedieron a la elección de la coalición antifascista y prosoviética de liberales, socialistas y comunistas conocida como el Frente Popular y liderada por el socialista Léon Blum. Aunque por aquel entonces la Unión Soviética había adoptado por fin una posición firme contra Hitler y Mussolini, la Liga de Naciones favorecía una política de pacificación, y Estados Unidos se mantenía apartada en su política de neutralidad aislacionista.

El estallido de la Guerra Civil española en julio de 1936 brindó finalmente a los antifascistas la oportunidad de enfrentarse militarmente al fascismo. Tanto Capa como Taro creían que era absolutamente vital utilizar sus cámaras como medio para obtener el apoyo mundial a la República española y a la causa antifascista.

Ambos tuvieron su primera oportunidad apenas dos semanas

después del estallido de la guerra. Gracias a que Capa había realizado recientemente varios reportajes muy impactantes que se publicaron en la prestigiosa revista francesa de fotografía *Vu*, Lucien Vogel, el propietario de dicha publicación, invitó a Capa y a Taro a unirse a un grupo de periodistas que volaría rumbo a Barcelona.[4]

Ese 5 de agosto, al volver a la capital catalana, Capa se encontró con una ciudad radicalmente distinta a la que conociera en la primavera de 1935. La ciudad acomodada y burguesa había sufrido una revolución proletaria tras lograr reprimir rápidamente el alzamiento militar. Los trabajadores se habían apropiado de las fábricas, las tiendas y los restaurantes, y miles de ellos engrosaban las filas de las milicias que se habían organizado a toda velocidad.

En la estación de ferrocarril de Barcelona, Capa y Taro fotografiaron a los soldados destinados al frente de Aragón despidiéndose de sus mujeres y novias. Posteriormente, tras pasar en la ciudad una semana o unos diez días, los fotógrafos se dirigieron a ese frente donde, a mediados de agosto, la situación había llegado a un punto muerto, y así permanecería durante más de un año. El combate se limitaba a poco más que escaramuzas esporádicas, en su mayoría durante la noche, por lo que, obviamente, de poco les servían a los fotógrafos.

Capa y Taro fotografiaron en los alrededores del frente de Huesca a los milicianos acampando en refugios improvisados, guarneciendo los puestos de ametralladora y artillería, e incluso ayudando a los agricultores de las granjas colectivizadas cercanas a recoger y trillar el trigo. Poco después, los fotógrafos se dirigieron hacia el sudoeste por una razón más que importante: el idioma en el que ambos se manejaban mejor era el alemán, y había muchos emigrados alemanes sirviendo en las milicias entre Huesca y Zaragoza. Muchos de ellos habían asistido en Barcelona a las Olimpiadas de los Trabajadores organizadas desde la izquierda en respuesta a las Olimpiadas Oficiales celebradas en el Berlín de Hitler aquel verano.

Capa y Taro visitaron el pueblo de Tardienta, cuartel general de la Centuria Comunista Thälmann alemana, pero pasaron la mayor parte del tiempo con la columna del POUM que había establecido su base militar en Leciñena, a unos dieciocho kilómetros al nordeste de Zaragoza, (la misma milicia del POUM a la que se incorporaría George Orwell ese invierno). Al igual que los anarco-sindicalistas, el Partido Obrero de Unificación Marxista (POUM), de orientación trotskista, apoyaban al Gobierno durante la Guerra Civil tan sólo porque la victoria republicana era un prerrequisito indispensable para la revolución.

Capa y Taro se encontraron con que en Leciñena apenas había actividad, lo mismo que en los frentes de Madrid, Guadarrama y Toledo, como no tardarían en descubrir. Sin embargo, había un frente del que llegaban noticias muy alentadoras. Durante la segunda mitad de agosto, el Gobierno de Madrid había iniciado una ofensiva para recuperar Córdoba. Día tras día el Gobierno comunicaba nuevos avances, e incluso llegó a declarar—falsamente—que las tropas habían entrado en la ciudad. Si lo que uno quería era fotografiar victorias republicanas, aparentemente, tenía que estar en el frente de Córdoba. También allí actuaban las milicias más idealistas de la CNT.

II

Fue en el frente de Córdoba donde Capa hizo su fotografía más conocida, quizá la mejor fotografía de guerra realizada jamás: la del miliciano republicano español recién alcanzado por las balas. Es la foto de Capa más controvertida, y durante los años setenta, se levantó la polémica sobre el lugar en el que había sido tomada y sobre si se trataba de un documento gráfico preparado o no. Sin embargo, recientemente, la controversia ha llegado definitivamente a su fin a favor de Capa al descubrirse la identidad del hombre de la imagen: Federico Borrell García, muerto en Cerro Muriano, a doce kilómetros al norte de Córdoba, el 5 de septiembre de 1936.

Logré cerciorarme de que Capa y Taro estaban en Cerro Muriano ese mismo día gracias a algunos datos circunstanciales que pude averiguar mientras trabajaba en mi biografía sobre Capa. En su libro *The Spanish Cockpit* (El campo de batalla español) (1937) el periodista suizo Franz Borkenau narra que presenció esa tarde con dos fotógrafos de la revista francesa *Vu* una batalla en Cerro Muriano.[5] Eran Hans Namuth, que había conocido a Capa en París antes del estallido de la Guerra Civil española, y su amigo Georg Reisner. Namuth y Reisner fotografiaron a los habitantes aterrorizados del pueblo mientras huían de un ataque aéreo fascista. Cuando entrevisté a Namuth, me dijo que no había visto a Capa y a Taro en Cerro Muriano. Pero, unas semanas más tarde, cuando vio el número de la revista francesa *Vu* del 23 de septiembre de 1936 en la que aparecían (en la página opuesta a la del soldado abatido de Capa) las fotos de Capa de algunas de las personas que también fotografiaran Namuth y Reisner en la misma carretera de las afueras de Cerro Muriano, Namuth advirtió que Capa sí había estado ese mismo día.[6]

Este dato proporcionaba la clave esencial para determinar con precisión el lugar en el que Capa había disparado la fotografía *Muerte de un miliciano*. En las copias originales conservadas en los archivos de la herencia de Capa con la numeración cronológica original, los números en la secuencia de fotos a la que pertenece la de la *Muerte de un miliciano* preceden inmediatamente a la serie de los refugiados de Cerro Muriano. (Desgraciadamente, la mayor parte de las películas de España fueron reducidas a imágenes individuales por su ayudante de París, y se han perdido buena parte de los negativos originales de la secuencia de la *Muerte de un miliciano*, entre los cuales estaba el de la famosa fotografía). La numeración de las copias originales sugiere claramente que Capa sacó la foto del soldado en Cerro Muriano el 5 de septiembre de 1936. Capa confirmó repetidas veces a lo largo de su vida que había hecho la foto en el frente de Córdoba.

La polémica en torno a que Capa preparara o no la foto fue iniciada a mediados de los años setenta por el anciano periodista británico O'Dowd Gallagher, quien afirmaba haber compartido con Capa la habitación de un hotel en la frontera oeste de España y Francia en el momento en que se sacó la famosa foto. Pero, casi cuarenta años después de los acontecimientos, parecía evidente que la memoria le había tendido una trampa a Gallagher. Sin duda de buena fe, había confundido a Capa con otra persona con quien compartió habitación en ese lugar en 1936. Estoy convencido de que Capa y Gallagher no coincidieron hasta enero de 1939 cuando compartieron el mismo hotel en Barcelona. La posibilidad de que en efecto pueda ocurrir un fallo de memoria de estas características me quedó clarísimamente demostrado mientras realizaba las entrevistas para mi biografía sobre Capa. Al entrevistar al dibujante de viñetas Bill Mauldin, merecedor de toda mi confianza tras su detallada narración de recuerdos, me dijo que había coincidido con Capa en el frente del río Roer en la primavera de 1945. Me sorprendió, ya que estaba bastante convencido de que Capa estaba en otro lugar por esas fechas. Sin embargo, Mauldin me aseguraba que recordaba con claridad haber estado con Capa y, para probarlo, describió las fotos que allí se sacaron y que publicó la revista *Life*. Sus descripciones eran tan precisas que pude reconocer las fotos inmediatamente en cuanto las vi en la revista. No obstante, las había hecho George Silk y no Capa, que en ese momento realizaba un reportaje sobre los paracaidistas que aterrizaron al este del Rin.

Gallagher narró la misma historia a tres entrevistadores distintos a lo largo de varios años, pero las evidentes contradicciones que surgían en sus tres relatos desacreditaban en efecto su testimonio. En primer lugar, Gallagher le contó a Phillip Knightley—escritor británico que publicó la historia en su libro *The First Casualty: From the Crimea to Vietnam; The War Correspondent as Hero, Propagandist, and Myth Maker* (1975)—que "durante varios días no había habido mucha acción y Capa y otros se quejaron a los oficiales republicanos porque no podían tomar fotos. Al final... un oficial republicano les dijo que movilizaría un destacamento hasta unas trincheras cercanas para que simularan una serie de maniobras con el objeto de que las fotografiaran."[7]

En 1978, Jorge Lewinski publicó en su libro *The Camera at War* su entrevista con Gallagher, en la que el periodista afirmaba que fueron las tropas de Franco, y no las republicanas, las que escenificaron las maniobras:

> *En España empecé por Hendaya en Francia, en la frontera española próxima a San Sebastián. La mayoría de los reporteros y fotógrafos nos hospedábamos en un pequeño hotel destartalado. Nos introdujimos en la España de Franco a través del río Irún, una vez que nos dieron permiso los oficiales de prensa de Franco en Burgos... En una ocasión, sólo invitaron a los fotógrafos... y Capa me lo contó. Les simularon escenas de batalla. Las tropas de Franco vestían de "uniforme" y estaban armadas, y simulaban situaciones de ataque y de defensa. Utilizaron bombas de humo para ambientar la escena.*[8]

Sin embargo, es imposible que Capa hubiera tenido nunca algo que ver con las tropas de Franco. El fotógrafo, judío y profundamente anti-fascista, cubrió la Guerra Civil española absolutamente comprometido con el bando republicano. Es más, en el verano de 1936 era ya un fotógrafo conocido por su afiliación a varias publicaciones francesas de izquierda, por lo que difícilmente podría ser bienvenido en territorio franquista, de no ser para arrestarlo.

En cualquier caso, es posible documentar los viajes de Capa por

España entre el estallido de la Guerra Civil y la primera publicación de su fotografía; nunca estuvo a menos de varios cientos de kilómetros de San Sebastián.

Como ya se ha comentado anteriormente, una reciente y dramática revelación ha disipado toda duda sobre la autenticidad de la fotografía. Se ha identificado, sin ningún género de dudas, al hombre de la fotografía como Federico Borrell García, un miliciano de 24 años de edad, natural de Alcoy, cerca de la ciudad de Alicante, en el sureste de España. El responsable de rastrear su identidad fue Mario Brotóns Jordà, un español que falleció recientemente en Alicante. También natural de Alcoy, Brotóns se unió a la milicia republicana de la zona cuando tenía catorce años y estuvo en la batalla de Cerro Muriano el 5 de septiembre de 1936.[9]

Cuando un amigo de Brotóns, Ricardo Bañó, joven historiador de Alcoy, le mencionó que había leído que la fotografía de Capa pudiera haber sido tomada en Cerro Muriano el 5 de septiembre de 1936, Brotóns emprendió la búsqueda. Sabía que el hombre de la fotografía debía haber pertenecido al regimiento miliciano de Alcoy, ya que las cartucheras que llevaba el hombre eran como las que diseñara el comandante de la guarnición de Alcoy y fabricaran los artesanos del cuero de la zona.

Brotóns entonces descubrió en los archivos del Gobierno español en Salamanca y Madrid que sólo hubo una baja en la milicia de Alcoy en Cerro Muriano el 5 de septiembre de 1936: Federico Borrell García. Brotóns volvió a Alcoy con una reproducción de la famosa foto y se la enseñó a Evaristo, el hermano pequeño de Federico que estuvo también en Cerro Muriano aquel fatal día. En realidad Evaristo no presenció la muerte de su hermano pero confirmó que la fotografía coincidía exactamente con la descripción verbal que le habían hecho de aquellas circunstancias, y que el hombre de la fotografía era efectivamente su hermano. La identificación se confirmó una vez examinadas las fotos de familia de Federico.

La imagen de la *Muerte de un miliciano* pertenece a una secuencia que muestra al hombre en cuestión entre un grupo de soldados saltanto un barranco y disparando hacia el otro lado. La revista *Vu* publicó la fotografía justo encima de otra de un hombre que caía a su vez exactamente en el mismo lugar. Aunque algunos autores han afirmado que las dos fotos retratan al mismo hombre, tras un minucioso análisis, no hay duda de que son dos hombres distintos. En una de las fotografías de la serie aparecen los dos hombres alineados junto a otros camaradas agitando los rifles. El hombre de la famosa fotografía aparece en el extremo izquierdo; el otro es el tercero desde la izquierda. Éste lleva unas cartucheras en unas correas que cruzan su pecho en forma de X, en contraste con las correas en verticales paralelas típicas del diseño de Alcoy.

En la serie de las fotos de Capa parece que el fotógrafo corría junto a los soldados cuando éstos iniciaban su ataque al saltar el barranco. Tras tirarse de frente al suelo para disparar un par de veces, los soldados inician su ataque descendiendo una ladera expuesta, en la que por lo menos dos hombres resultaron abatidos al entrar en el radio de las balas enemigas. Es obvio que Capa estaba muy cerca del suelo y que apuntó con la cámara hacia arriba cuando captó la imagen de la *Muerte de un miliciano* y permaneció en esa posición relativamente segura al menos el tiempo suficiente como para fotografiar la caída del otro hombre.

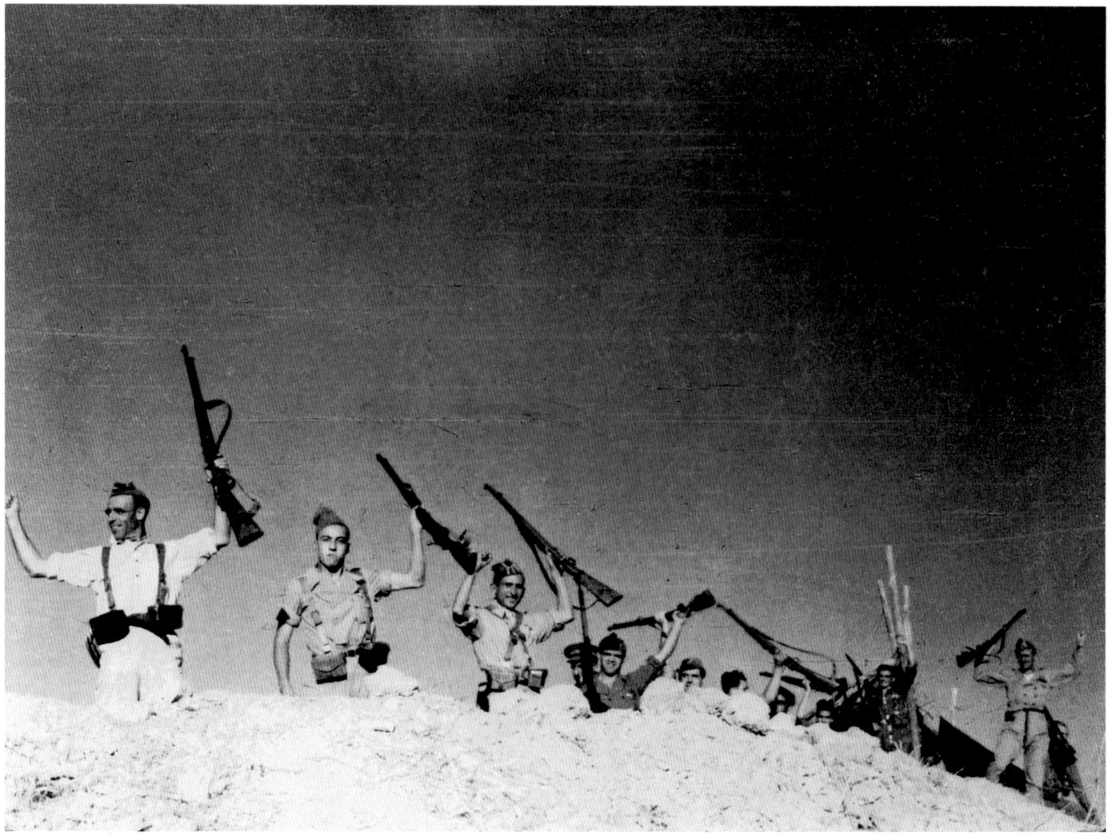

Cerro Muriano, frente de Córdoba, 5 de septiembre, 1936.

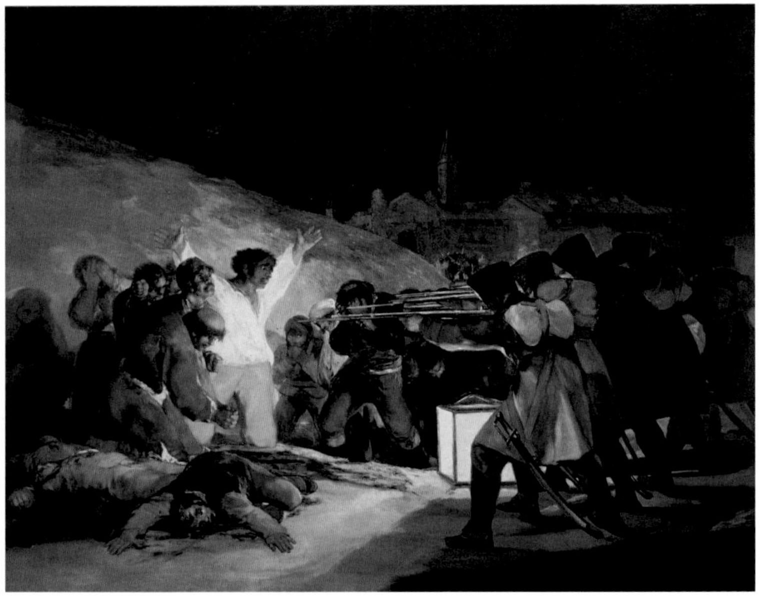

Francisco José de Goya y Lucientes, *Los fusilamientos del 3 de mayo, 1808,* 1814.

Aparentemente, el primero en caer fue Federico Borrell García. En la otra fotografía no vemos su cuerpo derribado sobre el terreno ya que presumiblemente el impacto lo impulsó unos metros hacia delante, fuera del campo visual de la segunda fotografía de Capa, antes de caer definitivamente. En la otra fotografía, el hombre ha caído a tal distancia que parece probable que su cuerpo quedara ya en el sitio.

En 1938 Capa publicó un libro con sus fotografías (y las de Gerda Taro) de la Guerra Civil española que tituló *Death in the Making*.[10] Hace algunos años, un crítico escribió que el hecho de que Capa no reprodujera en él la imagen justificaba las dudas sobre su autenticidad. Sin embargo, evidentemente, el crítico no había visto el ejemplar con la sobrecubierta en la que Capa reprodujo la *Muerte de un miliciano*. Lejos de omitir la imagen, le reservó un lugar privilegiado.

Cuando la fotografía de Capa se publicó por primera vez, en septiembre de 1936, los lectores quedaron impactados ya que nadie había visto nada parecido hasta entonces. Las anteriores fotografías de guerra habían sido necesariamente estáticas y tomadas a distancia. En la Primera Guerra Mundial, no tan lejana de aquella época, la cámara habitual era la Graflex mediana, con un fuelle y placas de cuatro a cinco pulgadas. Además de resultar muy llamativa, impedía prácticamente obtener fotos espontáneas, era muy pesada y dificultaba el margen de maniobra del fotógrafo en situaciones de peligro. Por el contrario, la Leica de 35 mm de Capa era discreta y le permitía la máxima movilidad. Con ella se lanzó al torbellino de la guerra, como nadie antes que él se había atrevido a hacerlo.

Cuando, en una ocasión, alguien le preguntó por su fotografía, conocida ya entonces en 1937, Capa respondió: "No hace falta servirse de trucos para sacar fotos en España. No hay que colocar la cámara (es decir, no hay que colocar a los objetos). Las fotos están ahí, y basta con sacarlas. La verdad es la mejor imagen, la mejor propaganda."[11]

Lo grandioso de la fotografía de Capa radica, en último término, en sus implicaciones simbólicas, y no en la exactitud literal con la que se documenta la muerte de un hombre en concreto. Podría decirse que la fotografía aglutina en una sola imagen todo el dramatismo del gran cuadro de Goya de los fusilamientos de los patriotas españoles a manos de las tropas de Napoleón. Es más, la postura del miliciano recuerda a las pinturas de la crucifixión de Cristo. Es la constatación abrumadora del dilema existencial del ser humano, representado por el hombre solitario abatido por un enemigo oculto, como si del mismo Destino se tratara.

Finalmente, aun ahora que conocemos la identidad del miliciano, la fotografía sigue siendo símbolo terrible de todos los soldados republicanos que murieron en la guerra y de la propia España republicana, lanzándose con valentía hacia delante para resultar finalmente derrotada.

III

El 6 de noviembre el ejército de Franco ocupó definitivamente los alrededores de Madrid. Se habían realizado muy pocos preparativos para la defensa, y la guarnición republicana era escasa y estaba mal equipada. La caída de la ciudad parecía inevitable. Cuando el 7 de noviembre comenzó la batalla, tanto soldados como civiles republicanos respondieron al fuego de las metralletas alemanas más avanzadas con las ráfagas de simples fusiles.

Sin embargo, a la mañana siguiente, como por milagro—así lo creyeron los madrileños asediados—apareció la primera Brigada Internacional, integrada por voluntarios de todos los países de Europa (sólo habían llegado unos cuantos americanos). Puesto que Franco recibía el apoyo de Alemania e Italia, muchos hombres y mujeres de Europa y América creían que alistándose como voluntarios para

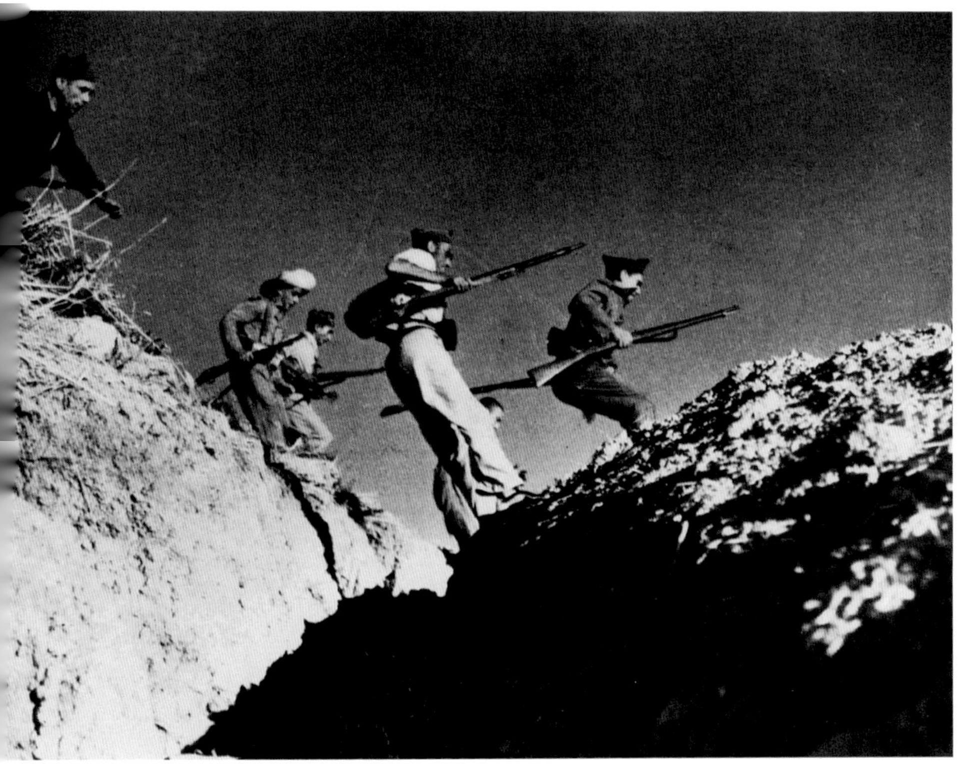

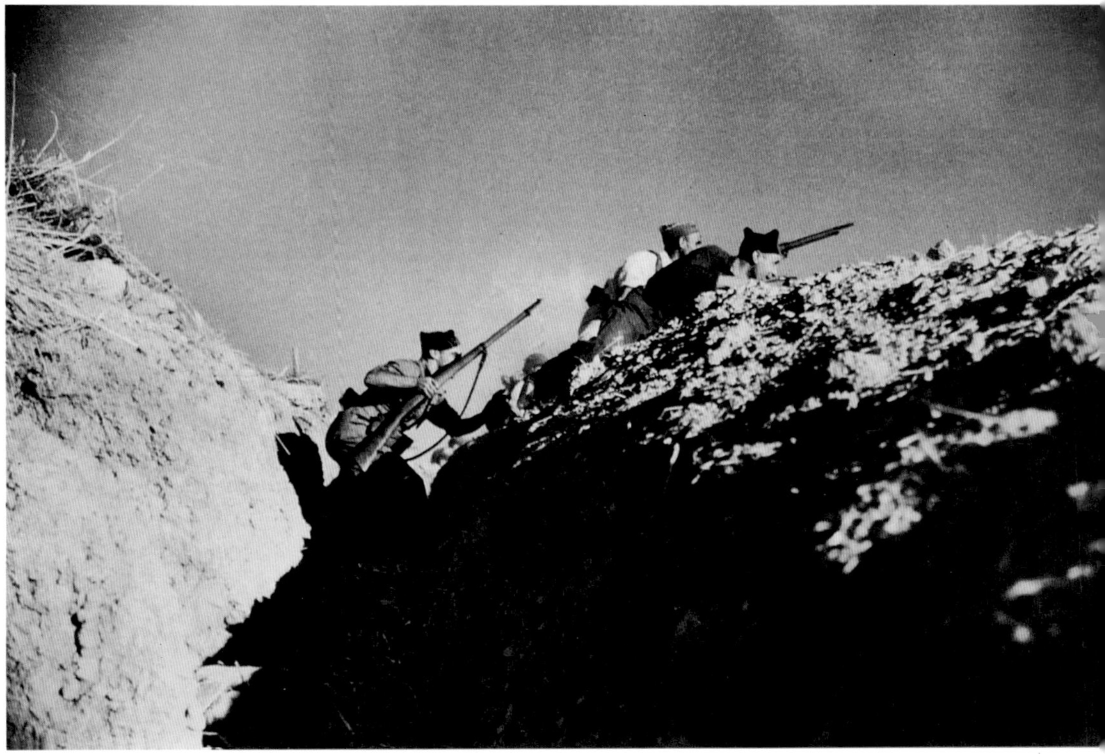

Cerro Muriano, frente de Córdoba,
5 de septiembre, 1936

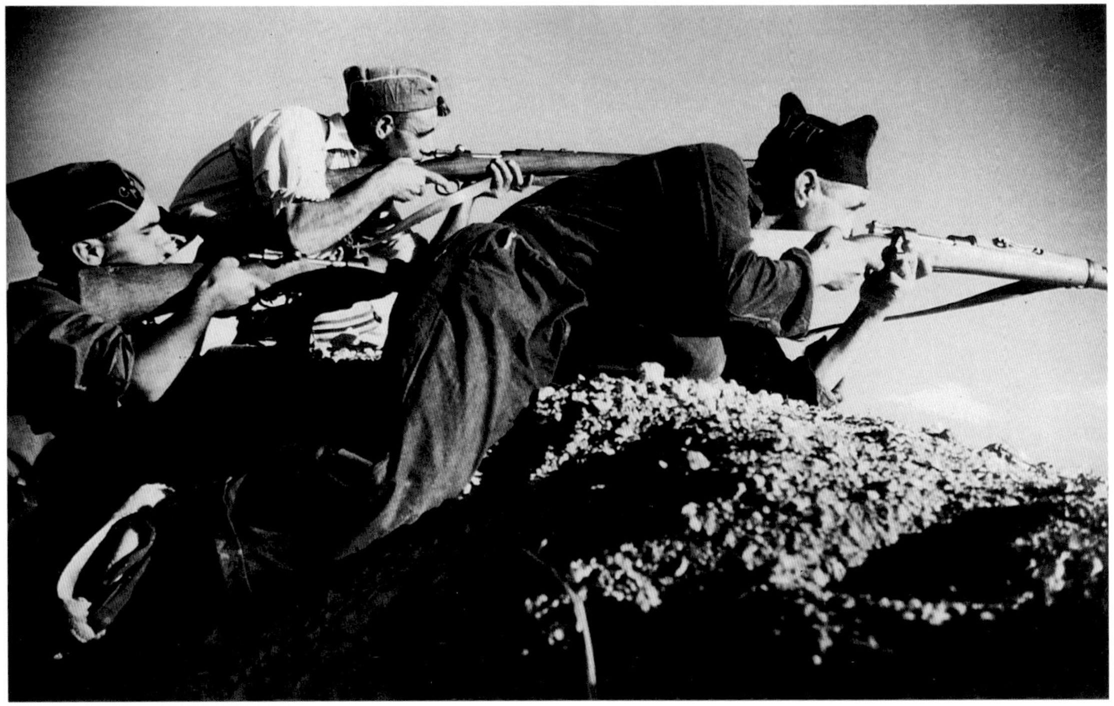

apoyar al bando republicano, al menos tendrían la oportunidad de luchar contra el fascismo e infligir una derrota tan decisiva que el movimiento fascista internacional quedaría desacreditado a escala mundial y, por tanto, se impediría la guerra mundial que, por otra parte, parecía cada vez más inevitable. Estos guerrilleros proclamaban desafiantes: "¡Madrid será la tumba del fascismo!"

Se encontraban en pleno entrenamiento en Albacete pero corrieron a ayudar a las tropas republicanas en cuanto fue evidente que todo hombre disponible, independientemente de lo mal entrenado o equipado que estuviera, era necesario para defender Madrid. La llegada de estos refuerzos de aproximadamente 2.000 hombres levantó extraordinariamente la moral de los republicanos y les permitió detener el avance nacional en la Ciudad Universitaria, donde la batalla quedó paralizada.

Capa llegó a Madrid el 18 de noviembre. Durante su primera semana de estancia pasó gran parte del tiempo con la XII Brigada Internacional, cuyo comandante—un hombre enérgico y carismático que se hacía llamar General Lukács—era húngaro y a cuyo comisario político, Gustav Regler, Capa conoció en una asociación de escritores alemanes emigrados en París.[12]

Durante la consiguiente batalla que tuvo lugar en los edificios agrícolas y alrededor de la casa solariega fortificada conocida como el Palacete de la Moncloa y en las granjas prefabricadas vecinas pertenecientes a la Escuela de Agrónomos de la Universidad, Capa se unió al Batallón Thälmann de la XII Brigada, el núcleo formado por comunistas alemanes de la Centuria Thälmann que Capa y Gerda habían visitado en el frente de Aragón en el mes de agosto. Capa también acudió a los mataderos, situados al oeste en tierra de nadie entre los dos frentes, y allí fotografió a los dinamiteros asturianos mientras utilizaban una pequeña catapulta para lanzar granadas a través de los viejos recintos para animales y alcanzar así las líneas enemigas. La idea de que los antiguos mataderos de animales eran ahora mataderos de hombres atrajo enormemente a Capa, que vio reflejada en ella su visión acerca de la ironía grotesca de la guerra.

Probablemente Capa no realizó una visita exhaustiva a la Ciudad Universitaria hasta una semana después de su llegada a Madrid; allí encontró a la XII Brigada Internacional en plena acción de resistencia. Pasó la mayor parte del tiempo con una compañía del Batallón de la Commune de París en la Escuela de Medicina, un edificio inmenso y laberíntico situado en un terreno alto de la zona este del *campus*. Allí tuvieron lugar algunas de las peores batallas, y aunque las escaramuzas continuaban, la mayor parte de las fotografías de Capa sólo mostraban la vigilancia, la camaradería y el valor de los voluntarios franceses y belgas que se habían instalado para defender el edificio.

Las fotografías que Capa realizó de Madrid dejan patente que comenzaba a comprender que la verdad acerca de la guerra se hallaba no sólo en el corazón de la batalla, en el espectáculo oficial, sino también en el límite de las cosas, en los rostros de los soldados soportando el frío, la fatiga y el tedio en el frente, y en los de los civiles desfigurados por el miedo, el sufrimiento y la pérdida. A lo largo de toda su carrera Capa siempre fue ante todo un fotógrafo de personas, y muchas de sus fotografías de guerra no son tanto la crónica de sucesos como el estudio extraordinariamente comprensivo y solidario de las personas que se hallan en situaciones extremas. Raras veces fotografiaba a los muertos o a los heridos graves; por el contrario, se centraba en los supervivientes sobrellevando sus vidas a pesar del dolor provocado por las pérdidas y la destrucción hasta límites insospechados: el triunfo del espíritu humano indómito.

Ya muestren soldados o civiles, las fotografías de Capa se caracterizan por la intimidad y la inmediatez, por la solidaridad y la empatía. Lo terrible de la guerra moderna es que tiende a la deshumanización. Los soldados pueden utilizar sus devastadoras armas de destrucción masiva sólo por el hecho de haber aprendido a conceptuar a sus víctimas no como individuos sino como una categoría: el enemigo. La estrategia de Capa consistía en humanizar la guerra *de nuevo*, en poner de relieve que los que sufren los efectos de la guerra son individuos y que quien contempla las fotografías no puede ayudarles pero se puede identificar con ellos. Si se comparan con la visión general de una batalla o del traslado masivo de los refugiados, uno se puede sentir simplemente abrumado y paralizado. Pero el impulso natural de cualquiera que contempla la fotografía de un individuo que sufre el dolor o la necesidad es el de tender la mano y ofrecer ayuda.

Capa pasó la mayor parte del tiempo en el barrio obrero de Vallecas, que sufrió muchos bombardeos. Allí fotografió mujeres vestidas de negro con la cara macilenta y que se las apañaban para reír entre ellas mientras permanecían en fila entre las ruinas esperando su ración de comida diaria. Sin embargo, los que se habían quedado sin hogar y que se refugiaron en los andenes del metro de Madrid no encontraban motivo para reír. Las fotografías de Capa, en las que los vemos tumbados en colchones o sentados en los bancos de la estación de Gran Vía sólo muestran miedo, tristeza, resignación y aburrimiento.

Había, no obstante, un motivo de alegría ya que el 5 de diciembre, cuando Capa dejó Madrid, parecía seguro que la ciudad no caería. Cuando volvió a París sus fotografías fueron todo un éxito. *Regards* les dedicó gran parte de sus cuatro números siguientes.[13] A pesar de que en esa época las publicaciones francesas no tenían a menudo en cuenta a los fotógrafos, en la portada del número de *Regards* del 10 de diciembre se leía el siguiente titular:

LA CAPITAL CRUCIFICADA:
las prodigiosas fotografías
de
CAPA
NUESTRO ENVIADO ESPECIAL EN MADRID.

En el interior de la revista, el editorial decía: "*Regards*, con el deseo de ofrecer a sus lectores una imagen verídica e irrefutable de la tragedia que viven los habitantes de Madrid, bombardeados por los fascistas, ha enviado a la capital española a uno de sus fotógrafos más cualificados y audaces."

En pleno mes de febrero de 1937, Capa y Taro se dirigieron al sur de España. Primero fueron a Almería, a un pueblo encalado de la costa andaluza al que habían huido miles de refugiados procedentes de Málaga. La gran mayoría había realizado el trayecto a pie; y habían hecho 270 agotadores kilómetros caminando y bajo los constantes ataques de los aviones nacionales. En la ciudad de Almería, al igual que en Murcia, adonde habían trasladado a algunos refugiados, Capa y Gerda se concentraron en escenas muy similares a las de las estaciones de metro de Madrid, e incluso más desgarradoras aún. Aquí, la gente acampaba en el pavimento a la intemperie. Ancianas y niños se amontonaban sobre pilas de ropa y sábanas. Las cabezas y los pies de muchos estaban vendadas. Incluso los rostros de los niños más pequeños, normalmente ajenos a la tragedia, mostraban desesperación.

Tras una semana en las montañas entre Almería y Málaga, en las que no presenciaron ninguna batalla, los fotógrafos se dirigieron al frente del Jarama, en el que los nacionales trataban de cortar la carretera vital Madrid-Valencia. Sin embargo, cuando Capa y Taro llegaron, los republicanos mantenían la carretera a salvo, al menos de momento. Tampoco vieron ninguna batalla cuando volvieron a Madrid y visitaron el elaborado sistema de trincheras, túneles y cuevas que habían cavado los republicanos alrededor del Hospital Clínico en la Ciudad Universitaria y que controlaban los nacionales.

A comienzos del mes de marzo, Capa aceptó un trabajo como fotógrafo de plantilla para *Ce soir*, un periódico del Frente Popular, de reciente creación, cuyo redactor jefe, Louis Aragon, era un afamado comunista. El periódico publicaría muchos de los reportajes más importantes de Capa en España.

Tras cerca de una semana de visitas a los frentes de las afueras de la ciudad, que una vez más estaban paralizados, Capa vio claro que las noticias realmente interesantes procederían de Bilbao y no de Madrid. Después del revés nacional en el frente de Guadalajara, al noreste de Madrid, Franco—ávido de ganar el control del mineral de hierro, carbón y la industria del norte—había decidi-

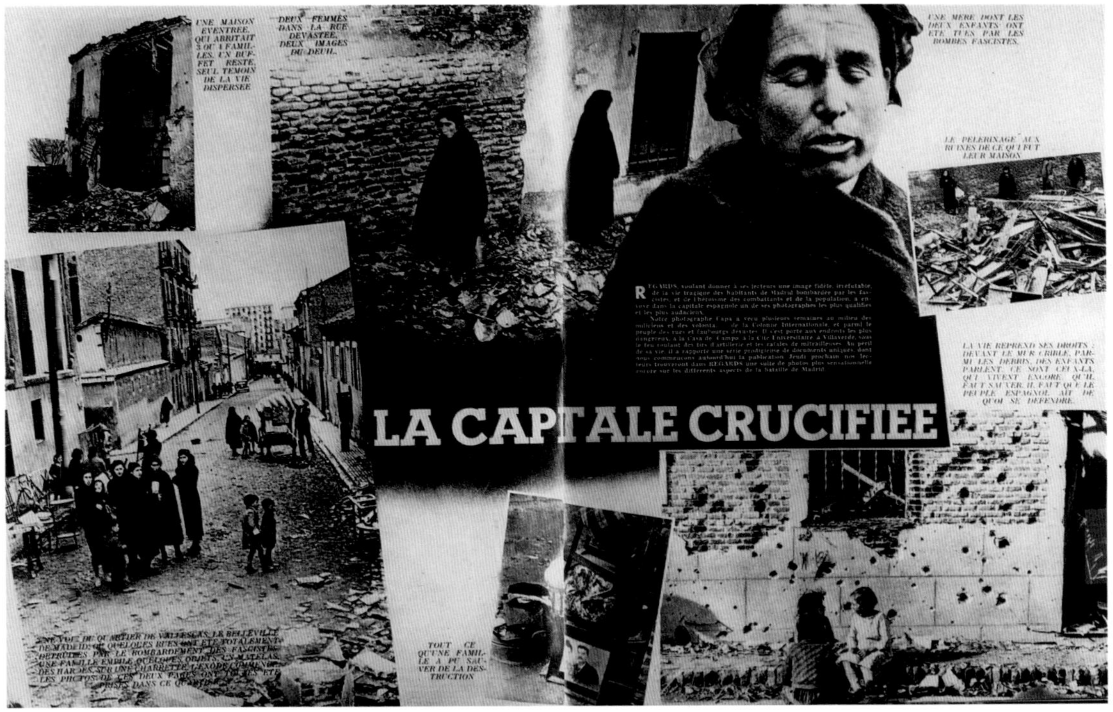
LA CAPITALE CRUCIFIEE

Regards, 10 de diciembre, 1936. "La Capitale Crucifiée" (La capital crucificada).

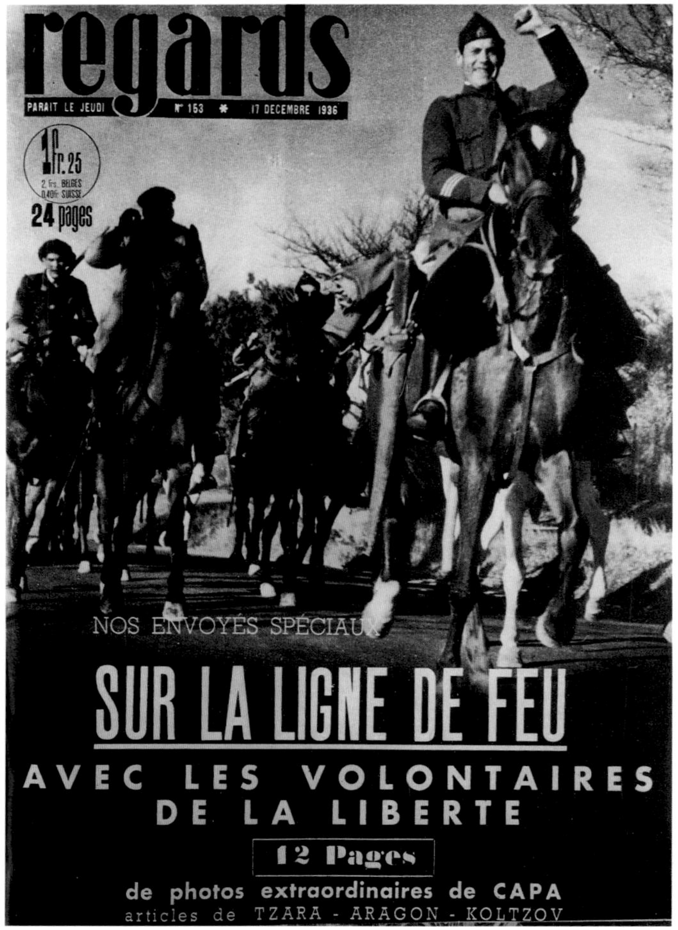

Regards, 16 de diciembre, 1936. "Nos Envoyés Spéciaux..." (Nuestros enviados franceses en el frente con los voluntarios de la libertad).

do trasladar el grueso de sus fuerzas de los alrededores de la ciudad y enviarlas a luchar contra las provincias vascas.

Cuando Capa llegó a comienzos de mayo, las tropas nacionales se estaban acercando a la ciudad desde el este por un amplio frente. Después de tomar las poblaciones indefensas de Durango y Guernica tras despiadados bombardeos, alcanzaron la sierra de bajas montañas que servía como última línea de defensa natural de Bilbao. El 7 de mayo atacaron el monte Sollube, una de las montañas más importantes desde el punto de vista estratégico, y Capa cubrió la batalla desde las trincheras vascas.[14]

Pasó los diez días siguientes documentando la vida de la ciudad sitiada, donde las sirenas que advertían de los ataques aéreos a menudo sonaban quince o veinte veces en una mañana. Mientras el pueblo corría hacia los refugios desesperadamente, Capa permanecía tranquilamente en las calles tomando fotografías hasta que se quedaban vacías. La mejor fotografía de esa época muestra a una madre y a su hija cogidas de la mano y corriendo; presa del pánico, la niña se ha abrochado mal el abrigo. Capa tenía la virtud de capturar ese tipo de detalles impactantes y reveladores.

A finales del mes de mayo, Capa y Taro volvieron a Madrid y se hospedaron en el hotel Florida, el preferido por los periodistas por su proximidad a la oficina de prensa de Telefónica, que por entonces era el edificio más alto de la ciudad. Esta proximidad también tenía, sin embargo, un inconveniente desagradable ya que, de vez en cuando, una bomba nacional dirigida contra Telefónica aterrizaba en el hotel, causando pequeños daños aparte de romper ventanas y reventar el sistema de agua caliente, y, en cualquier caso, conmocionando a los residentes.

Entre los periodistas que se hospedaban en el Florida se encontraba Ernest Hemingway, quien había llegado a Madrid a finales de marzo para colaborar con John Dos Passos y el realizador de documentales alemán Joris Ivens en una película que, finalmente, se llamó *The Spanish Earth* (La tierra española).

El 31 de mayo, Capa y Taro estaban en el Paso de Navacerrada, cerca de Segovia, para cubrir la ofensiva republicana frustrada que Hemingway describió en *Por quién doblan las campanas*. El primer día de la batalla, los dos fotógrafos se turnaron una cámara de cine Eyemo para rodar la serie de noticiarios *The March of Time* de Time Inc. y una Leica para las imágenes estáticas. Hemingway no estuvo presente, y la mayoría de las descripciones de su novela se basaron en las fotografías y en los informes de Capa como testigo ocular.

De vuelta en Madrid, que estaba soportando uno de los bombardeos más duros de todo el asedio, Capa y Taro fotografiaron y filmaron dinamiteros que utilizaban tácticas de guerrilla luchando de una casa a otra en el sector sudoeste del barrio de Carabanchel, y también cubrieron el funeral de estado del general Lukács, que había muerto en un ataque contra Huesca el 12 de junio, cuando su coche fue alcanzado por una bomba enemiga.[15]

Lo más importante que había tenido lugar en Madrid y aledaños había sido la resistencia republicana frente a una ofensiva nacional sobre la rica región minera alrededor de Peñarroya, Pozoblanco y Almadén, por lo que los fotógrafos se dirigieron hacia el sur y el 24 de junio llegaron al cuartel general del Batallón Chapaiev, situado cerca de Peñarroya. El primer día, Capa y Gerda fotografiaron y filmaron una reconstrucción del victorioso ataque del batallón sobre la población de La Granjuela que había tenido lugar el 5 de abril.[16]

Después, Capa volvió a París, pero Taro permaneció en España para cubrir el congreso de la Asociación Internacional de Escritores en Defensa de la Cultura. Sin embargo, Gerda pronto decidió que era mucho más importante cubrir la gran ofensiva republicana recién iniciada contra Brunete, al oeste de Madrid. Día tras día conducía desde Madrid para documentar la batalla, que fue, con diferencia, la más sangrienta que hasta ese momento había tenido lugar en toda la Guerra Civil.[17]

A última hora de la tarde del domingo 25 de julio, durante una confusa retirada, Taro saltó sobre el estribo del coche en marcha de un general para huir del peligro. ¡Ay!, el coche fue embestido por un tanque fuera de control y Taro resultó gravemente aplastada. Murió a primera hora de la mañana siguiente. Se la admiró mundialmente por tratarse de la primera mujer fotógrafo muerta en combate, y se convirtió en una heroína para miles de mujeres jóvenes.

Cuando Capa se enteró de la terrible noticia quedó desconsolado. Tras el espléndido funeral que el Partido Comunista Francés tributó a Taro y tras su entierro en el cementerio del Père-Lachaise, Capa fue a Nueva York, donde vivían su madre y su hermano. Incapaz de soportar la mera idea de volver a España, hizo planes para acompañar a Joris Ivens a China y realizar un documental sobre la resistencia China a la invasión japonesa que había comenzado el año anterior. Como Japón era aliada de Alemania, China era considerada por todos como el frente oriental de la guerra antifascista en España.

Poco antes de partir para China, Capa se sintió atraído por la idea de volver a España para cubrir una batalla que consideraba demasiado importante para ignorarla a pesar de su dolor personal. La mañana del 15 de diciembre de 1937, los republicanos iniciaron un ataque masivo sobre la ciudad amurallada de Teruel, un bastión nacional en las montañas yermas del sur de Aragón. Era evidente que los nacionales planeaban usar Teruel como punto de partida de la campaña que pretendía crear un corredor hacia el Mediterráneo para, de este modo, separar Barcelona de Valencia y Madrid. Los republicanos albergaban la esperanza de que su ofensiva no sólo detendría el empuje nacional hacia el mar, sino que también proporcionaría la victoria psicológica decisiva que la ofensiva de Brunete no había logrado.

Capa llegó a Teruel el día 21, y acompañó a un destacamento de dinamiteros que encabezaban un ataque directo contra la ciudad y que culminaron abriéndose camino con granadas. Tras acompañar a las primeras tropas republicanas que entraron en la ciudad, y con la victoria republicana aparentemente asegurada, Capa volvió de inmediato a Valencia esa misma noche para enviar su exclusiva.

Durante los tres días siguientes condujo con Hemingway y otros dos periodistas para presenciar el duro asedio, volviendo cada noche a la relativa comodidad de Valencia.

Más tarde, el día de Año Nuevo, los periódicos y las emisoras de radio nacionales proclamaron que su bando había recuperado Teruel. Debido a que las líneas de comunicación alrededor de Teruel habían sido destruidas, ni siquiera los oficiales militares de Barcelona podían refutar estas proclamas con certeza. Capa y Herbert Matthews, reportero del *New York Herald Tribune*, salieron a investigar. Después de una dura jornada a través de carreteras obstruidas por la nieve, averiguaron que, a pesar de que los nacionales habían ganado una gran cantidad de terreno, la mayor parte de Teruel permanecía aún en manos republicanas. Capa y Matthews cubrieron un ataque republicano contra la mayor concentración de nacionales en las ruinas carbonizadas del palacio del Gobernador Civil; después de volar la fachada, los republicanos se amontonaban sobre los escombros y en el interior del edificio donde, escribió Capa, que se mezcló entre ellos, tuvo lugar "una despiadada lucha con granadas".[18]

Cuando aquella noche Capa dejaba Teruel para volver a París, los republicanos conservaban el palacio y al final de la semana, de nuevo, toda la ciudad estaba en sus manos. Pero no pudieron conservarla durante mucho tiempo. Hacia finales de febrero, los nacionales volverían a tomar Teruel, y el Viernes Santo Franco alcanzaría el mar.

Capa pasó la mayor parte de los primeros nueve meses de 1938 en China. Cuando finalmente regresó a España en octubre, las noticias eran malas. En un intento por granjearse la amistad de Hitler, Stalin había ordenado la desintegración de las Brigadas Internacionales, más o menos garantizando, de este modo, la victoria de Franco, aliado de Hitler. El 16 de octubre, en las colinas cercanas a Falset, algunos kilómetros al este del río Ebro, Capa fotografió la marcha de los hombres de las brigadas cuando pasaban su última revista.

El 25 de octubre, Capa condujo hasta el Montblanch, donde el Gobierno y los jefes militares habían ido a despedir a una amplia delegación de voluntarios de todas las nacionalidades. Capa se concentró en los rostros enérgicos de los hombres, cuyos semblantes

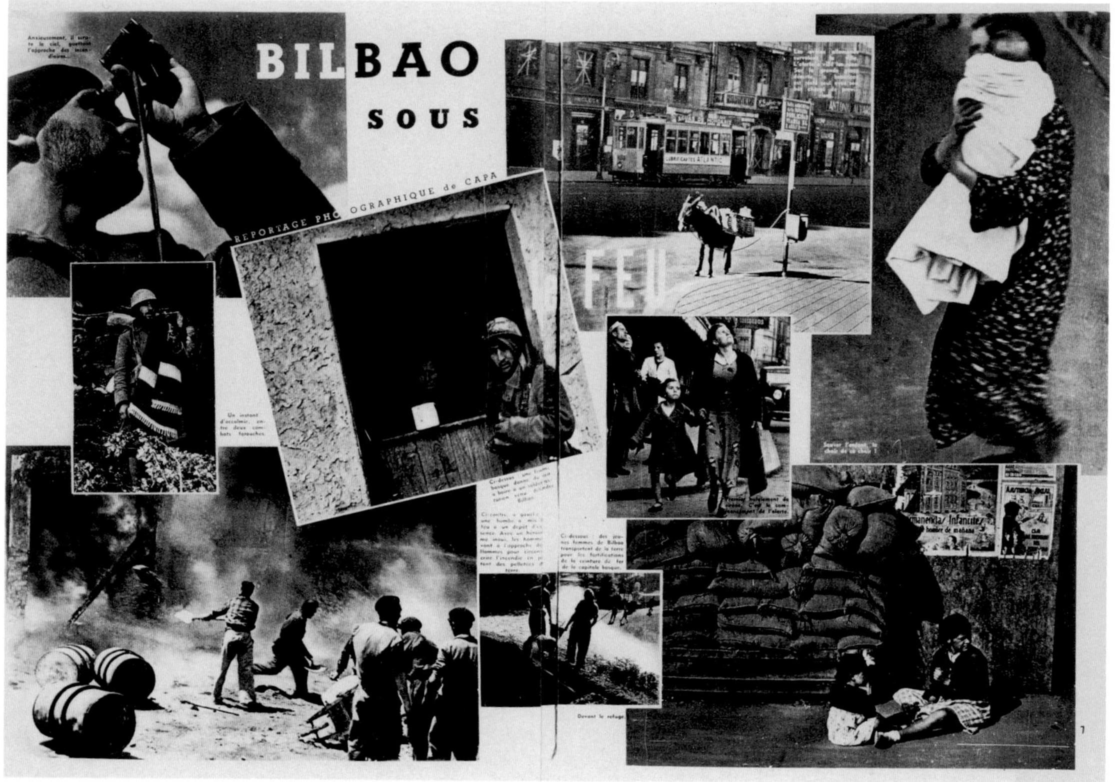

Regards, 27 de mayo, 1937.
"Bilbao Sous le Feu"
(Bilbao bajo el fuego).

reflejaban la certeza de que la partida de las brigadas significaría la derrota de la República. Cuatro días más tarde, Capa y Chim cubrieron el desfile de despedida dedicado a los voluntarios, entusiasta pero agridulce.[19]

El 5 de noviembre, Capa y Hemingway condujeron a Mora de Ebro y cruzaron el traicionero río Ebro en un pequeño bote para pasar un día con el general Líster y su 5° Cuerpo de Ejército, que a duras penas resistía una tremenda ofensiva nacional.[20]

La noche siguiente, en un intento por distraer a los nacionales de la batalla de Mora de Ebro, tropas republicanas vadearon el río Segre, afluente del Ebro, unos sesenta y cinco kilómetros al norte. Cuando en la madrugada del día 7 llegaron noticias de la ofensiva a Barcelona, Capa se dirigió al frente sin dilación. Lo encontró al sudoeste de Urida, cerca de la ciudad de Fraga, donde la lucha era especialmente cruenta. En este terreno estéril, rocoso y montañoso, mientras miles de hombres hacían un último y fútil intento por frustrar la inminente victoria nacional en el Ebro, Capa sacó algunas de las fotografías de primera línea de fuego más dramáticas de toda su carrera. Mirándolas, casi podríamos creer percibir el olor acre de la pólvora y sentir temblar la tierra por la explosión cercana de una bomba.[21]

Life dedicó dos páginas al relato; *Regards* le dedicó cinco páginas y la contraportada; y la nueva revista británica de Stefan Lorant, *Picture Post*, dedicó once páginas a las fotografías, y a una de ellas (varios hombres refugiándose bajo una roca saliente mientras las bombas explotaban junto a ellos) la llamó "la más asombrosa imagen de guerra jamás captada". La revista prologó el reportaje con una fotografía de Capa a toda página, cuyo pie decía "el mejor fotógrafo de guerra del mundo: Robert Capa".

Cuando volvió a España, hacia el 10 de enero de 1939, se dirigió primero al frente de Cataluña para fotografiar al general Líster y a sus hombres, pero se estableció una tregua y, por lo tanto, permaneció en Barcelona.

A pesar de que algunos esperaban que la ciudad siguiera el heroico ejemplo de autodefensa de Madrid, los más realistas supusieron correctamente que la ciudad hambrienta, exhausta y escasamente armada, terriblemente bombardeada en aquel momento, ofrecería poca resistencia.

Durante la noche del 12 de enero, Barcelona se cubrió de carteles anunciando la movilización general de todos los hombres menores de cincuenta años para la defensa de Cataluña, y a mediodía del día 13, los centros de movilización estaban llenos hasta rebosar. Aquella tarde, Capa se dirigió a uno de dichos centros, un estadio a las afueras de la ciudad. En su impactante serie de fotografías de los hombres con sus familias, captó el miedo, el pesar y la resignación de las despedidas.

Dos días después, el 15 de enero, Capa se encontraba en la carretera de la costa sur de Barcelona para fotografiar a los refugiados que habían esperado hasta el último minuto para abandonar Tarragona. Algunos habían apilado tantas posesiones en sus carros que tenían que ayudar a las demacradas mulas empujando desde atrás. De repente, se precipitaban aviones sobre la carretera para ametrallar a los refugiados indefensos. Las fotografías más desgarradoras que Capa tomó aquel día pertenecen a una serie que muestra a una anciana que milagrosamente salió ilesa de un ataque que acabó con el resto de su grupo, así como con su perro y sus dos mulas. Capa la encontró dando vueltas sin descanso alrededor de su carro en estado de conmoción y desconcierto.[22]

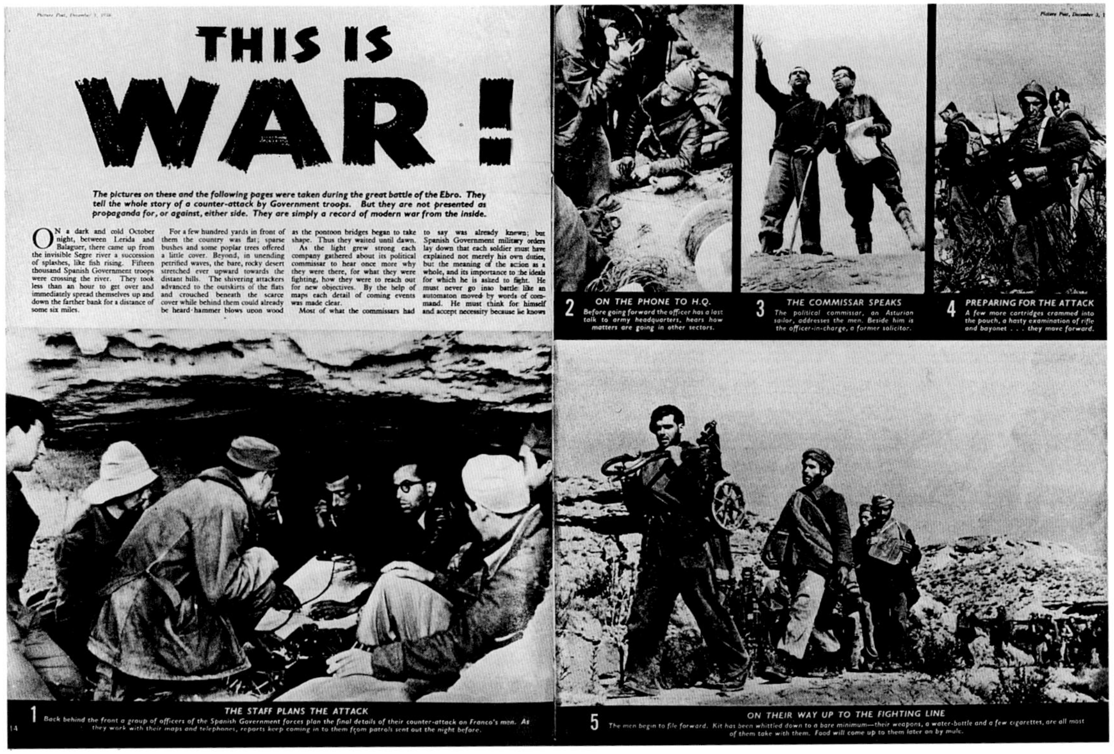

THIS IS WAR!

The pictures on these and the following pages were taken during the great battle of the Ebro. They tell the whole story of a counter-attack by Government troops. But they are not presented as propaganda for, or against, either side. They are simply a record of modern war from the inside.

On a dark and cold October night, between Lerida and Balaguer, there came up from the invisible Segre river a succession of splashes, like fish rising. Fifteen thousand Spanish Government troops were crossing the river. They took less than an hour to get over and immediately spread themselves up and down the farther bank for a distance of some six miles.

For a few hundred yards in front of them the country was flat; sparse bushes and some poplar trees offered a little cover. Beyond, in unending petrified waves, the bare, rocky desert stretched ever upward towards the distant hills. The shivering attackers advanced to the outskirts of the flats and crouched beneath the scarce cover while behind them could already be heard hammer blows upon wood as the pontoon bridges began to take shape. Thus they waited until dawn.

As the light grew strong each company gathered about its political commissar to hear once more why they were there, for what they were fighting, how they were to reach out for new objectives. By the help of maps each detail of coming events was made clear.

Most of what the commissars had to say was already known; but Spanish Government military orders lay down that each soldier must have explained not merely his own duties, but the meaning of the action as a whole, and its importance to the ideals for which he is asked to fight. He must never go into battle like an automaton moved by words of command. He must think for himself and accept necessity because he knows

1 THE STAFF PLANS THE ATTACK
Back behind the front a group of officers of the Spanish Government forces plan the final details of their counter-attack on Franco's men. As they work with their maps and telephones, reports keep coming in to them from patrols sent out the night before.

2 ON THE PHONE TO H.Q.
Before going forward the officer has a last talk to army headquarters, hears how matters are going in other sectors.

3 THE COMMISSAR SPEAKS
The political commissar, an Asturian sailor, addresses the men. Beside him is the officer-in-charge, a former solicitor.

4 PREPARING FOR THE ATTACK
A few more cartridges crammed into the pouch, a hasty examination of rifle and bayonet . . . they move forward.

5 ON THEIR WAY UP TO THE FIGHTING LINE
The men begin to file forward. Kit has been whittled down to a bare minimum—their weapons, a water-bottle and a few cigarettes, are all most of them take with them. Food will come up to them later on by mule.

14

Picture Post, 3 de diciembre de 1938. "This is War!" (¡Esto es la guerra!).

Para acompañar su reportaje, Capa escribió:

He visto a cientos de miles de personas huir así en dos países, España y China. Y me aterroriza pensar que cientos de miles de otros que aún viven en paz en otros países, algún día encontrarán el mismo destino. Porque durante estos últimos tres años el mundo en el que queríamos vivir ha tomado esta dirección.[23]

Unos días más tarde, tras describir a una hermosa jovencita de ojos oscuros que había fotografiado mientras estaba sentada desanimada en una pila de sacos frente a un centro de refugiados de Barcelona, escribió: "No siempre es fácil estar presente y ser incapaz de hacer nada excepto documentar el sufrimiento que te rodea."[24]

El 21 de enero, los bombarderos Heinkel se habían convertido en una visión más cotidiana y temible que nunca sobre los cielos de Barcelona. A menudo, un respiro de no más de quince minutos separaba los ataques, día y noche. Después, alrededor de la una de la madrugada del miércoles 25 de enero, llegaron noticias alarmantes de que los nacionales habían cruzado ya el río Llobregat, a menos de quince kilómetros al oeste. Capa y algunos otros corresponsales se amontonaron en sus coches y condujeron hacia el norte por la carretera de la costa hasta Figueras, la última ciudad importante antes de llegar a la frontera con Francia. Uno de los compañeros de Capa escribió que ellos "adelantaron a miles y miles de refugiados, en carros, en mulas, a pie, suplicando un sitio en camiones y coches, y siempre luchando cansinamente por tratar de alcanzar la inhóspita frontera que aún permanecía inexorablemente cerrada para ellos", pues los franceses aún no permitían el acceso de los refugiados en Francia.[25]

A continuación, Capa pasó varios días en Figueras, fotografiando refugiados en la ciudad y en las carreteras circundantes. El 28 de enero, junto con algunos de los primeros 400.000 hombres, mujeres y niños que finalmente cruzaron la frontera, abandonó España para no volver jamás. Cuando estaba en Londres, en febrero de 1939, le llegaron noticias de que el Gobierno francés (que hasta entonces sólo había admitido civiles españoles) por fin había permitido que el ejército de 200.000 soldados republicanos en retirada atravesara la frontera, aunque deberían permanecer en centros de recogida de refugiados cerca de Perpiñán. Lorant encargó inmediatamente a Capa un reportaje en los campos, pero el fotógrafo no soportaba aún la idea de enfrentarse a la humillación que sus camaradas españoles estaban sufriendo a manos de los franceses, los cuales, como escribiría después, "recibieron a los exhaustos refugiados españoles con la cruel indiferencia de un pueblo bien abrigado y bien comido".

Hasta mediados de marzo no realizó el viaje al enorme campo de la playa de Argelès-sur-Mer, donde estaban internados cerca de 75.000 hombres. El campo, rodeado de alambre espinoso y patrullado por soldados senegaleses montados, que eran una reminiscencia hiriente de los moros de Franco, era, como escribió Capa "un infierno en la arena". La mayoría de los hombres vivían aún en tiendas de campaña improvisadas y en cabañas de paja que ofrecían escasa protección contra la abrasiva arena levantada por el viento. Para hacerlo aún más difícil, no había agua corriente, sólo agua salobre extraída de hoyos excavados en la arena.[26]

Cuando llegó Capa se había construido un campo algo más confortable en Le Barcarès, treinta kilómetros al norte. Una gran serie de fotografías muestra una fila de hombres, aparentemente infinita, encabezada por gendarmes, que caminaba por la costa hacia el nuevo campo.

Durante la primera semana de mayo, Capa fue a Biarritz para fotografiar los cómodos orfanatos que el Plan de Padres Adoptivos para Niños Españoles había establecido en cinco fincas próximas. Cada niño tenía su correspondiente padrino o madrina, como por ejemplo Eleanor Roosevelt, Helen Hayes, Tallulah Bankhead, Archibald MacLeish, Rockwell Kent, y el reparto del éxito de Broadway, *The American Way*, y aquellos que habían sido "adoptados" por una persona famosa se enorgullecían especialmente de ello. Capa tomó varias fotografías de Lorenzo Murias, un niño de doce años apodado "Rooseveltito" en honor a su "madre adoptiva".[27]

IV

A comienzos de noviembre de 1944, Capa condujo desde un París liberado hasta Toulouse para asistir a una reunión de tres días de la Unión Nacional Española. Toulouse, que se había convertido en el centro de las actividades de los republicanos españoles en Francia, estaba lleno de españoles que creían que por el hecho de haber ayudado a liberar Francia, los Aliados ahora tenían la responsabilidad de ayudarles a liberar España. En efecto, los Aliados, en secreto, habían planeado una estrategia similar, pero abandonaron la idea.

Durante el mes de octubre, de hecho, varios grupos de exiliados españoles trataron de hacerse cargo de la situación por su cuenta. El 22 de octubre, un grupo de unos 150 hombres (los informes del Gobierno español hablaban de millares de un modo exagerado) cruzó la frontera al sudeste de Bagnères-de-Luchon y, por poco tiempo, tuvieron bajo su control varias poblaciones del valle de Arán. Las tropas gubernamentales entraron rápidamente; asesinaron, hirieron y capturaron a muchos, y provocaron la huida del resto de nuevo hacia las montañas. Desde Toulouse, Capa subió a las montañas para ver por dónde cruzaban la frontera, y después se dirigió a un hospital para visitar a algunos de los supervivientes, muchos de los cuales tenían heridas leves y los pies congelados. Las fotografías que tomó de sus rostros revelan que, incluso tras años de exilio y lucha, estos hombres conservaban el valor, la determinación y el humor cálido que le habían atraído tanto durante la Guerra Civil española.[28]

Capa nunca volvió a España.

NOTA TÉCNICA

Entre 1990 y 1992, Cornell Capa y yo volvimos a examinar todos los contactos de Robert Capa. De los aproximadamente setenta mil negativos que expuso en vida, escogimos 937 imágenes para realizar un estudio exhaustivo—aunque ciertamente no completo—de su mejor obra. De esas 937 imágenes, muchas de las cuales nunca se habían publicado o exhibido, 205 eran de la Guerra Civil española. Bajo nuestra estrecha supervisión, los expertos impresores Igor Bakht y Teresa Engle Moreno realizaron una edición estrictamente limitada de tres series de 937 copias en papel de 40 x 50 cm. Este proyecto se hizo posible gracias a la generosa ayuda del Tokyo Fuji Art Museum, que adquirió la primera serie. Cornell Capa donó la segunda serie a la colección permanente del International Center of Photography de Nueva York. Debido al origen europeo de Robert Capa, la tercera se destinará a un museo europeo.

Para su donación al Museo Nacional Centro de Arte Reina Sofía de Madrid, Cornell Capa ha encargado a Teresa Engle Moreno la realización de una nueva serie de 205 copias de las fotografías de la Guerra Civil española en papel de 38,8 x 48,8 cm con el objeto de evitar cualquier confusión entre estas copias y las de las tres series de 937 copias.

Sería imposible reunir una serie en verdad definitiva de las mejores fotografías que Robert Capa tomara durante la Guerra Civil española pues, de vez en cuando, se descubren imágenes desconocidas anteriormente, y muchas de ellas resultan ser realmente brillantes.

Uno de los descubrimientos más emocionantes de los últimos años fue un maletín, que contenía noventa y siete fotografías y papeles diversos, que había pertenecido a Juan Negrín, primer ministro de la República española. La mayor parte de las fotografías eran de Capa, aunque algunas eran de Taro o de Chim (David Seymour), amigo de ambos. Algunas de las fotografías más intensas de la colección son copias únicas de imágenes cuyos negativos se perdieron a comienzos de la década de 1940. Evidentemente, Capa, que era amigo de Negrín, le entregó las noventa y siete copias al primer ministro, el cual se las llevó a su exilio en Francia. Cuando estalló la Segunda Guerra Mundial y, por consiguiente, tuvo que huir a Francia de incógnito, le entregó el maletín al cónsul sueco en Vichy para que las pusiera a salvo, ya que Negrín sabía que si le aprehendían con una prueba así de su anterior puesto, estaría en grave peligro. Finalmente, el maletín se envió a Estocolmo y lo depositaron en los archivos del ministro de Asuntos Exteriores sueco. A finales de la década de 1970, un empleado del ministro descubrió el maletín, lo abrió y comprendió que debía devolverse al Gobierno español. El embajador sueco lo envió a Madrid en marzo de 1979. El Ministerio de Asuntos Exteriores español editó un catálogo con reproducciones de las noventa y siete fotografías, que ahora forman parte de la colección del Archivo de la Guerra Civil, situado en Salamanca. Este archivo posee pruebas positivas o microfilms de unas dieciocho mil fotografías más de la Guerra Civil española, entre las cuales probablemente habrá alguna de Capa. Los archivos del Partido Comunista Español en Madrid también contiene miles de fotografías de la Guerra Civil, entre las que sin duda se encuentra alguna de Capa.

En lo referente al número de imágenes de la Guerra Civil de Capa desconocidas anteriormente, los cuadernos redescubiertos durante la década de 1980 en los Archivos Nacionales de París son incluso más importantes que la colección de Negrín. Los ocho cuadernos contienen aproximadamente dos mil quinientos contactos de la película de 35 mm de Capa, muchas de las cuales están cortadas en fotogramas individuales, pegadas a las páginas e identificadas por temas. Hay un gran número de fotografías de gran calidad de las que no existen negativos. Con el reciente descubrimiento de técnicas de escáner por láser, estos diminutos contactos se pueden utilizar como si fueran negativos para hacer ampliaciones de gran calidad, con las que sin duda aumentaremos nuestro conocimiento del reportaje que realizó Capa en la Guerra Civil española.

Parece ser que el departamento del Ministerio de Interior francés encargado de investigar a los ciudadanos extranjeros confiscó estos cuadernos del estudio de Capa en París durante el otoño de 1939, poco después del estallido de la Segunda Guerra Mundial. Como europeo del este que había publicado en periódicos de orientación izquierdista, Capa despertó sospechas automáticamente. Afortunadamente, en octubre de 1939 pudo abandonar Francia para dirigirse a Nueva York. En 1952, los cuadernos de Capa estaban incluidos en un traslado masivo del Ministerio de Interior a los Archivos Nacionales. Y permanecieron allí, inadvertidos, hasta que un investigador tropezó con ellos más de treinta años después. Algunas de estas páginas se reproducen en este catálogo.

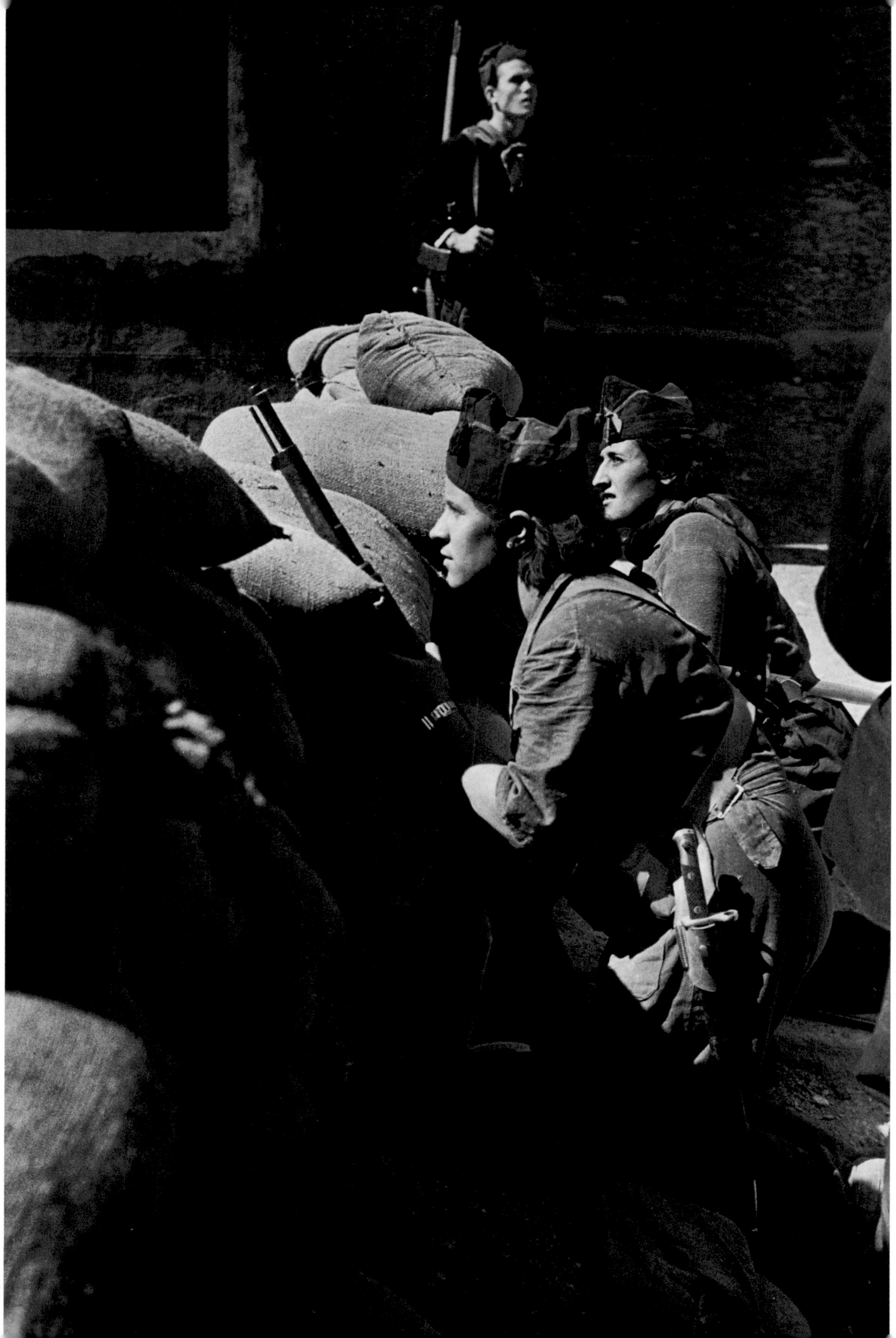

Barcelona, agosto, 1936

LA GUERRA CIVIL DE LAS MUJERES

CATHERINE COLEMAN

Todo el mundo reconoce que la Guerra Civil española fue un presagio de la batalla mundial que tendría lugar en contra del fascismo. Sin embargo, ahora también está claro que además se libraron otras batallas sociológicas, batallas que entonces se consideraron menos urgentes y, en consecuencia, no están tan manifiestas en muchos de los relatos históricos de la época; una de ellas es la lucha por la igualdad de género, y desde este punto de vista vamos a reexaminar las fotografías de Robert Capa. Capa no capturó únicamente la lucha republicana en pro de la democracia, sino también el destello de libertad que experimentaron las mujeres españolas en la década de 1930. Entre agosto de 1936 y enero de 1939, Capa realizó diversos reportajes sobre la Guerra Civil española en muchos de sus encargos para *Vu*, *Ce Soir*, *Regards*, *Life* y otras publicaciones. Muchas fotografías de Robert Capa muestran a la mujer como protagonista de primera línea de batalla en el bando republicano, durante las primeras etapas de la guerra. Por otra parte, Capa no realizó fotografías en el bando fascista en el que, además, las mujeres no se implicaban en los asuntos militares. A lo largo de toda la guerra, Capa fotografió tanto civiles como combatientes de primera línea de batalla; al final de la guerra documentó el exilio republicano. Capa defendió sus ideas izquierdistas y antifascistas con firmeza a pesar de que nunca perteneció formalmente a ningún partido político. Tal y como lo detalla la biografía de Richard Whelan,[1] a Capa le exiliaron dos veces por razones políticas (de Hungría en 1931 y de Alemania en 1933) y le castigaron por ser judío. Sus fotografías relatan, de un modo desafiante, la historia del bando de la Guerra Civil con el que simpatizaba: la lucha republicana en contra del fascismo y en favor de la democracia, tanto de los hombres como de las mujeres.

La anarquista Federica Montseny, miembro del Gobierno de la República,[2] sostiene que las mujeres que participaron en la guerra han sido silenciadas, sus historias se han ignorado y su labor en la guerra se ha infravalorado. Montseny ha denunciado el anonimato e incluso el ostracismo al que se ha destinado a las mujeres que participaron en la guerra. Quizás la explicación de este vacío reside en la visión anticuada con la que los ganadores escriben la historia y en que los fascistas no simpatizaban en la lucha por la igualdad de género. Sea cual fuere la causa de esta falta de atención, los historiadores la están rectificando empleando material de investigación como son los testimonios orales, pues constituyen el mejor medio de capturar y registrar las voces y la labor que desempeñaron las mujeres que participaron en esta lucha. Las fotografías de Capa constituyen una parte importante en este esfuerzo por reconstruir la historia.

EL ACTIVISMO DE LA MUJER Y EL DESARROLLO DEL MOVIMIENTO FEMENINO

La brevísima Primera República Española (1873–1874) abogó por la secularización del Estado, el derrocamiento de la Monarquía y el fin del control de la enseñanza por parte de la Iglesia católica. Incluso fue tan lejos como para reconocer, aunque con reservas, la capacidad de la mente femenina en un momento en el que, en 1870, el índice de mujeres que sabían leer y escribir era sólamente de un 9,6%, y a las mujeres que habían completado la educación secundaria se las consideraba bien educadas.

La dictadura de Miguel Primo de Rivera (1923–1930) acarició la idea de conceder el sufragio a las mujeres; el decreto del 24 de abril de 1924 otorgaba el voto político a aquellas mujeres solteras o viudas que no estaban sujetas a la patria potestad, es decir, a la autoridad del marido o tutor. A pesar de estas restricciones, como mínimo, la concesión del sufragio femenino se debatió durante la dictadura de Primo de Rivera. Gracias al aumento de concienciación, la Segunda República no podía ignorar el decreto de 1924 y, puesto que uno de los objetivos de la República era el de emular las democracias occidentales que se basaban en la consigna de una persona/un voto, no podía ofrecer menos derechos que el régimen opresivo que había suplantado. El sufragio femenino se convirtió en un asunto de crucial importancia no sólo como asunto relacionado con los derechos democráticos individuales, sino también con la buena salud de toda la República. Después de las elecciones de abril de 1931, la Segunda República inmediatamente tomó medidas para aprobar la legislación necesaria para modernizar las estructuras políticas que seguían el modelo de las democracias parlamentarias europeas.

La mayor parte de las mujeres españolas de la época no había recibido educación: el índice de mujeres que no sabían leer ni escribir en 1931 era del 60% en Andalucía y entre el 20% y el 30% en el País Vasco. El consenso general era que, aunque las mujeres fueran diferentes de los hombres, no eran inferiores. No obstante, se daba por sentado que necesitaban a los hombres y dependían de ellos para que las hicieran compañía y las protegieran. El deber de una mujer era cuidar de la familia y su destino su función biológica; a las mujeres nunca se las había permitido participar en ninguna actividad pública ni en ningún asunto relacionado con el gobierno del país; el trabajo fuera del hogar estaba mal visto, y de las que lo hacían, un 40% trabajaban en el servicio doméstico; el matrimonio era el único medio de lograr una seguridad económica. Sin embargo, hay que señalar una excepción, puesto que había una minoría de mujeres que, en los círculos aristocráticos, eran influyentes y participaban en las intrigas políticas de los salones que ellas mismas habían creado.

Entre 1931 y 1933, se empezaron a tratar asuntos que influían en la vida de las mujeres y se empezaron a promulgar leyes progresistas, entre las que se incluían la promoción de la enseñanza mixta pública en la escuela secundaria, clases nocturnas para adultos, el matrimonio civil y el divorcio; todo ello como resultado de la separación entre la Iglesia y el Estado. Gracias a estas reformas, la educación y la familia eran competencia de la jurisdicción del Estado y no de la Iglesia. "A igual trabajo, igual salario" al menos se aceptaba en teoría, aunque no se llevara a la práctica. Sin embargo, a pesar de la igualdad jurídica, el sistema patriarcal *de facto* permanecía intacto y la discriminación continuaba. Para la mayoría, la legislación respecto a la condición de la mujer llegó antes que la aceptación o petición popular; no obstante, tanto en el aspecto real como en el filosófico, estas reformas iniciales abrieron nuevos horizontes de posibilidades.

A pesar de que la Constitución española de 1931 se había inspirado en constituciones tan revolucionarias como la de México, de 1917, la de Rusia, de 1918, y en particular, la constitución alemana de 1919 firmada en Weimar, todas y cada una de las cuales reconocían la igualdad de derechos para ambos sexos, incluido el sufragio, la española no las imitó. El movimiento feminista en España no fue revolucionario ni muy extendido; más bien fue un producto del programa sobre igualdad de derechos de la burguesía liberal y no tenía el respaldo o el activismo militante de la mayoría de las mujeres españolas. El tema del sufragio femenino no salió a la luz a causa de la presión popular, sino por las opiniones y el poder de dos secciones contrarias de lo más selecto del país.

En 1931, el tema del voto femenino en España todavía estaba sin resolver. El gabinete de la República no debía de estar totalmente de acuerdo cuando el 8 de mayo de 1931 otorgó a la mujer el derecho a presentarse como candidata a un cargo electoral, y a ocuparlo, pero no para votar.

Los pros y los contras del derecho al sufragio femenino los debatieron dos de las tres mujeres parlamentarias elegidas para ocupar los 476 escaños de la Asamblea Constituyente del 28 de junio de 1931: Victoria Kent del Partido Socialista Radical y la socialista Clara Campoamor[3] (el ministro de Hacienda, el socialista Indalecio Prieto se abstuvo para no romper la disciplina del partido). El consiguiente debate tuvo lugar durante el mes de septiembre de 1931 en la esfera parlamentaria y en la prensa. Conceder el voto a las mujeres suponía incorporar aproximadamente 7,9 millones de nuevos votos (censo de 1933) para crear un censo electoral de cerca de 15 millones de votos. Había mucho en juego y, obviamente, todos los partidos políticos trataron, de un modo activo, de conseguir el apoyo de estas votantes potenciales.

Victoria Kent y numerosos intelectuales de izquierda estaban en contra de otorgar a las mujeres el derecho a votar en ese preciso momento histórico. Apoyaron la demora en la concesión del voto a las mujeres porque sostenían que las mujeres todavía no estaban suficientemente preparadas para pensar de un modo independiente, y temían que maridos y confesores impusieran los votos a las mujeres. En palabras de Gabriel y Galán:

> *La mujer española merece todo el respeto del mundo como ama de casa dentro del hogar español; la mujer española, como educadora de sus hijos también merece el elogio de un poeta; pero la mujer española como política está en situación de inferioridad, es reaccionaria y todavía no se ha separado de la influencia de la caridad y la confesión; de este modo, darle a la mujer el derecho al voto es como ofrecerles un arma política que mataría a la República. El clericalismo de las mujeres es lo que impide el derecho a la igualdad electoral.*[4]

A pesar de la participación de las mujeres que habían abierto un nuevo camino en su propia vida política, la coalición compuesta por los partidos que hicieron posible la proclamación de la Segunda República creyeron que dos años de reforma republicana no eran suficientes para acabar con siglos de tradición y desconocimiento.

Por otra parte, para el futuro inmediato de la República y desde un punto de vista político, no convenía que las mujeres votaran en las inminentes elecciones municipales de 1933. La República se veía amenazada desde dentro por dos facciones contrarias: los intereses de los terratenientes, la Iglesia y conservadores de varios tipos por una parte, y los trabajadores de la izquierda anarquista proletaria por otra. De hecho, los socialistas sabían que perderían si cualquiera de las dos facciones ganaba fuerza; los principios democráticos se desbaratarían si a las mujeres no se les concedía el derecho a votar; pero si se les otorgaba, lo más probable es que esos votos fueran en su contra y, de este modo, pondrían en peligro la República.

La Iglesia y los católicos conservadores compartían estas previsiones en cuanto a la posible intención de voto de las mujeres. A pesar de que se oponían a las nuevas reformas sociales, puesto que en ellas veían el espectro del comunismo y el ateísmo, apoyaron el sufragio femenino. Mientras que las parroquias y los púlpitos hacían las veces de tribuna activa para hacer propaganda antirrepublicana, los conservadores fomentaban el derecho de la mujer a votar, confiados astutamente en que la política confesional daría sus frutos. Los anarquistas también apoyaron el derecho de la mujer a votar, pues creían que ganarían una parte desproporcionada de votos femeninos, aunque, por principio, los anarquistas no participaban en ningún gobierno oficial.

El 1 de octubre de 1931, el Parlamento votó para conceder el derecho de voto a la mujer, con un resultado de 161 votos a favor y 121 en contra (aproximadamente el 40% se abstuvo o estaba ausente). El Partido Radical, el Partido Radical Socialista y Acción Republicana se negaron a conceder el voto a la mujer; a favor estaban los socialistas, los campesinos y los republicanos conservadores. Tal y como se preveía, los conservadores ganaron las elecciones municipales de 1933, lo cual confirmó el temor de que el conservadurismo y el clericalismo femeninos pondrían en peligro la República desde dentro.

EL BIENIO NEGRO (1934-1935)

La victoria electoral conservadora inició el llamado Bienio Negro (1934–1935): se revocó la legislación progresista y se eliminaron las organizaciones de trabajadores, aunque ambos se volverían a instaurar tras la victoria del Frente Popular.[5] La Agrupación de Mujeres Antifascistas, fundada en 1933 por el Partido Comunista y liderada por Dolores Ibárruri, se ilegalizó y se reorganizó en Pro-Infancia Obrera, cuya dirigente era Clara Campoamor. Los cometidos de la nueva organización eran reunir fondos, conseguir ropa para soldados y refugiados, y asegurar servicios urbanos y puestos de trabajo. (También fueron de las primeras organizaciones españolas que denunciaron el nazismo y los campos de concentración en Alemania.) En el periodo resultante, se produjo una oleada de huelgas y de agitación social.

La Revolución de Asturias de 1934 fue de especial importancia. Entre el 5 y el 18 de octubre tuvo lugar una sublevación nacional de trabajadores que protestaban contra el Gobierno conservador, y la dirección del Partido Radical envió al joven Franco, acompañado por legionarios mercenarios procedentes del norte de África, a reprimir la revuelta. A esto le siguió dos semanas en las que proliferaron los asesinatos y las violaciones, y se calcula que fueron detenidas entre treinta y cuarenta mil personas. El ministro de Asuntos Exteriores, Julio Álvarez del Vayo, escribiría después: "Pero fueron las mujeres españolas las que demostraron su valía durante la guerra. Una absurda tradición las había mantenido al margen de la vida nacional y las había confinado a la limitada vida del trabajo doméstico. Pero a partir de 1936 algo comenzó a cambiar: las mujeres se habían quedado profundamente conmocionadas por las salvajes represalias que siguieron al movimiento de octubre de 1934 y mostraron su protesta votando al Frente Popular el 16 de febrero de 1936".[6] Siguiendo el modelo de la joven comunista, Aída Lafuente, que murió protegiendo la retirada de los trabajadores, esta revolución menor sirvió como campo de entrenamiento para el activismo y la participación militar de las mujeres.

El establecimiento del voto femenino supuso que los partidos políticos, desde la izquierda, la derecha y el centro, intensificaran sus esfuerzos para persuadir a la mitad de la población adulta española de la validez de sus ideologías y programas políticos. El cambio que se produjo en la intención de voto de las mujeres entre 1933, cuando votaron a los conservadores, y 1936, cuando lo más probable es que votaran a la izquierda, en parte ha de entenderse como el resultado de dichos esfuerzos. La participación que la mujer obtuvo en la doctrina política y su experiencia en la vida real, aunque limitada, durante esos veintinueve meses—por no mencionar su concienciación de las ganancias y subsiguientes pérdidas respecto a la legislación progresista— afectaron drásticamente a sus vidas privadas y públicas.

Los partidos políticos formaron organizaciones internas para reclutar y entrenar a las mujeres, proporcionándolas un tímido acceso a la esfera pública: una acción que demostraría tener un valor incalculable y que más tarde se pondría en práctica en la Guerra Civil. Se habían conseguido los derechos políticos de la mujer, pero había reticencias a la hora de llevar a la práctica todos esos derechos desde todos los frentes políticos. Aunque se crearon organizaciones femeninas de amplio espectro dentro de cada partido, éstas dependían de la ideología del partido y no estaban directamente integradas en la vida política. La filosofía separatista pero igualitaria se continuaba pregonando pero no se ponía en práctica.

Desde 1931, los grupos católicos falangistas y fascistas se esparcieron como el humo y crecieron tan rápidamente como los miembros del sindicato anarquista CNT (Confederación Nacional del Trabajo), la socialista UGT (Unión General de Trabajadores) y el Partido Comunista. La conservadora Sección Femenina de Falange se fundó en 1934 y fomentaba la tradicional imagen dócil y sumisa de la mujer; la Agrupación de Mujeres Antifascistas se creó en 1933 y se ganó el apoyo de las mujeres republicanas y socialistas de clase media; y las Mujeres contra la Guerra y el Fascismo, de orientación comunista, se creó en 1934. Los dos últimos grupos se esforzaron por concienciar a las mujeres de la necesidad de adquirir una educación social, cultural y política. En un principio estas organizaciones de mujeres se crearon para obtener votos, pero también siguieron activas durante la Guerra Civil: organizaban el apoyo femenino en el frente en las zonas republicanas y en las actividades de retaguardia en ambos bandos.

La victoria del Frente Popular en 1936 demostró que España estaba dividida de un modo uniforme en dos bandos contrarios: la coalición de católicos, fascistas y monárquicos a la derecha, y el izquierdista Frente Popular compuesto por socialistas, republicanos, anarquistas, comunistas y la izquierda catalana. La enumeración de estos partidos demuestra la desconcertante colección de opciones políticas disponibles. El Frente Popular obtuvo 257 escaños de los 473 del Parlamento, aunque el voto popular mostró una diferencia mucho más pequeña en sus resultados, ya que el Frente Popular obtuvo cerca de 4,7 millones de votos frente a los 4,5 millones de la derecha.[7]

Los cinco meses que transcurrieron entre febrero y julio de 1936 estuvieron marcados por un intenso antagonismo entre las "dos Españas". La estrecha victoria del Frente Popular había abierto una brecha aún más grande entre ellas, dato que más tarde citaría Manuel Azaña como la verdadera causa de la Guerra Civil: provocó la sublevación militar del 18 de julio contra el gobierno electo.

LA MUJER EN LA RETAGUARDIA

El general Franco se convirtió en jefe de Estado en octubre de 1936 y en noviembre proclamó que la guerra era una "cruzada", con la bendición de la Iglesia católica y en contra de los ateos marxistas para recuperar los valores tradicionales del catolicismo español en las "reconquistadas" Badajoz, Mérida, Málaga, Sevilla y Córdoba. Rápidamente impuso un régimen autoritario: el retroceso a la legislación anterior a 1931[8] en el que las represalias[9] estaban a la orden del día en las zonas controladas por los fascistas. Para las mujeres supuso un paso gigante hacia atrás: la pérdida de la identidad pública y el regreso a la sumisión, a las tradicionales labores domésticas como madres y educadoras de niños. Las mujeres colaboraban mucho en la "recatolización" del territorio nacional recientemente conquistado y contribuían en el cuidado de la salud.

En las zonas republicanas ocurrió lo contrario, en particular en las dominadas por los anarquistas.[10] En los primeros meses de guerra, las zonas controladas por los anarquistas en Aragón y en Cataluña iniciaron un experimento social revolucionario siguiendo el modelo soviético. Las mujeres fueron protagonistas en el ámbito público y controlaron legalmente sus vidas privadas hasta abril de 1939. Los proletarios radicales vieron en la Guerra Civil una oportunidad para lograr una revolución social, una oportunidad no sólo para separarse del reformismo burgués de la Segunda República y del liberalismo democrático, sino también para alcanzar la colectivización general y la igualdad total. Los anarquistas pensaron que la guerra y la revolución social eran objetivos paralelos en la creación de una sociedad futura. Federica Montseny defendía la posición de que las mujeres tenían una identidad y una función en la sociedad independientemente de su condición procreadora. Fomentó la novedosa idea de que había que tratar a la mujer como persona y no solamente como madre. La ministra de Justicia anarquista legalizó uniones libres de milicianos muertos para autorizar que sus hijos y mujeres obtuvieran pensiones. En la Generalitat

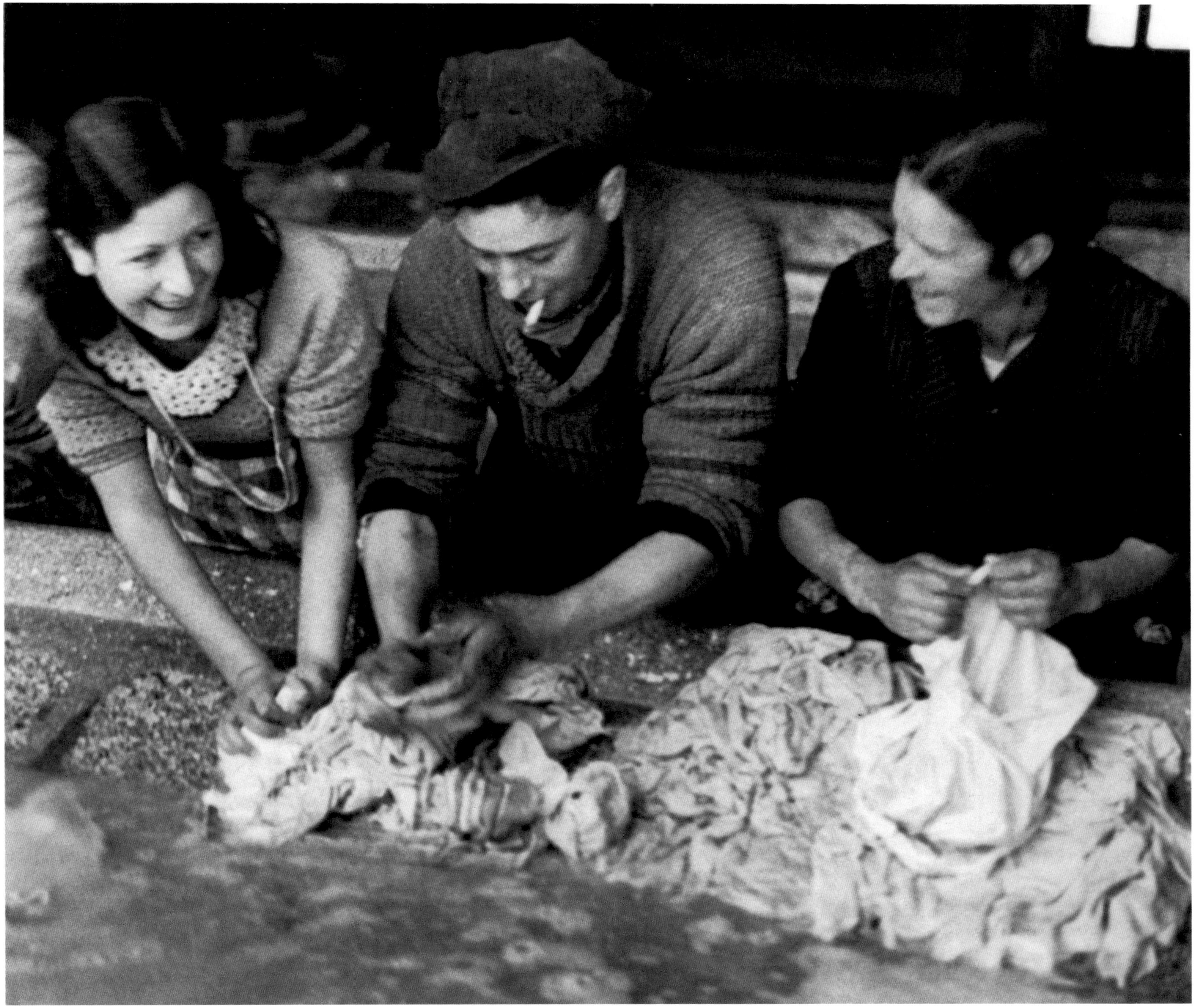

Madrid, noviembre–diciembre, 1936

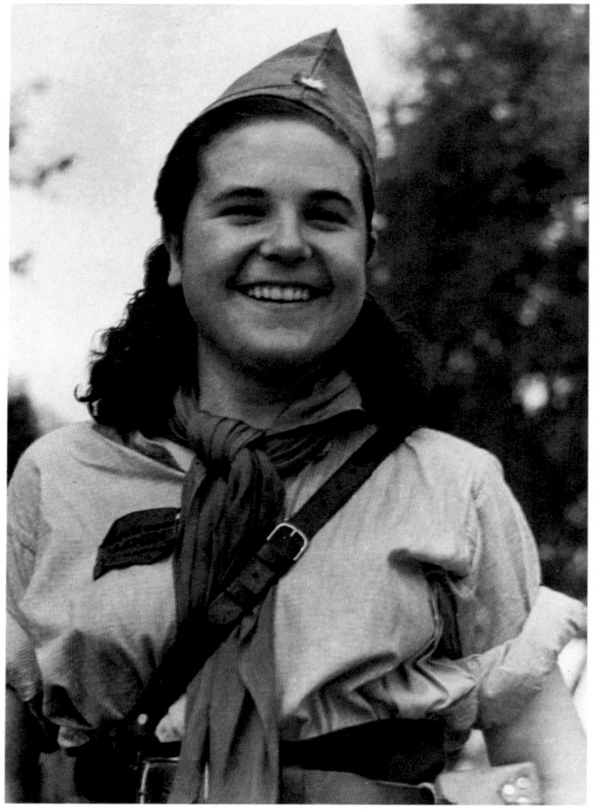

Miliciana de identidad desconocida. Otra de las fotos de la "maleta de Negrín", por gentileza del Archivo Histórico Nacional, Sección Guerra Civil, Salamanca.

de Cataluña, el anarquista Andrés Nín promulgó un decreto para legalizar el aborto.

El movimiento de las Mujeres Libres apoyado por la CNT nació en Madrid en 1936 y murió con la guerra. Era una organización exclusivamente femenina dentro de la anarcosindicalista CNT, y se consideraba necesaria porque la unión demostró un desinterés general por los asuntos de las mujeres. La organización anarquista Mujeres Libres constaba de 150 grupos con 20.000 miembros y tenía tres objetivos: hacer campaña a favor de los asuntos que atañían a las mujeres (tales como escuelas de educación mixta, la educación y la libertad sexuales, el aborto, el control de natalidad y la educación de las prostitutas), para combatir el analfabetismo y para lograr la igualdad entre los hombres y las mujeres en un sistema social basado en el comunismo libertario.

Ahora se necesitaban mujeres independientes y emancipadas, que anteriormente sólo existían en la teoría, para que se unieran en la lucha como vigilantes y para que ocuparan los puestos de trabajo que sus compañeros habían abandonado para ir al frente. Se pidió a las mujeres que cubrieran esos puestos vacantes con el objeto de mantener la producción, los servicios urbanos y la industria. Se organizaron alrededor de los grupos anarquistas, comunistas y antifascistas que habían surgido a comienzos de los años treinta con el objetivo de ganar votos. Por primera vez en su vida, y por un lapso de casi tres años, las mujeres estaban ganando experiencia y ayudaban a dirigir su país. Aún así, hay que subrayar que la discriminación de género continuó en los puestos de trabajo, en los cargos y en los salarios.

LAS MILICIANAS

Mary Nash[11] ha escrito el posible argumento de lo que debió de ocurrir el 18 de julio de 1936, cuando la espontánea participación femenina en la lucha se produjo por primera vez. Era mediados del verano; los niños y adolescentes disfrutaban de las vacaciones escolares y este espíritu de libertad estival lo invadía todo. Las muchachas calzaban alpargatas y ligeros vestidos de verano, afectadas por un idealismo utópico, las románticas noches estivales y la emoción de la aventura, y se desplazaron en bicicletas para unirse a los chicos y a los hombres en el frente. Las milicianas eran una pequeña minoría pero muy evidente durante los primeros meses de guerra. La situación cambió drásticamente con el frío otoño de 1936; la euforia se disipó y las exigencias de la guerra lo afirmaban por sí mismas. Las columnas de la milicia indisciplinada formadas por ciudadanos medios sin entrenamiento militar se reorganizaron en el ejército del Frente Popular en 1937.

El fenómeno de la miliciana nunca ha recibido el tratamiento adecuado.[12] El primer ámbito masculino al que tuvieron acceso las mujeres fue el militar. En primer lugar, esto se debió a la desorganización inicial de las tropas, y en segundo lugar, al hecho de que el Ejército republicano estaba formado por columnas de milicias organizadas por sindicatos y partidos políticos que carecían de jerarquía militar. Hay muy pocas estadísticas que muestren cómo funcionaban en realidad. Probablemente había menos de mil mujeres armadas en el frente;[13] sin embargo, esto no tiene en cuenta los varios miles de muchachas y mujeres armadas que en cada ciudad proveyeron de personal la retaguardia. Miles de mujeres armadas y en batallones femeninos, por ejemplo, participaron en la defensa de Madrid en noviembre de 1936. Sólo la Unión de Muchachas, de orientación comunista, estaba formada por dos mil muchachas de entre catorce y veinticinco años que trabajaban en talleres al tiempo que recibían una educación. Estas mismas mujeres también instalaron campos para realizar prácticas de tiro en Madrid. En general, las mujeres tenían dificultades para conseguir armas; a pesar de ello, participaron en masa para rechazar los ataques fascistas, luchando en la zona del puente de Segovia y en el frente sur de la capital, cerca de Getafe, donde la Unión de Muchachas fueron las últimas en retirarse.

Como miembros de la clase trabajadora y defensoras de la liberación de la mujer, las mujeres anarquistas se comprometieron en una lucha social y política que incluía su participación en primera línea de batalla. Convencidas de su libertad total, las Mujeres Libres de la CNT participaron de un modo activo en los asuntos militares durante la guerra. Llevaban sus propios uniformes y fueron los batallones de mujeres más activos en el frente. Incluso después de que se promulgara el decreto gubernativo para retirar a las mujeres de la primera línea de fuego, algunas permanecieron como parte de la jerarquía militar o como comisarias políticas: Pepita Urda (sargento), Mika Etchebéhère (capitana), Antonia Portero (comisaria política).

El periodista H. E. Kaminski ofrece una descripción de las milicianas que lucharon contra el enemigo cara a cara y que llevaban pantalones como los hombres. "La vanidad no tiene ningún sentido y las mujeres no utilizan barra de labios o maquillaje, además llevan el pelo corto. La verdad es que las mujeres cumplen con sus obligaciones con igual empeño."[14]

Las milicianas pronto fueron objeto de críticas y desaprobación. Shirley Mangini menciona que el asunto de las milicianas en primera línea de batalla provocó mucha consternación y controversia durante la guerra. Los soldados republicanos se sentían incómodos con las milicianas. En su gran mayoría, los hombres esperaban que las milicianas hicieran de cocineras, lavanderas y enfermeras. La miliciana Manuela describe que quería abandonar el Quinto Regimiento y unirse a la columna POUM (Partido Obrero de Unificación Marxista) de Mika Etchebéhère para no tener que lavar ropa ni cocinar. "No vine al frente a morir por la revolución con un paño de cocina en la mano."[15] Pasados los primeros meses de participación entusiasta e igualitaria, incluso la gente de la izquierda empezó a denigrar el trabajo de las milicianas.

A pesar de la creación de su propio batallón de milicianas, el Lina Odena,[16] el Partido Comunista participó en la campaña de propaganda para acabar con el activismo militar de las mujeres y apoyar su regreso a la retaguardia en otoño de 1936; su consigna era: "Hombres al frente/Mujeres a la retaguardia". Los comunistas sacrificaron la revolución por el objetivo inmediato de ganar la guerra; el único modo de implicar a la clase media era vaciar la propaganda de contenido revolucionario. La tan admirada Dolores Ibárruri, *La Pasionaria*, hizo hincapié en la necesidad de actuar con moderación y de defenderse de las ideologías extremistas y del trotskismo. Pidió la colaboración entre republicanos y anarquistas, algo que en contadas ocasiones se consiguió. Al final de la guerra, el objetivo sería lograr la emancipación.

Tras la reorganización militar de 1936, decididamente, las mujeres ya no eran bienvenidas en el frente por una serie de razones, entre

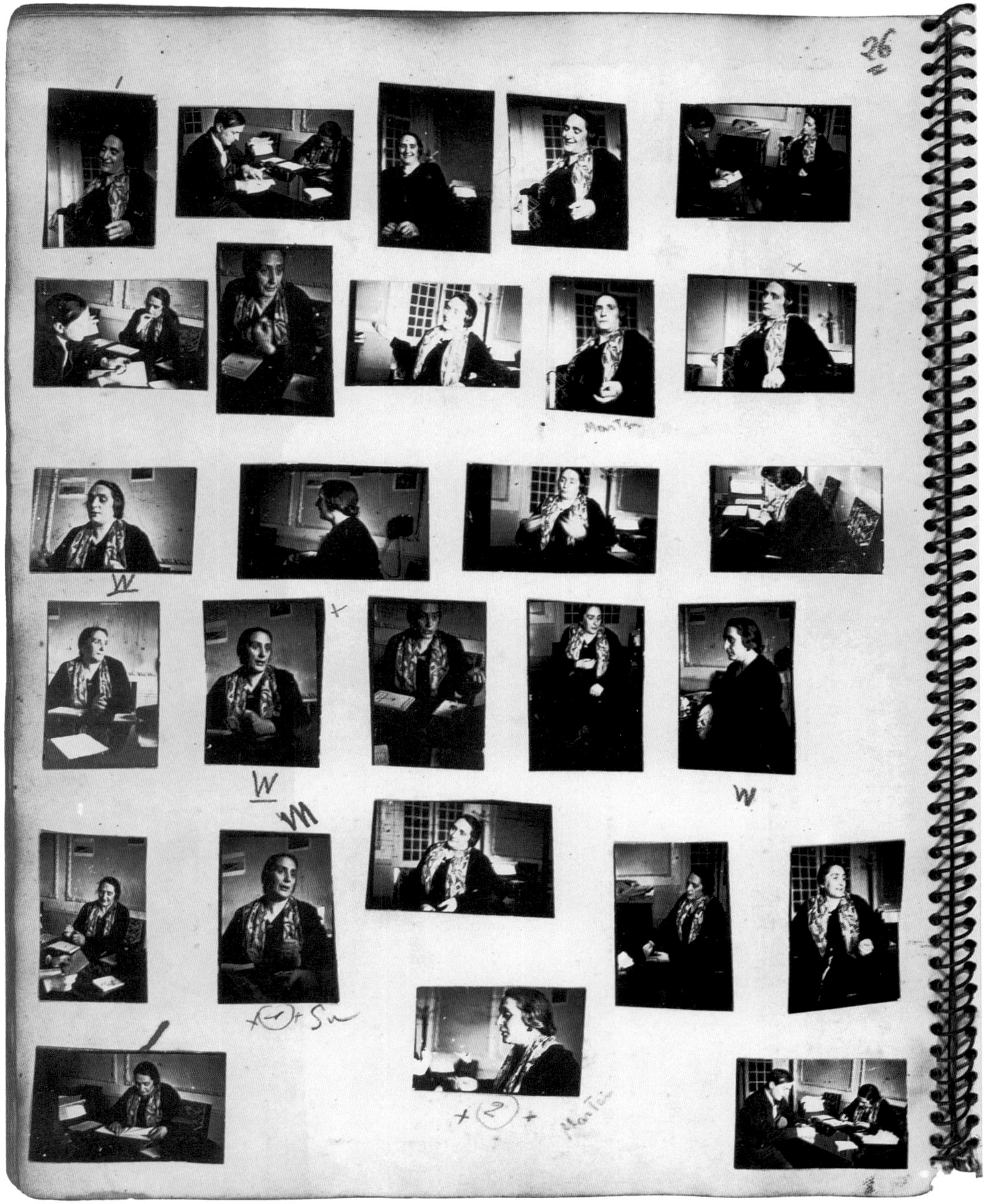

Dolores Ibárruri, *La Pasionaria*. Fotografías de Gerda Taro. Tomadas de los cuadernos de Robert Capa.
"La Pasionaria... fue ella la autora de la frase: 'mejor morir de pie que vivir siempre arrodillado'".
Death in the Making, Robert Capa (RC)

las que se incluían la tradicional visión paternalista que abogaba por la necesidad de proteger a las mujeres. Los soldados reaccionaban como "caballeros" españoles o Don Quijotes, y corrían a rescatar a las mujeres cuando creían que podían caer heridas o muertas: esta actitud sólo sirvió para causar más muertes. Además había acusaciones injustas e infundadas de contagios por enfermedades de transmisión sexual. La novedad de la mujer soldado animó a los fotógrafos a capturar esta nueva imagen y exagerarla pero, en diciembre de 1936, los pósters y la propaganda que mostraban a las milicianas como heroínas habían desaparecido: ahora las milicianas eran figuras de mala reputación que impedían el desarrollo adecuado de la guerra.[17] A las mujeres que llevaban el práctico mono de trabajo azul se las acusó de coquetas y frívolas y de confundir la guerra con el carnaval. En los hombres, el mono azul era un símbolo de identificación política, pero como las mujeres españolas nunca habían llevado atuendos de corte masculino, vestirse con estos monos representaba una subversión de los papeles tradicionales de género por encima y más allá del mensaje político. Por ejemplo, Rosa *la Dinamitera*, que acudió a la conferencia de Salamanca de 1989, dijo: "Nosotras las mujeres llevábamos monos de trabajo como los hombres. Nos criticaron mucho por esa razón, ¡y eso que los monos te cubren más que nada! Hubo mujeres que fueron encarceladas después de la guerra por haber llevado mono y pistola. Y no necesariamente por haberlas utilizado, sino simplemente por llevarlas".[18]

En otoño de 1936, el ministro de la Guerra, Largo Caballero, comenzó a organizar el Ejército del Frente Popular y obligó a las mujeres a regresar a la retaguardia con el objeto de formar un ejército más eficiente y disciplinado. A medida que la situación militar se deterioraba, el gobierno cada vez centralizaba más el control de la guerra frente a la oposición de muchas uniones y, principalmente, de los anarquistas. Pasado el mes de marzo de 1937, se prohibió que las mujeres acudieran al frente y que llevaran uniforme, a no ser que fuera el de enfermera. En 1938, las mujeres habían vuelto a desempeñar una labor estrictamente auxiliar en la retaguardia.

UN NUEVO MODELO DE MUJER: EL SÍMBOLO FRENTE A LA REALIDAD

A lo largo de la Guerra Civil, las mujeres actuaron como fomentadoras de cultura enseñando a leer y escribir a los hombres en el frente y a sus hermanas en la retaguardia. Crearon brigadas de alfabetización y de difusión de la cultura y misiones que en el fondo se parecían a La Barraca, una tentativa republicana dirigida por Federico García Lorca a comienzos de los años treinta que nació con el propósito de llevar el teatro clásico español a los pueblos.

Las escritoras María Teresa León, Rosario del Olmo, Rosa Chacel y María Zambrano trabajaron en la Alianza de Intelectuales y Escritores Antifascistas y escribieron para la publicación *El Mono Azul*.[19] En los primeros meses de la guerra, muchas mujeres intelectuales recibieron entrenamiento militar.

Durante estos tres intensos años, la prensa, las revistas femeninas[20] y la propaganda de los partidos políticos difundieron una imagen nueva y positiva de la mujer española antifascista y leal a la República. Esta nueva imagen se utilizó como símbolo de fortaleza, lo cual compensaba la imagen predominante de la mujer como víctima de la acción militar y de la represión de retaguardia que prevalecía. La propaganda y los carteles españoles y extranjeros que retrataban a las milicianas con o sin armas no estaban destinados a reclutar mujeres para que acudieran al frente. Más bien, el icono de la miliciana se utilizaba para animar a los hombres en su deber de servir a la patria. Mientras se retrataba a las milicianas en los carteles de un modo simbólico, las fotografías documentaban la auténtica participación militar de las mujeres.

Además de la miliciana, que se trataba más bien de un símbolo de la resistencia republicana que un prototipo propiamente dicho, abundaban las referencias a la imagen madre/hijo (a las hijas era menos común verlas pues no se les permitía acudir al destacamento).

Este nuevo modelo de feminidad—de los que había ejemplos reales como Dolores Ibárruri, que se convirtió en un modelo de mujer madura activista a imitar, que incluso inspiró a la publicación comunista que llevaba su nombre—se basaba en verdaderos logros en cuanto a derechos y a un activismo llevado a cabo por una minoría de mujeres.[21] Por desgracia, a pesar de mostrar cambios graduales en su actitud frente a las mujeres, el nuevo modelo no se correspondía con la realidad social de la mayoría de las mujeres españolas. Se produjeron algunos avances, en particular para las trabajadoras proletarias, pero la revolución fundamentalmente no alteró los papeles tradicionales o las desigualdades habituales. La gente, en general, continuó viendo a las mujeres como meras ayudantes de los hombres—no como protagonistas—a pesar de la imagen revolucionaria y descarada que mostraban los carteles y la propaganda.

Un nuevo fenómeno para la época fue la presencia y la influencia que ejercieron las mujeres extranjeras en España por la causa antifascista. Activistas políticas, escritoras y artistas como Joan Crawford, Lillian Hellman y María Brunet trabajaron por la causa antifascista desde fuera de España, y periodistas como Gerda Gropp, Martha Gellhorn, Sofía Blasco y Gerda Taro, por ejemplo, trabajaron desde dentro de España.

Gerda Taro[22], miembro de la Asociación Francesa de Escritores y Artistas Revolucionarios, fue una de las muchas mujeres periodistas, escritoras y fotógrafas que vinieron a ayudar a la República. Taro, una fotógrafa conocida como "la pequeña rubia" se hizo famosa de la noche a la mañana tras su muerte en un accidente durante la batalla de Brunete el 25 de julio de 1937; tenía veintiseis años, y su compromiso en la lucha contra el fascismo y su muerte sirvieron como un caso de modelo de mujer a imitar, en España y en todo el mundo. Su ejemplo originó la creación de clubs de seguidoras en los Estados Unidos, Francia y Alemania,[23] lugares en los que se la conocía mucho gracias a la publicación de sus fotografías fuera de España.

Al igual que Robert Capa, Gerda Taro (nació con el nombre de Gerya Pohorylle en Stuttgart el 1 de junio de 1910) era judía. Dejó su país natal en 1931 a causa del antisemitismo y nazismo incipientes, había sido encarcelada por sus creencias políticas y fue miembro del Club de Estudiantes Socialistas, parte del Partido Comunista Alemán (KPD) cuyo líder era Ernst Thälmann. Conoció a Capa en París en septiembre de 1934. Convencida de su talento como fotógrafo, Taro actuó como su promotora y le sugirió que cambiara su nombre, André Friedmann, por el de Robert Capa; éste, a su vez, le enseñó las técnicas fotográficas una tras otra; y viajaron juntos a España en agosto de 1936, donde demostraron un verdadero compromiso profesional y vital con la España republicana.

Cuando llegaron a España primero se dirigieron a las amistades y contactaron con el Centurión Thälmann en Aragón, y después pasaron algún tiempo con otros batallones de las Brigadas Internacionales por toda España. Como mujer emancipada que era, Taro estuvo en contacto con el grupo anarquista Mujeres Libres. Había estudiado español en Lausana; vestía pantalones y boina y vivía en la Casa de Alianza Intelectual en Madrid. Participó en los círculos intelectuales frecuentados por Pablo Neruda, Ernest Hemingway, Rafael Alberti y José Bergamín. Capa y ella trabajaron juntos en febrero de 1937 fotografiando en el frente y en la retaguardia para algunas publicaciones francesas, y ocasionalmente utilizaban el copyright "Reportage Capa and Taro".

El argentino Córdova Iturburu, que estuvo presente en el multitudinario funeral de Taro en París, escribió: "Era bella y joven y valiente. De hecho, era bella por triplicado". María Teresa León, Rosa *la Dinamitera* y Lola *la Riojana* bordaron la bandera tricolor que cubría el ataúd de Taro.[24] Robert Capa le dedicó su libro *Death in the Making:* "para Gerda Taro, que pasó un año en el frente en España y se quedó".[25]

A pesar de las pruebas visuales que tenemos en numerosas fotografías, entre ellas las de Capa, los historiadores contemporáneos han optado por ignorar o subestimar la participación de las mujeres en la vida pública a lo largo de este breve periodo de cinco años, puesto que éstas desempeñaron una labor en la propia Guerra Civil. La historia de Gerda Taro es una de las muchas historias que ilustran la oposición activa de la mujer frente al fascismo. Por desgracia, muchas otras mujeres, como Victoria Kent, Margarita Nelken, Campoamor, Álvarez Resano, de la Torre, Martínez Sierra y otras figuras visibles durante la guerra desaparecieron en el olvido después de 1939. Murieron en el exilio y su reputación sólo se ha revivido lentamente, en particular desde el congreso de 1989 que tuvo lugar en Salamanca. A aquellas mujeres republicanas que permanecieron en España se las consideró "infectadas por el virus del marxismo",[26] enfermas mentales, y se las trató como tales.

Las mujeres españolas experimentaron unos cambios extraordinarios en ocho años (entre 1931 y 1939), se les reconoció su potencial, mediante lo que hoy llamamos concienciación, un logro sorprendente si tenemos en cuenta el peso de la tradición española. Con la victoria de los nacionales, las mujeres que lucharon por la libertad democrática y personal perdieron por partida doble: no sólo perdieron la guerra, sino además su identidad recientemente adquirida, su nuevo concepto de sí mismas. En las fotografías de Capa de estas "nuevas mujeres", sus sacrificios ejemplares y su historia permanecen vivos. Lo que se percibió como un dato insignificante en un periodo determinado, ahora se puede volver a interpretar dentro de un contexto histórico nuevo. Robert Capa nos ofrece el pretexto para volver a examinar asuntos que hasta ahora han estado sumergidos en el olvido.

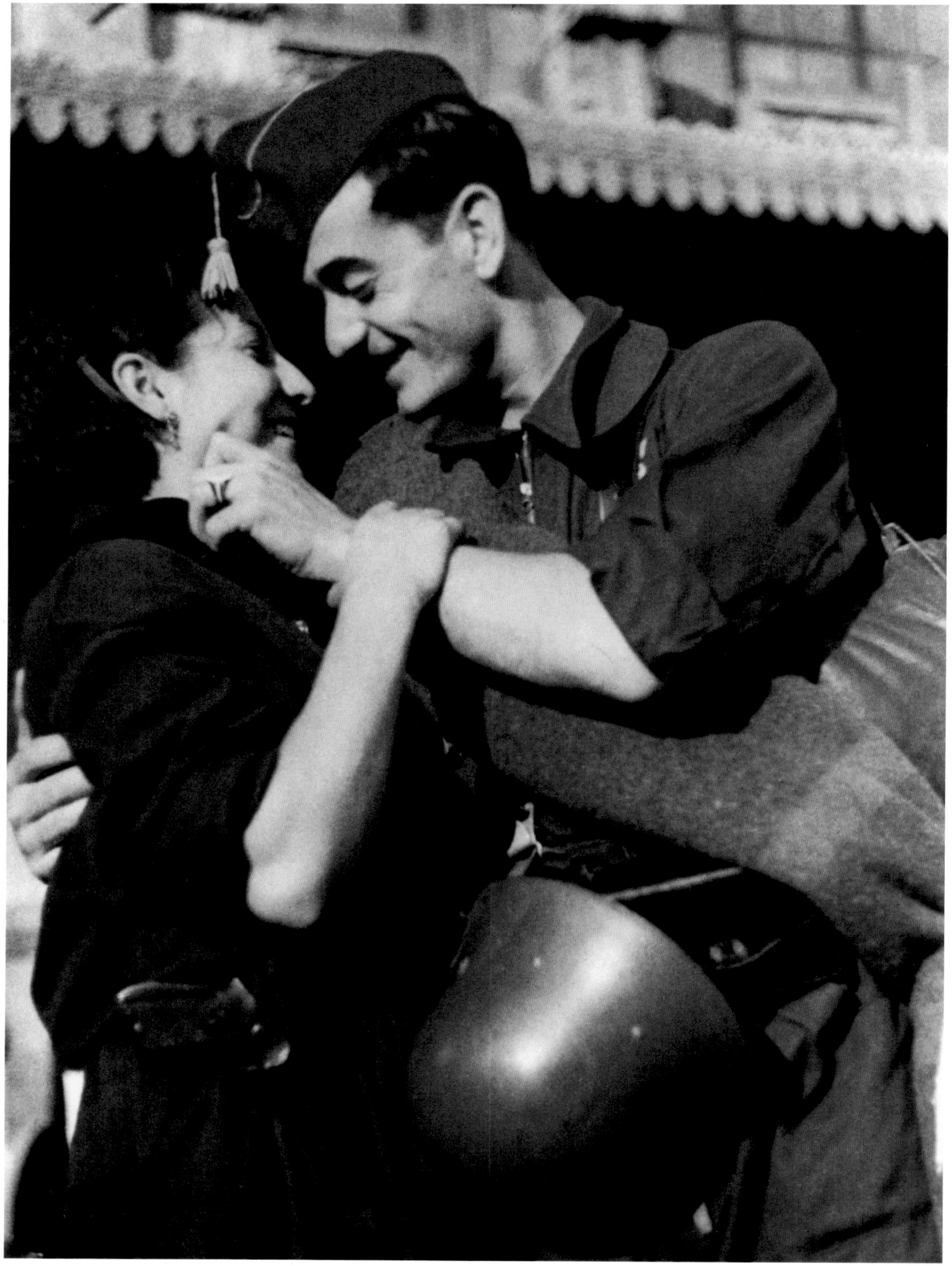

Barcelona, agosto, 1936

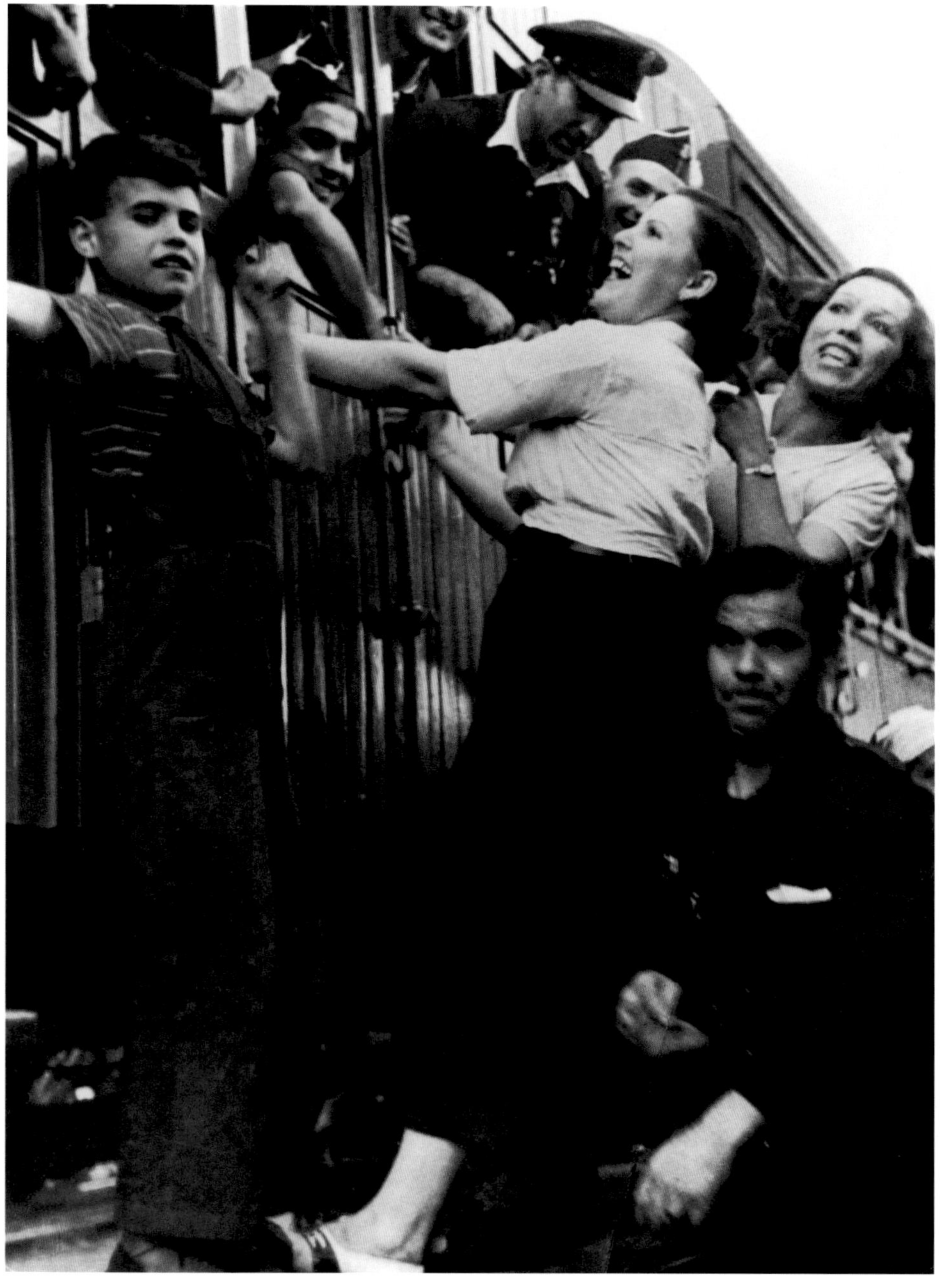

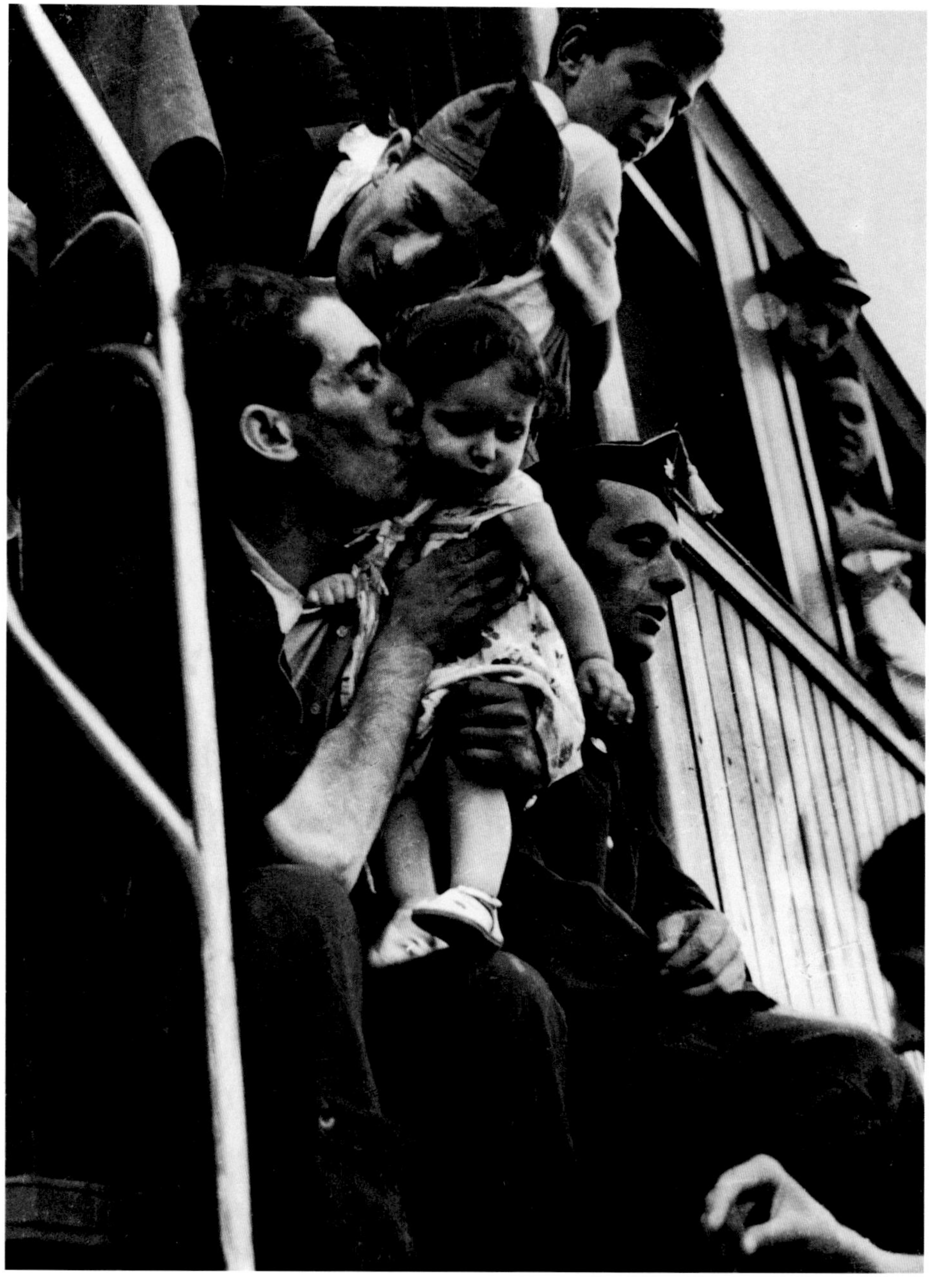

Barcelona, agosto, 1936

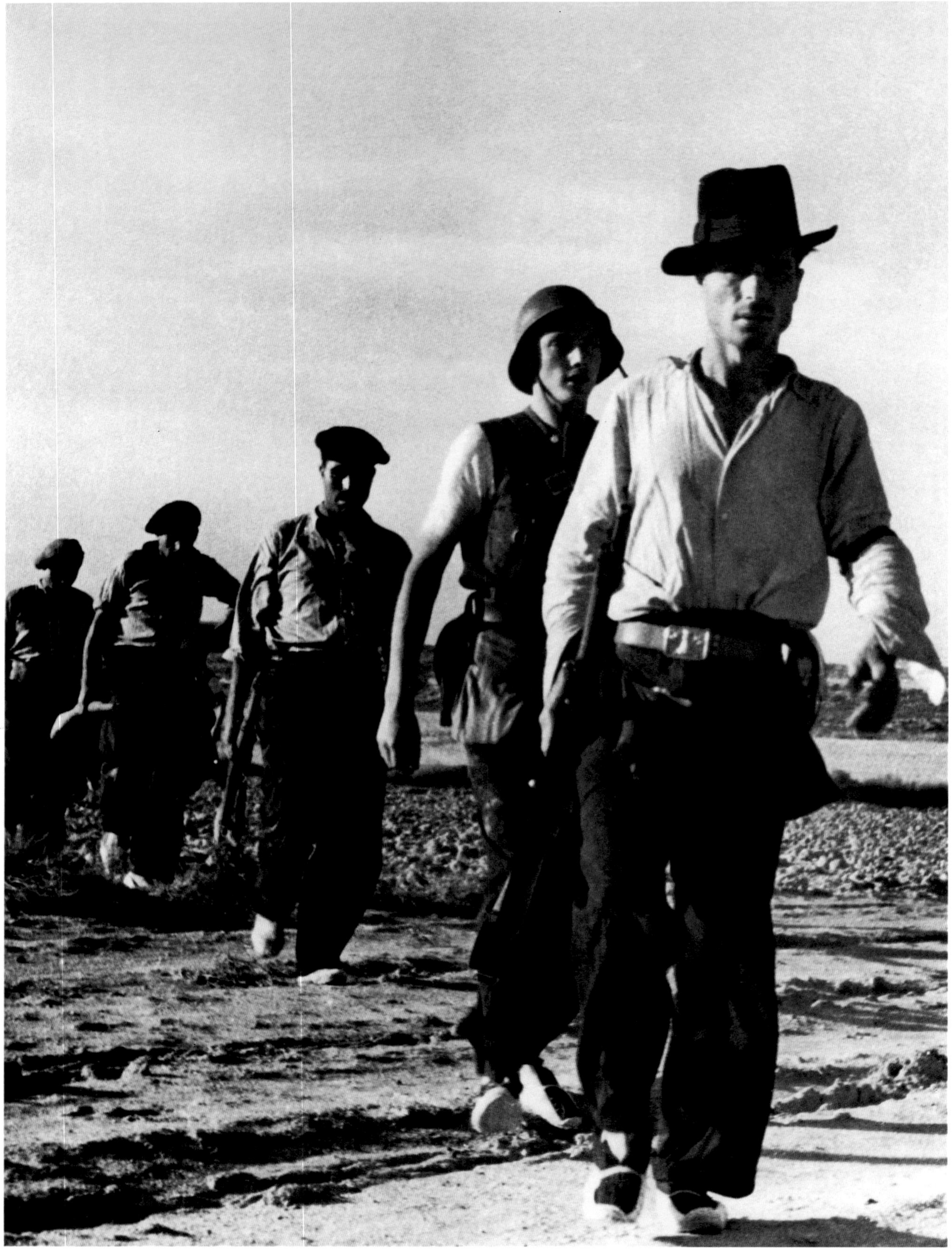

Alrededores de Barcelona, agosto, 1936

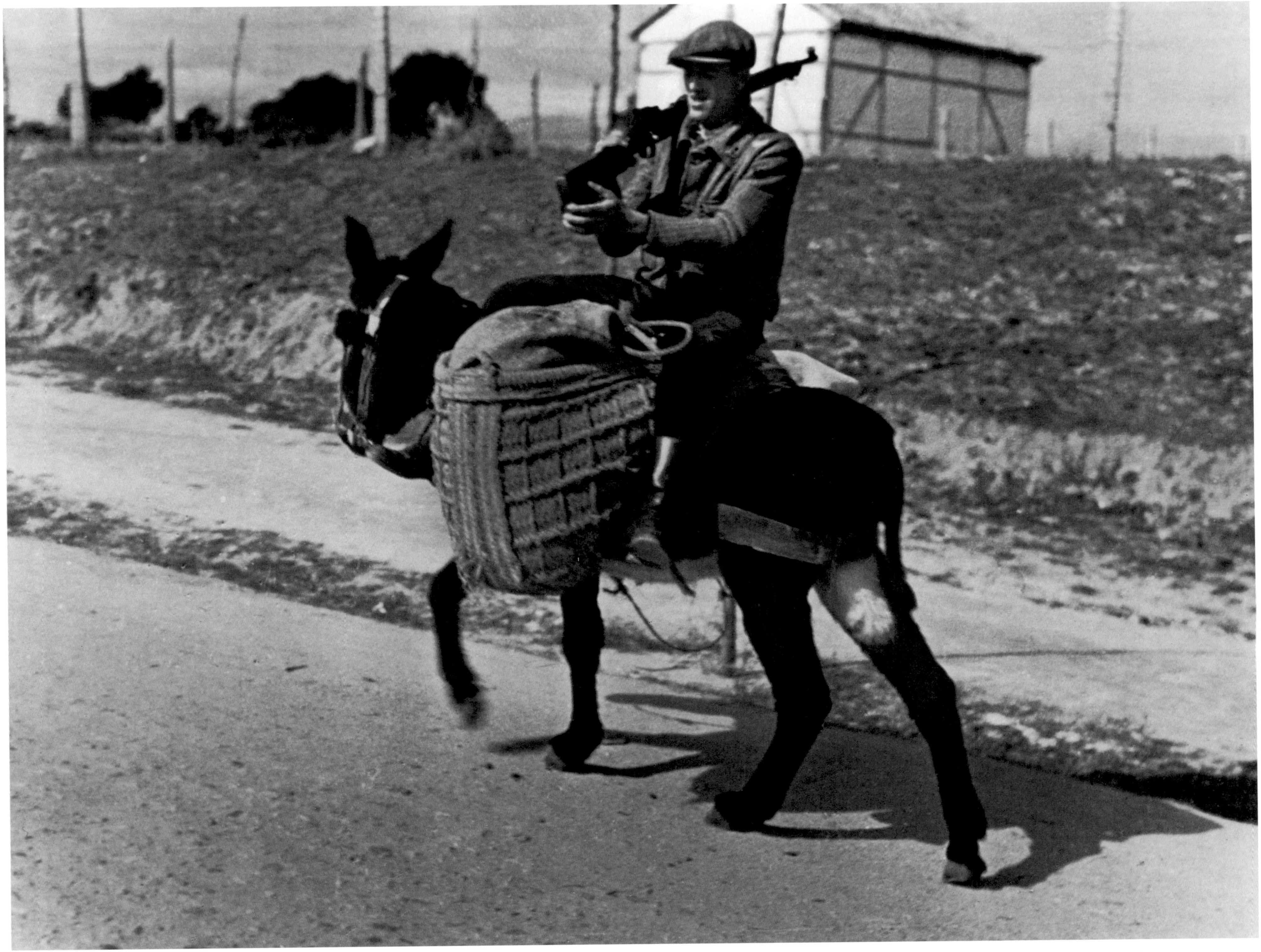

Alrededores de Madrid, noviembre, 1936

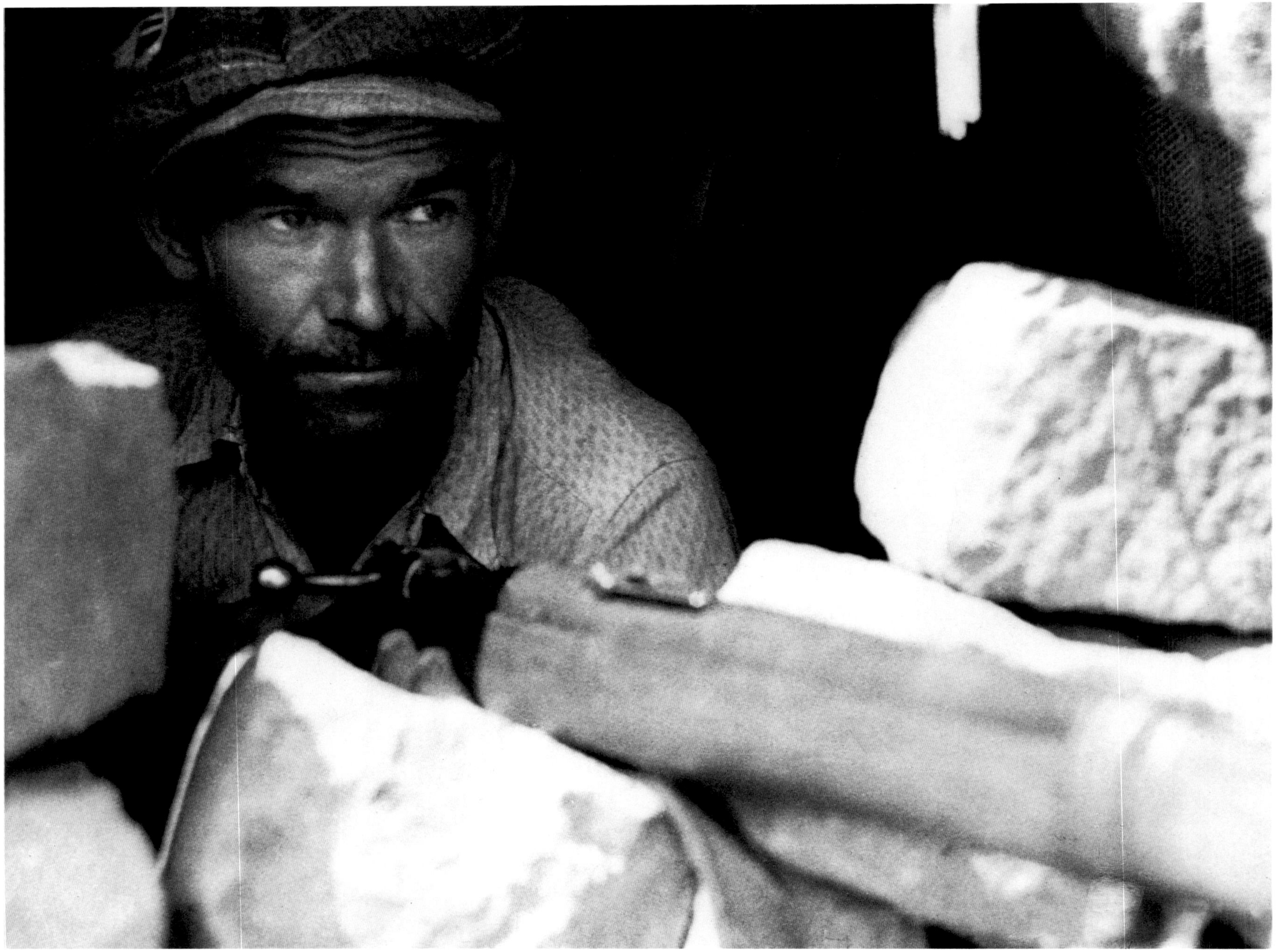

 Barcelona o inmediaciones, agosto, 1936

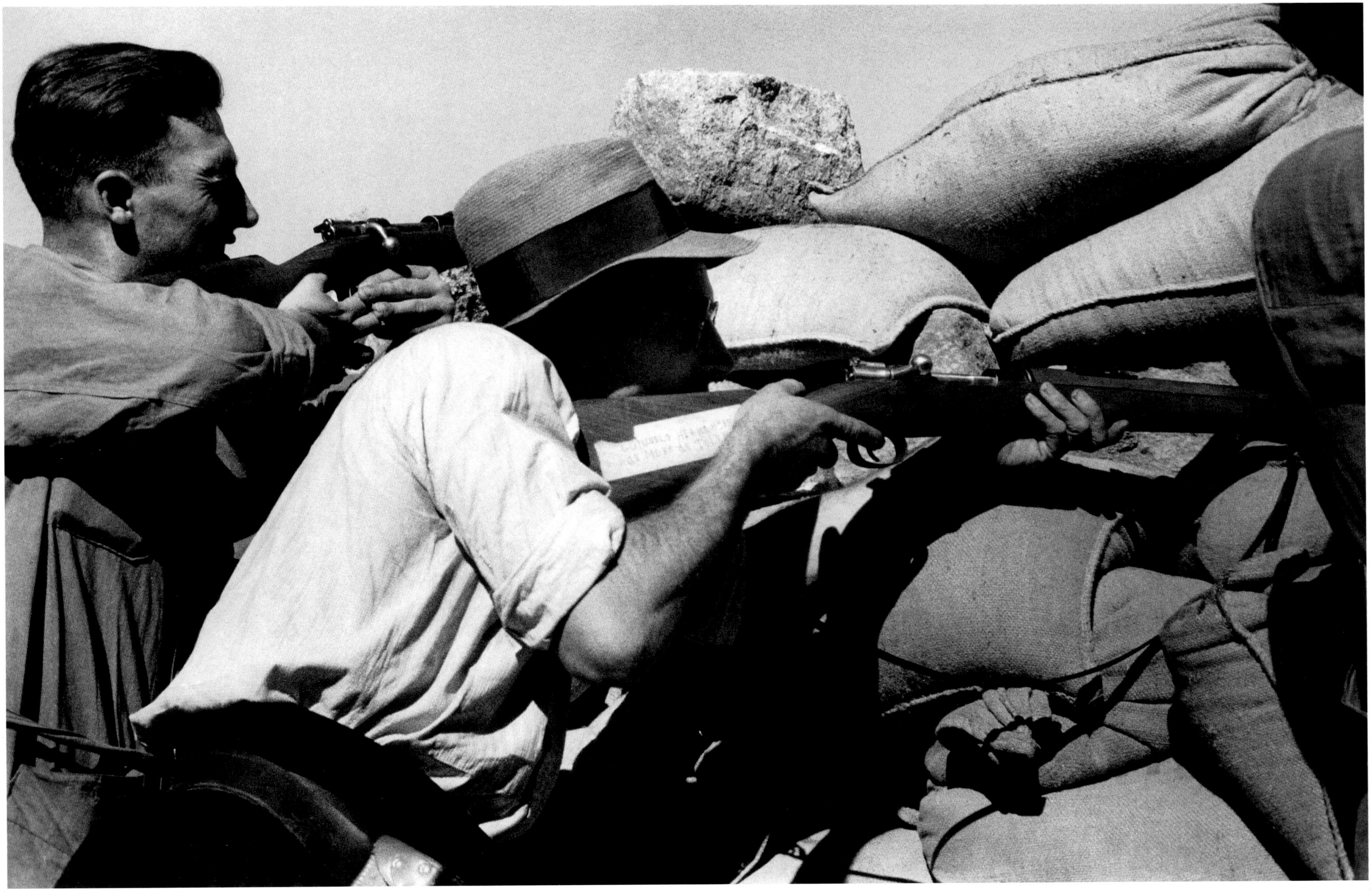

Barcelona o inmediaciones, agosto, 1936

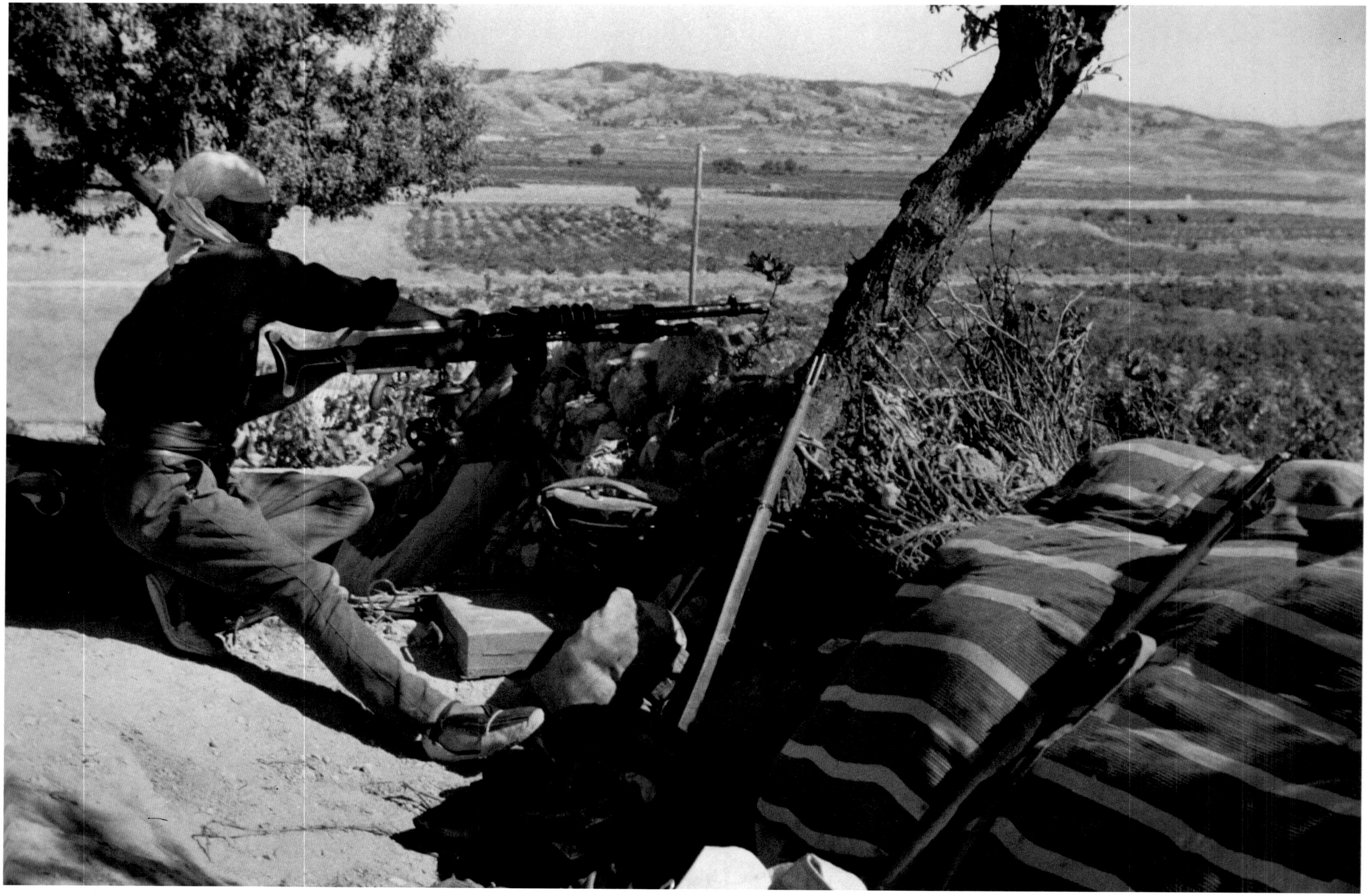

 Alrededores de Huesca, frente de Aragón, agosto, 1936

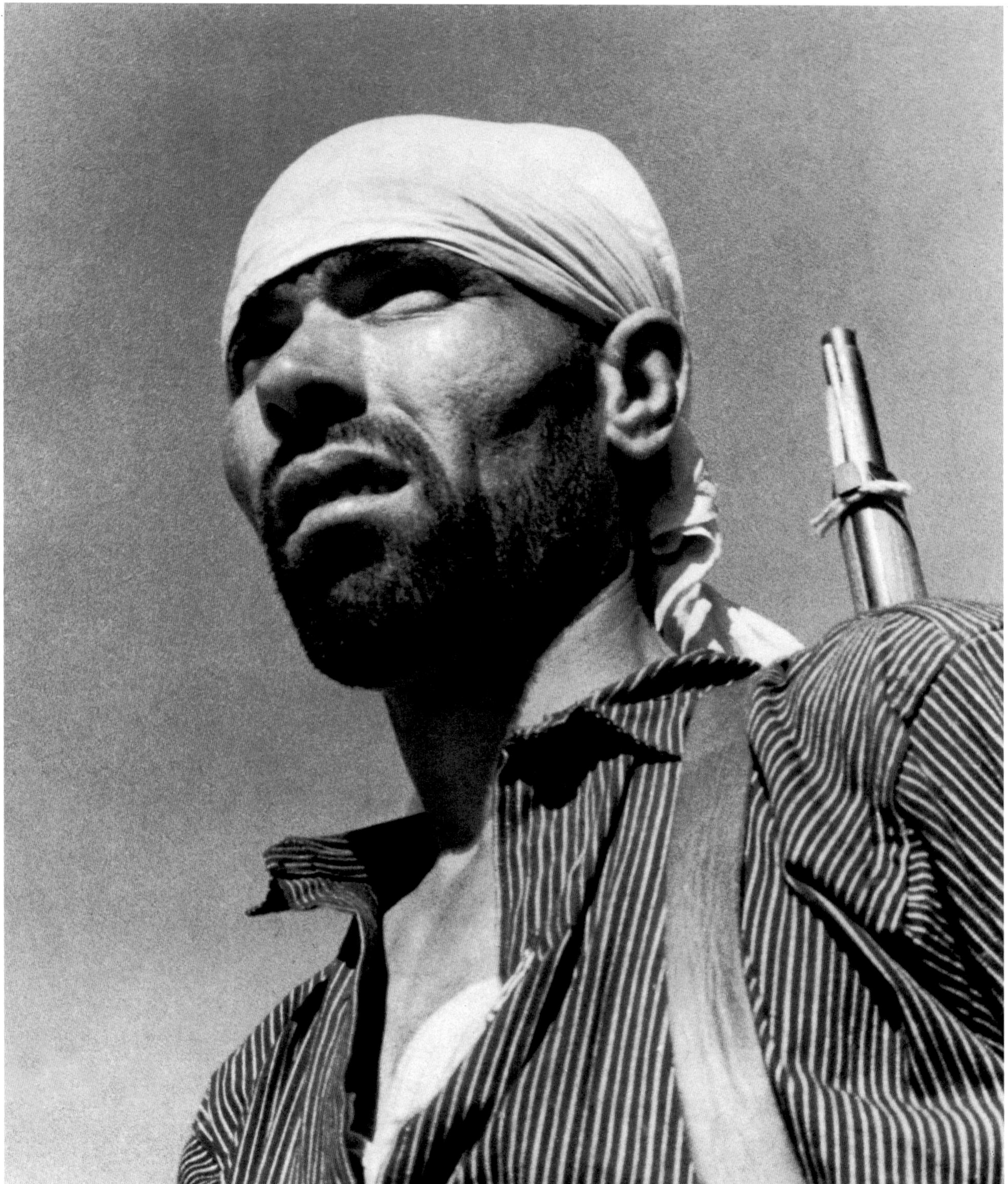

Alrededores de Huesca, frente de Aragón, agosto, 1936

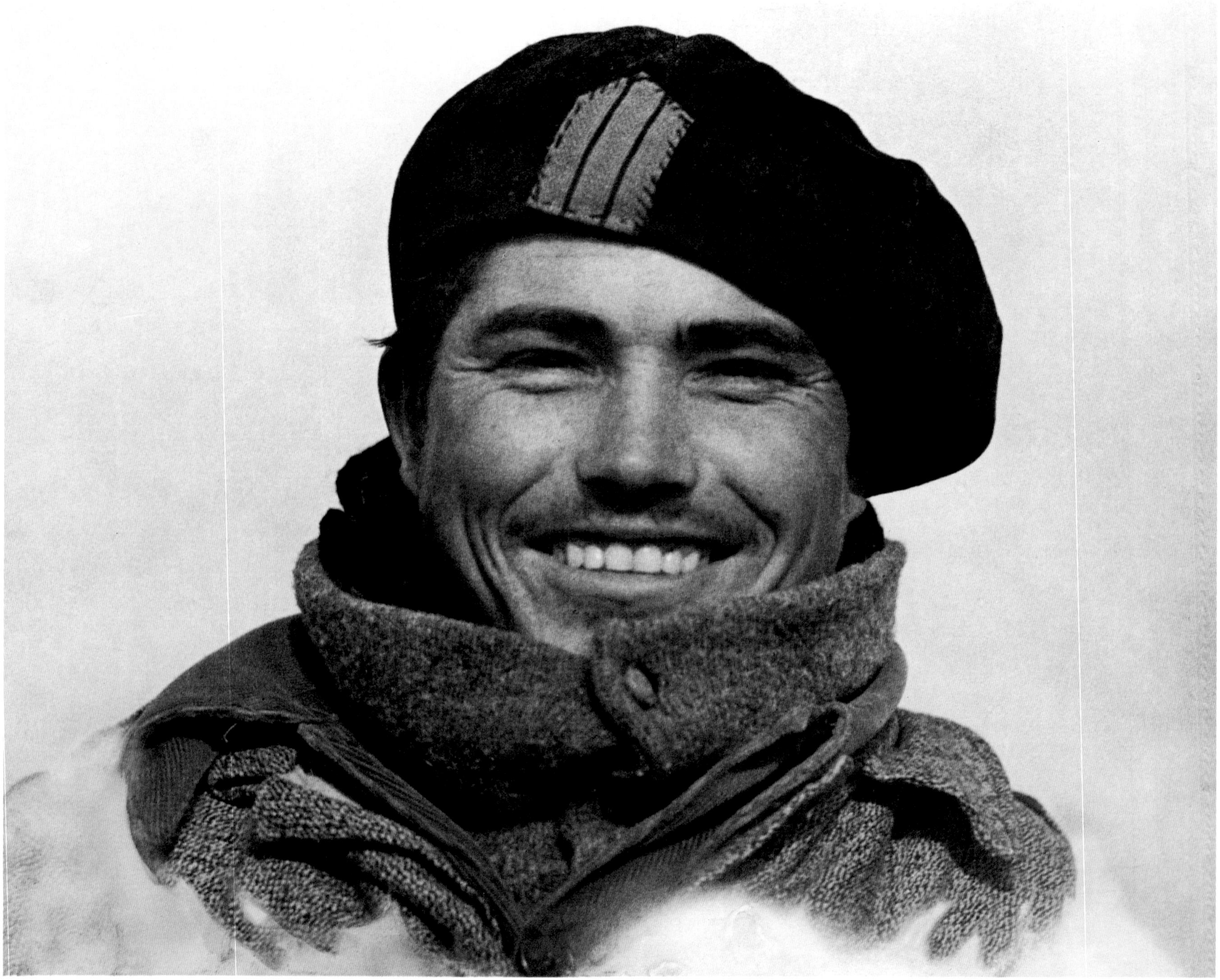

 Madrid, noviembre–diciembre, 1936

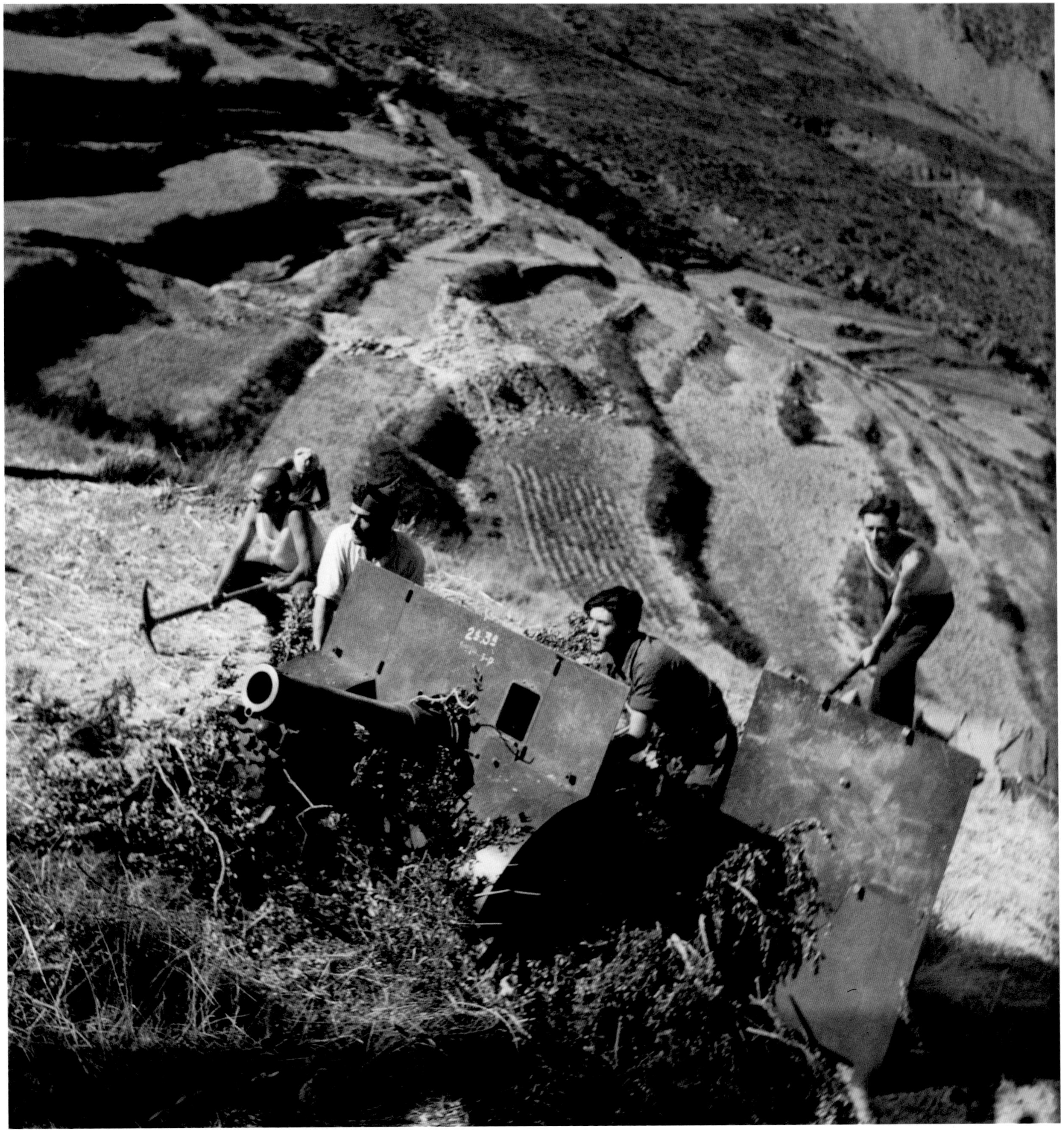

Alrededores de Huesca, frente
de Aragón, agosto, 1936

Asturianos de braveza,
vascos de piedra blindada,
valencianos de alegría
y castellanos del alma,
labrados como la tierra
y airosos como las alas;
andaluces de relámpago,
nacidos entre guitarras
y forjados en los yunques
torrenciales de las lágrimas;
extremeños de centeno,
gallegos de lluvia y calma,
catalanes de firmeza,
aragoneses de casta,
murcianos de dinamita
frutalmente propagada,
leoneses, navarros, dueños
del hambre, el sudor y el hacha,
reyes de la minería,
señores de la labranza,
hombres que entre las raíces,
como raíces gallardas,
vais de la vida a la muerte,
vais de la nada a la nada:
. . . .

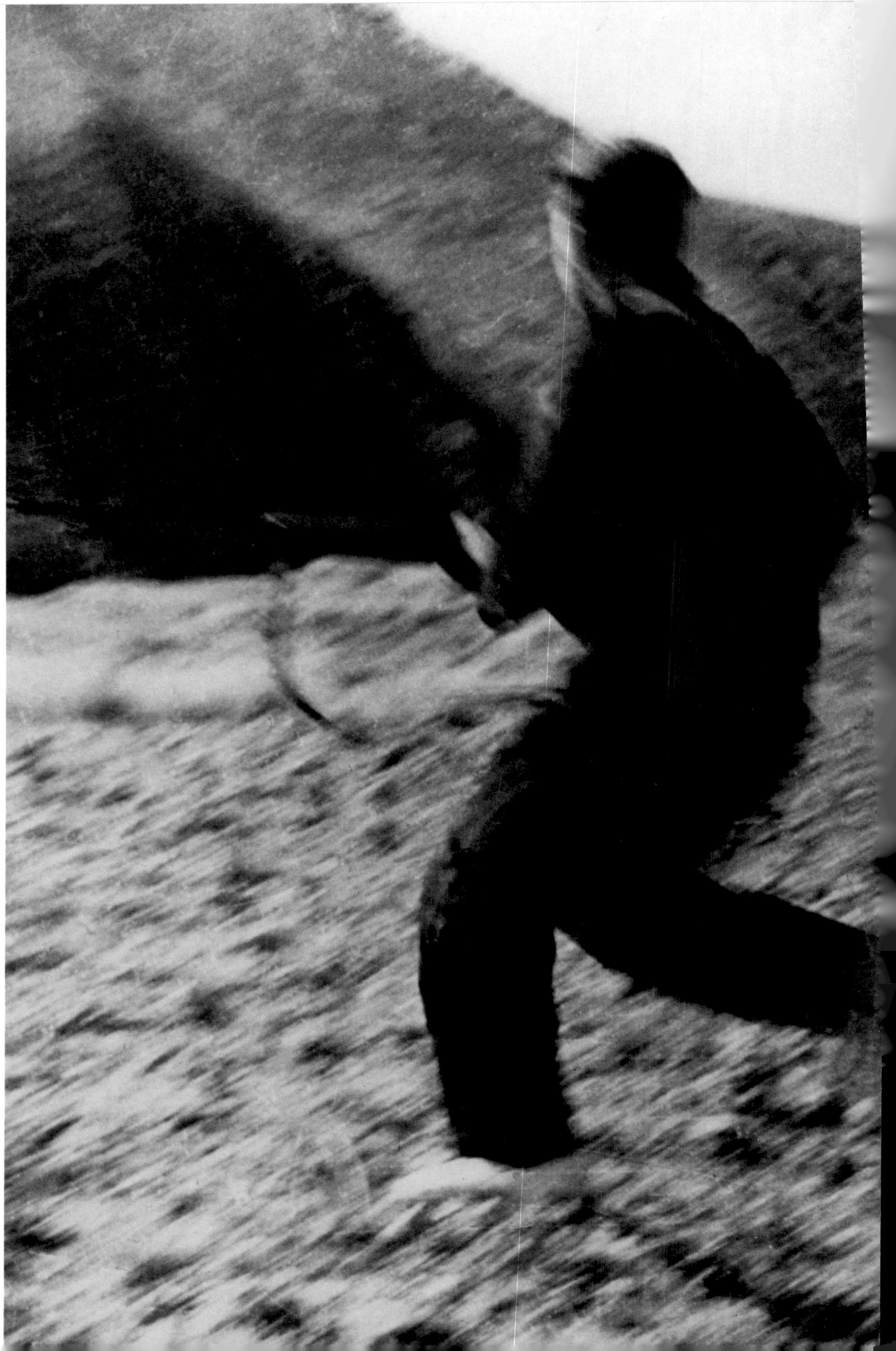

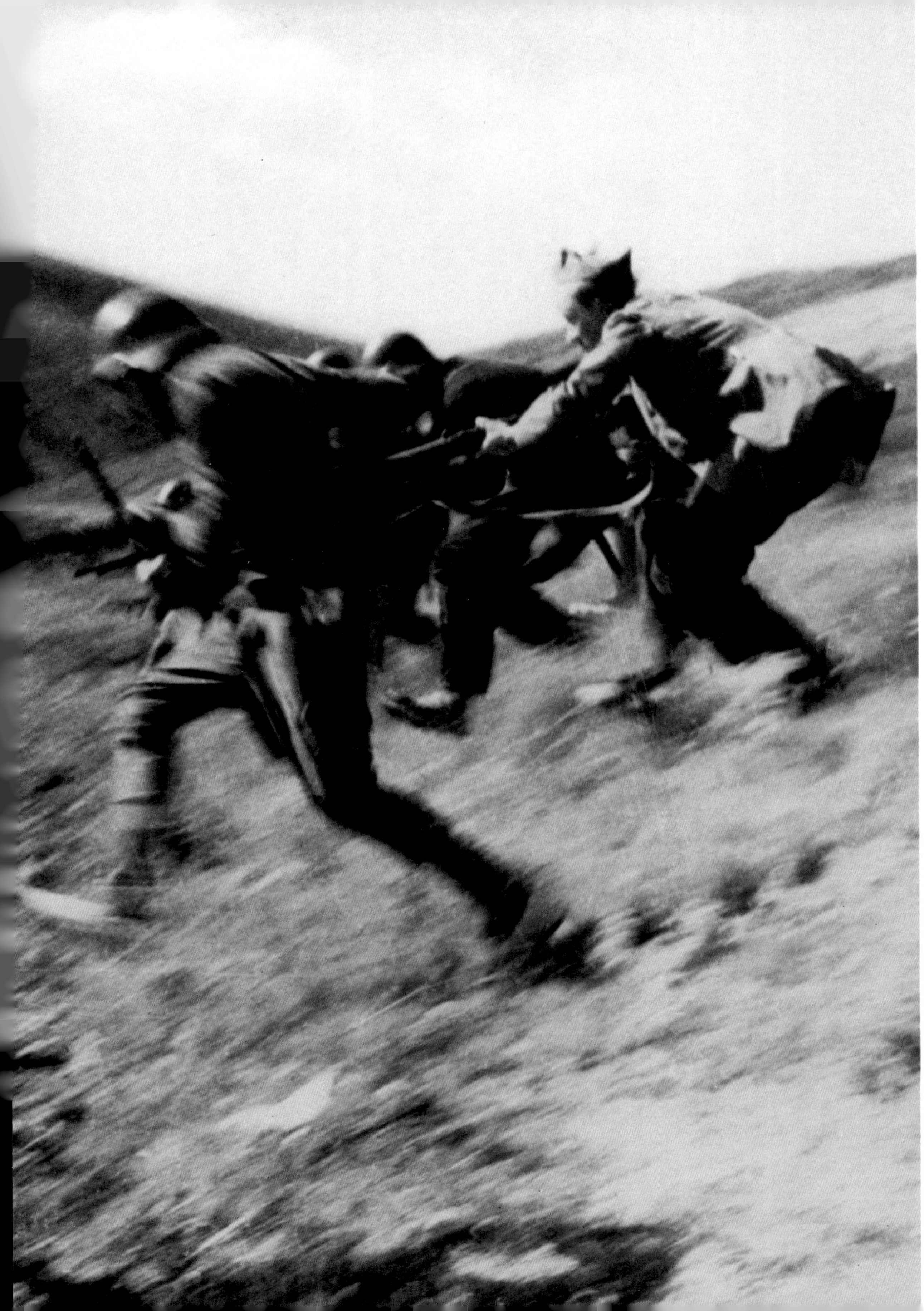

Si me muero, que me muera
con la cabeza muy alta.
Muerto y veinte veces muerto,
la boca contra la grama,
tendré apretados los dientes
y decidida la barba.

Cantando espero a la muerte,
que hay ruiseñores que cantan
encima de los fusiles
y en medio de las batallas.

MIGUEL HERNÁNDEZ
"Vientos del pueblo me llevan"

Santa Eulalia, frente de
Aragón, agosto, 1936

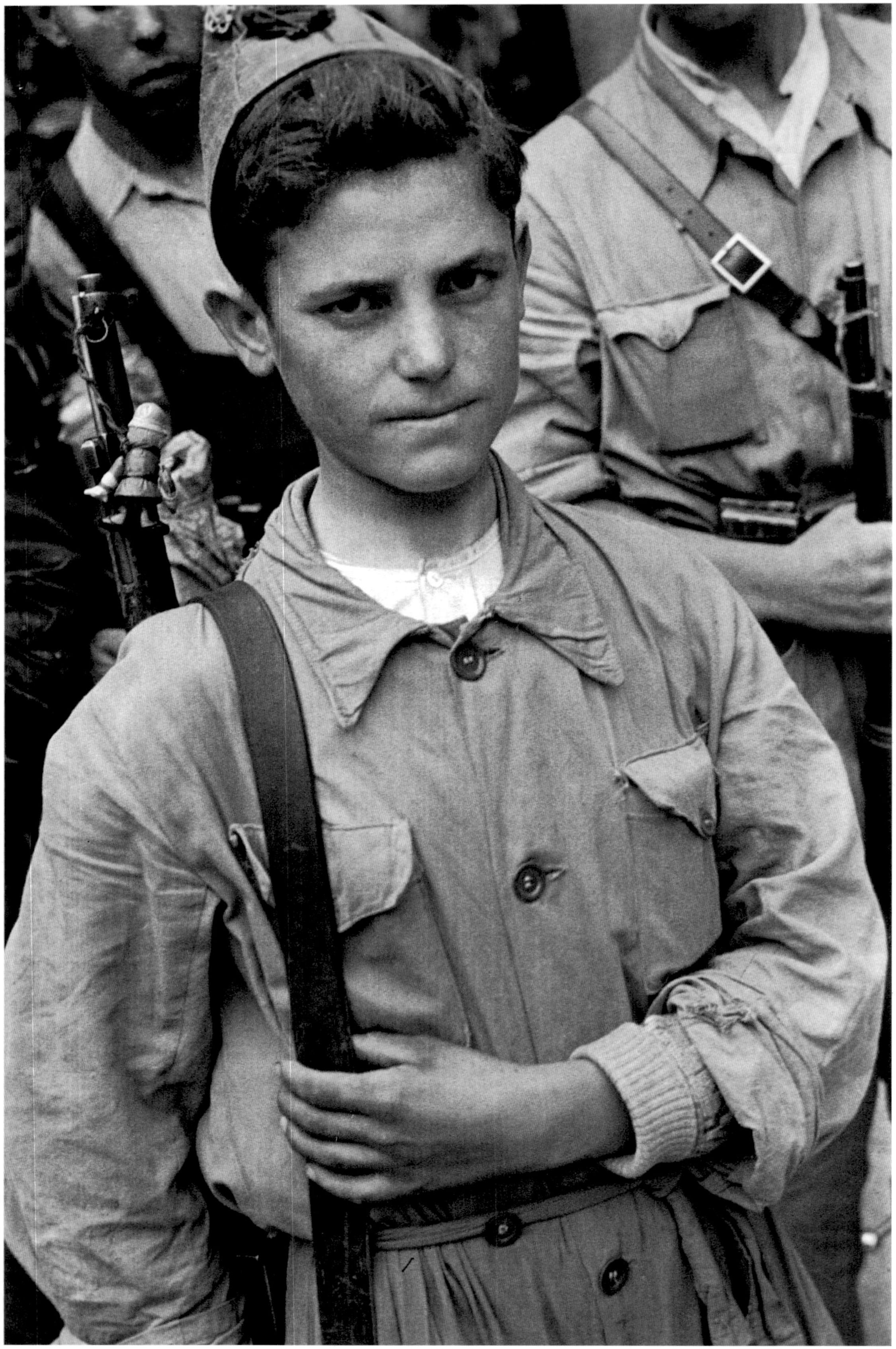

Madrid, finales de agosto o
principios de septiembre, 1936

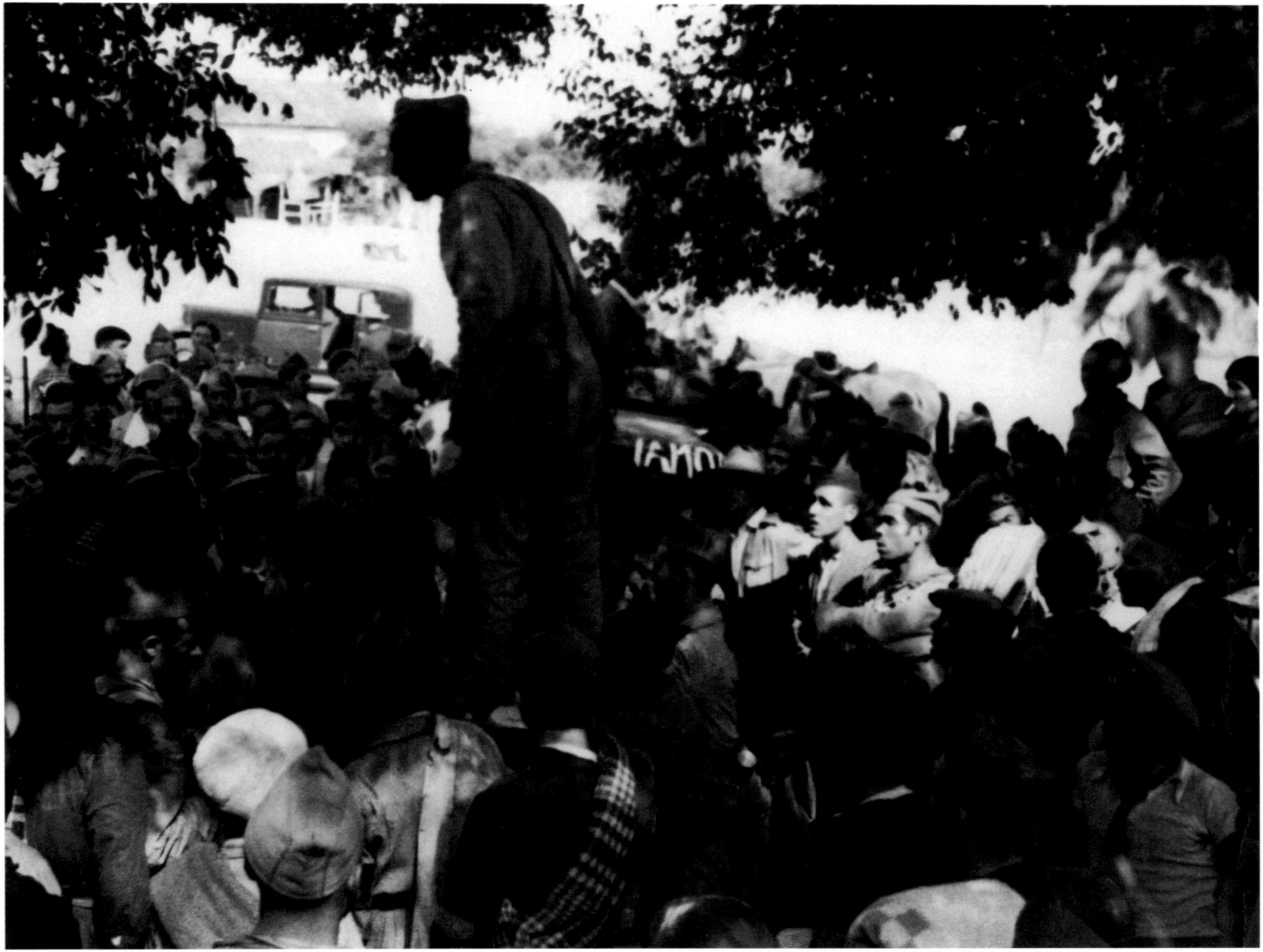

Frente de Córdoba, septiembre, 1936

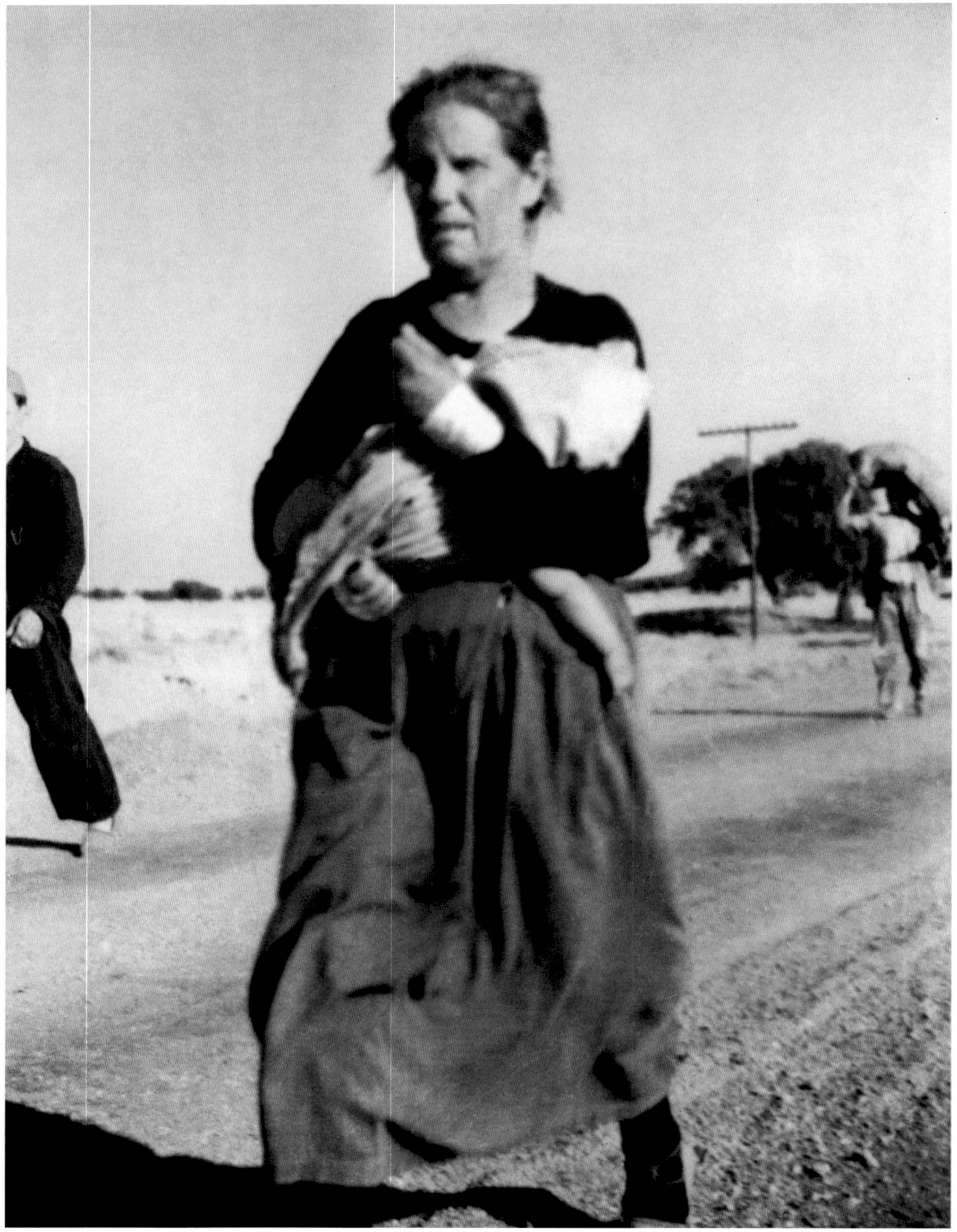

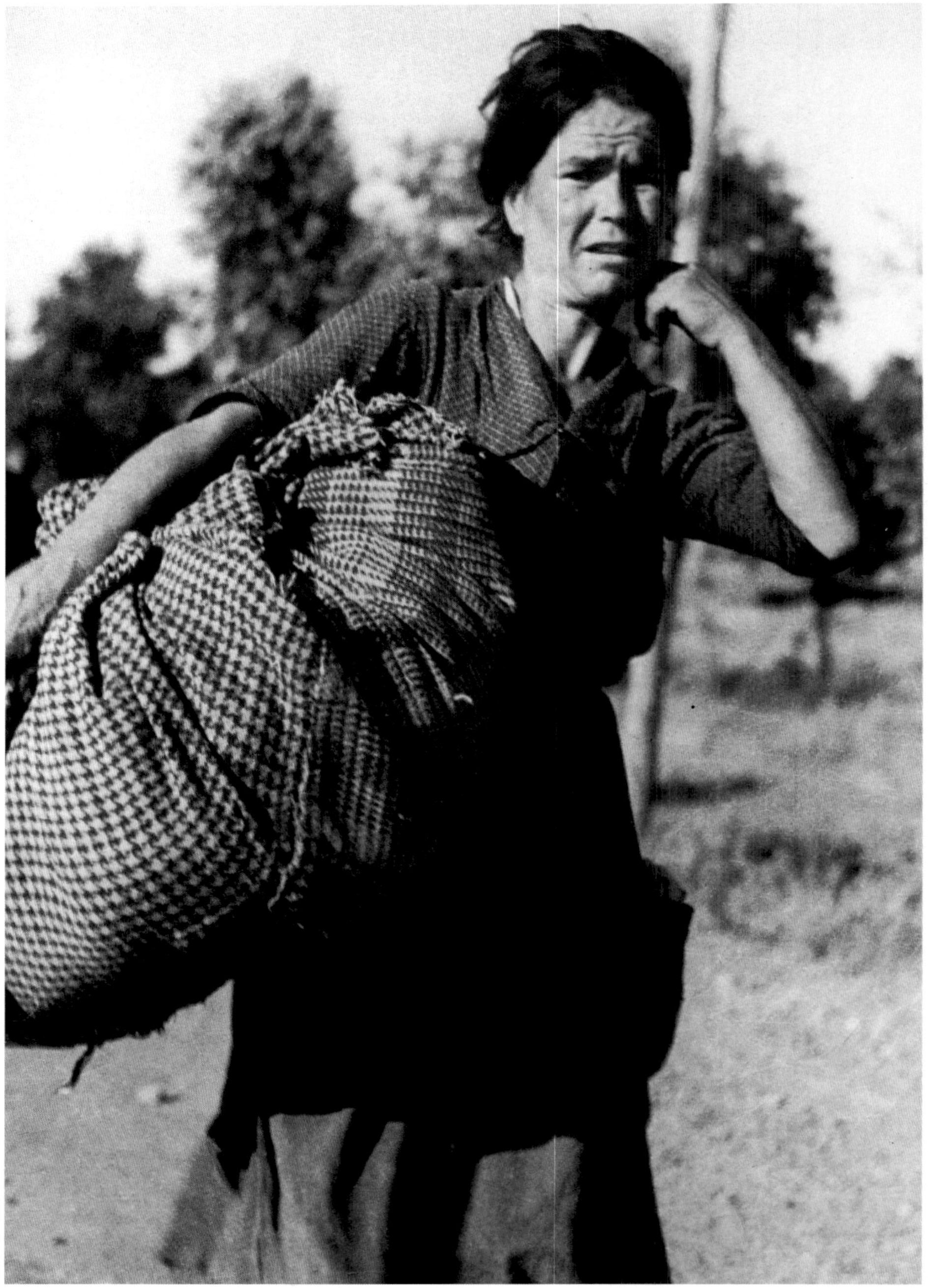

Cerro Muriano, frente de Córdoba, 5 de septiembre, 1936

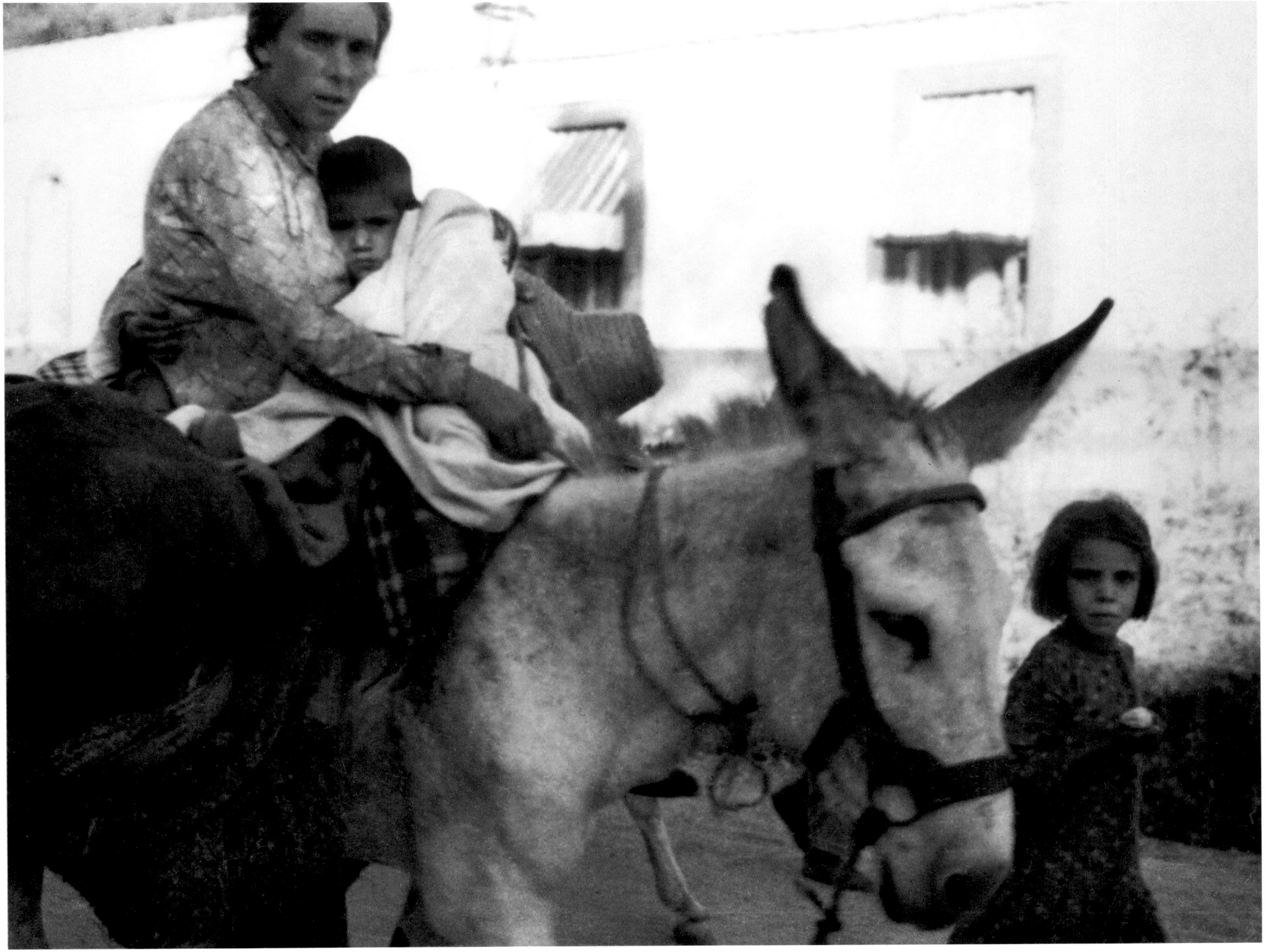

Cerro Muriano, frente de Córdoba, 5 de septiembre, 1936

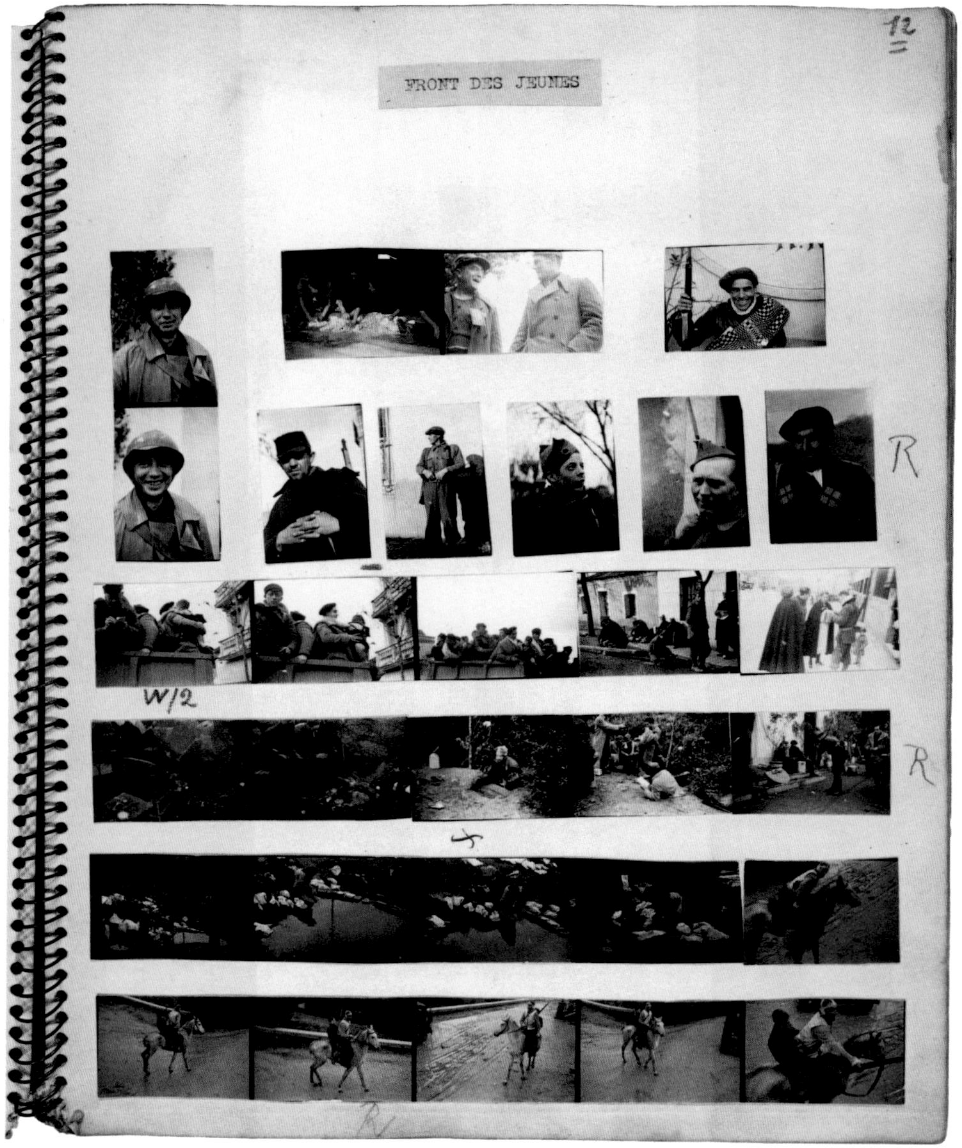

Ocho de los cuadernos de notas de Robert Capa fueron redescubiertos en los años 80 en los Archivos Nacionales de París. Estos cuadernos contienen unos 2.500 contactos de película de 35 mm, así como un número similar de imágenes atribuidas a Gerda Taro y David Seymour (*Chim*). En este catálogo se han reproducido páginas de estos cuadernos, acompañadas de extractos de las hojas de comentarios de Capa y de *Death in the Making*, 1938, un proyecto conjunto que incluye fotografías de Robert Capa y Gerda Taro, una introducción de Jay Allen, y la maquetación de André Kertèrsz.

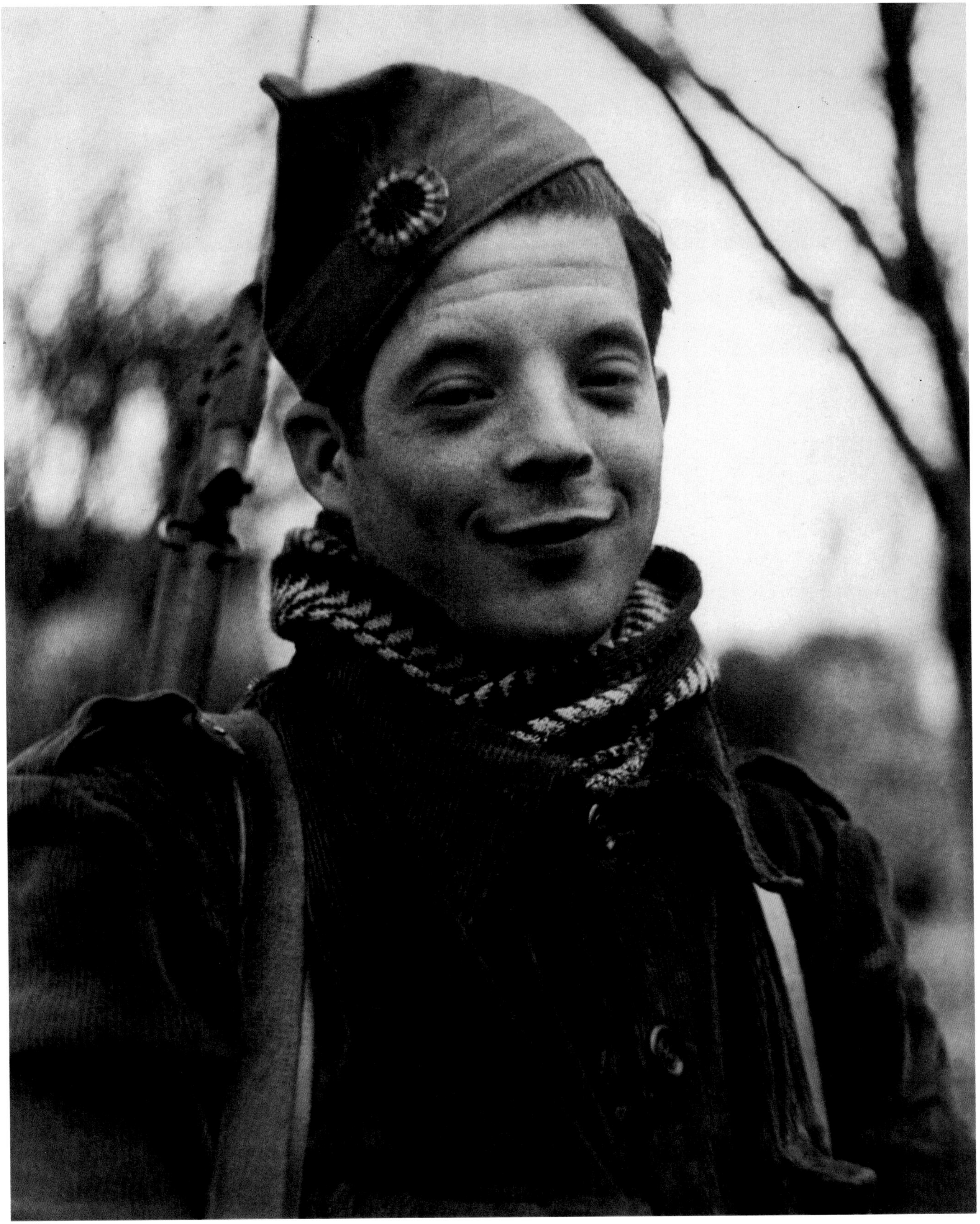

Madrid, noviembre–
diciembre, 1936

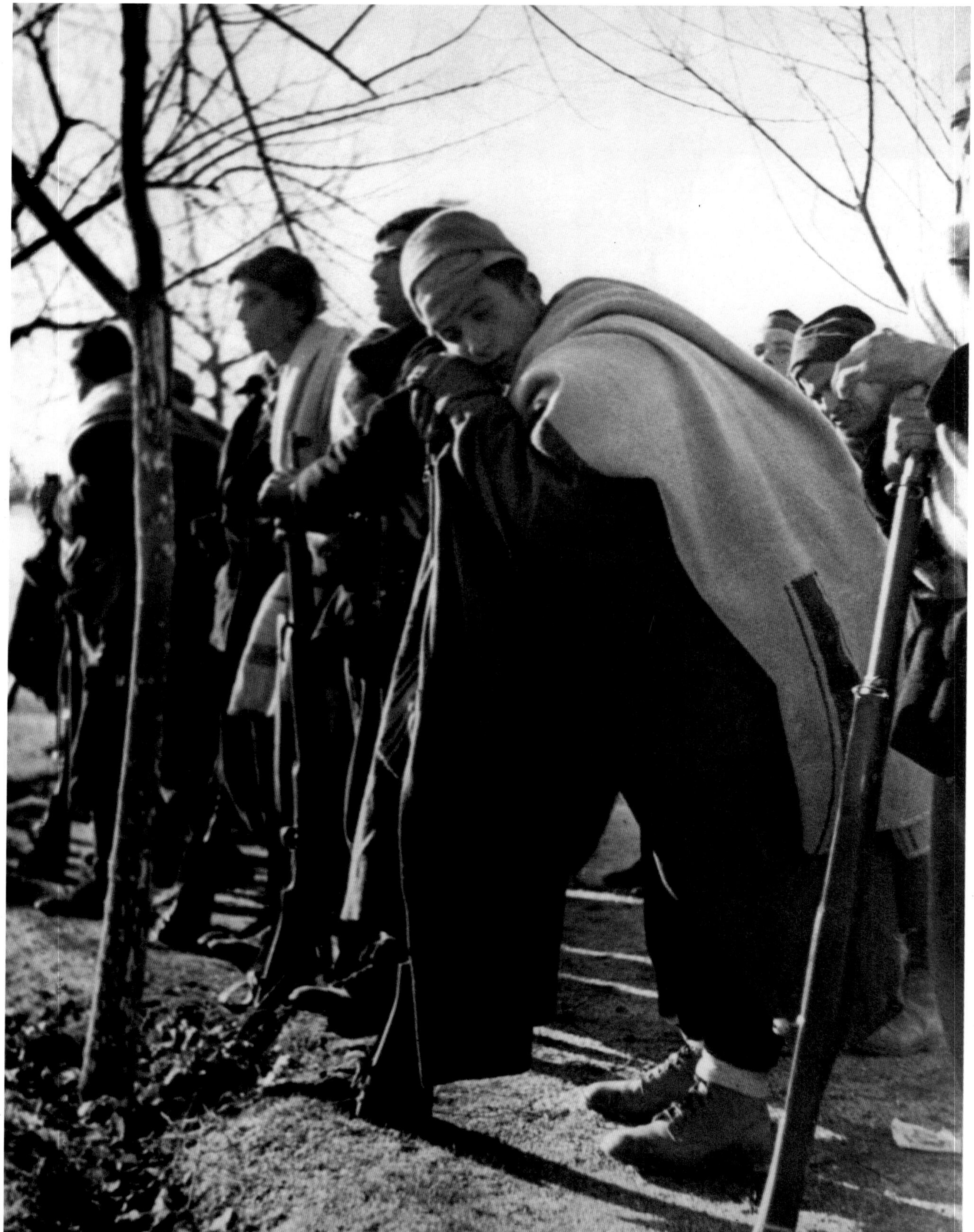

Madrid, noviembre–
diciembre, 1936

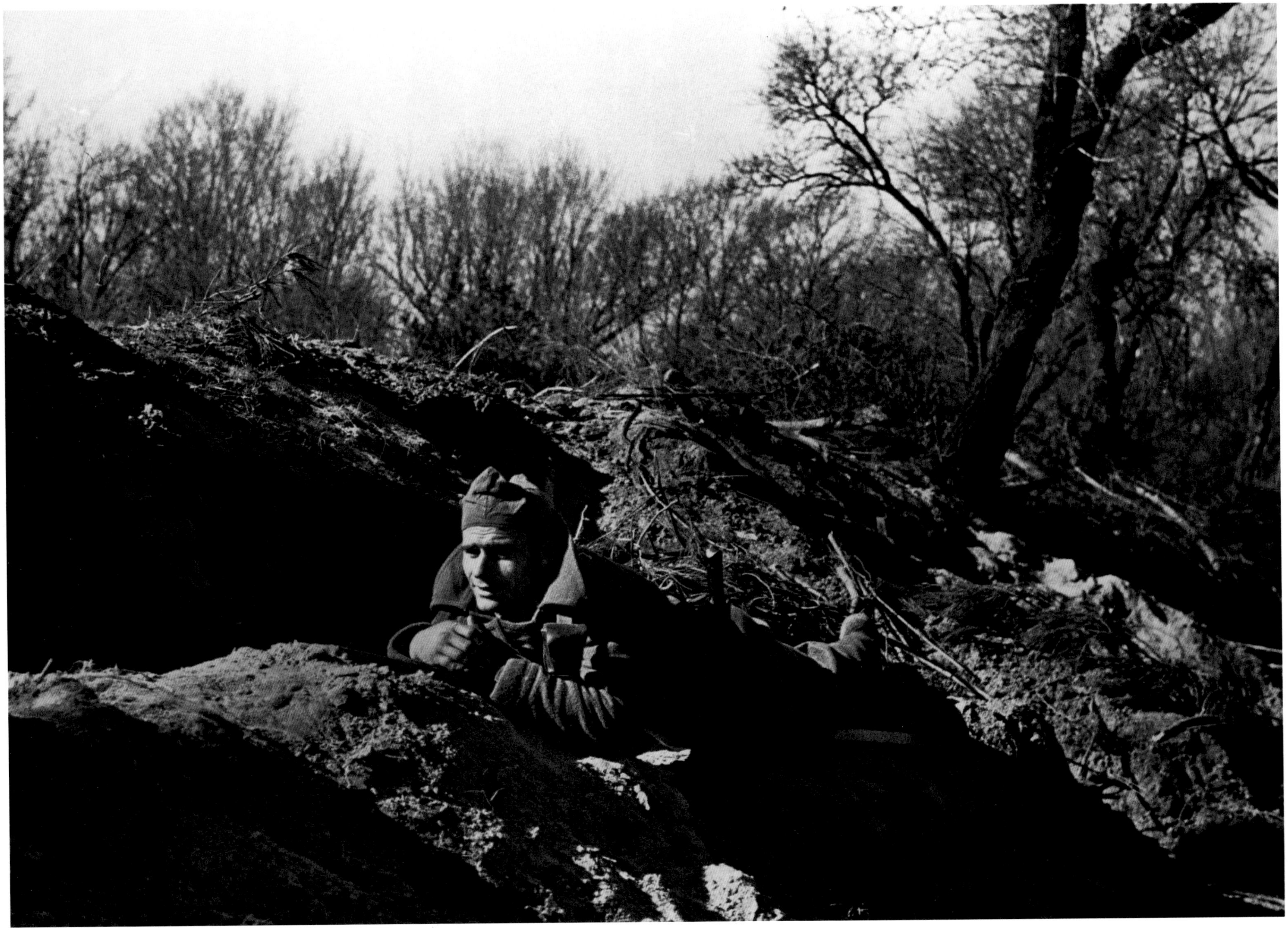

Madrid, noviembre–diciembre, 1936

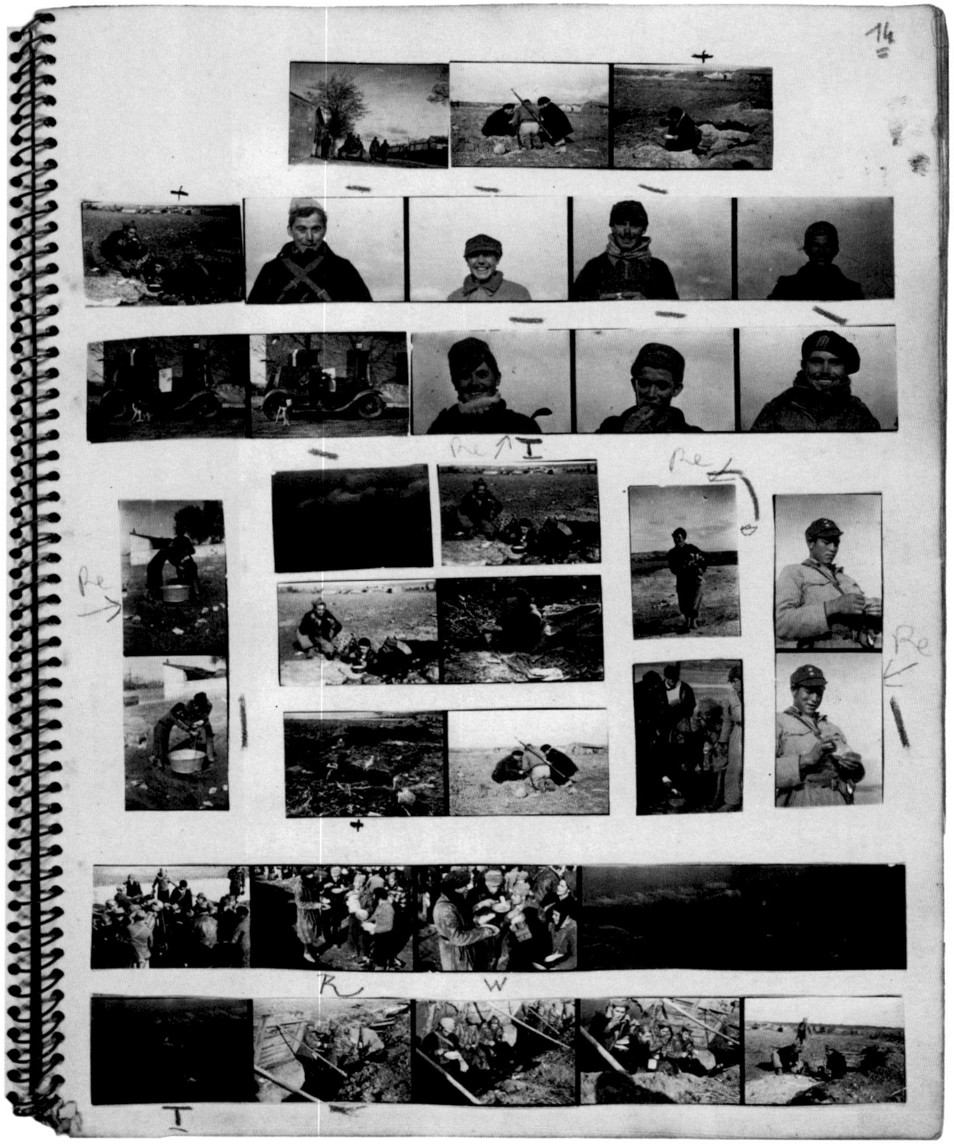

A veces decrece la intensidad del bombardeo, el enemigo descansa, y en tales mañanas los defensores toman el sol, leen, juegan al ajedrez, escriben cartas a casa, que, cuando lleguen, no serán ninguna garantía de que el remitente siga vivo. La guerra se había convertido en rutina; lo anormal, como siempre, se había vuelto normal.

Death in the Making, RC

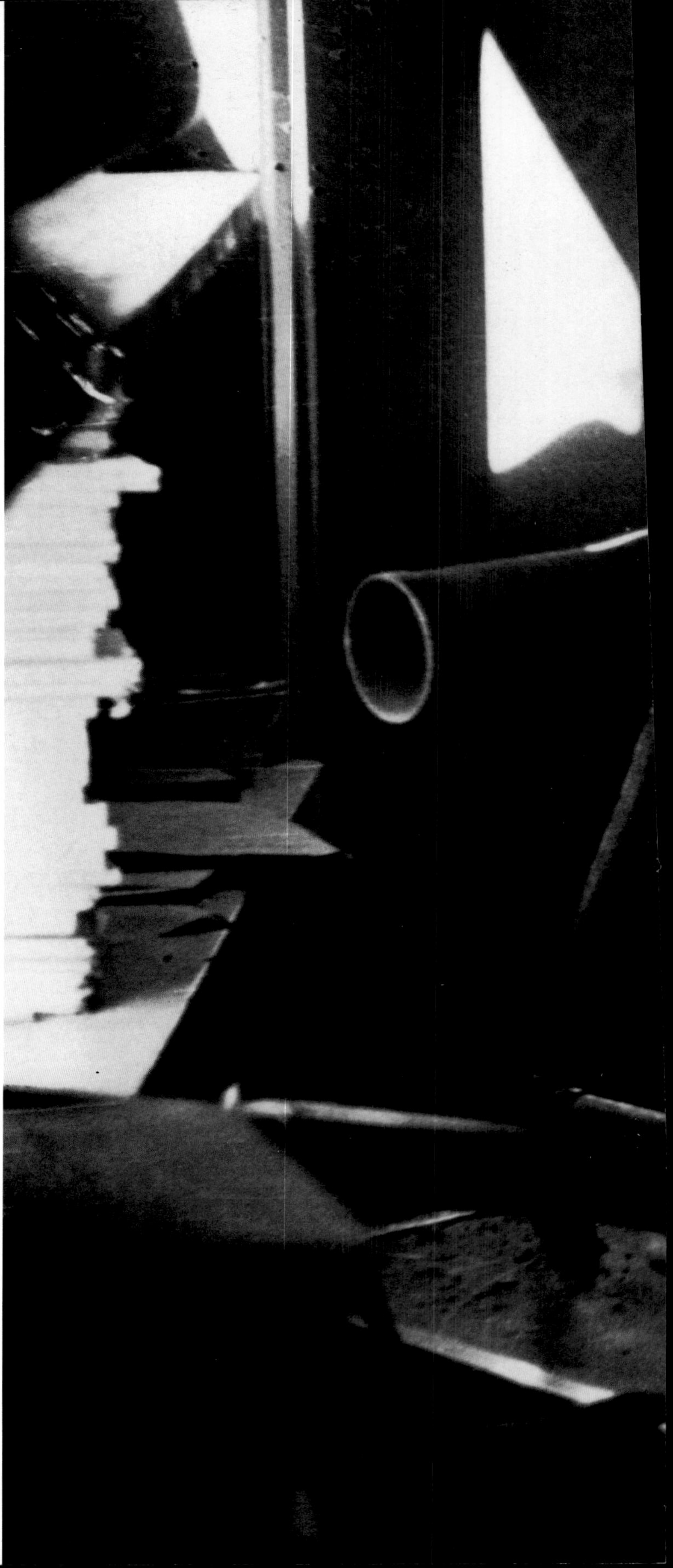

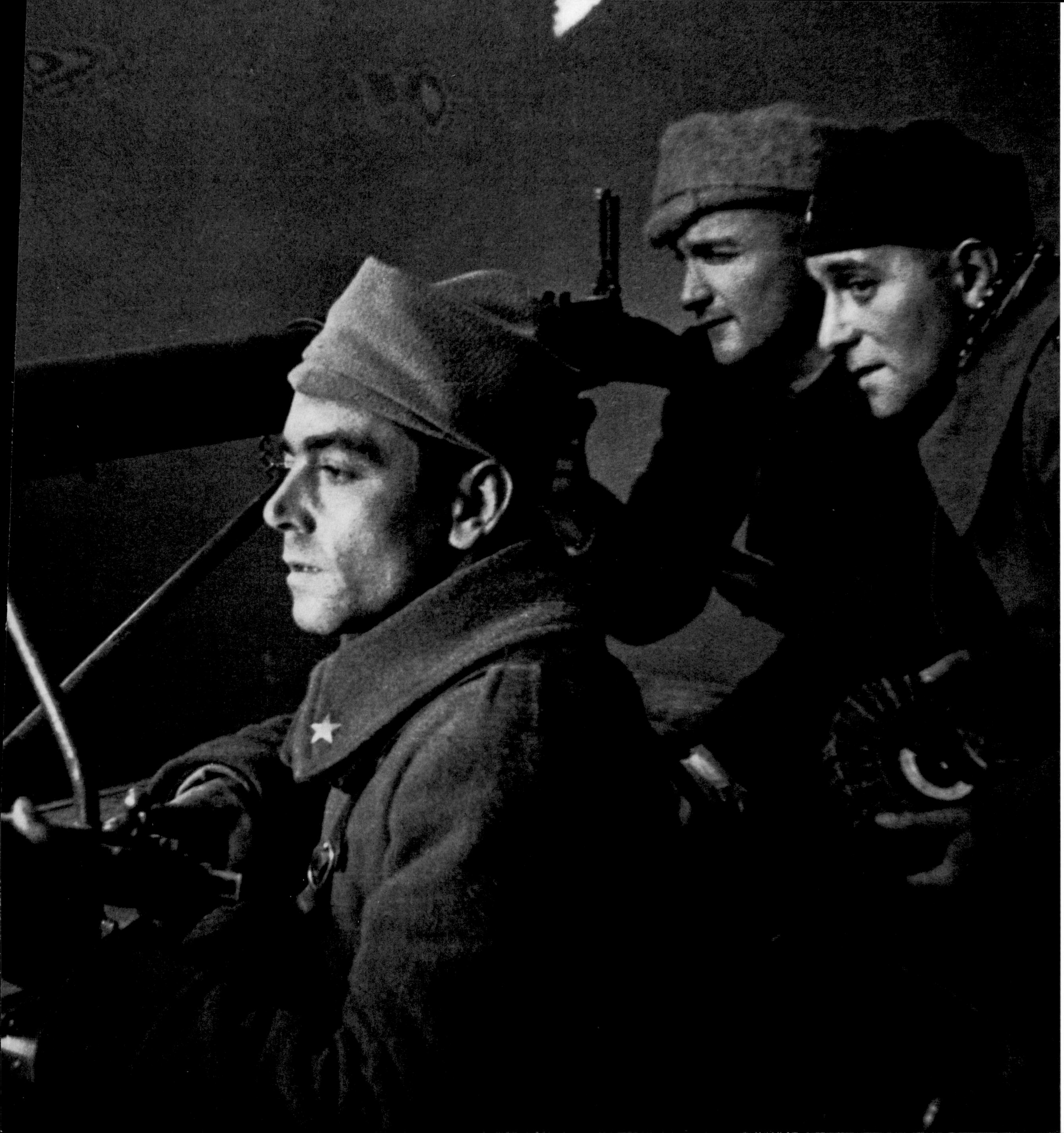

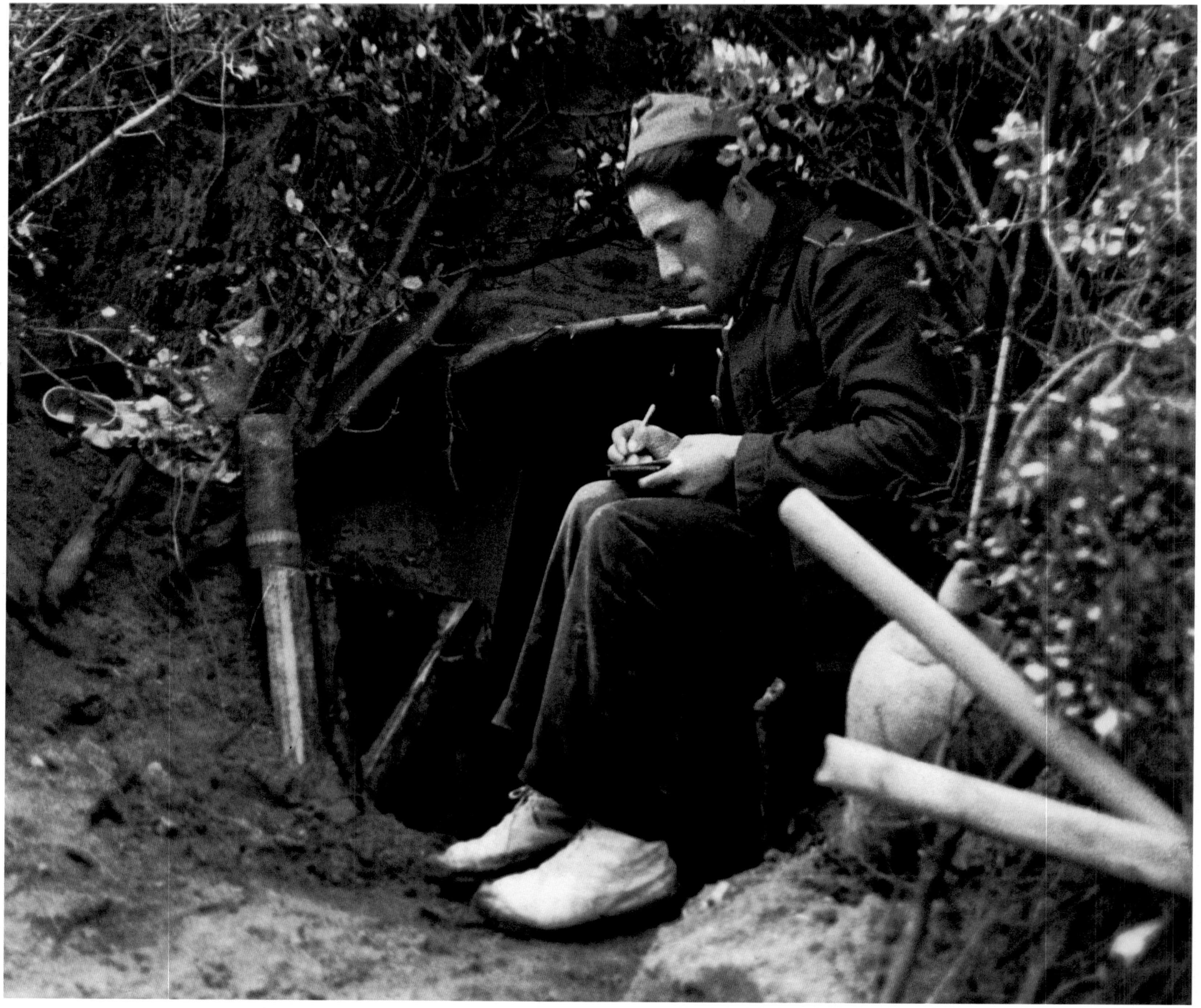

Madrid, noviembre–diciembre, 1936

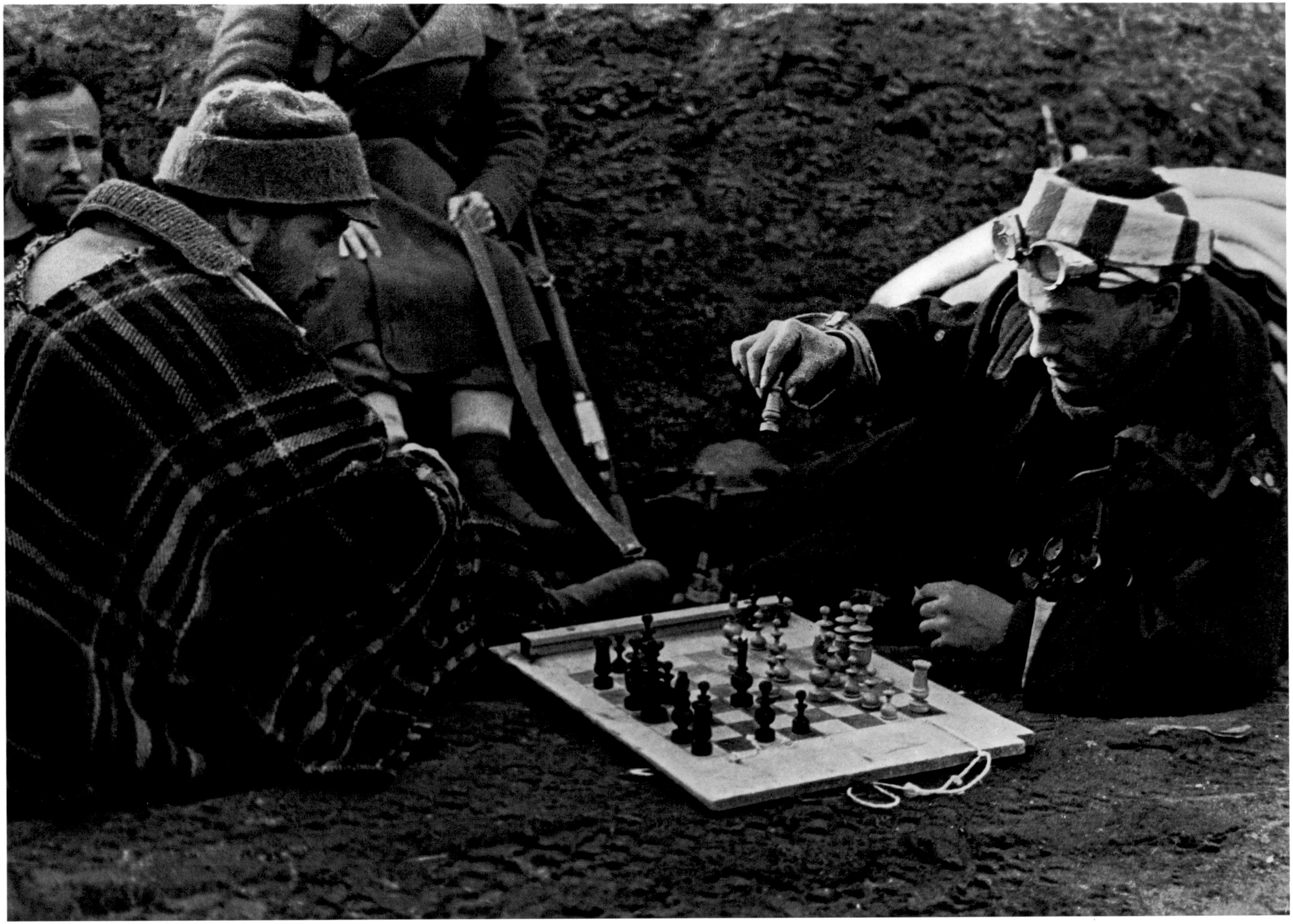

Madrid, noviembre–diciembre, 1936

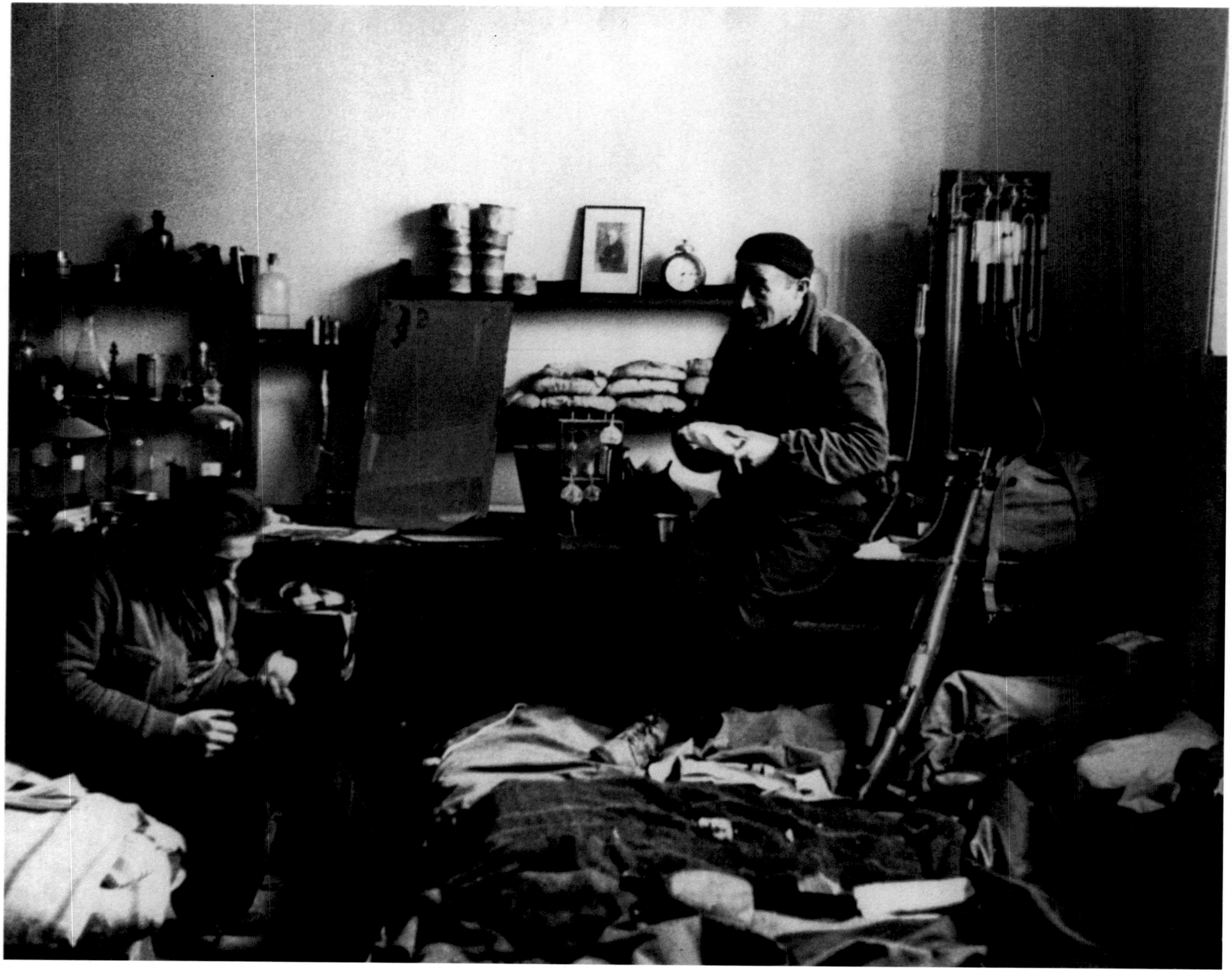

 Madrid, noviembre–diciembre, 1936

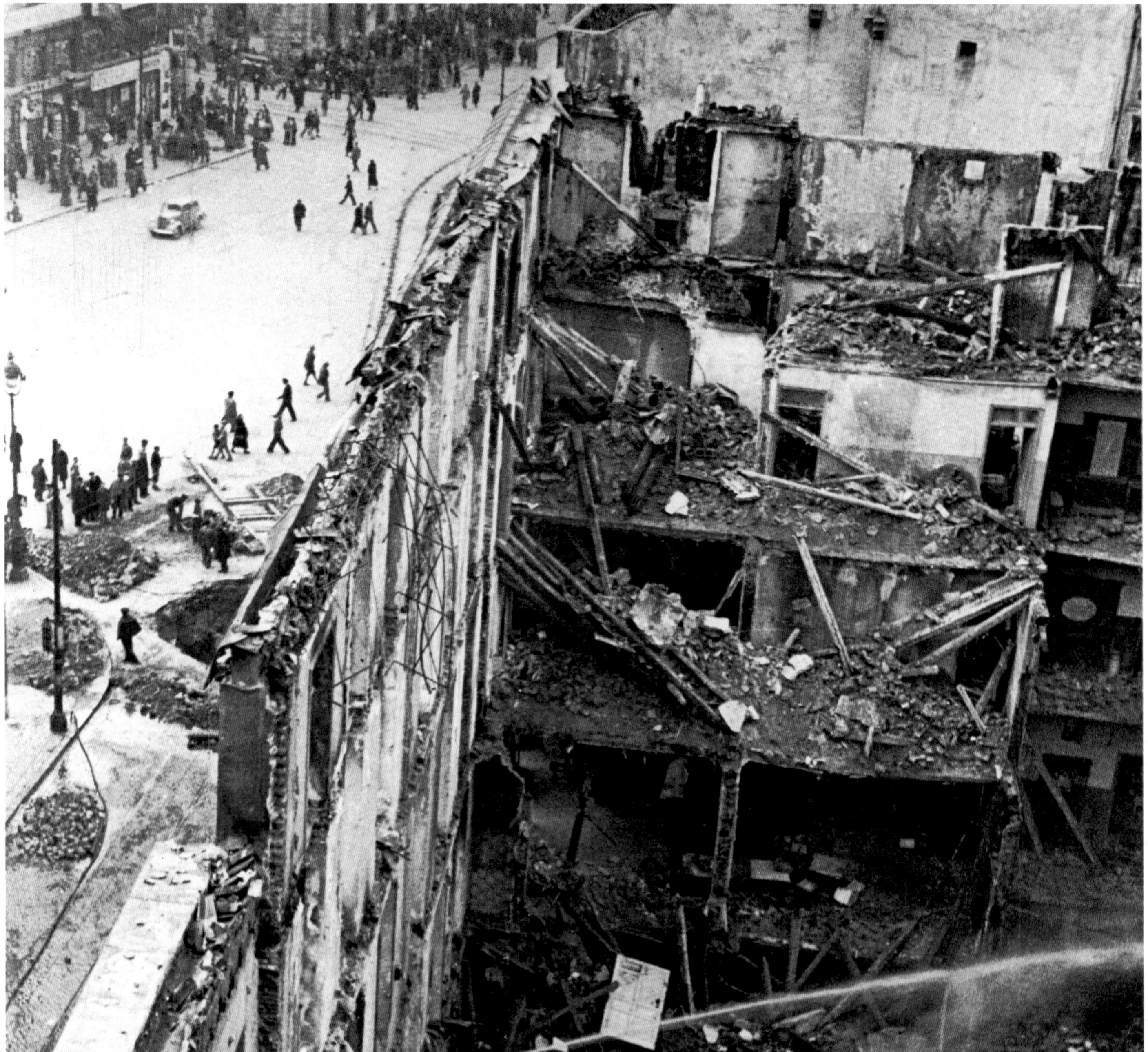

Madrid, invierno, 1936–1937

He cerrado mi balcón
Porque no quiero oír el llanto,
pero por detrás de los grises muros
no se oye otra cosa que el llanto.

Hay muy pocos ángeles que canten,
hay muy pocos perros que ladren,
mil violines caben en la palma de mi mano.

Pero el llanto es un perro inmenso,
el llanto es un ángel inmenso,
el llanto es un violín inmenso,
las lágrimas amordazan al viento,
y no se oye otra cosa que el llanto.

FEDERICO GARCÍA LORCA
"Casida del llanto"

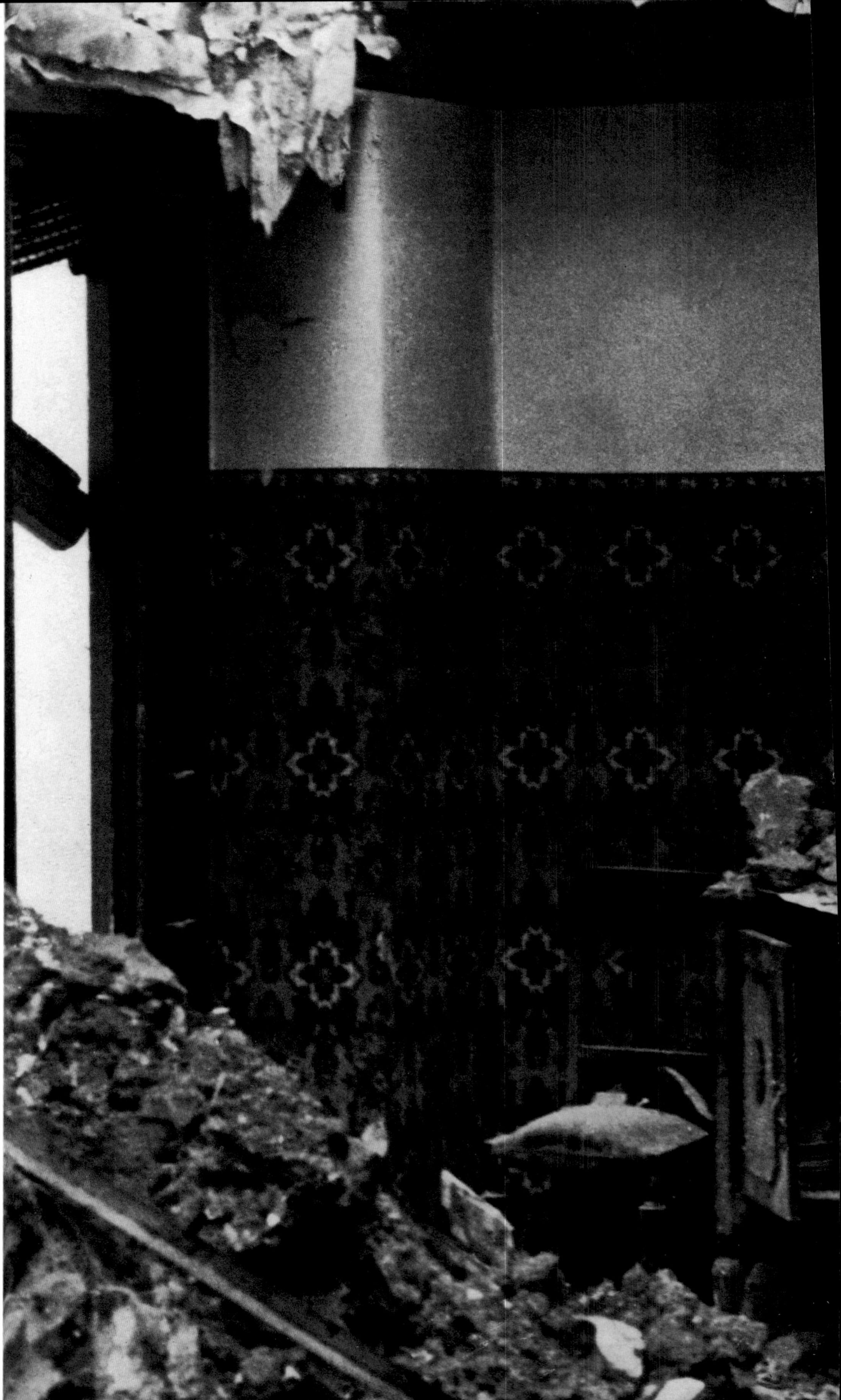

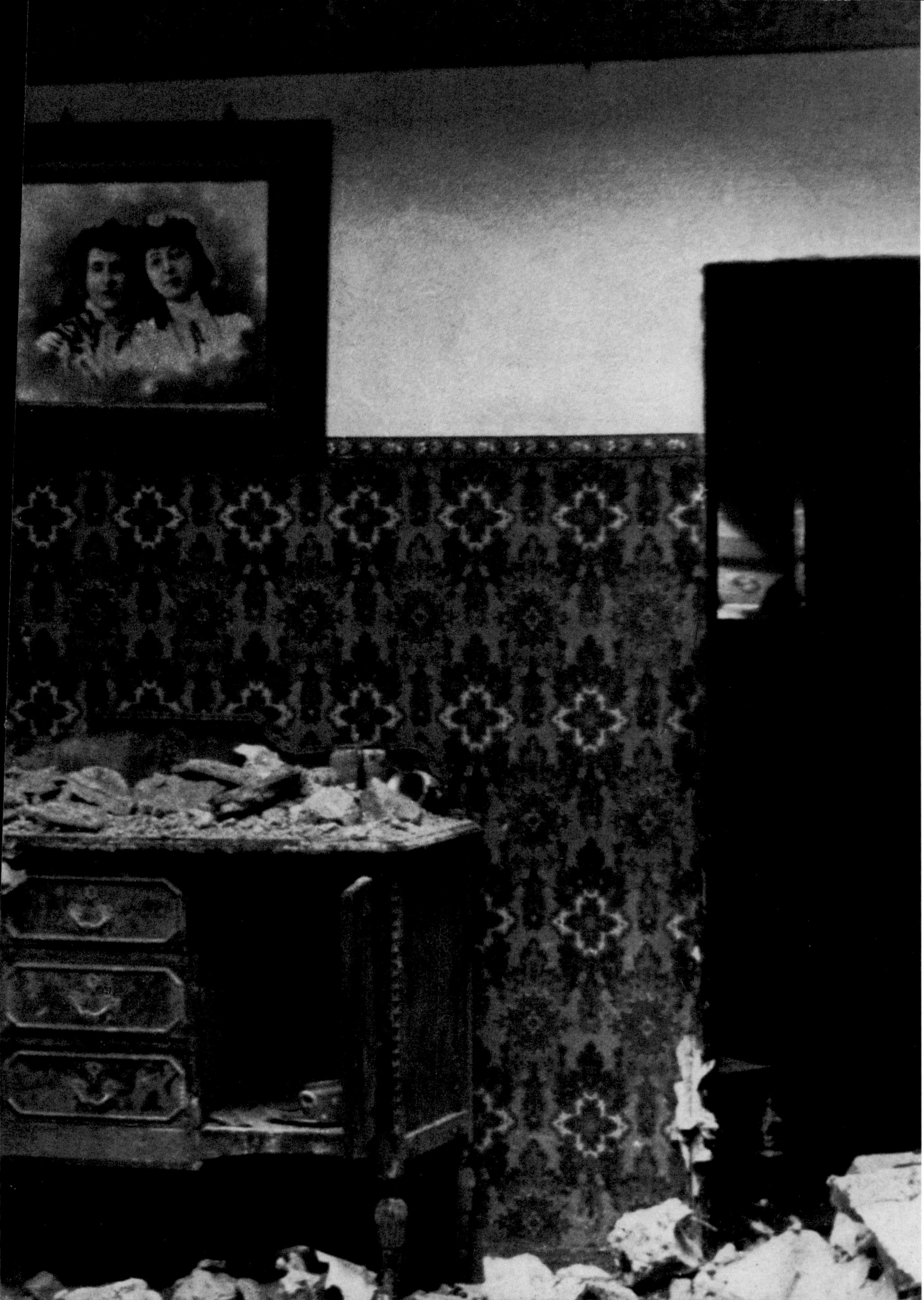

Madrid, invierno, 1936–1937

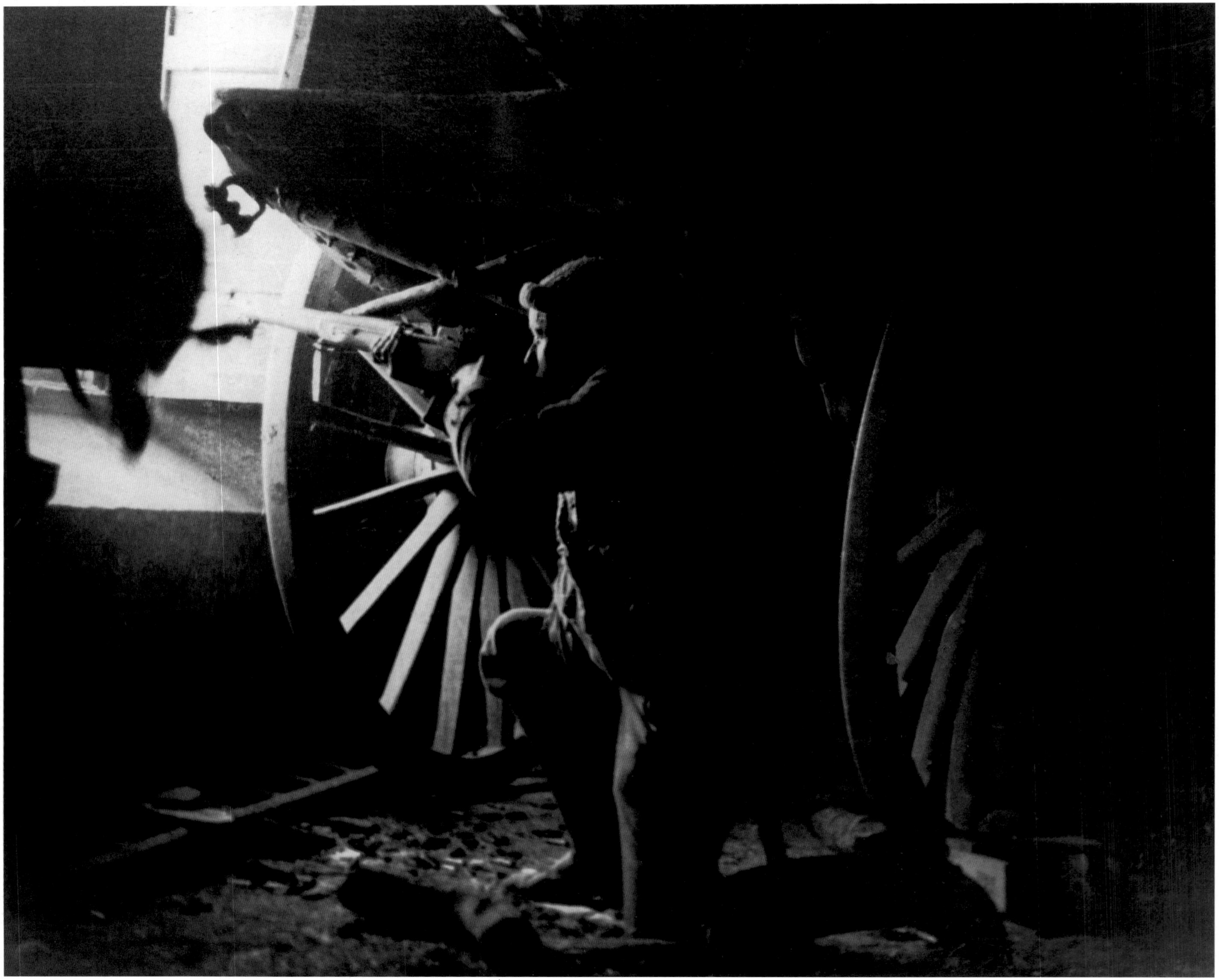

Madrid, noviembre–diciembre, 1936

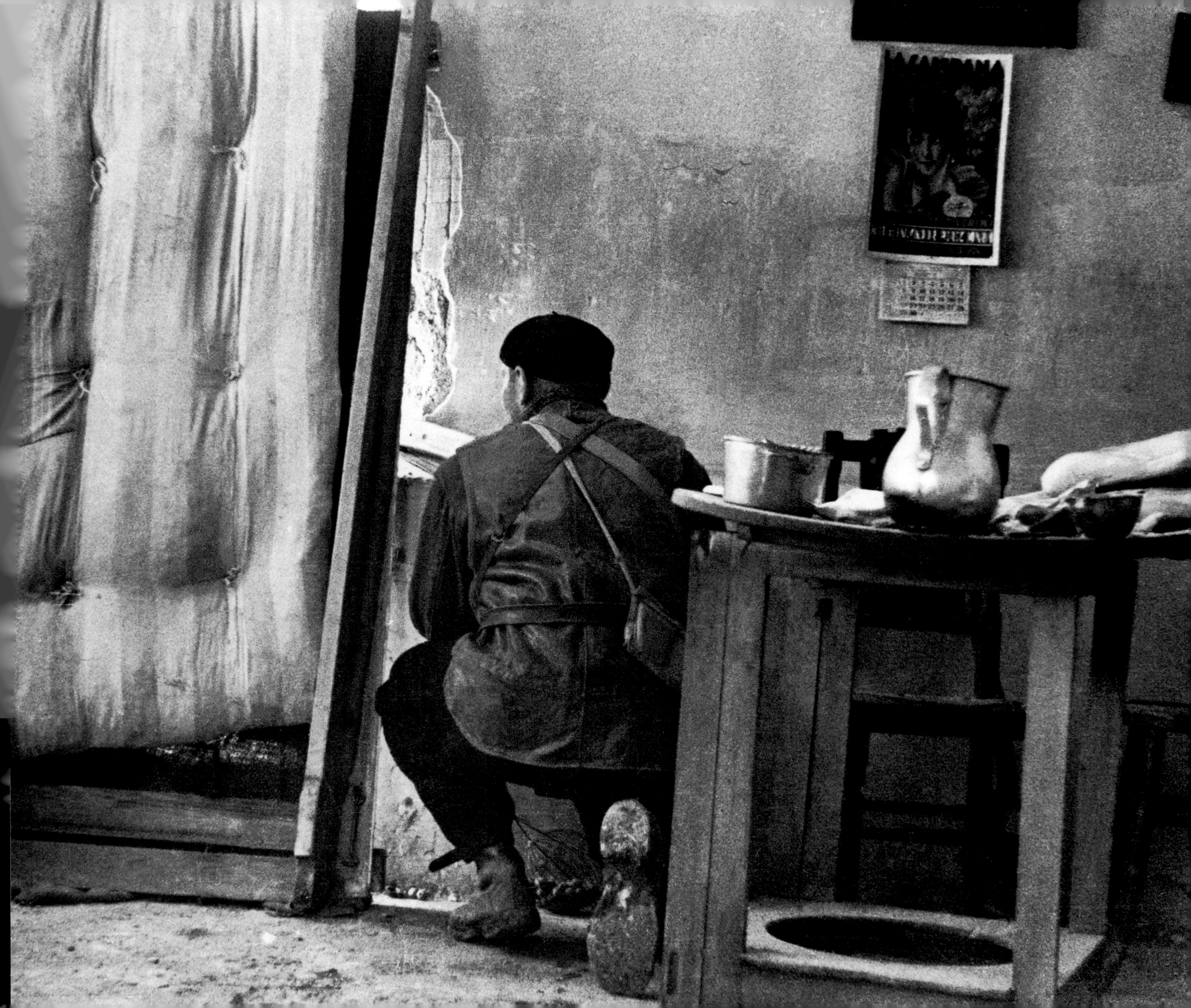

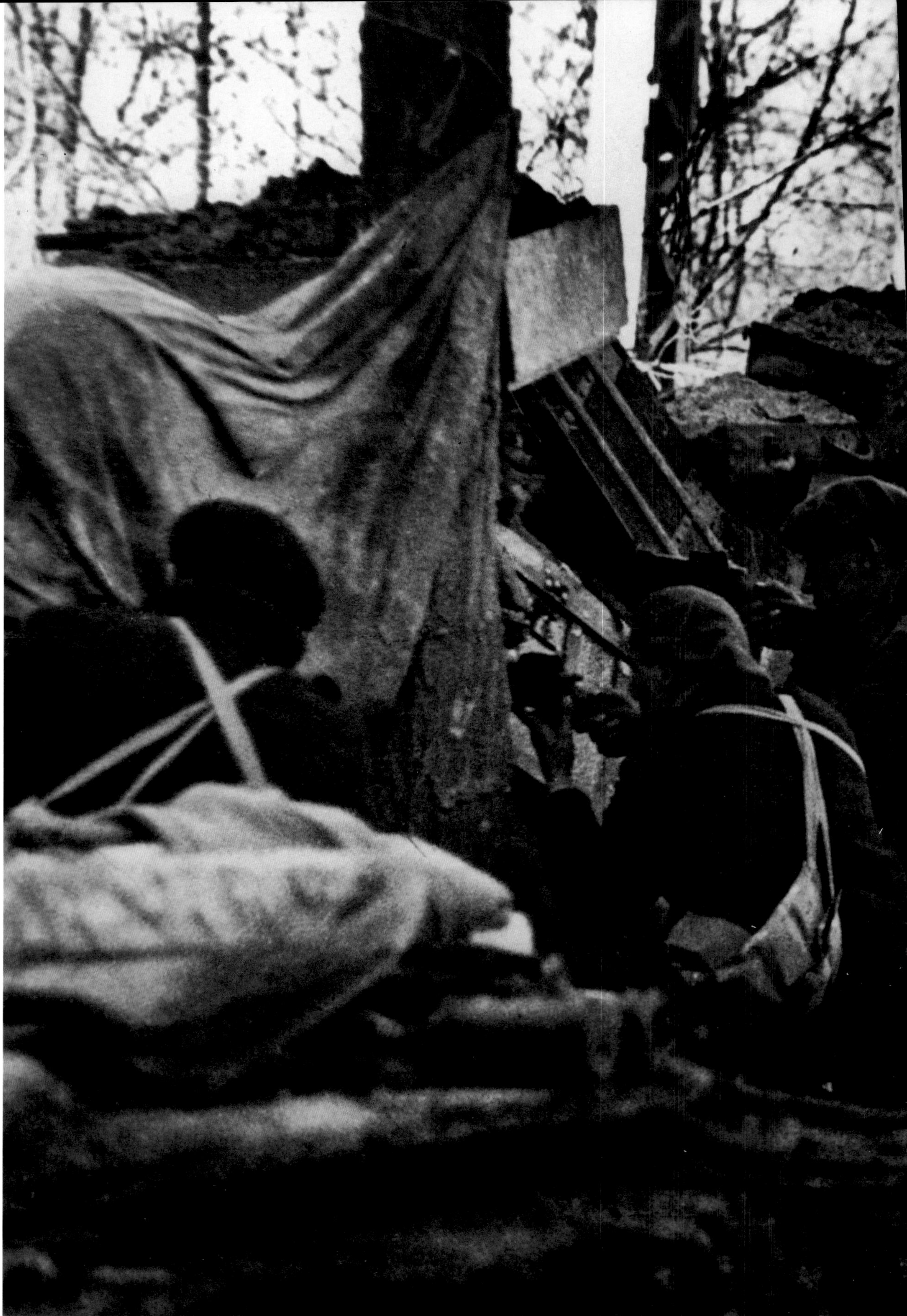

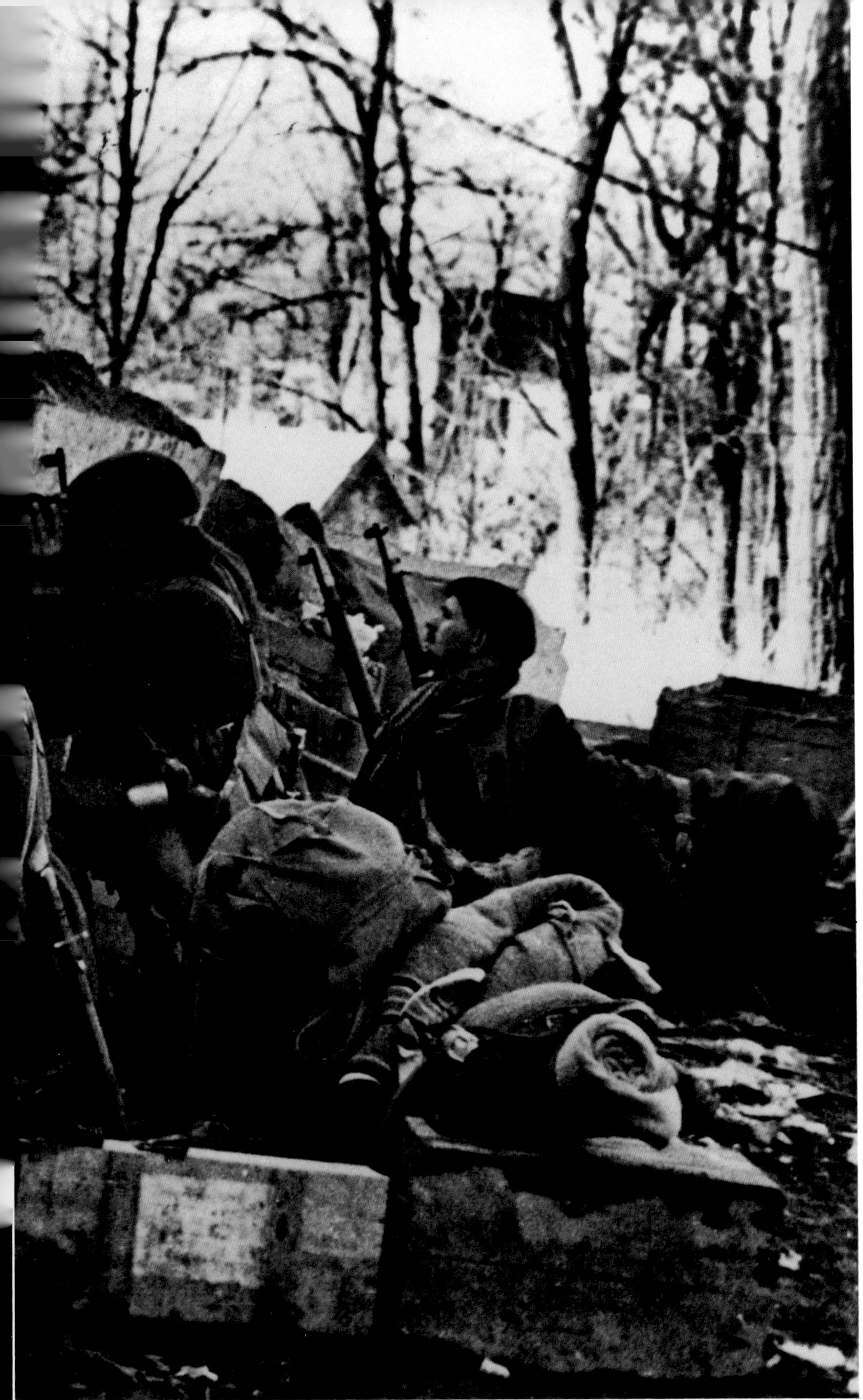

Madrid, noviembre–diciembre, 1936

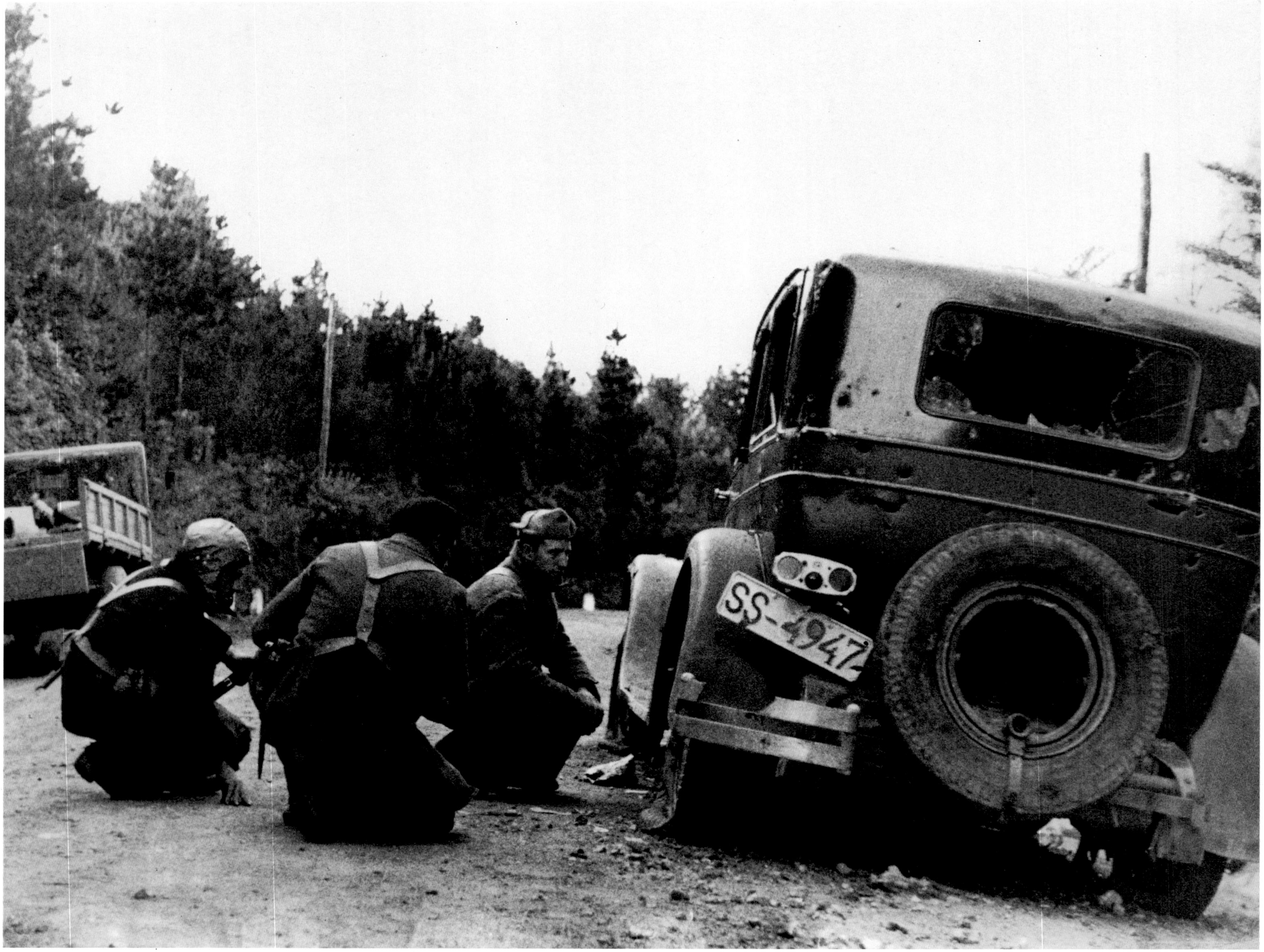

 Monte Sollube, frente de Bilbao, 7 de mayo, 1937

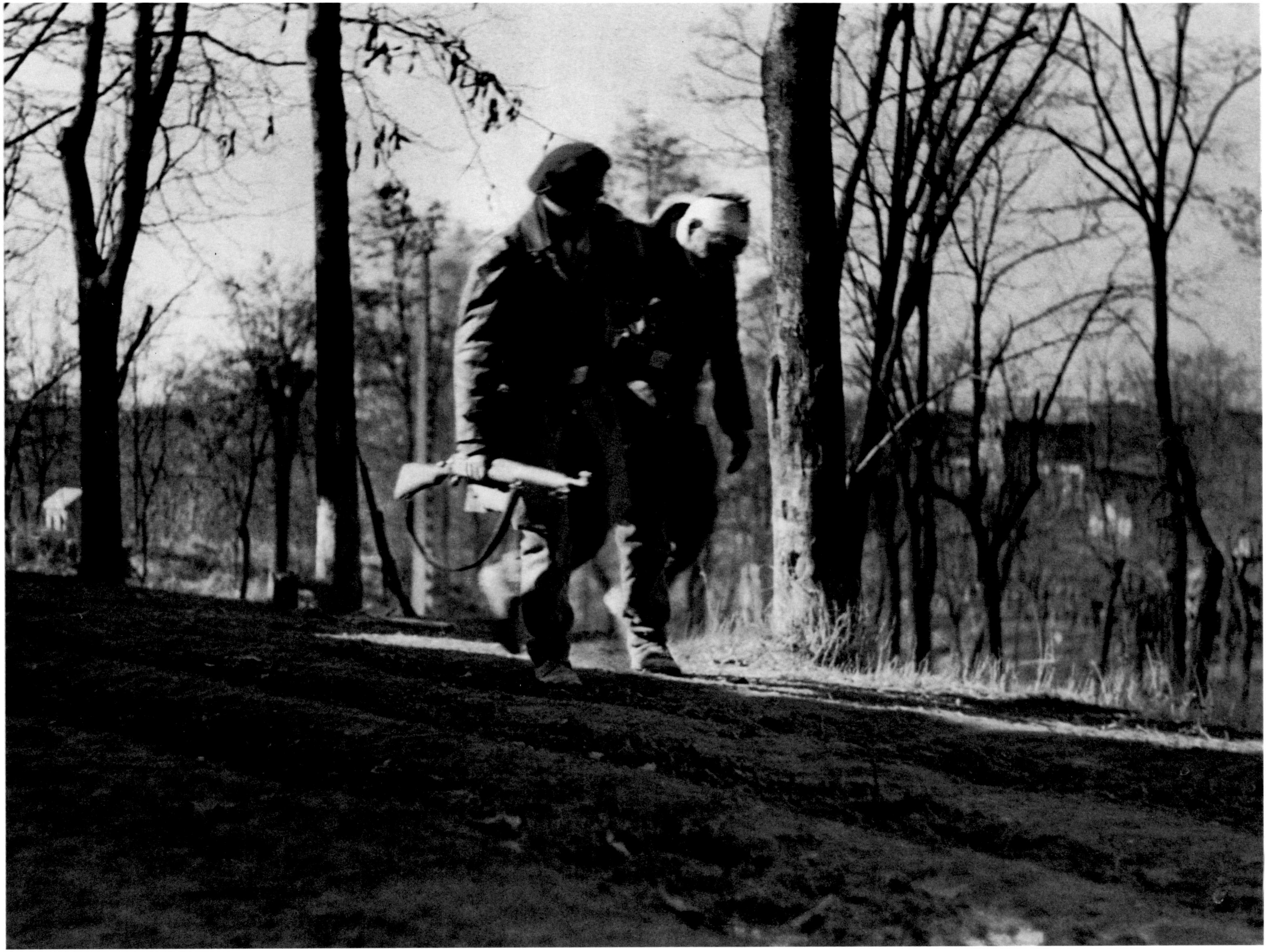

Madrid, noviembre–diciembre, 1936

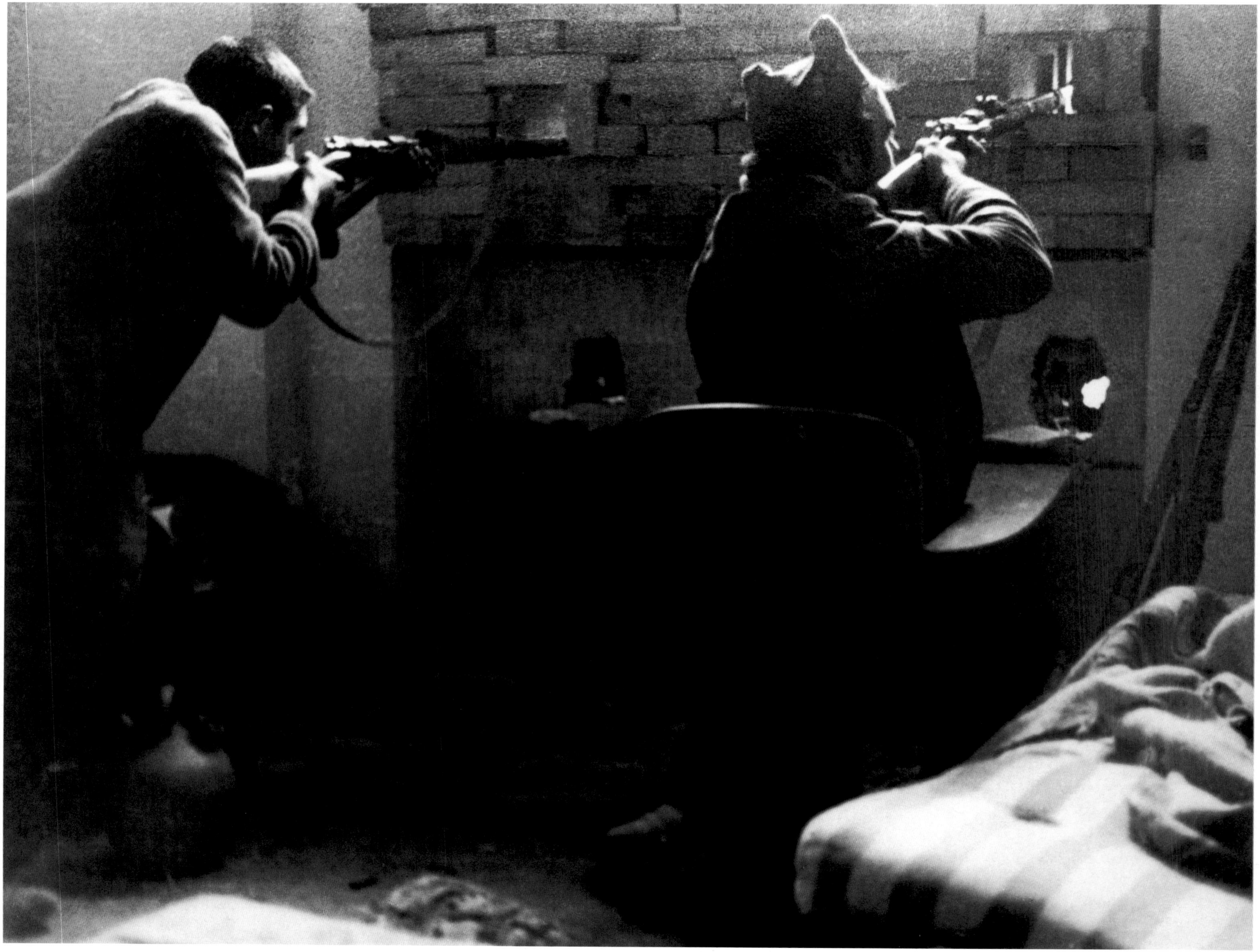

Madrid, noviembre–diciembre, 1936
Madrid, febrero, 1937

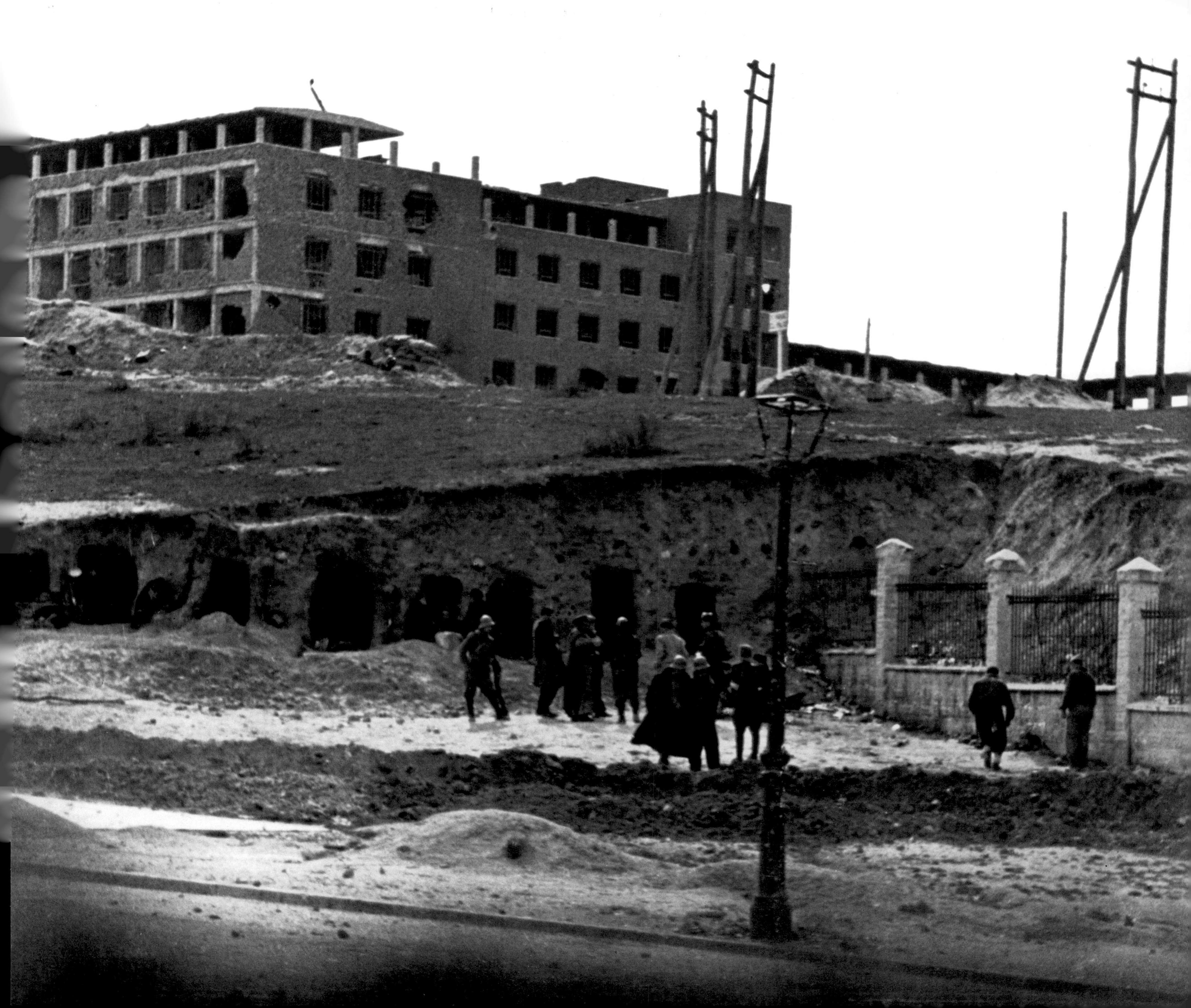

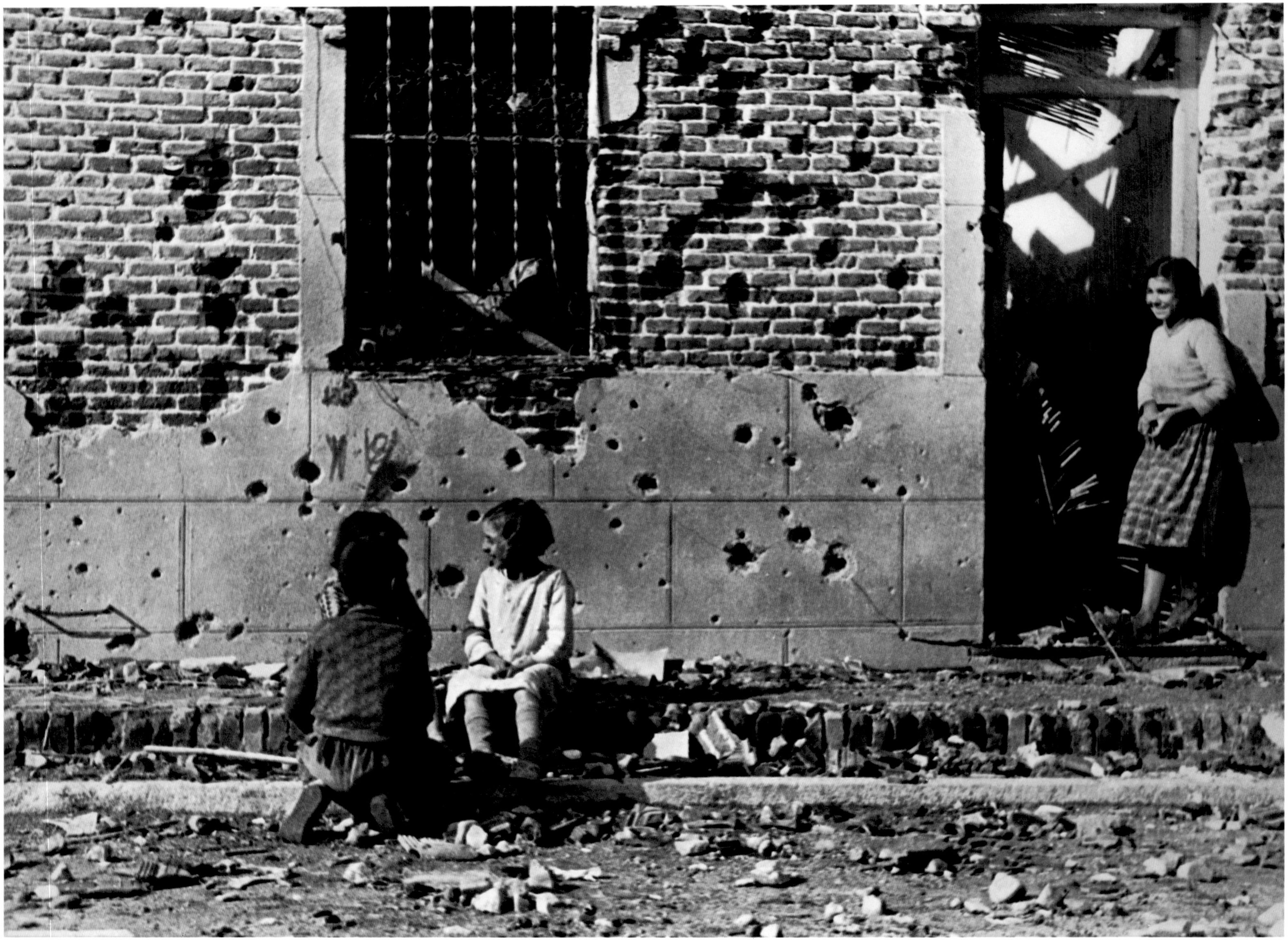

 Madrid, noviembre–diciembre, 1936

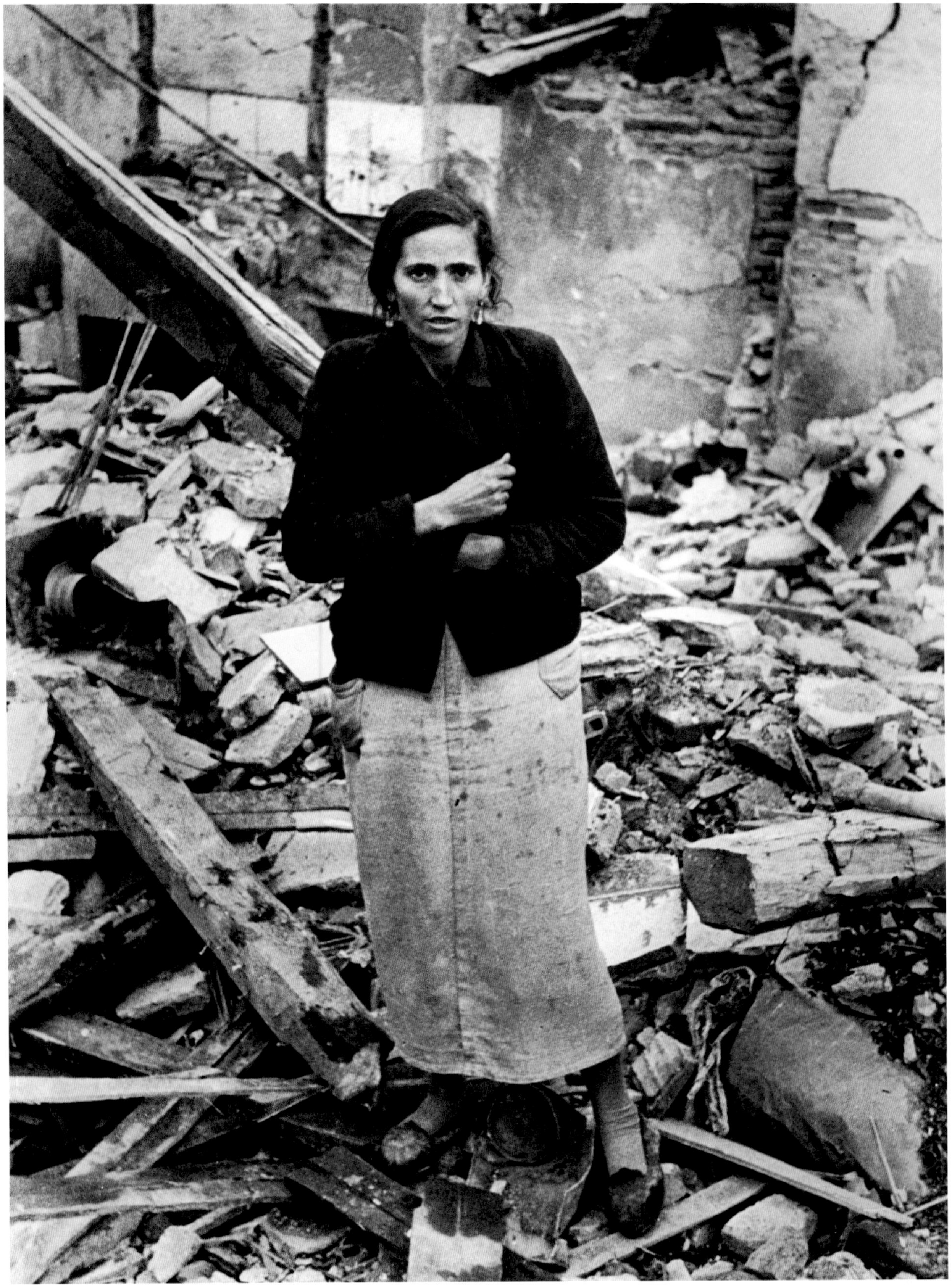

El barrio de Vallecas, Madrid,
invierno, 1936–1937

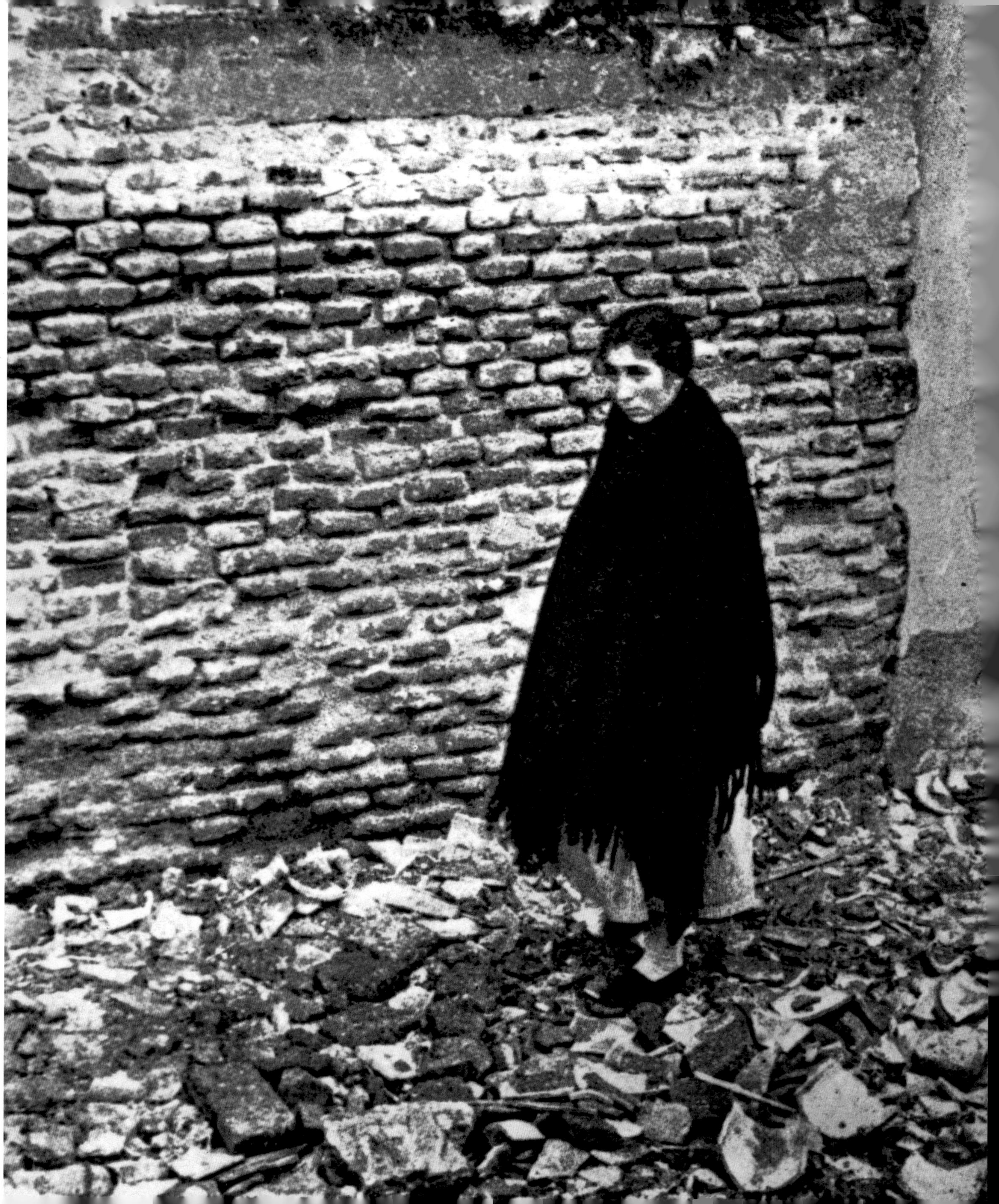

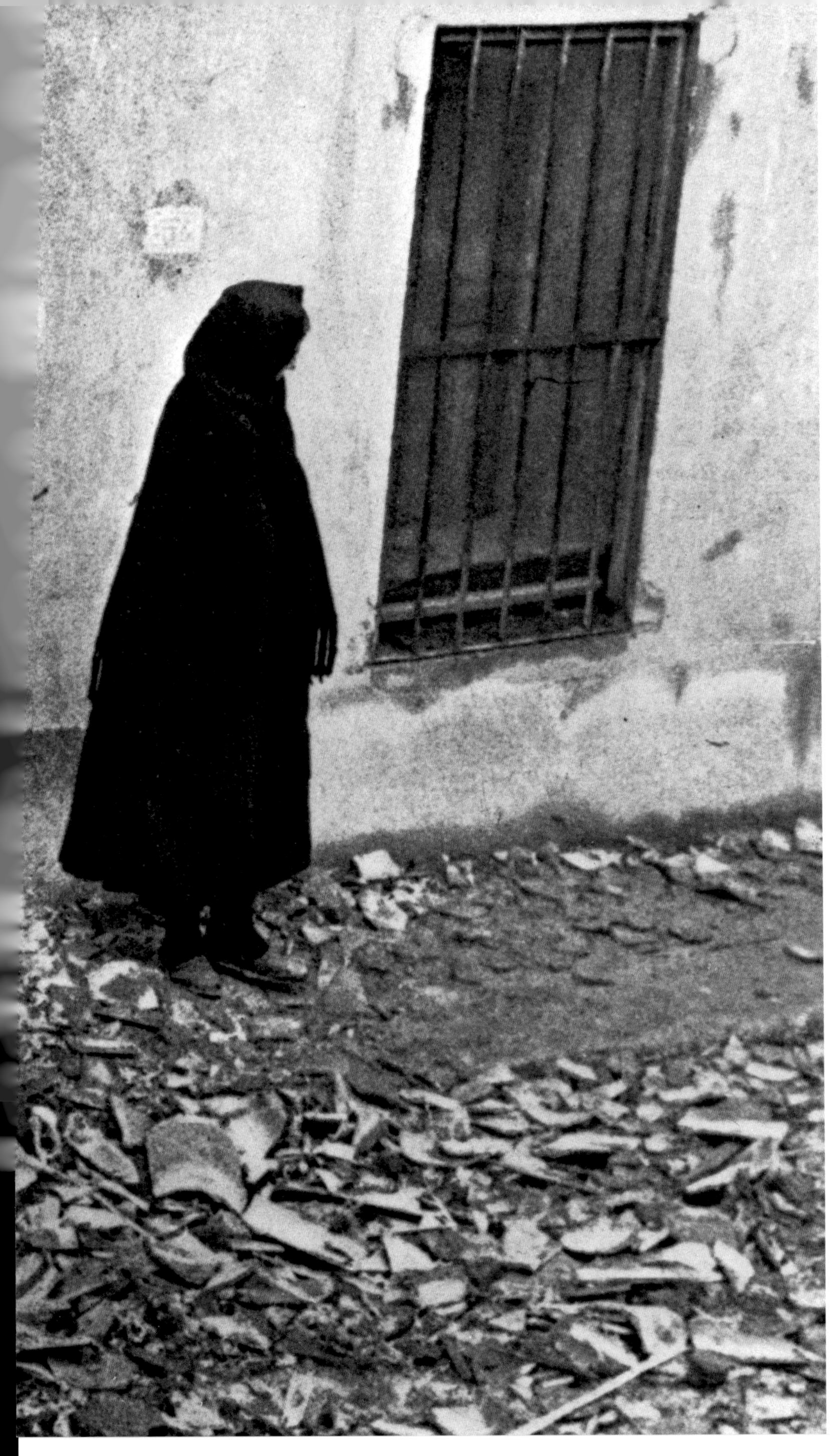

Regiones sumergidas
en el interminable martirio, por el inacabable
silencio, pulsos
de abeja y roca exterminada,
tierras que en vez de trigo y trébol
traéis señal de sangre seca y crimen:
. . . .
Furor, vuelo de luto
o muerte y cólera,
hasta que ya las lágrimas y el duelo reunidos,
hasta que ya las palabras y el desmayo y la ira
no son sino un montón de huesos en un camino
y una piedra enterrada por el polvo.

Es tanto, tanta
tumba, tanto martirio, tanto
galope de bestias en la estrella!
Nada, ni la victoria
borrará el agujero terrible de la sangre:
nada, ni el mar, ni el paso
de arena y tiempo, ni el geranio ardiendo
sobre la sepultura.

PABLO NERUDA
Tierras ofendidas

El barrio de Vallecas, Madrid,
invierno, 1936–1937

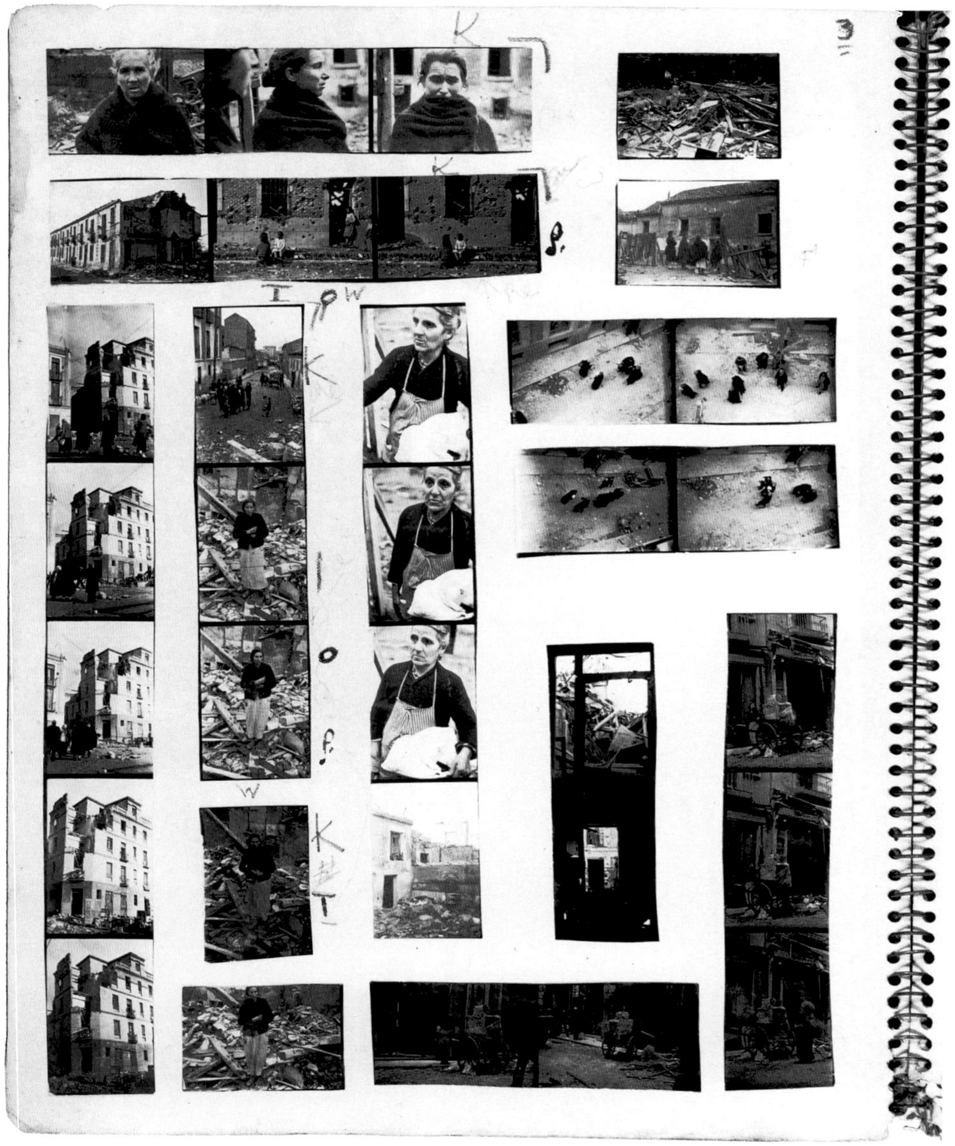

No hay seguridad para nadie en ninguna parte en esta guerra. Las mujeres se quedan atrás, pero la muerte, la ingeniosa muerte que viene del cielo, las encuentra. En sus casas. Los hombres en el frente ven con angustia pasar los bombarderos sobre sus líneas, pues en esta guerra no hay no-combatientes.

Death in the Making, RC

Madrid, noviembre–
diciembre, 1936

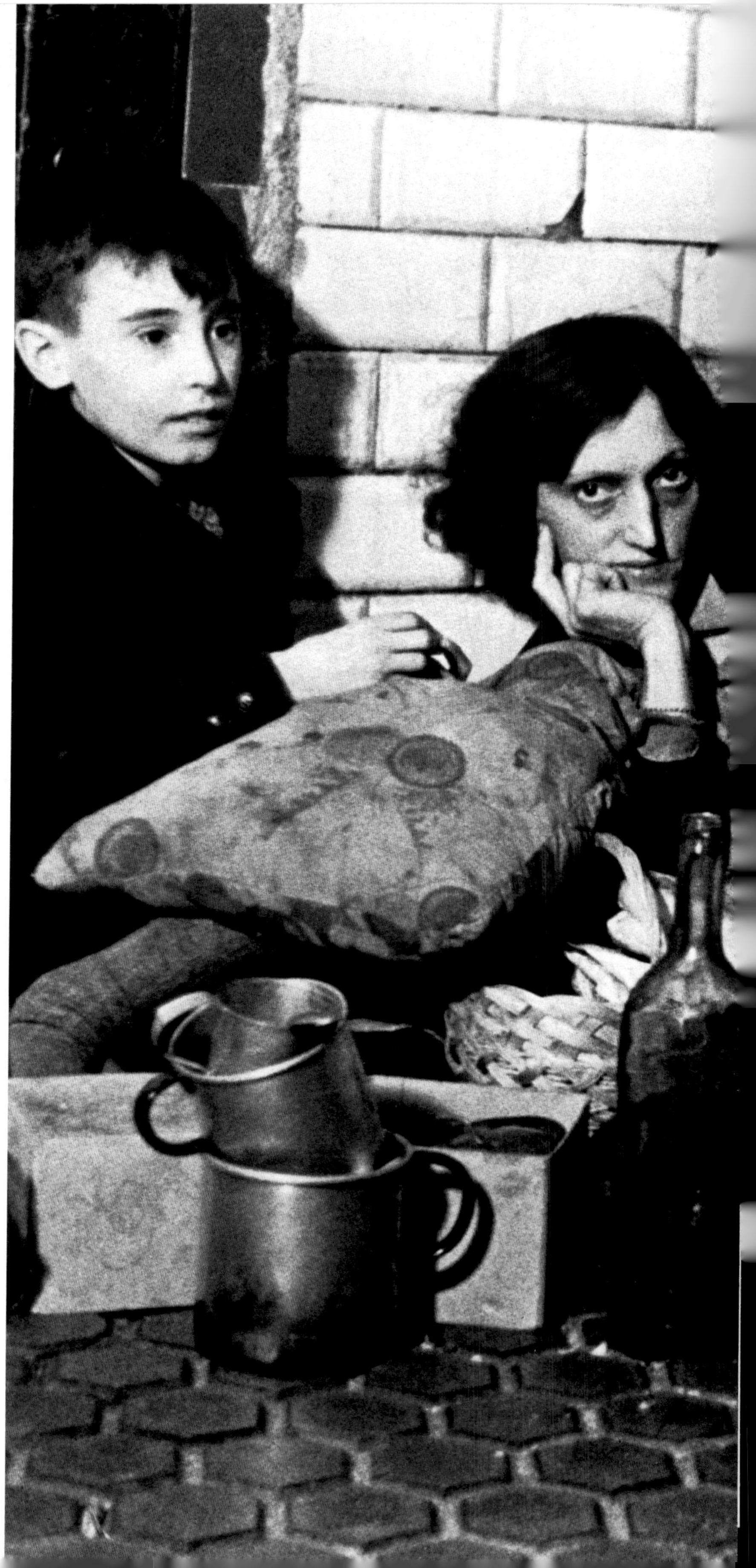

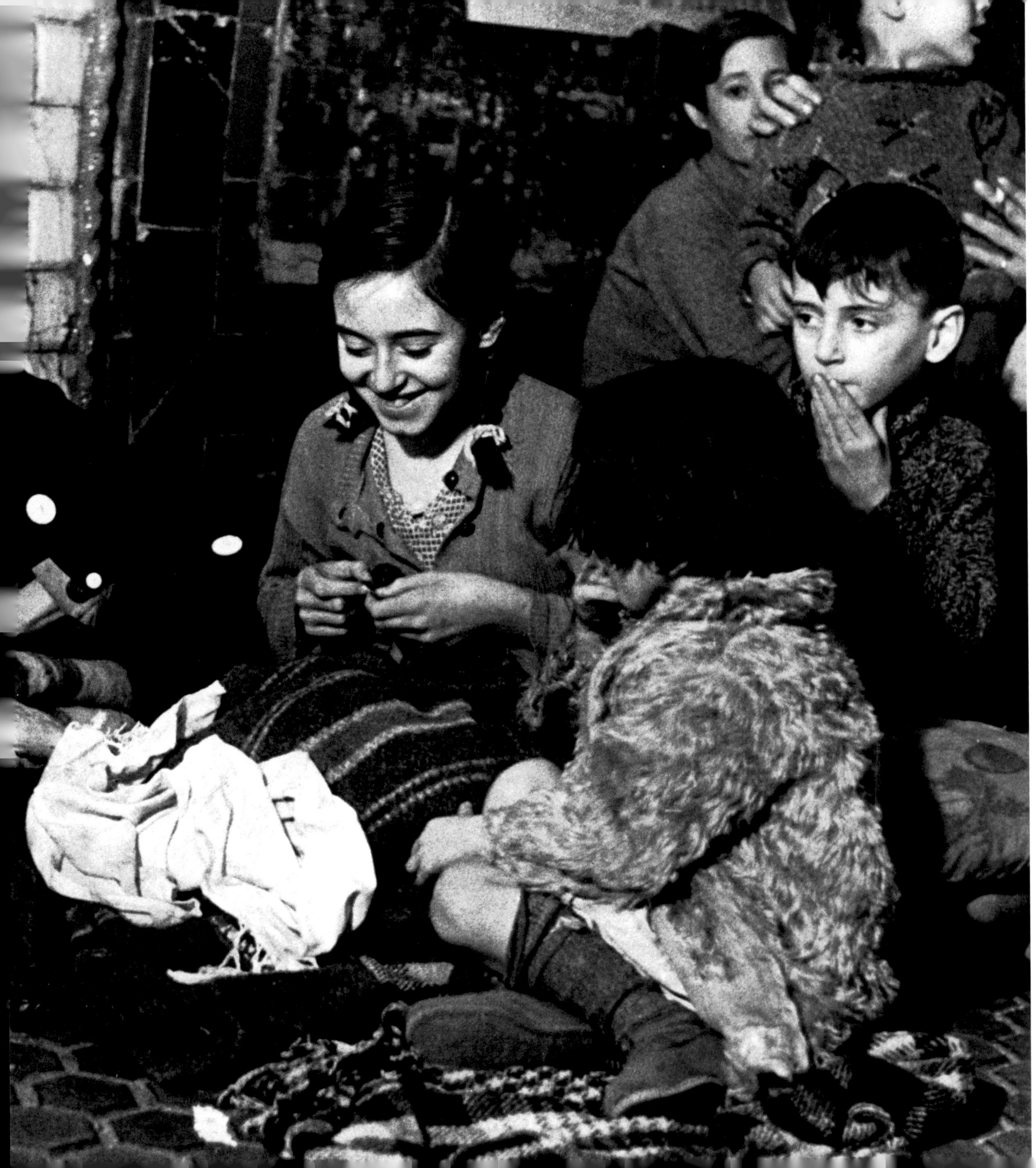

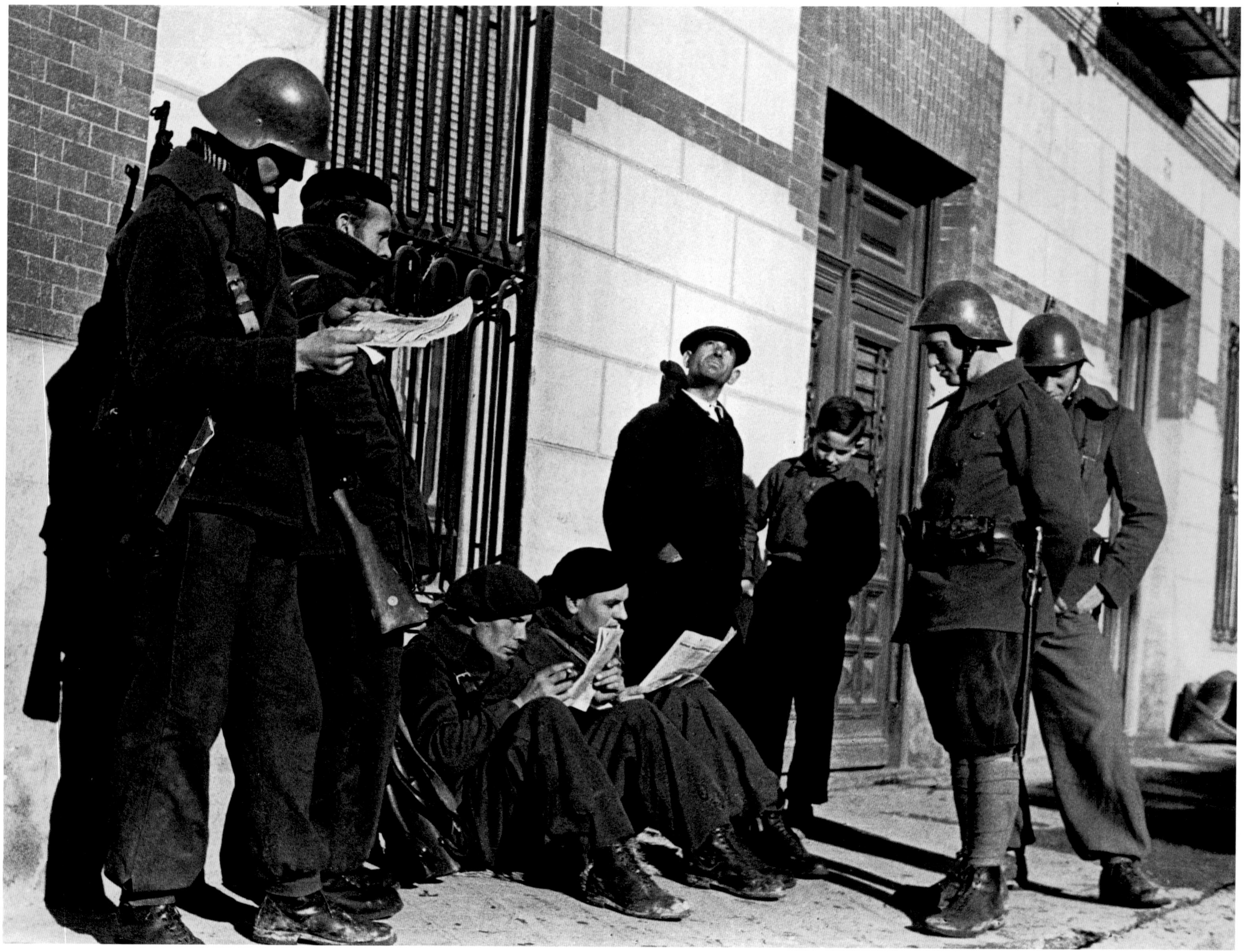

 Madrid, noviembre–diciembre, 1936

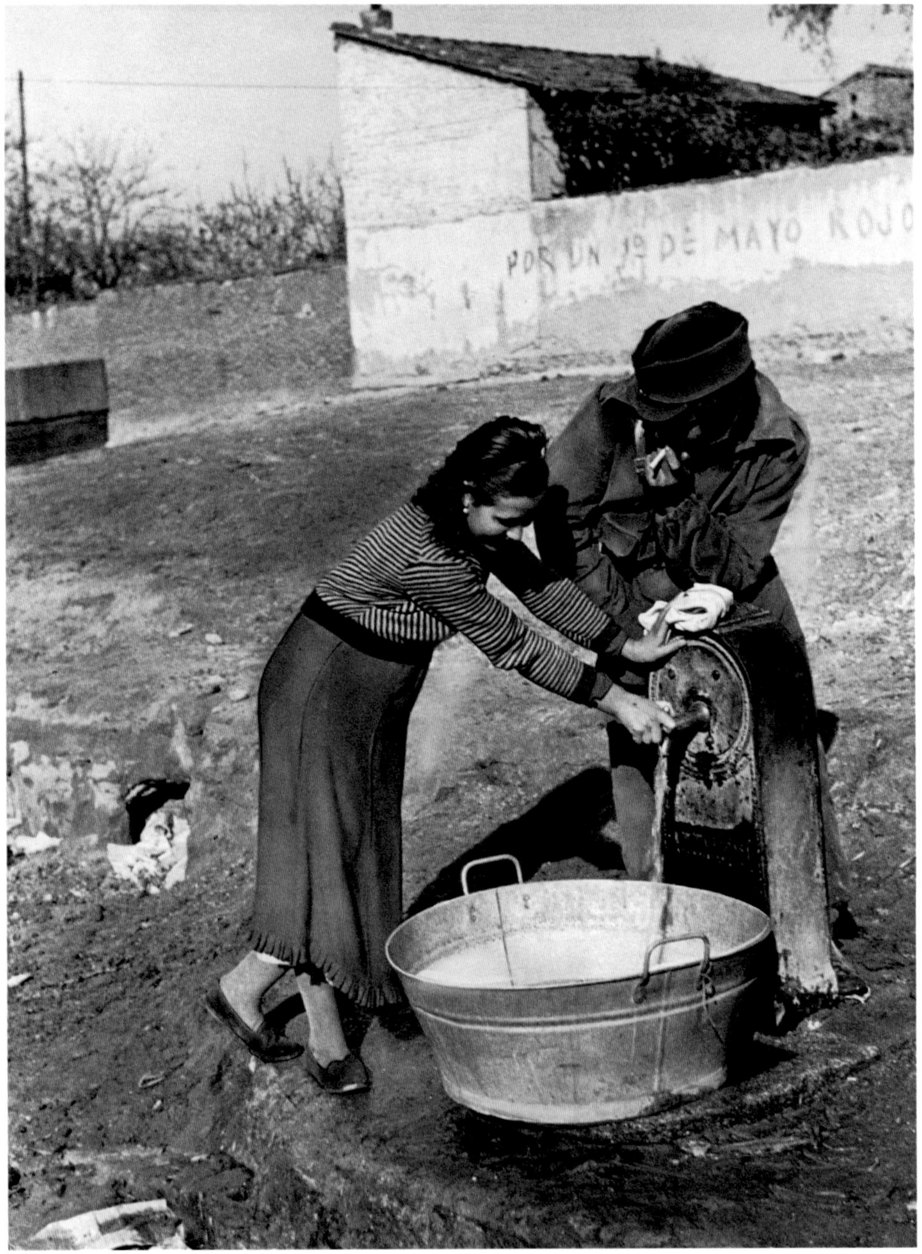

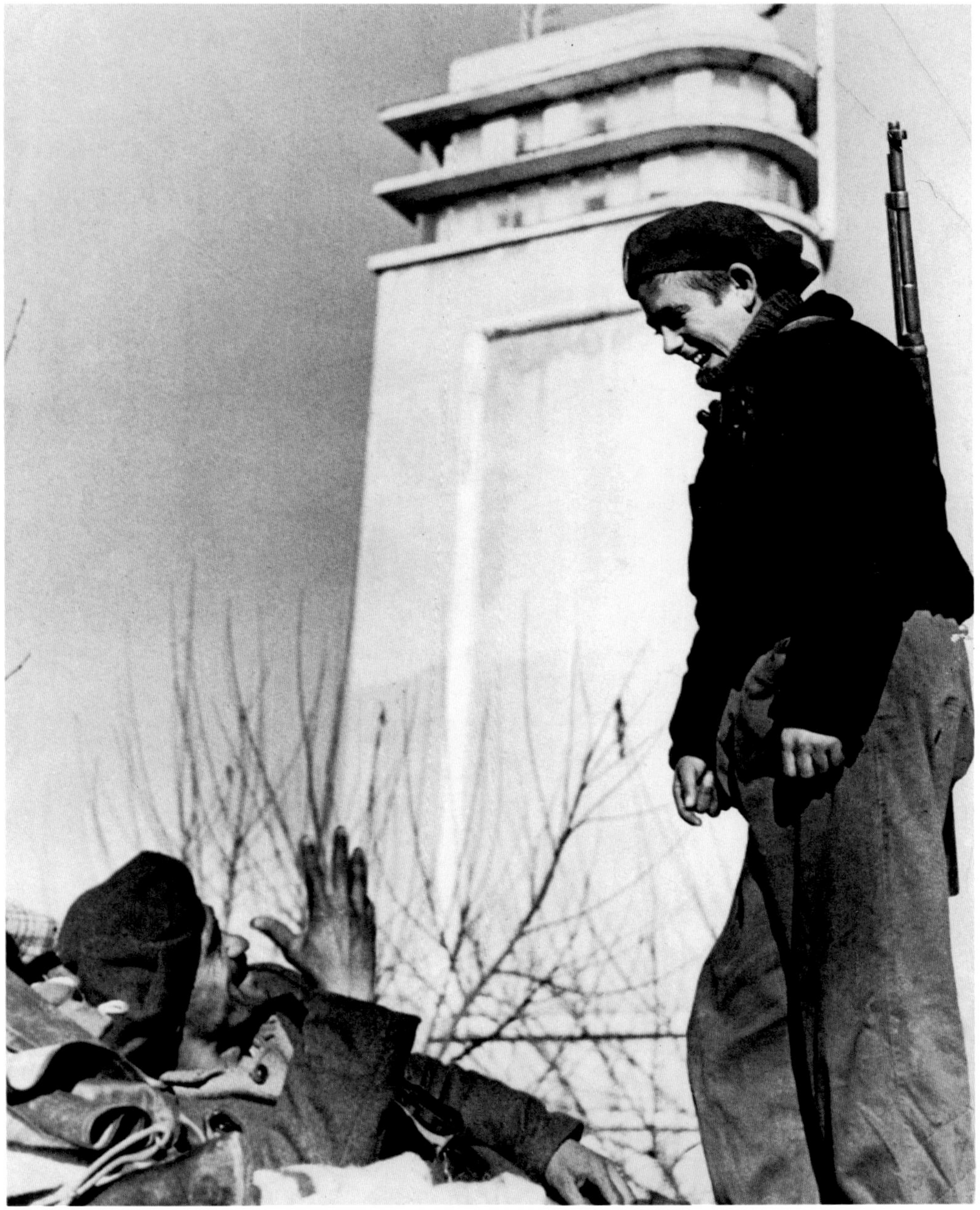

Madrid, noviembre–diciembre, 1936

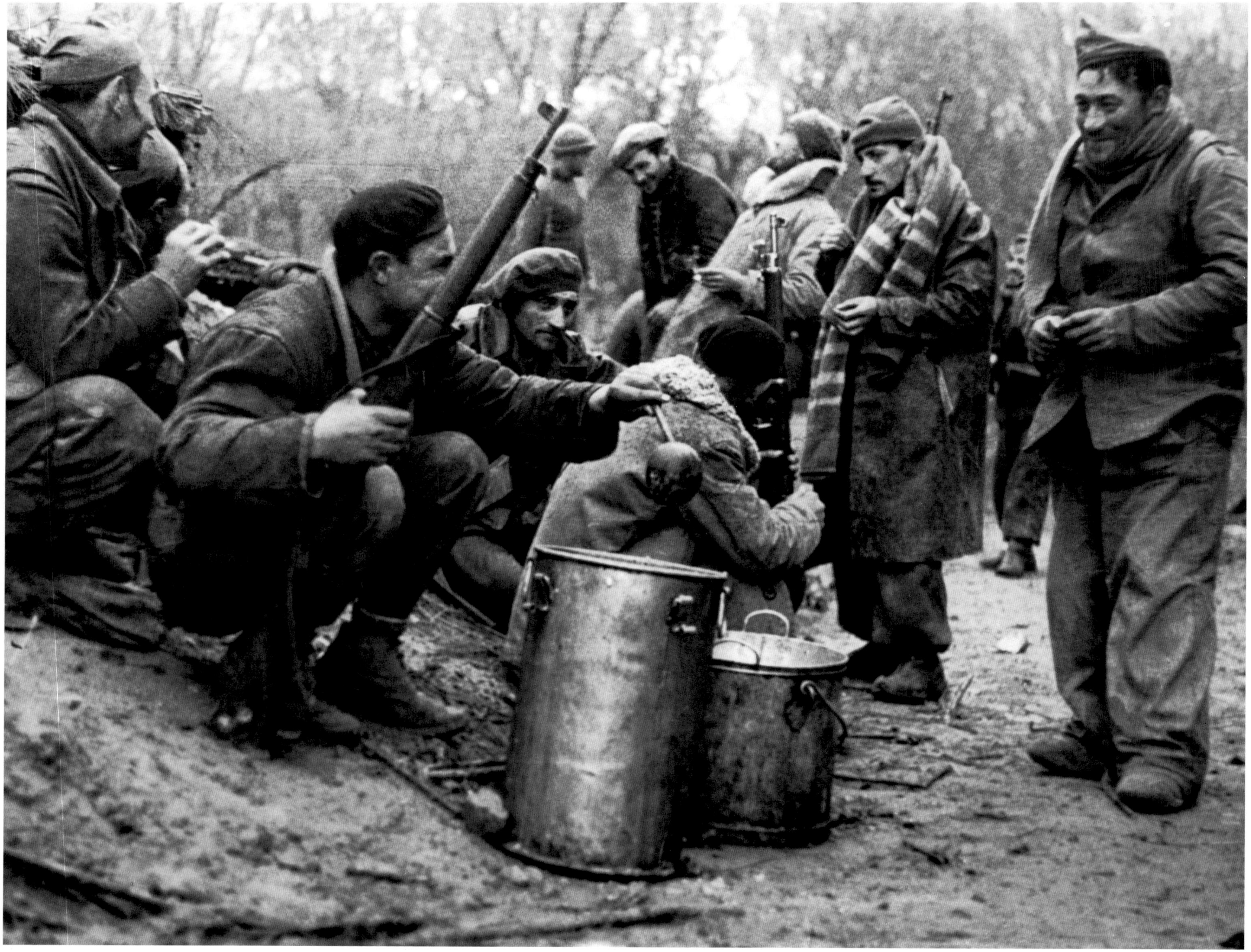

 Madrid, noviembre–diciembre, 1936

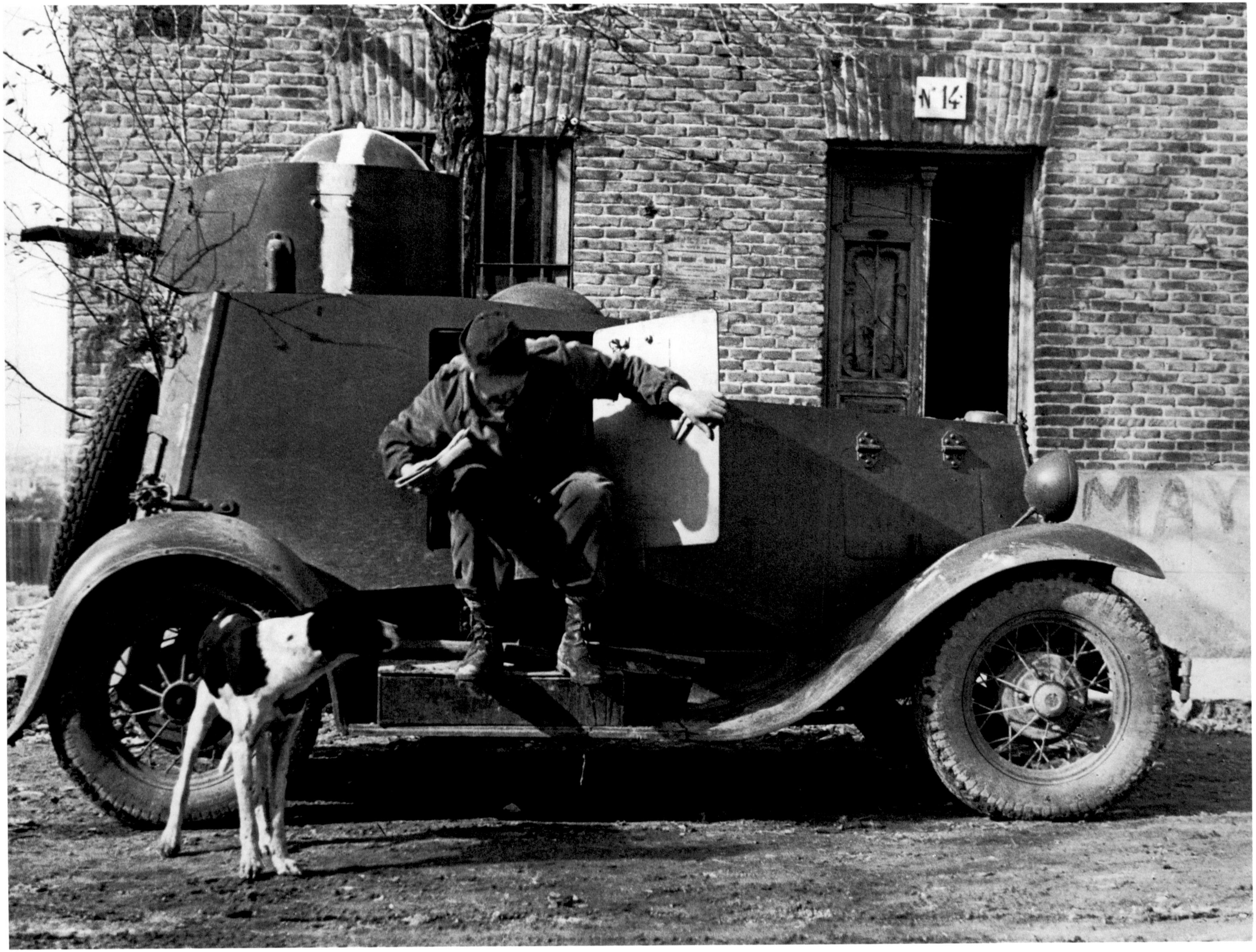

Madrid, noviembre–diciembre, 1936

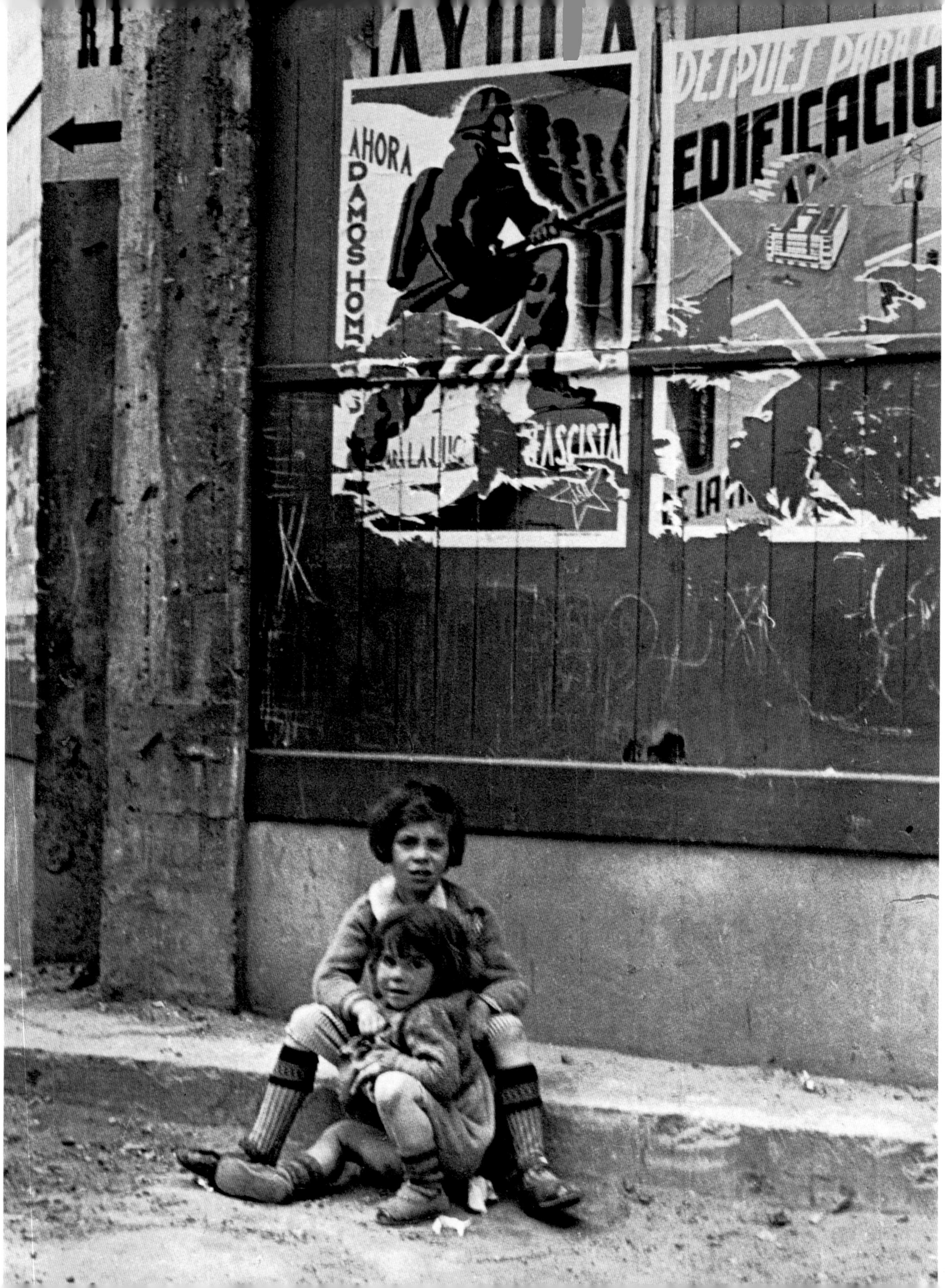

Bilbao, mayo, 1937

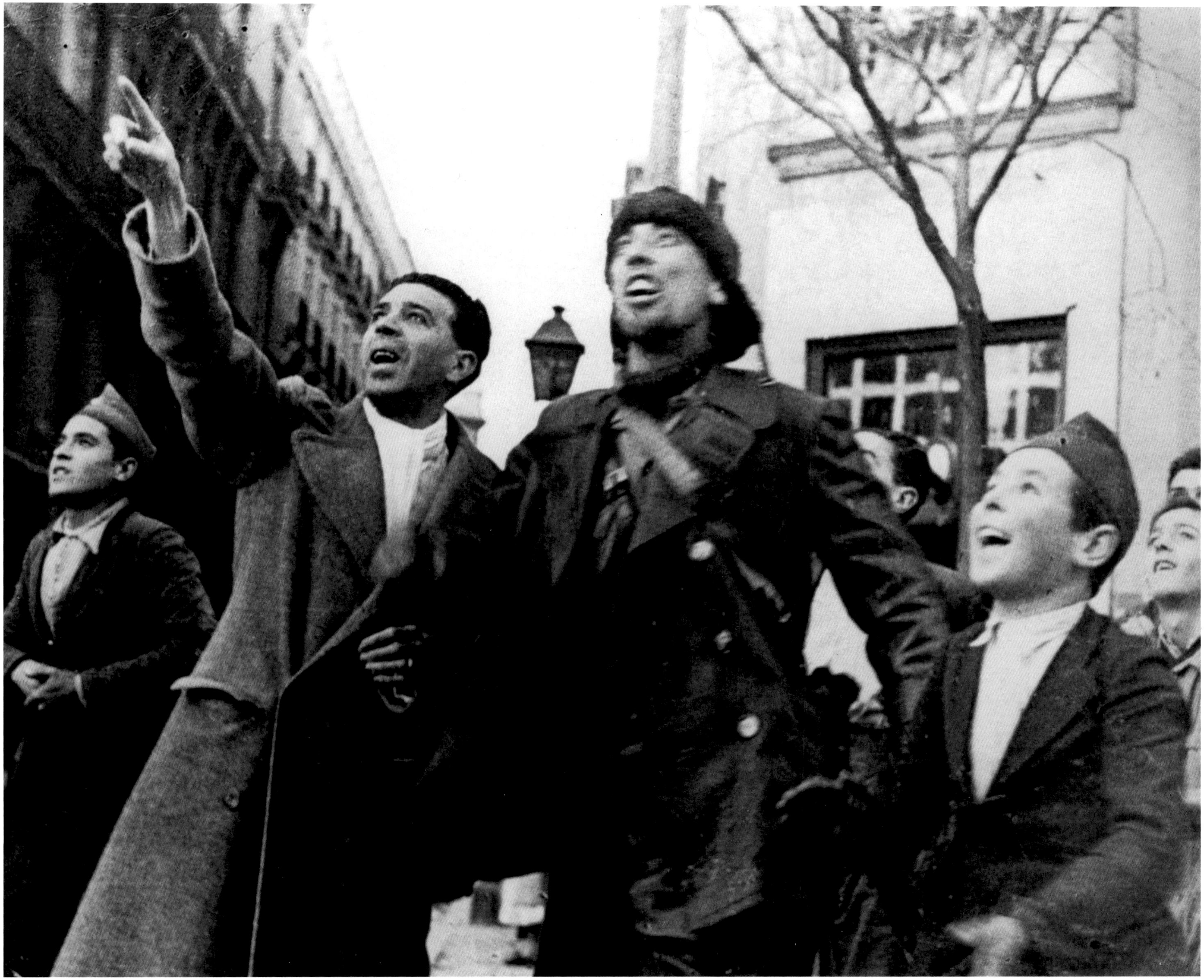

Madrid, noviembre–diciembre, 1936

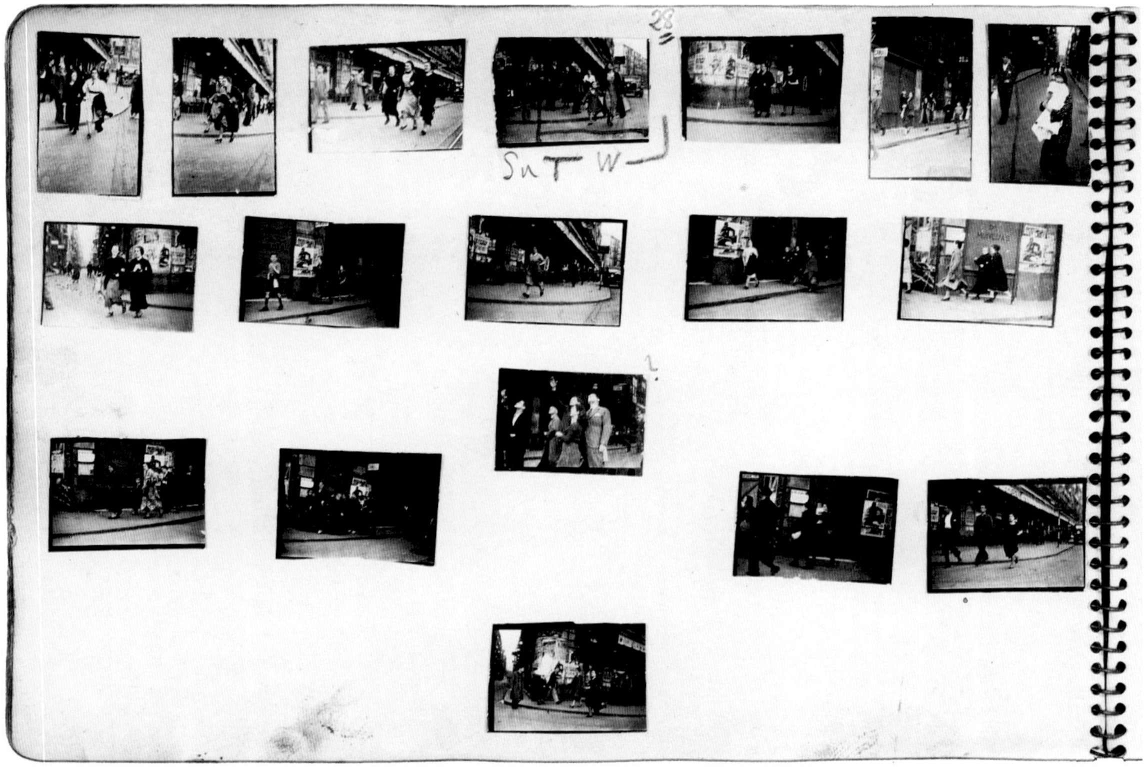

Hay poca protección en las ciudades. Las bombas perforan los refugios. En Valencia y en Madrid hay bajas a diario... Siempre igual, las sirenas, la gente corriendo aterrorizada, el estrépito de las bombas y luego, mientras el polvo se posa, la gente se va a la morgue a esperar, para ver si por casualidad el hijo, el padre, la madre que no volvía a casa está en las listas... *Death in the Making*, RC

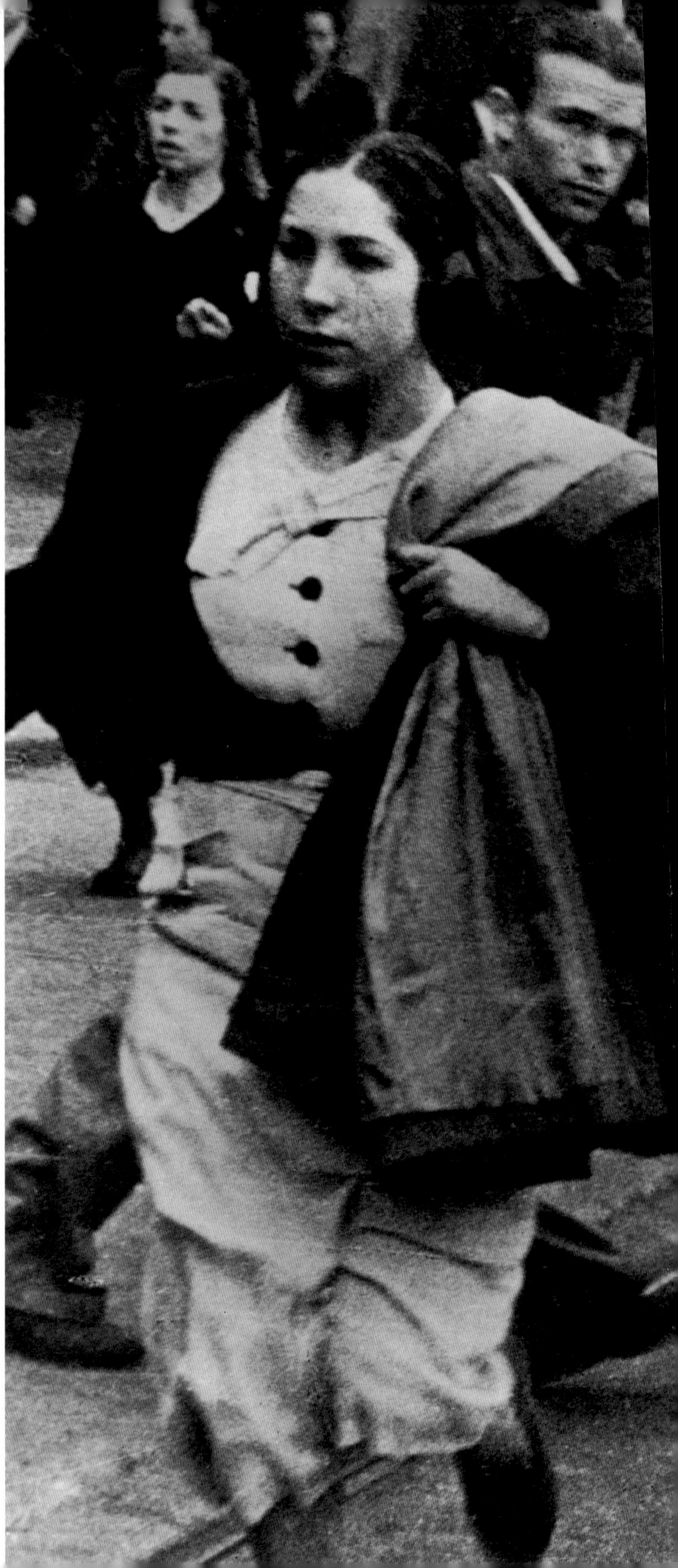

Bilbao, mayo, 1937

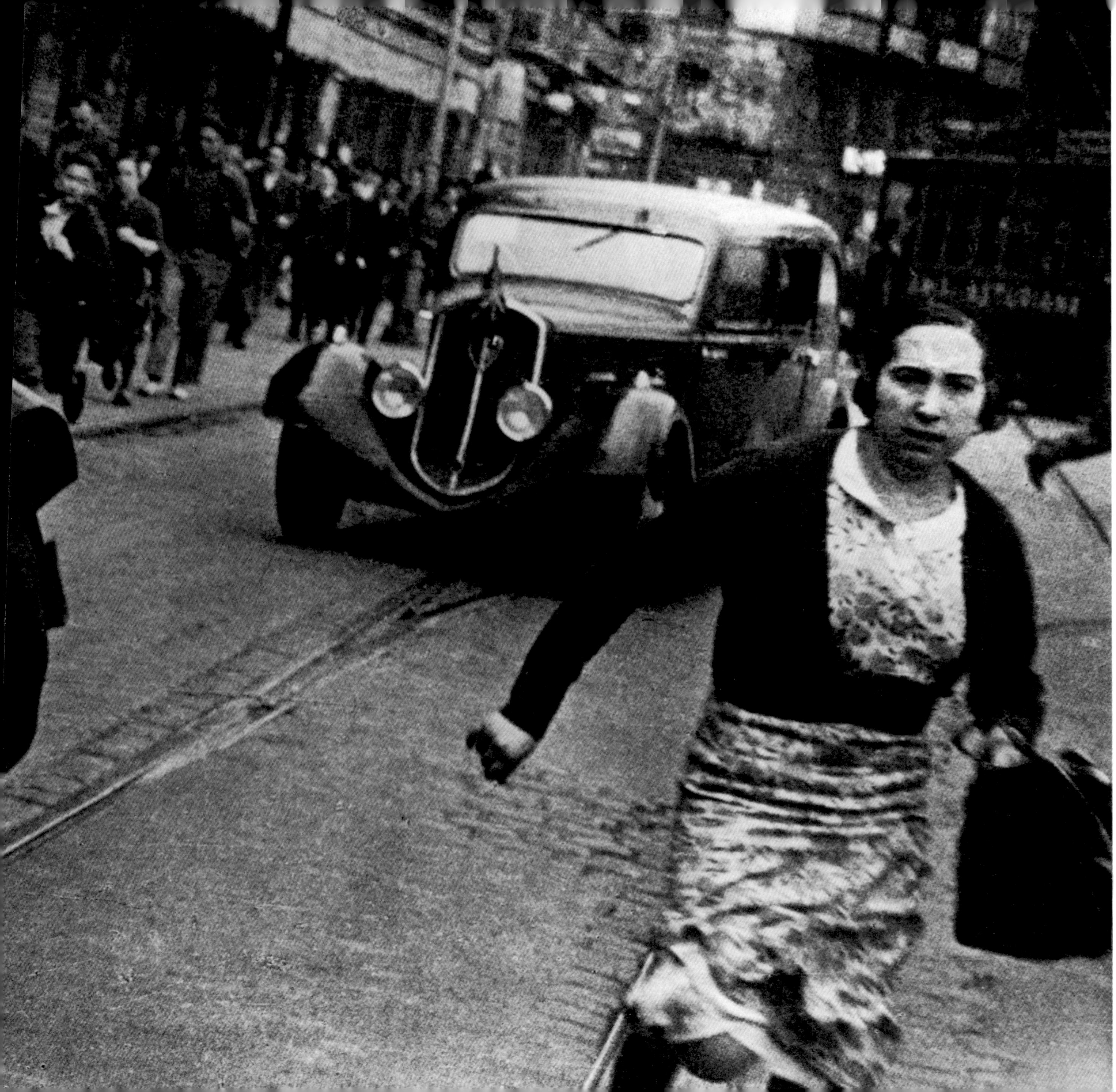

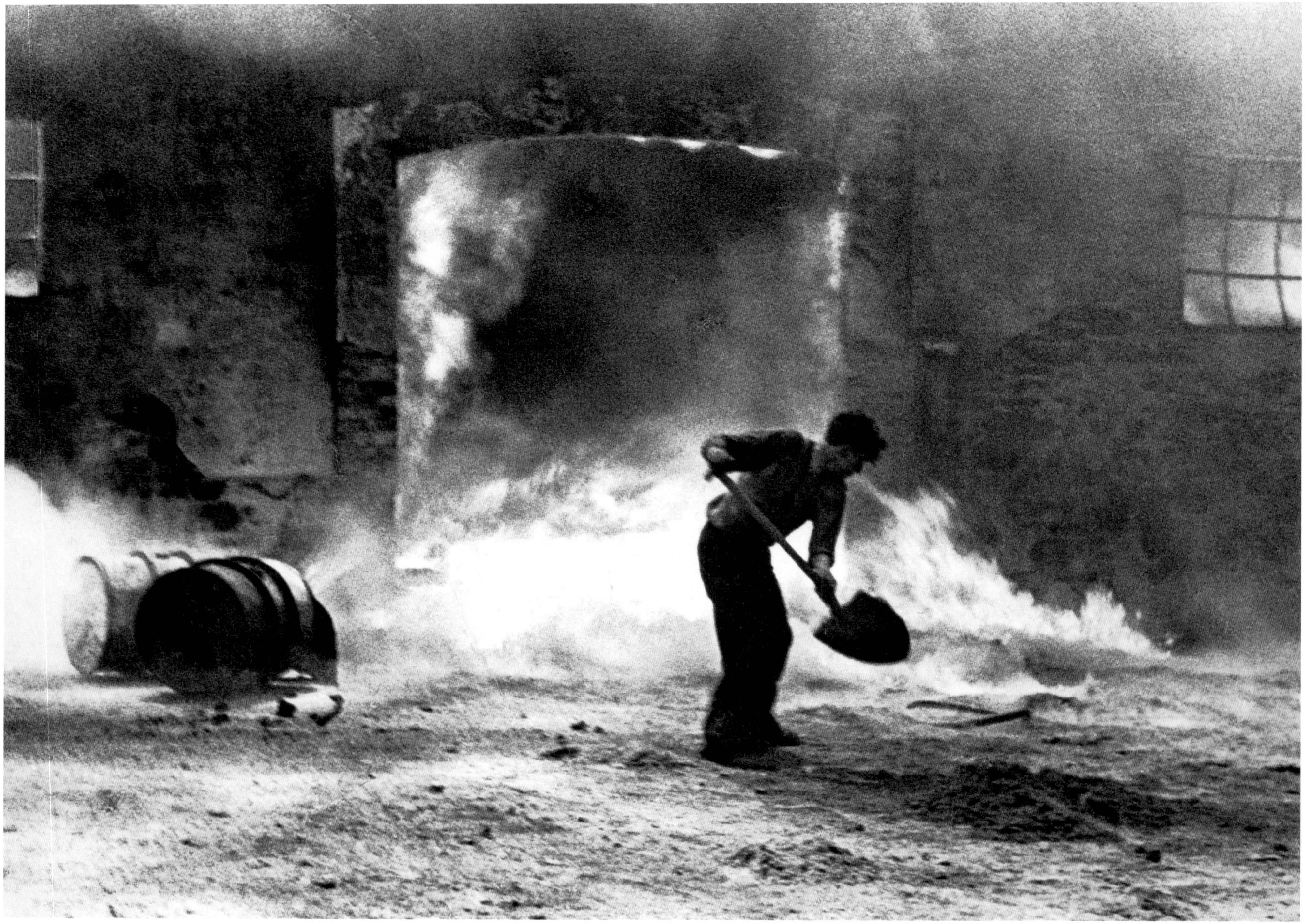

 Bilbao, mayo, 1937

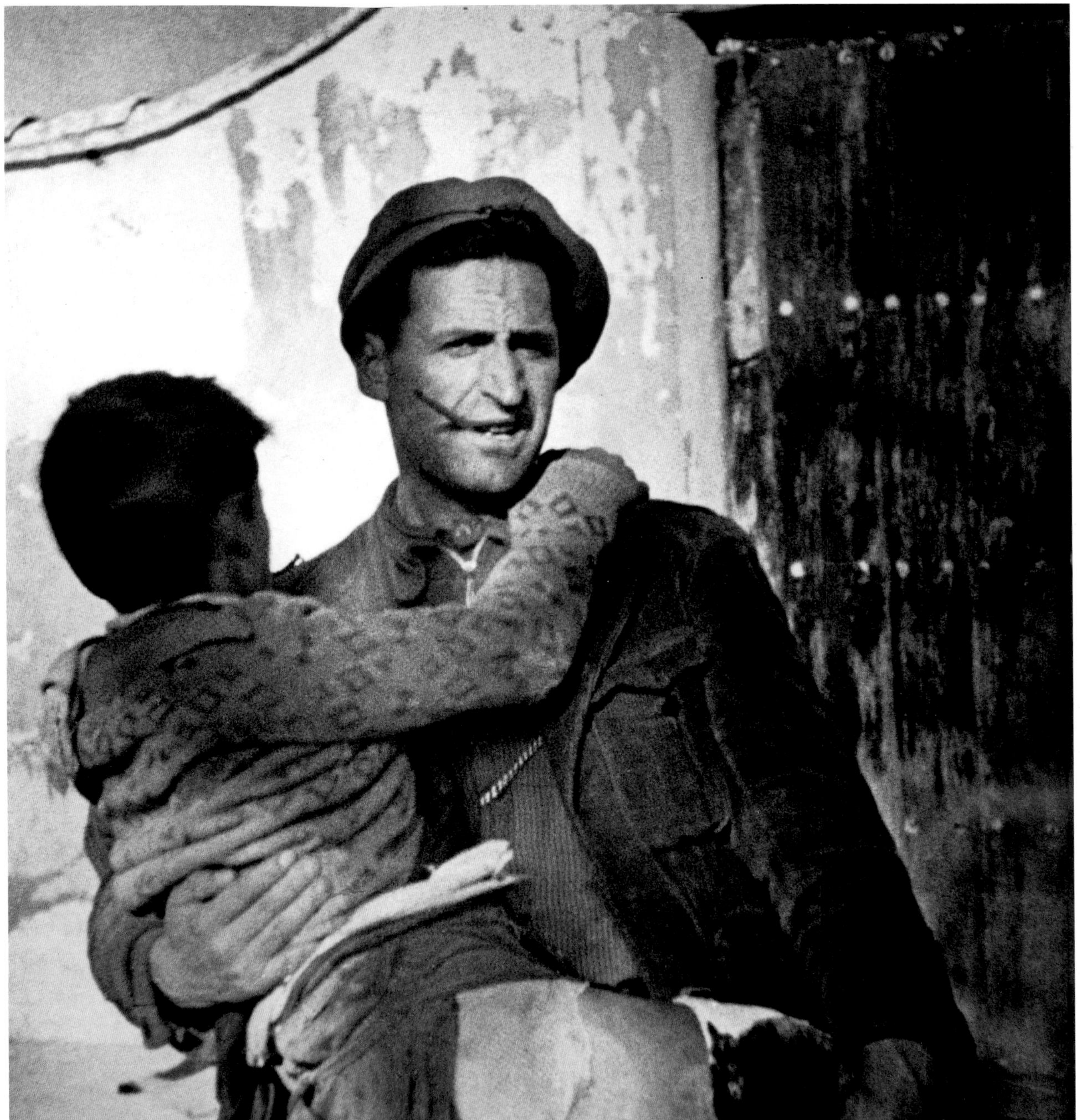

Teruel, frente de Aragón,
21 de diciembre, 1937

Los carteles en los muros,
los panfletos en las calles
están mutilados, destruidos o empapados de lluvia,
las palabras emborronadas por las lágrimas,
se despellejan sus cuerpos
en el huracán victorioso.
. . . .
Las lecciones aprendidas, desaprendidas;
los jóvenes, que aprendieron a leer, ciegan ahora
sus ojos con el arcaico velo
el campesino vuelve a la torpe canción
atiende al rebuzno del burro;
sólo recuerdan para olvidar.

Pero en alguna parte una palabra apremia
a las puertas de alguna mente,
y atisbada desde el rabillo de un ojo más certero
la memoria de un viejo asalta a un niño—
chispa de los días de la libertad.
A la que el niño se aferra como a un juguete amargo.

STEPHEN SPENDER
"Caída de una ciudad"

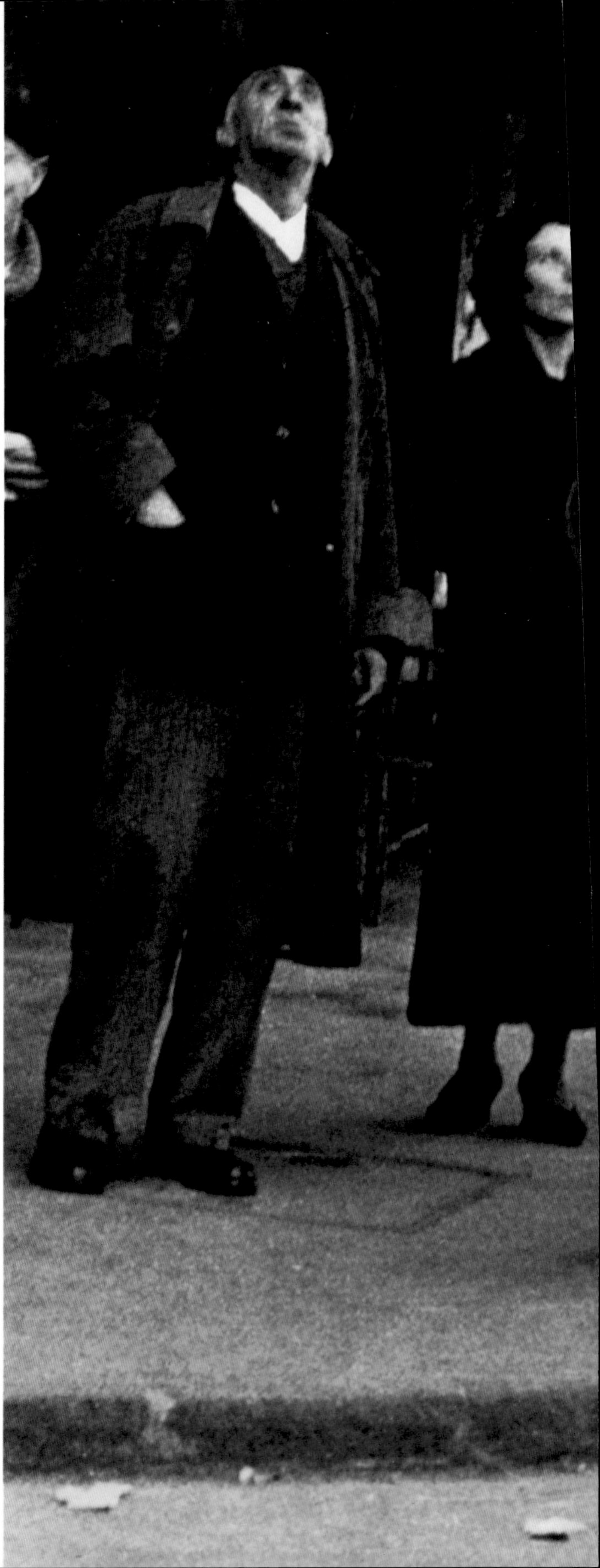

Bilbao, mayo, 1937

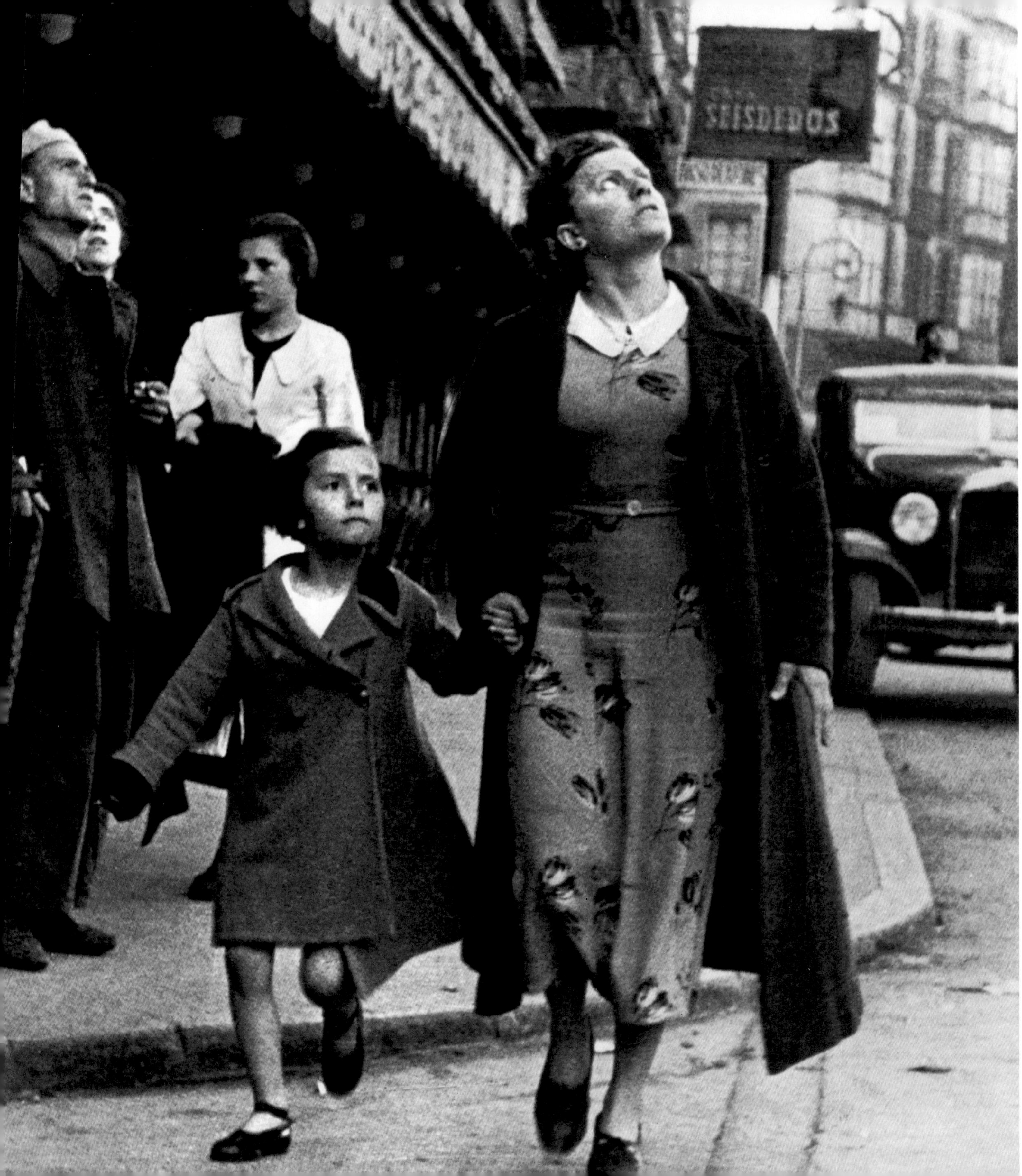
SEISDEDOS

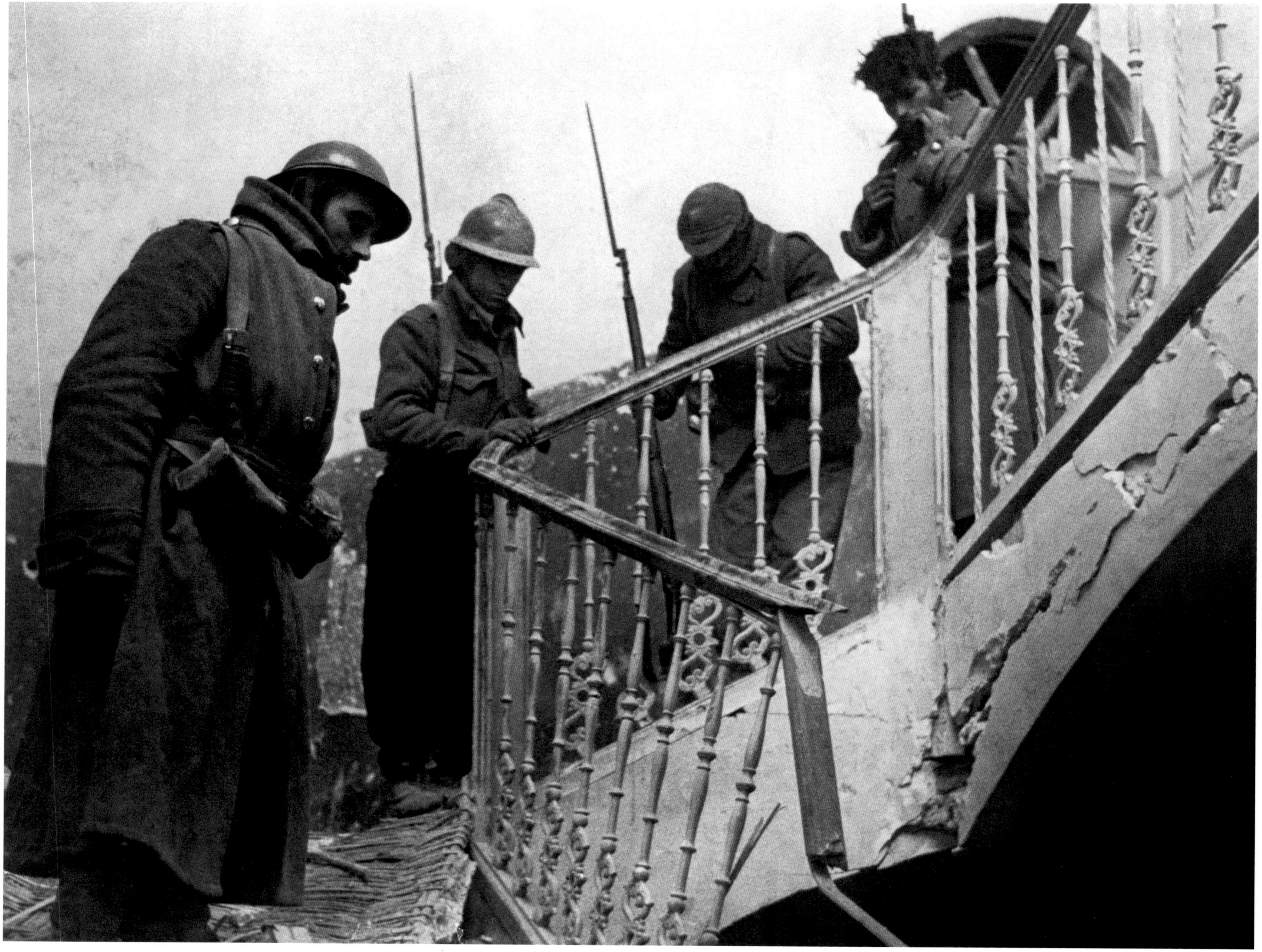

 Teruel, frente de Aragón, 3 de enero, 1938

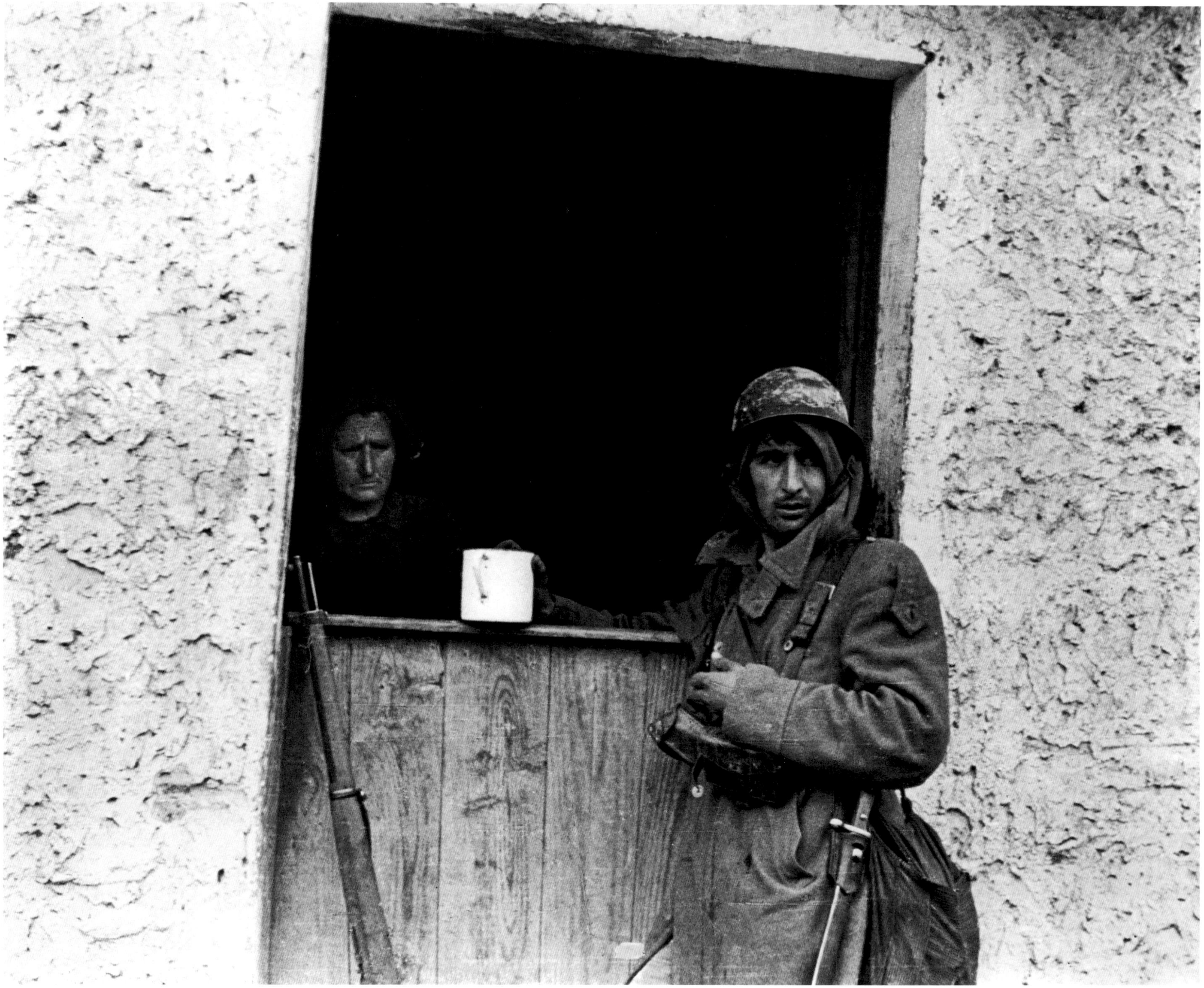

Monte Sollube, frente de Bilbao, 7 de mayo, 1937

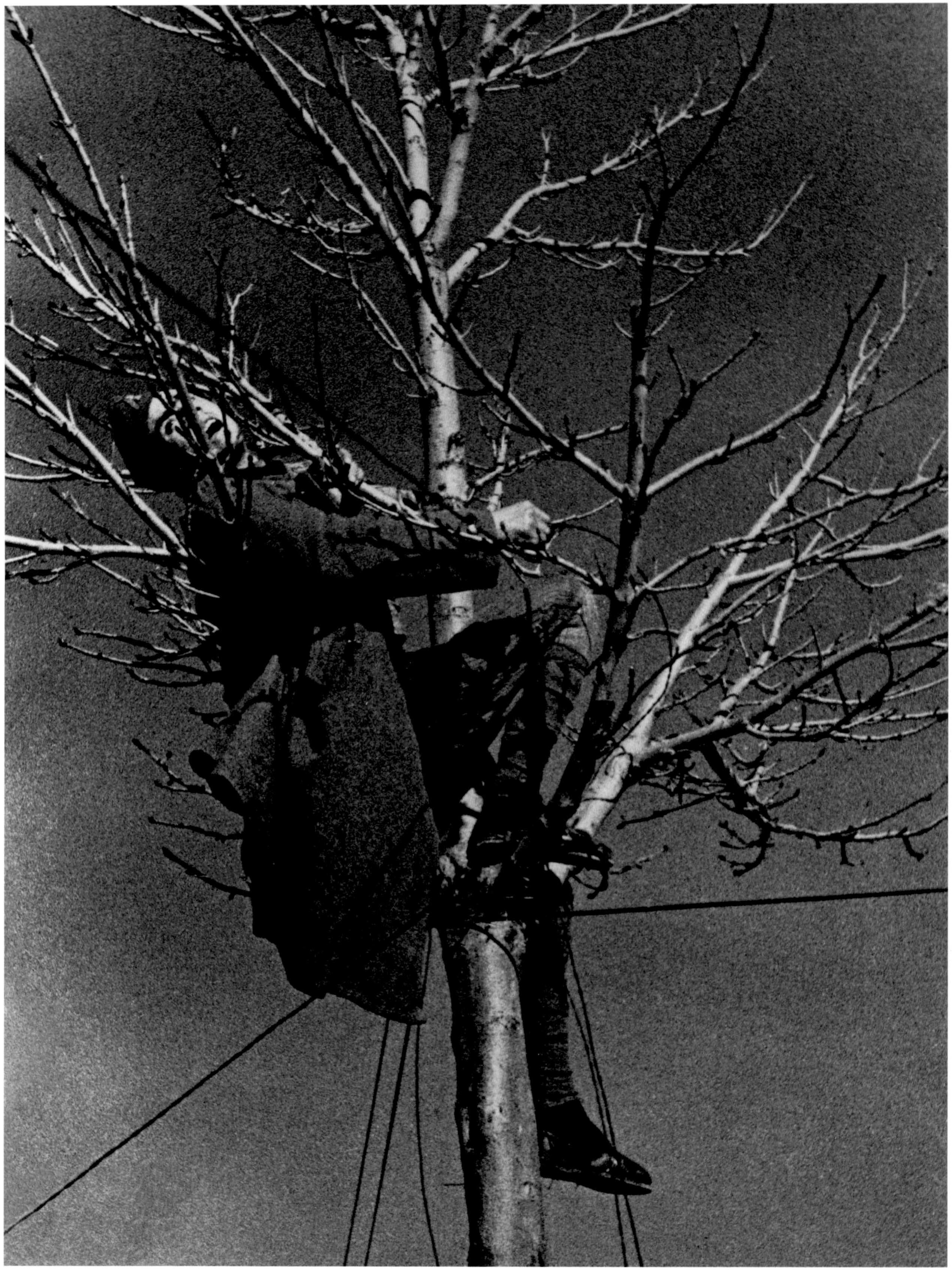

Teruel, frente de Aragón, 21–24 de diciembre, 1937

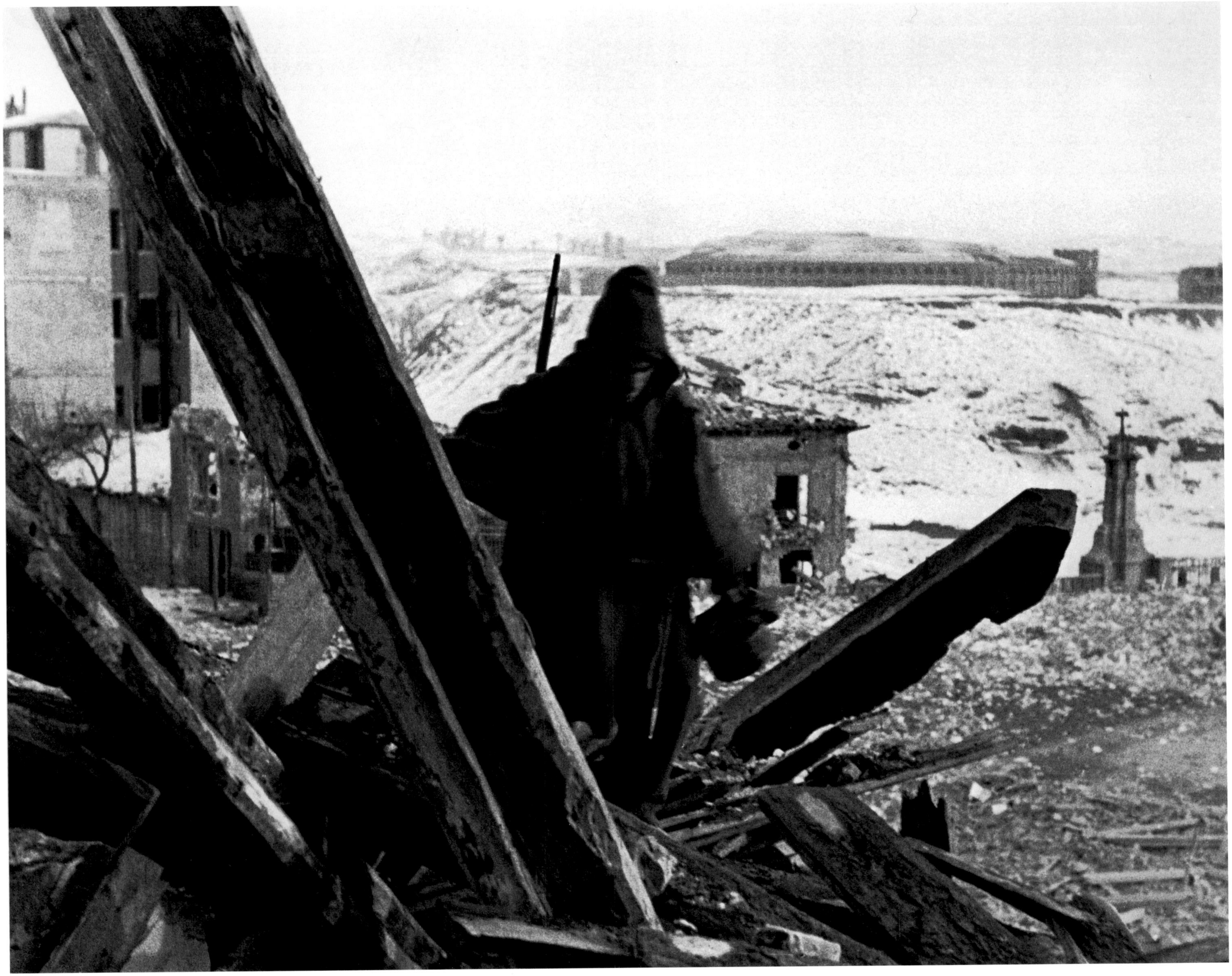

Teruel, frente de Aragón, diciembre 1937–enero 1938

Frente a la palma de fuego
que deja el sol que se va,
en la tarde silenciosa
y en este jardín de paz,
mientras Valencia florida
se bebe el Guadalaviar—
Valencia de finas torres,
en el lírico cielo de Ausias March,
trocando su río en rosas
antes que llegue a la mar-,
pienso en la guerra. La guerra
viene como un huracán
por los páramos del alto Duero,
por las llanuras de pan llevar,
desde la fértil Extremadura
a estos jardines de limonar,
los grises cielos astures
a las marismas de luz y sal.
Pienso en España vendida toda
de río a río, de monte a monte, de mar a mar.

ANTONIO MACHADO,
"Meditación del día"

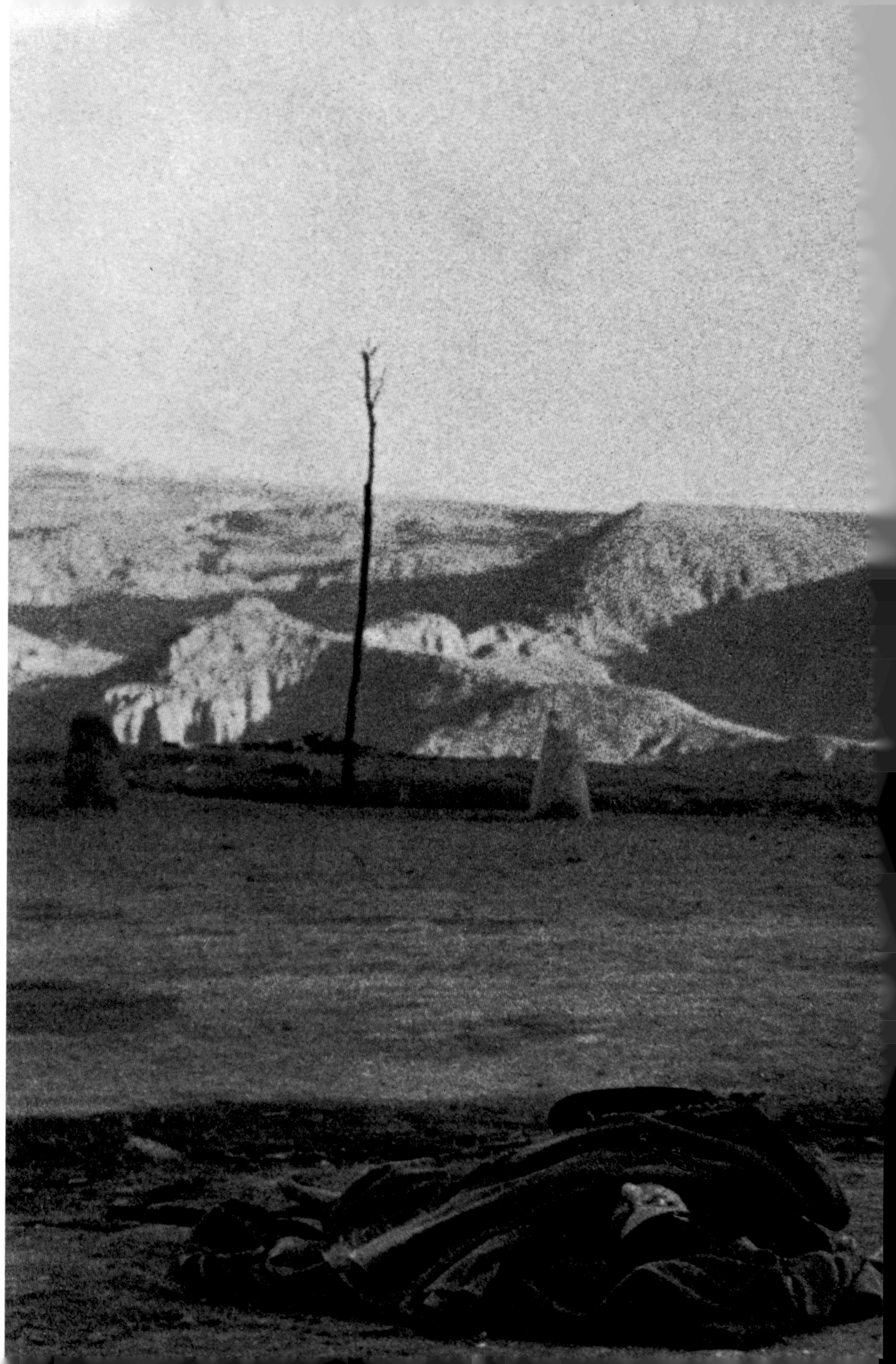

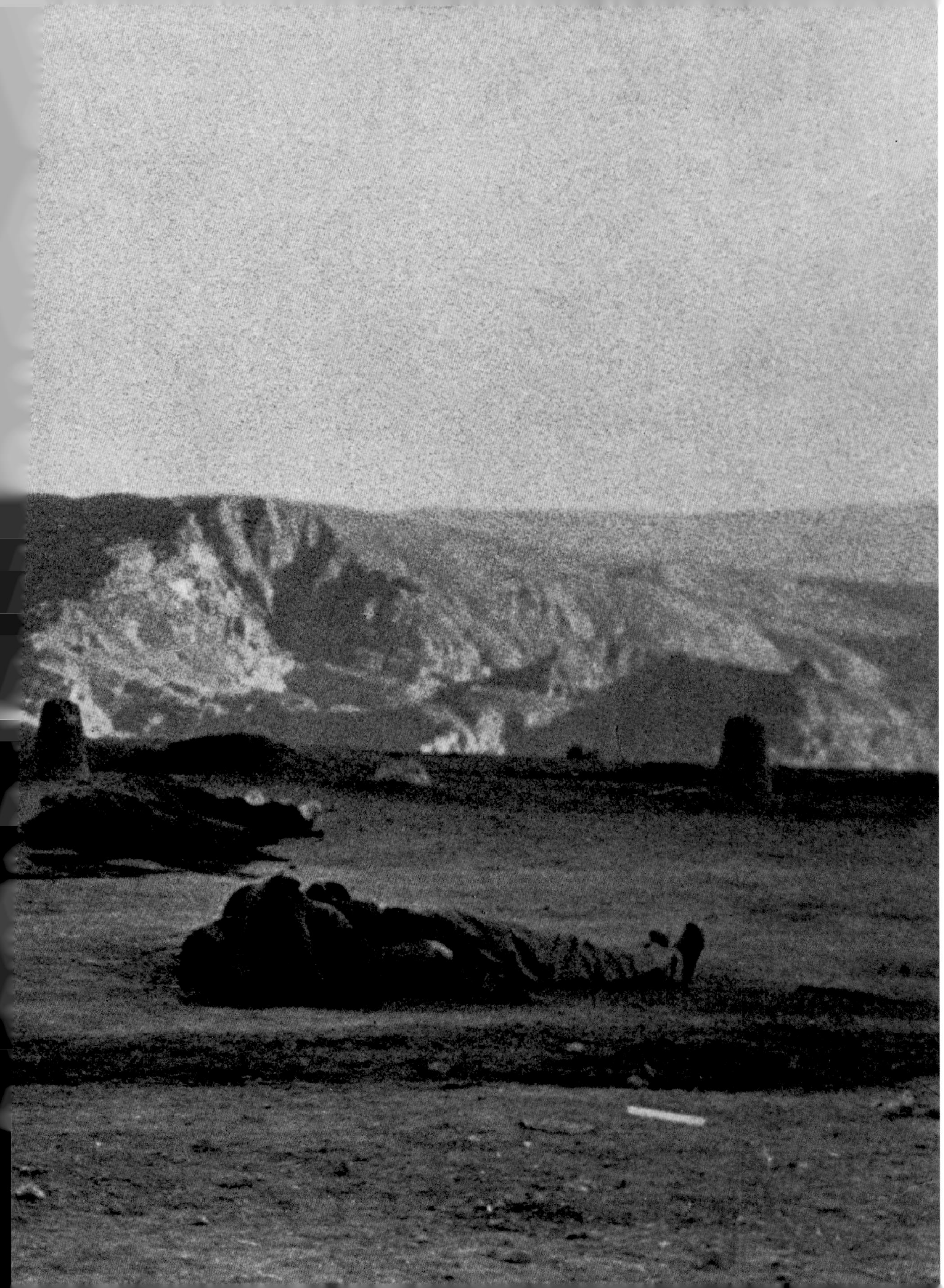

Teruel, frente de Aragón,
21 de diciembre, 1937

... Cuando los años pasen y las heridas de la guerra se vayan restañando; cuando el recuerdo de los días dolorosos y sangrientos se esfumen en un presente de libertad, de paz y de bienestar; cuando los rencores se vayan atenuando y el orgullo de la patria libre sea igualmente sentido por todos los españoles, hablad a vuestros hijos; habladles de estos hombres de las Brigadas Internacionales.

Contadles cómo, atravesando mares y montañas, salvando fronteras erizadas de bayonetas, vigilados por perros rabiosos que ansiaban clavar en ellos sus dientes, llegaron a nuestra patria como cruzados de la libertad y la independencia de España, amenazadas por el fascismo alemán e italiano. Lo abandonaron todo: cariño, patria, hogar, fortuna, madre, mujer, hermanos, hijos y vinieron a nosotros a decirnos: ¡Aquí estamos!, vuestra causa, la causa de España, es nuestra misma causa, es la causa común de toda la humanidad avanzada y progresiva.

Hoy se van muchos; millares se quedan, teniendo como sudario la tierra de España, el recuerdo saturado de honda emoción de todos los españoles.

... No os olvidaremos; y, cuando el olivo de la paz florezca entrelazado con los laureles de la victoria de la República Española, ¡volved!...

Volved a nuestro lado, que aquí encontraréis patria, los que no tenéis patria, amigos, los que tenéis que vivir privados de amistad, y todos, todos, el cariño y el agradecimiento de todo el pueblo español, que hoy y mañana gritará con entusiasmo: ¡Vivan los héroes de las Brigadas Internacionales!

DOLORES IBÁRRURI
Extracto del discurso de
despedida a las Brigadas Internacionales,
Barcelona, octubre de 1938

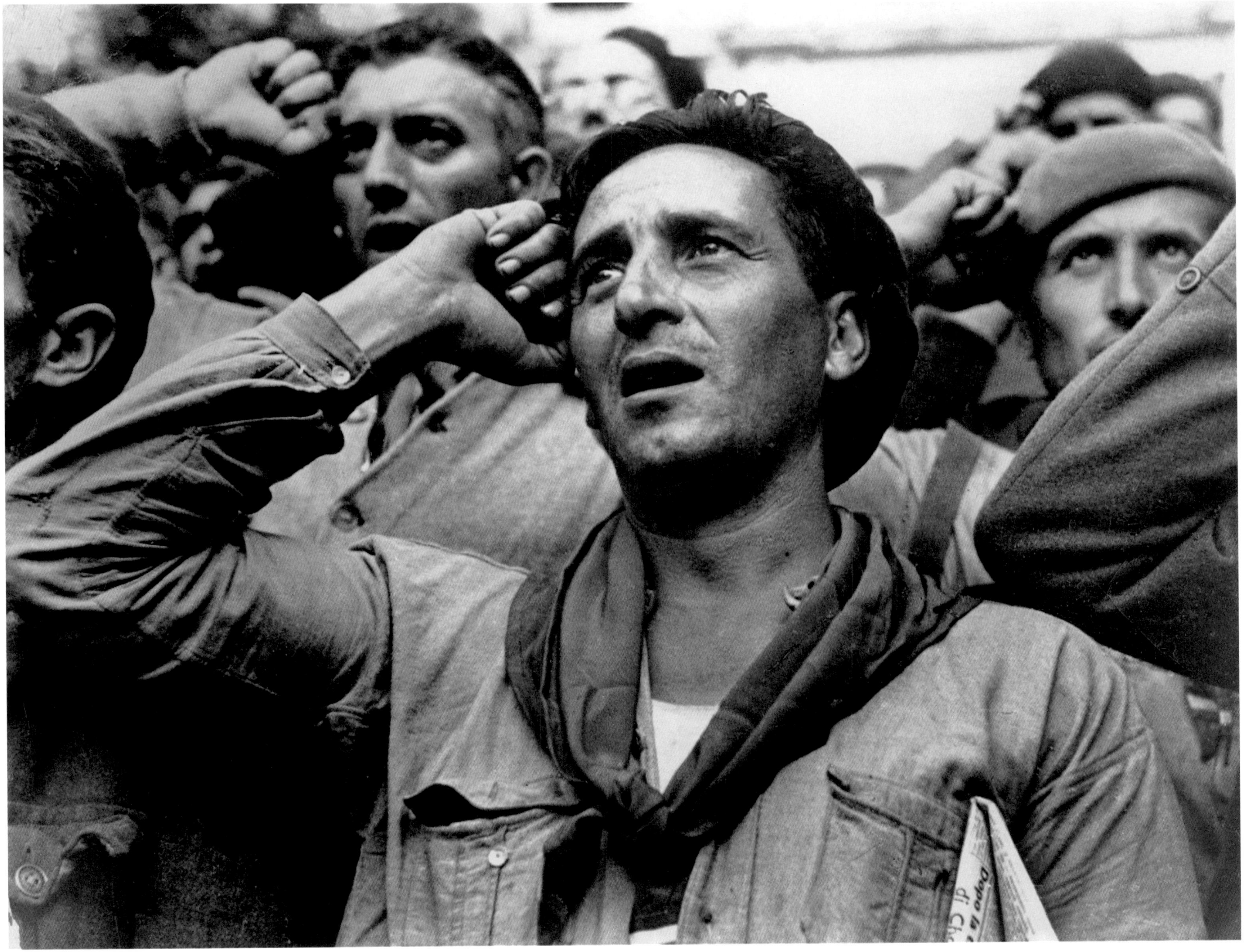

Montblanc, Tarragona, 25 de octubre, 1938

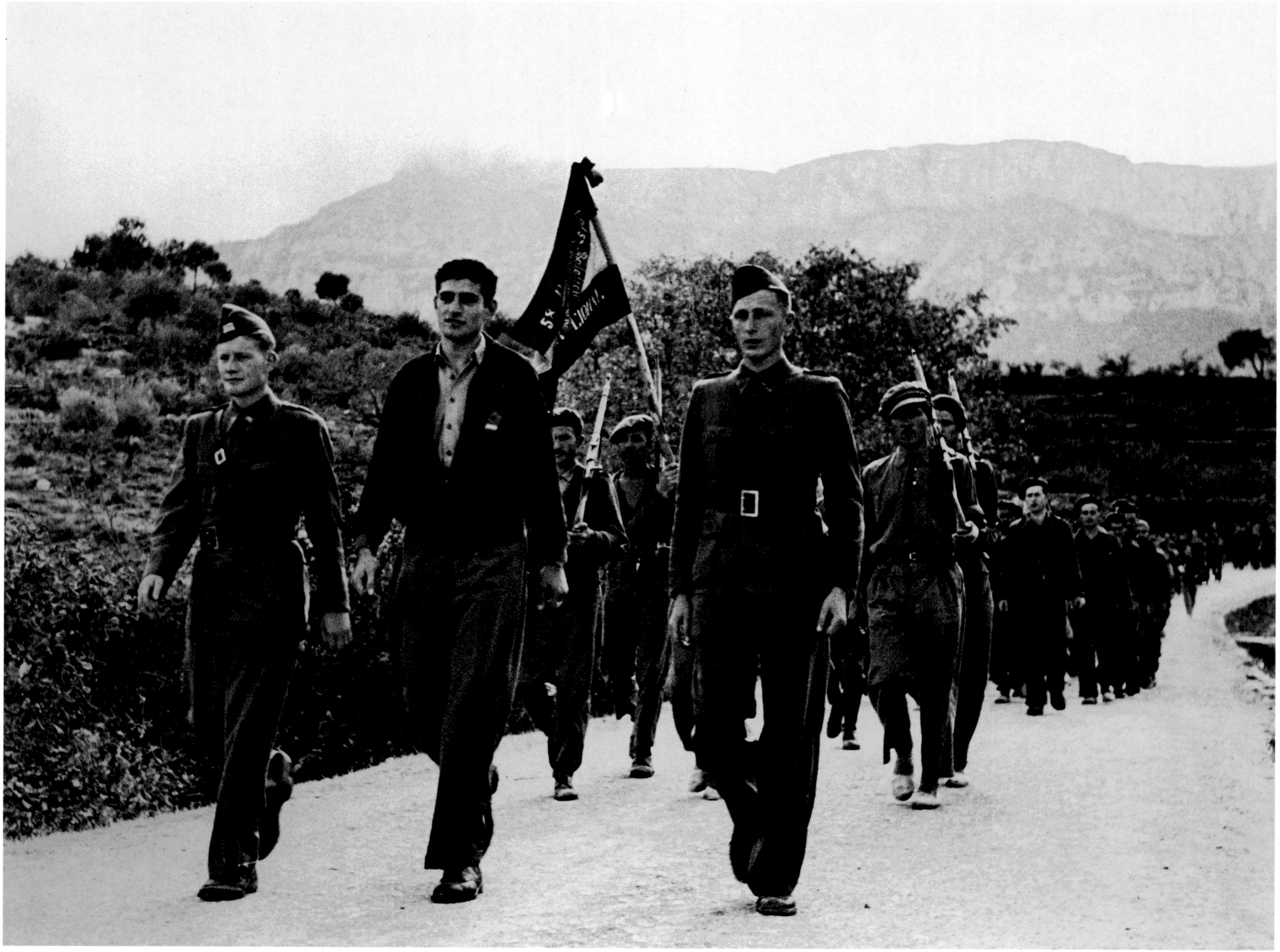

 Falset, alrededores de Barcelona, 16 de octubre, 1938

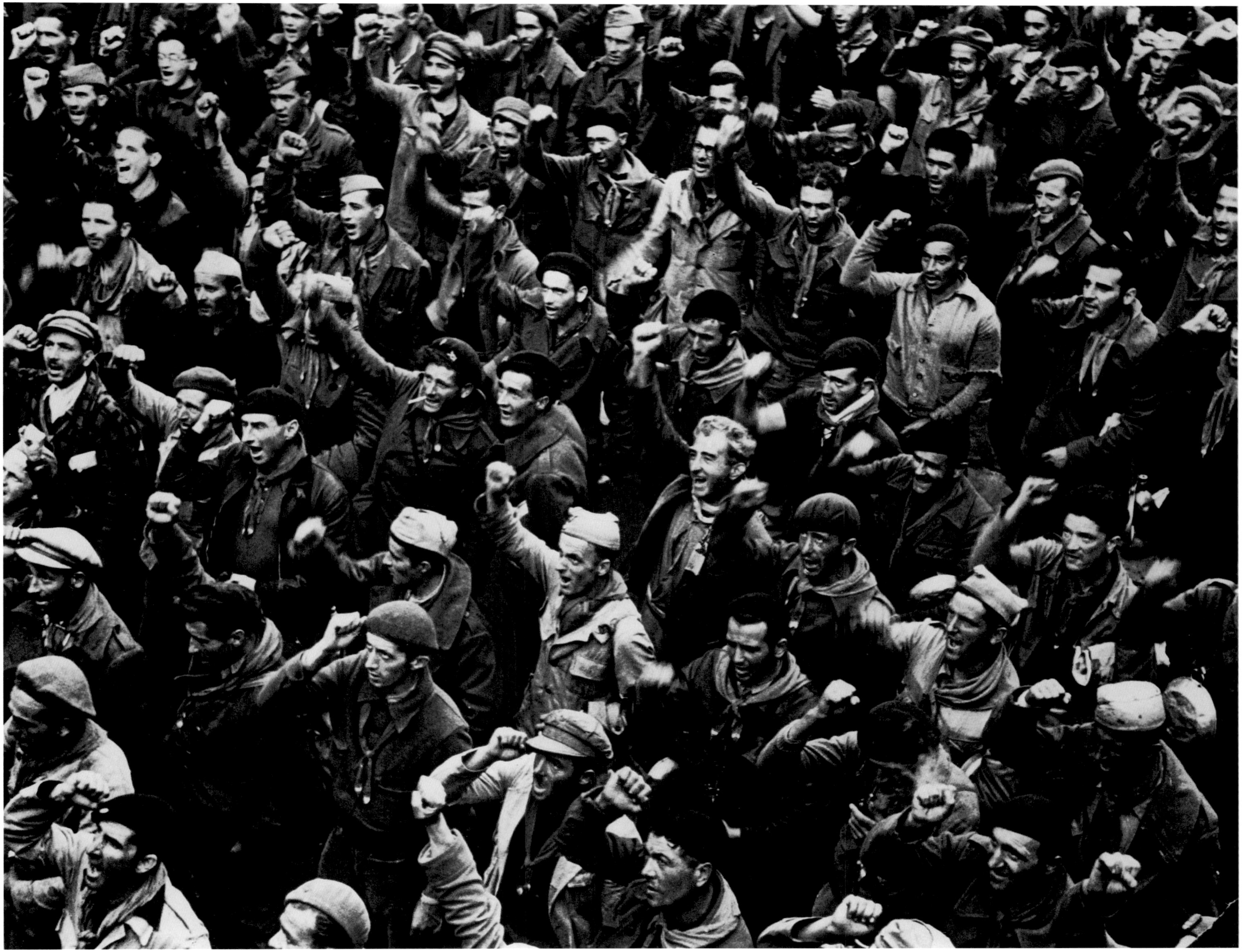

Montblanc, Tarragona, 25 de octubre, 1938

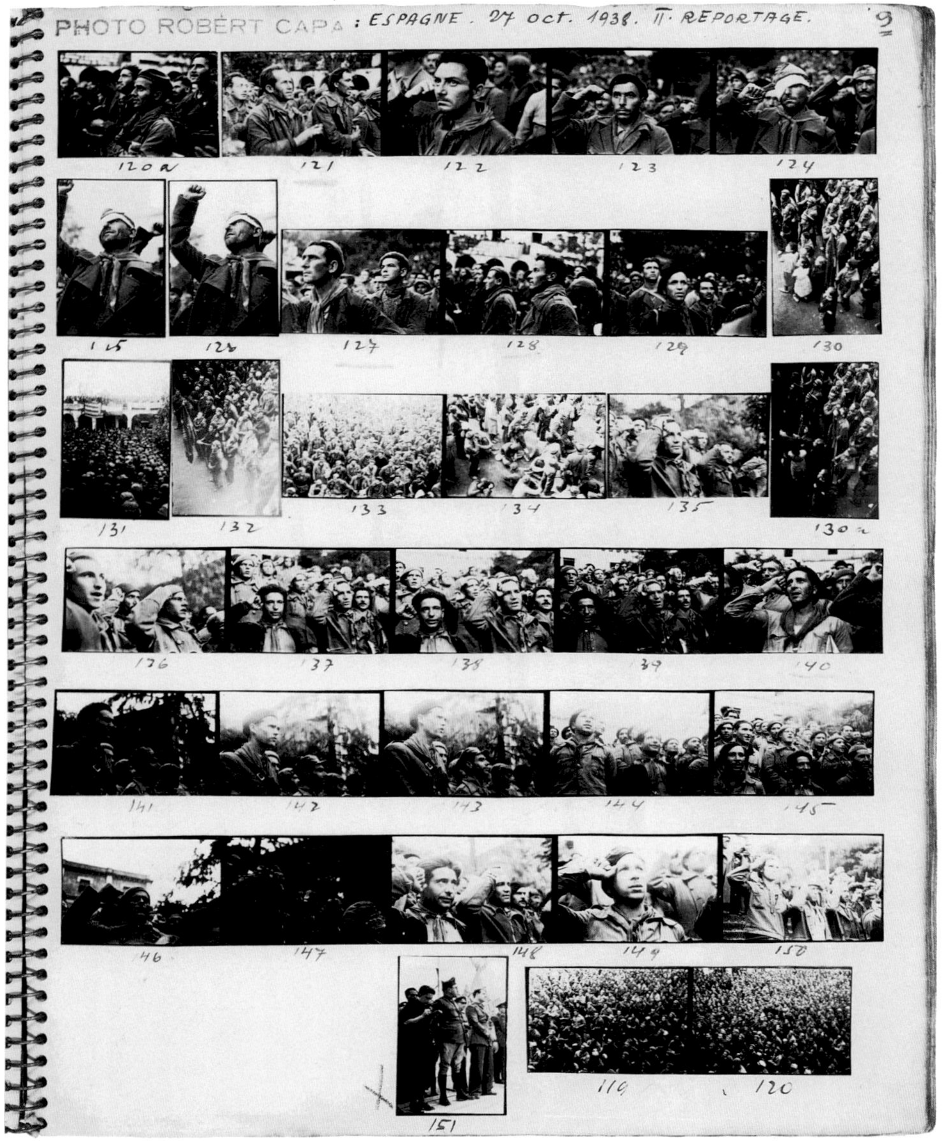

Fotografías del desfile de despedida en honor de las Brigadas Internacionales. En el prólogo de *Death in the Making*, Jay Allen escribe sobre la experiencia de los no-españoles. "Cada hombre tenía que decubrir su España. Había Españas para todos nosotros."

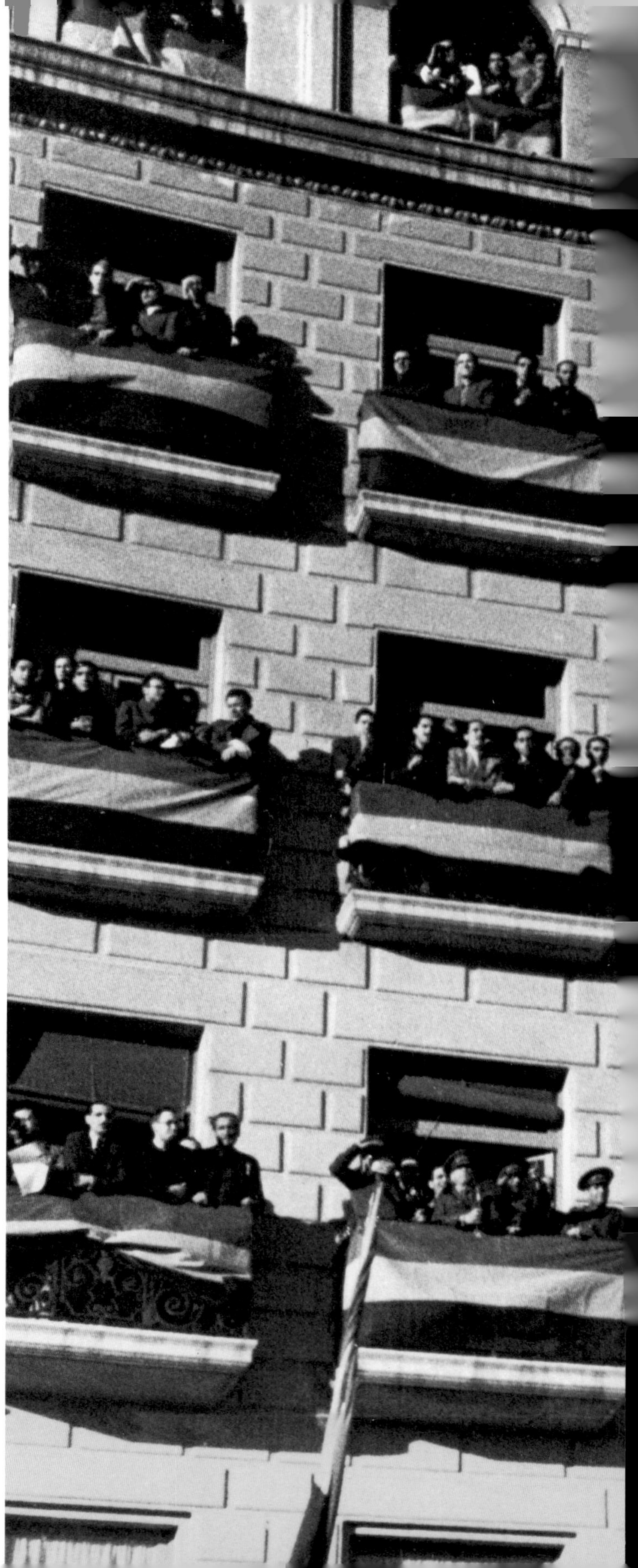

Barcelona,
29 de octubre, 1938

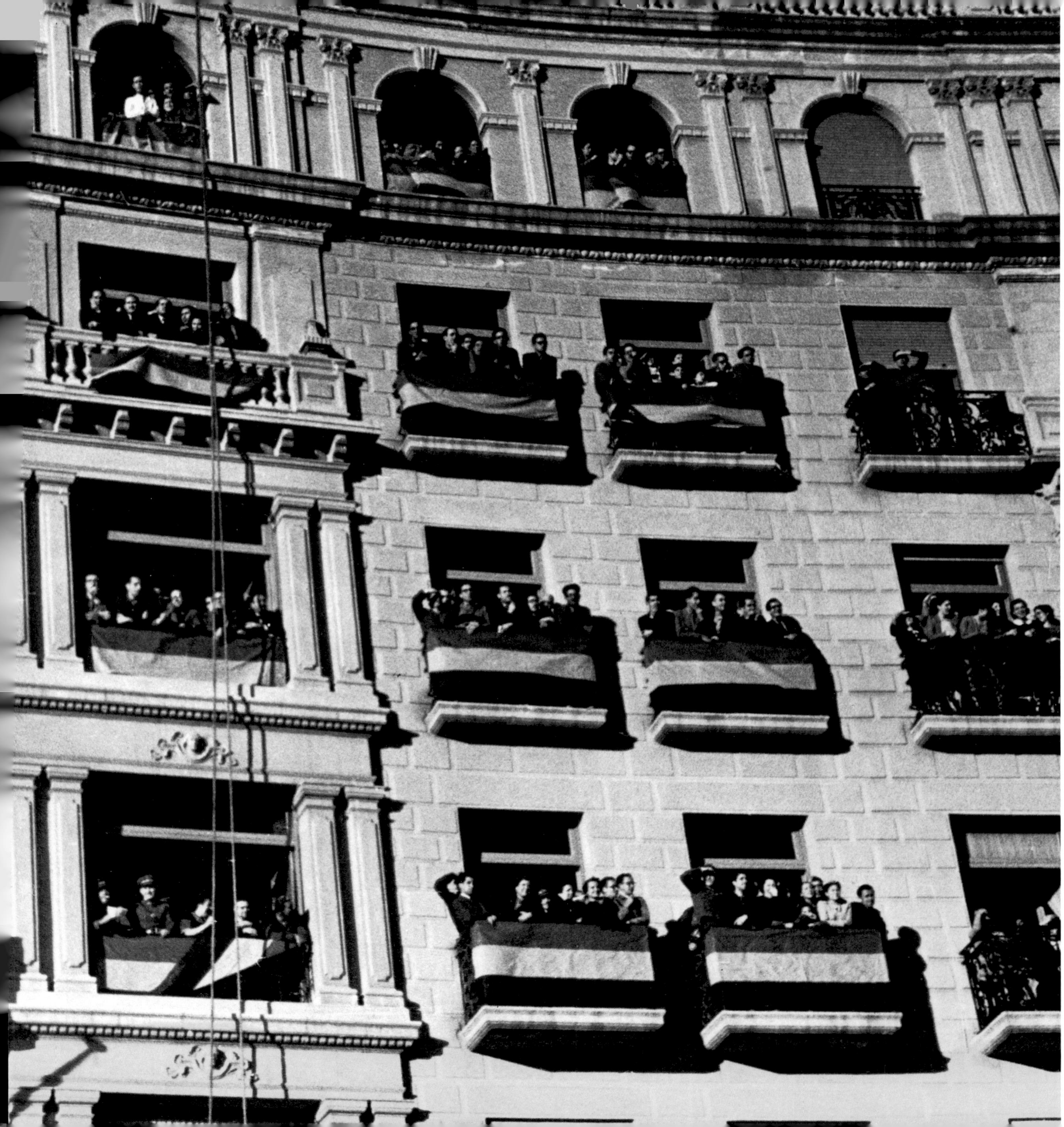

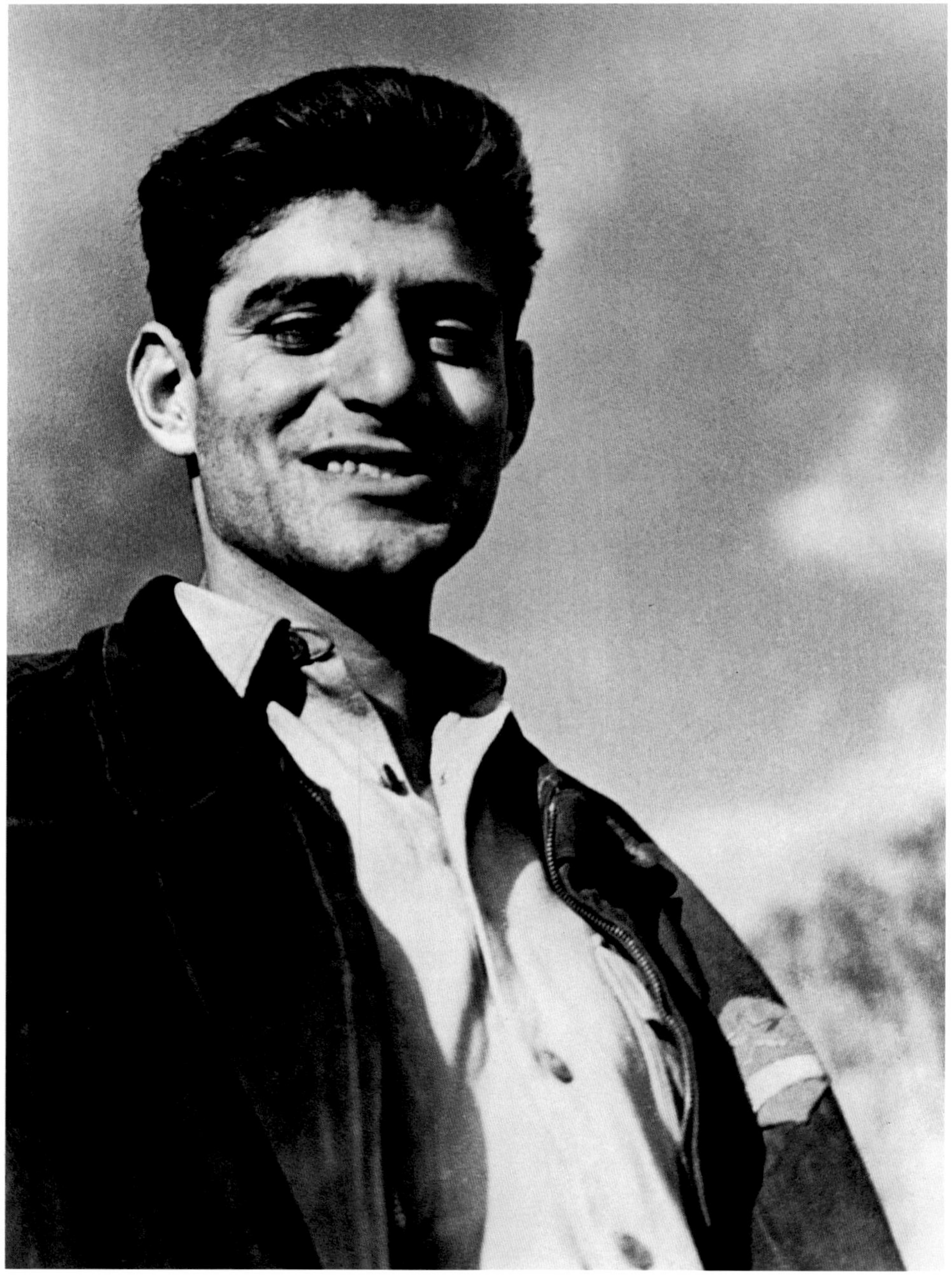

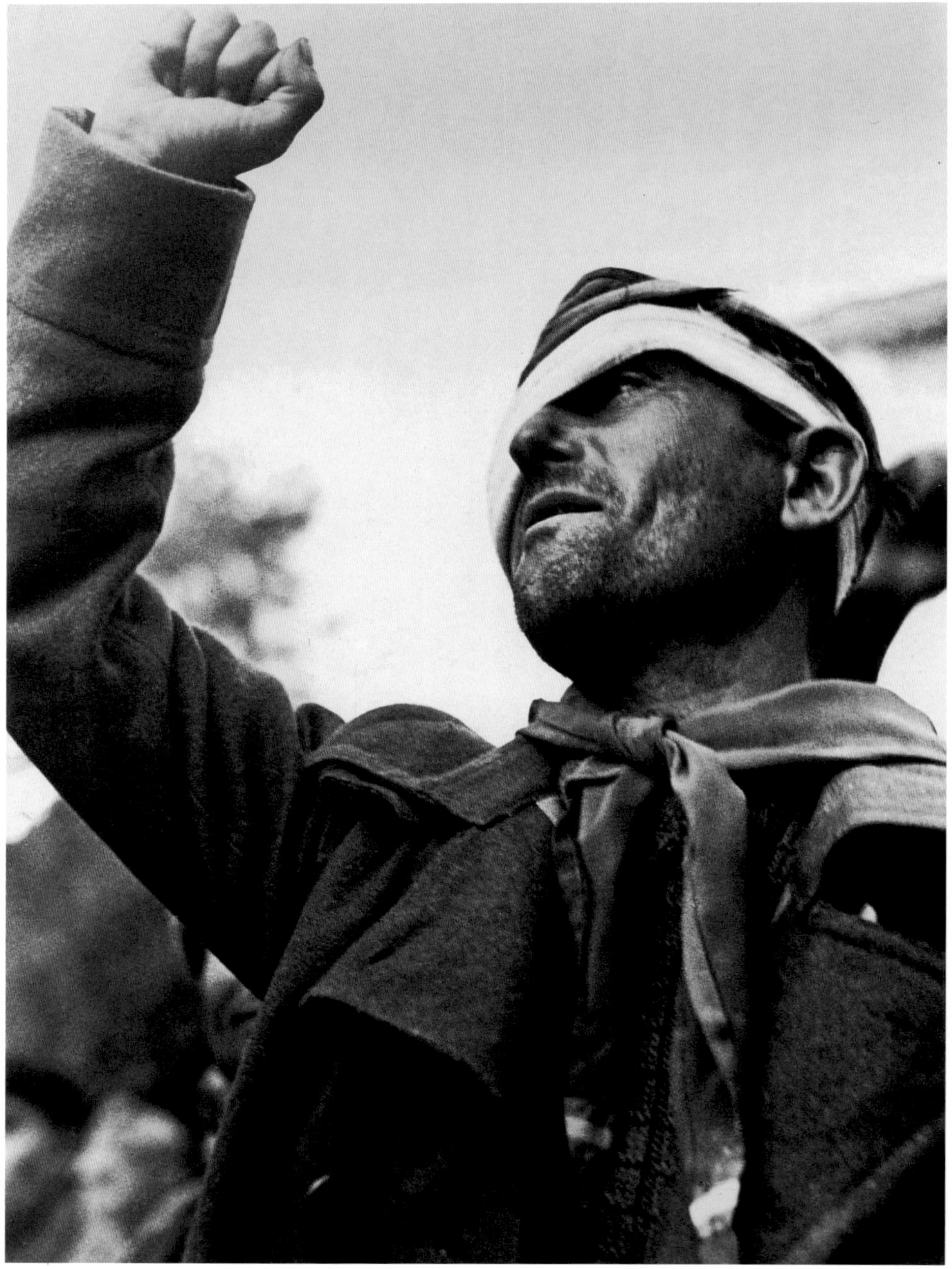

Falset, alrededores de Barcelona, 16 de octubre, 1938
Montblanc, Tarragona, 25 de octubre, 1938

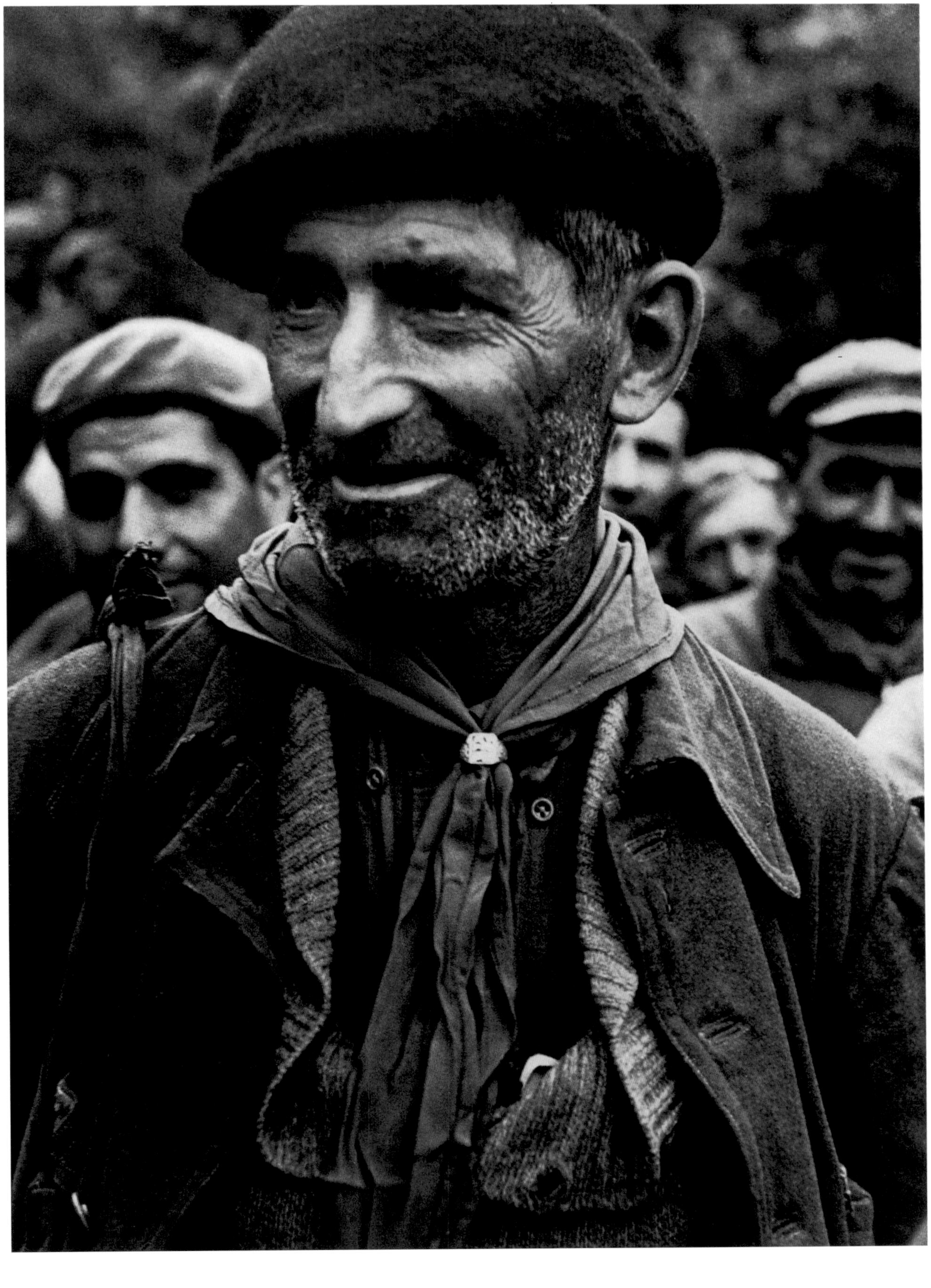

Montblanc, Tarragona,
25 de octubre, 1938

Este es nuestro momento.
Óyenos cantar
donde la tierra se resquebraja bajo el sol del sur
míranos marchar en apretadas filas a la muerte que es nuestro homenaje
al espíritu inquebrantado de nuestro país deshonrado.
Pues aquí mostramos al mundo la otra cara de nuestro país,
y la voz en Alemania por tres años callada
entona su canto de libertad bajo otro sol.

Con las masas de Barcelona asaltamos Colón
partimos con la primera milicia al frente oriental
y luego a Madrid
estuvimos en la Casa de Campo
Guadalajara, Brunete, Belchite y Teruel
corrimos a los italianos en el nombre de Thälmann.

Aquí mostramos al mundo la otra cara de nuestro país;
no la cara del verdugo del flequillo rebelde
sino la cara de los jóvenes que marchan juntos cantando
por las llanuras del sur, donde la arcilla se resquebraja bajo el sol.

AILEEN PALMER
"El Batallón Thälmann"

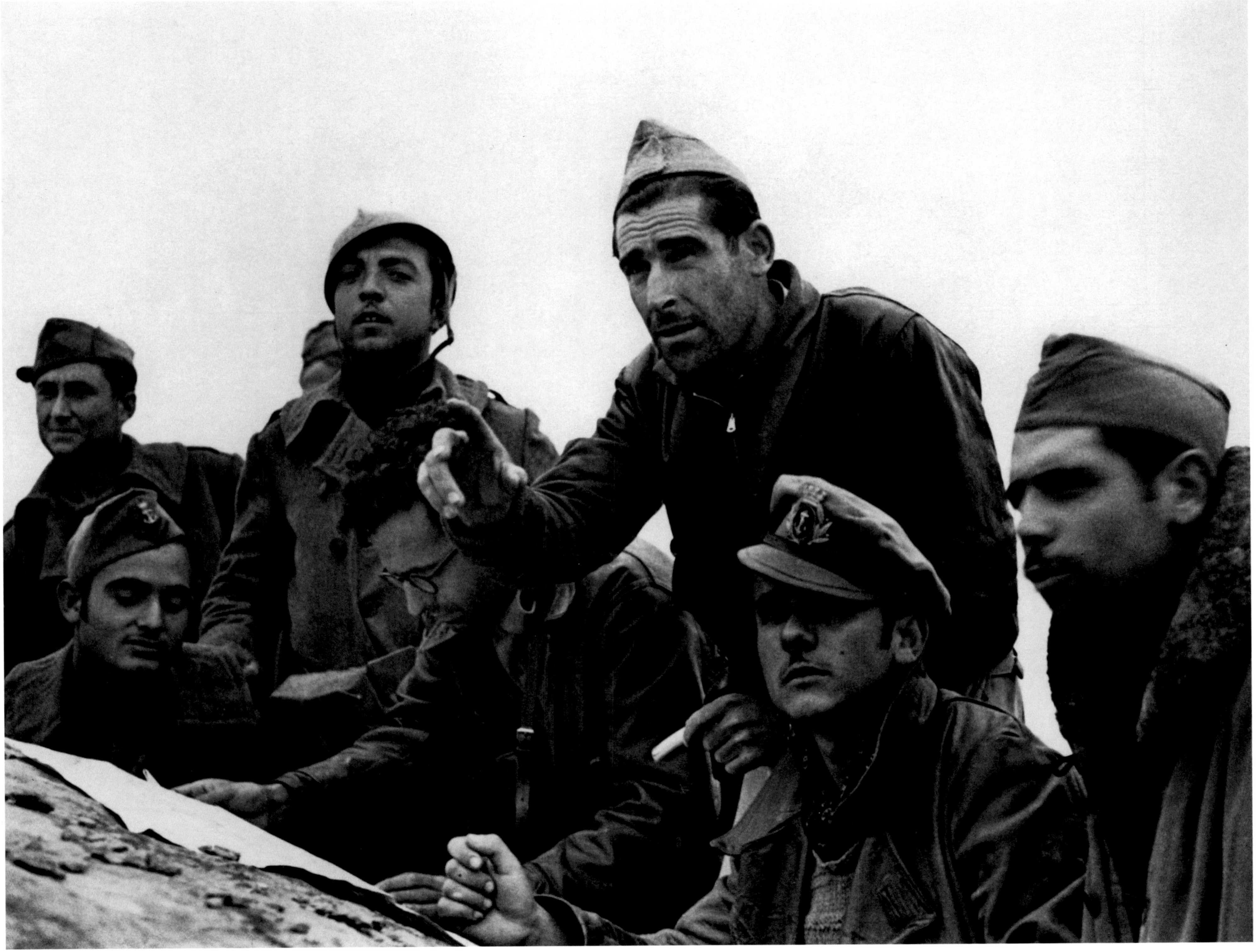

Río Segre, cerca de Fraga, frente de Aragón, 7 de noviembre, 1938

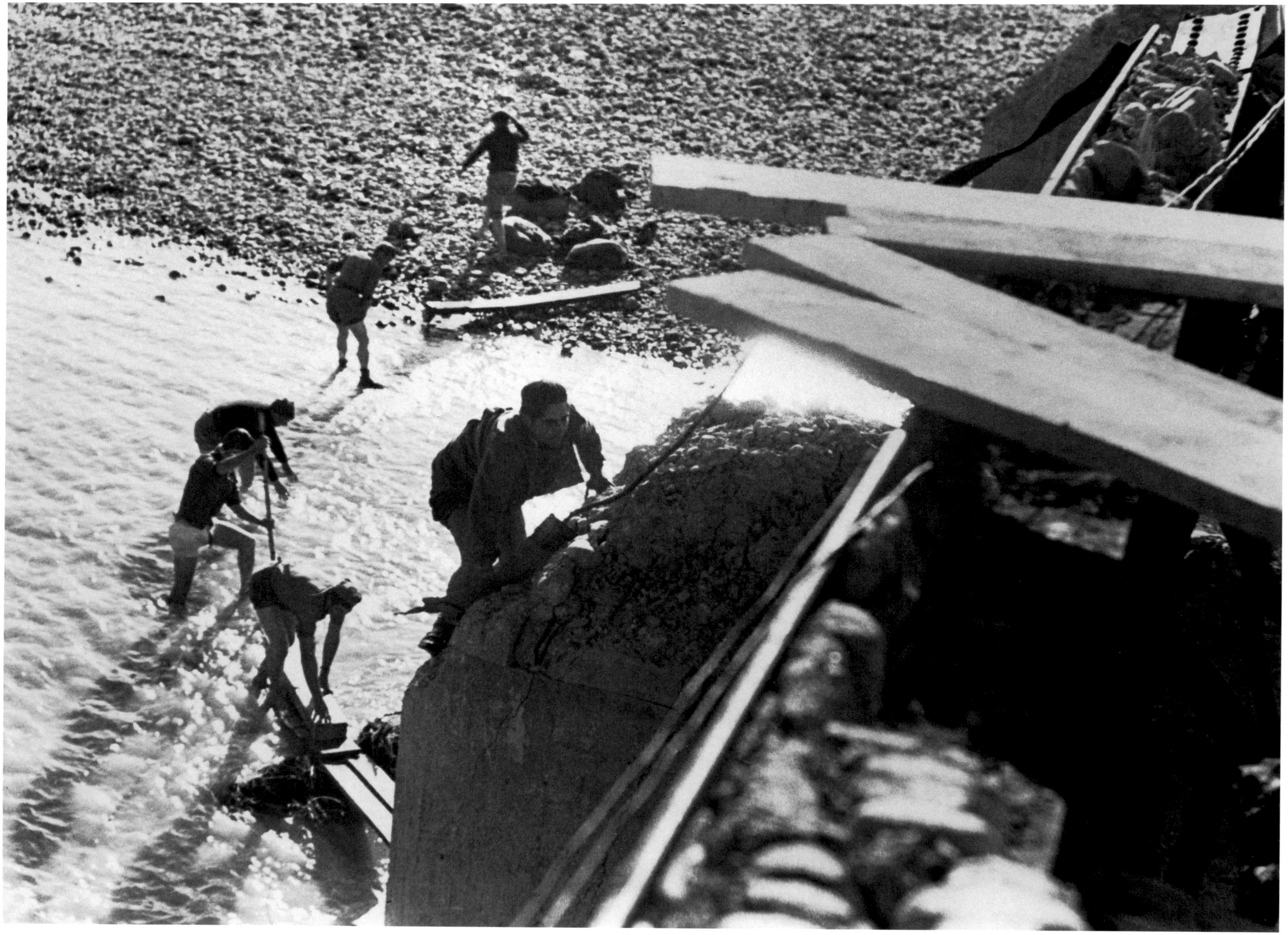

132 Mora de Ebro, frente de Aragón, 5 de noviembre, 1938

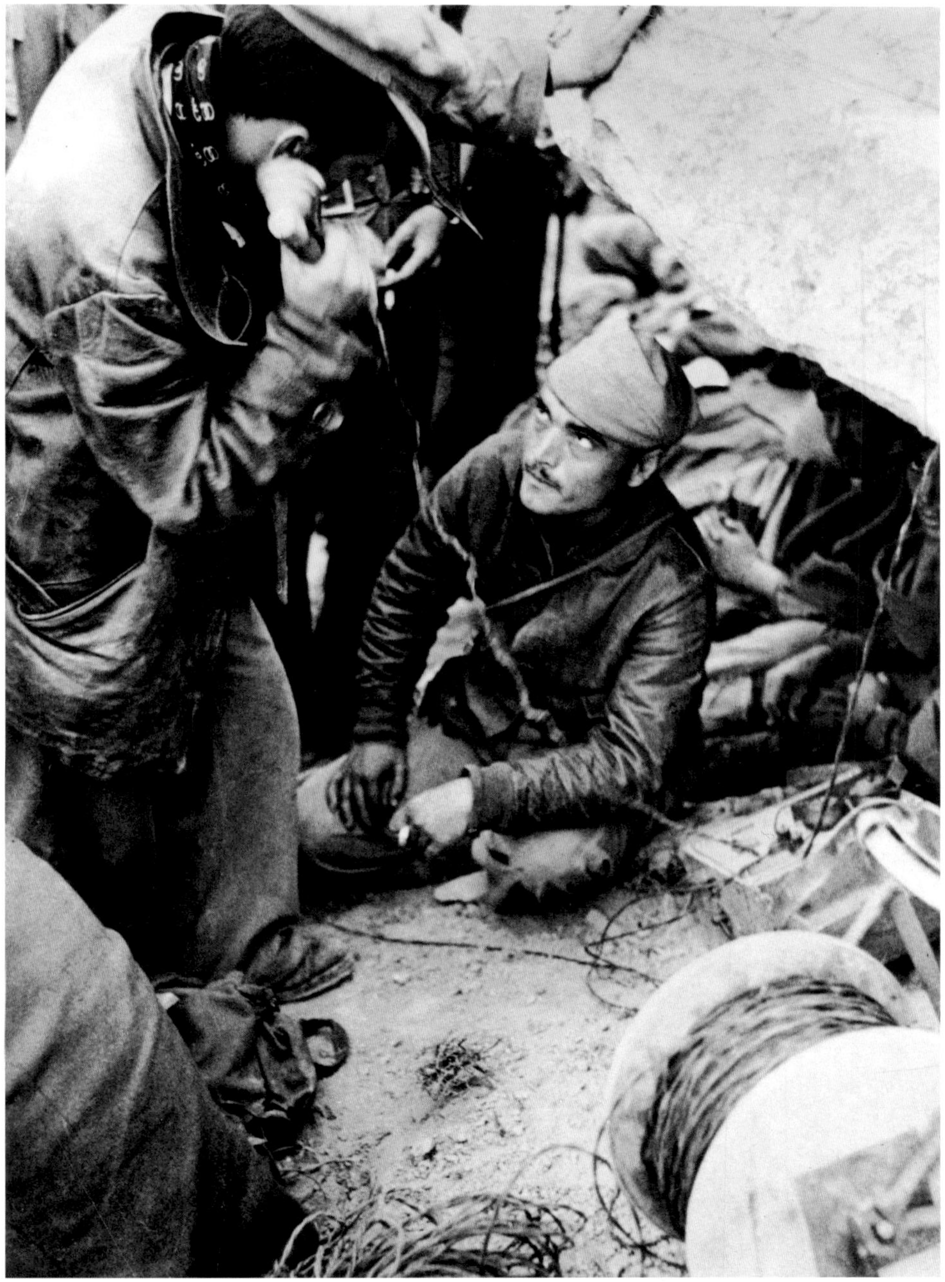

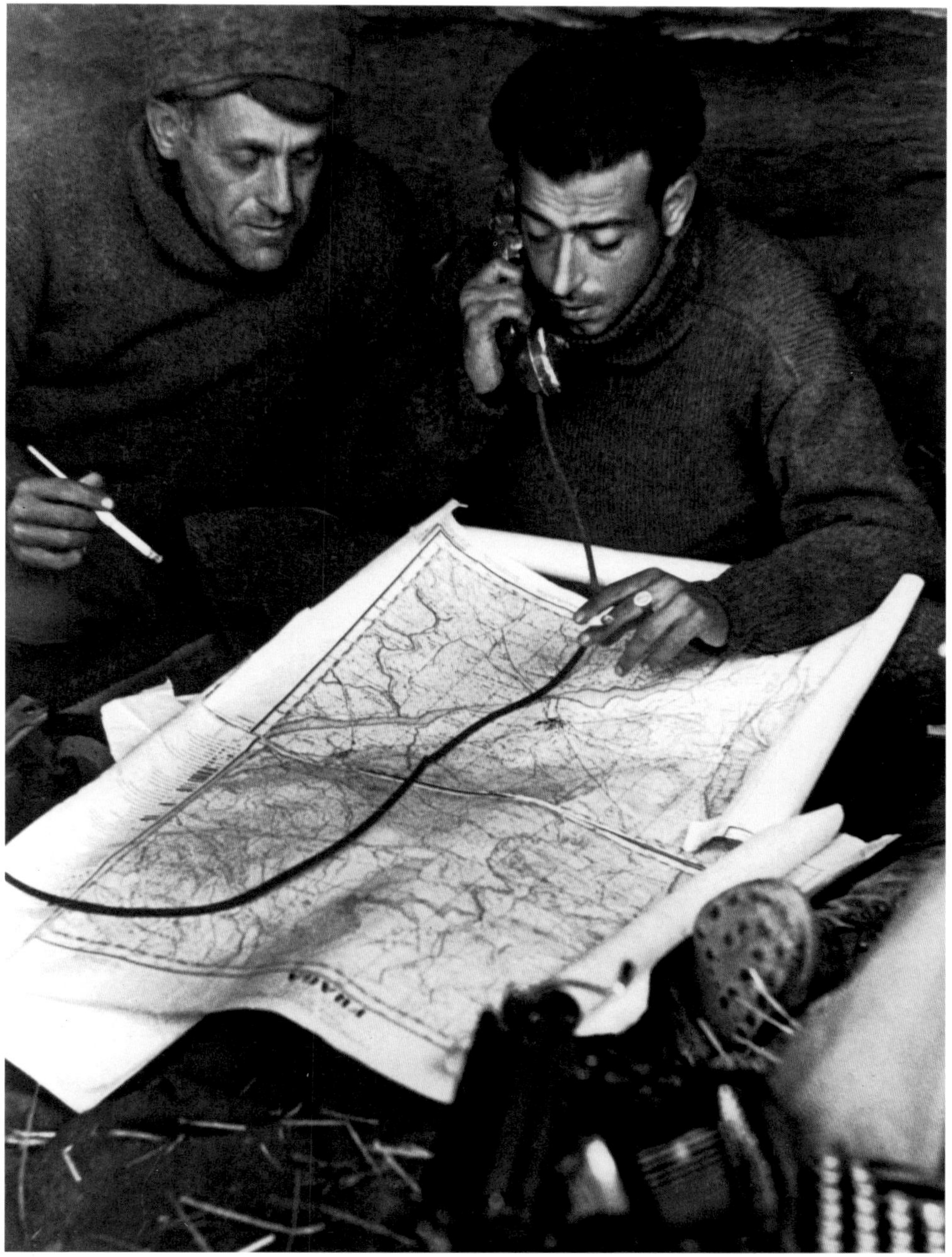

Río Segre, cerca de Fraga, frente de Aragón, 7 de noviembre, 1938

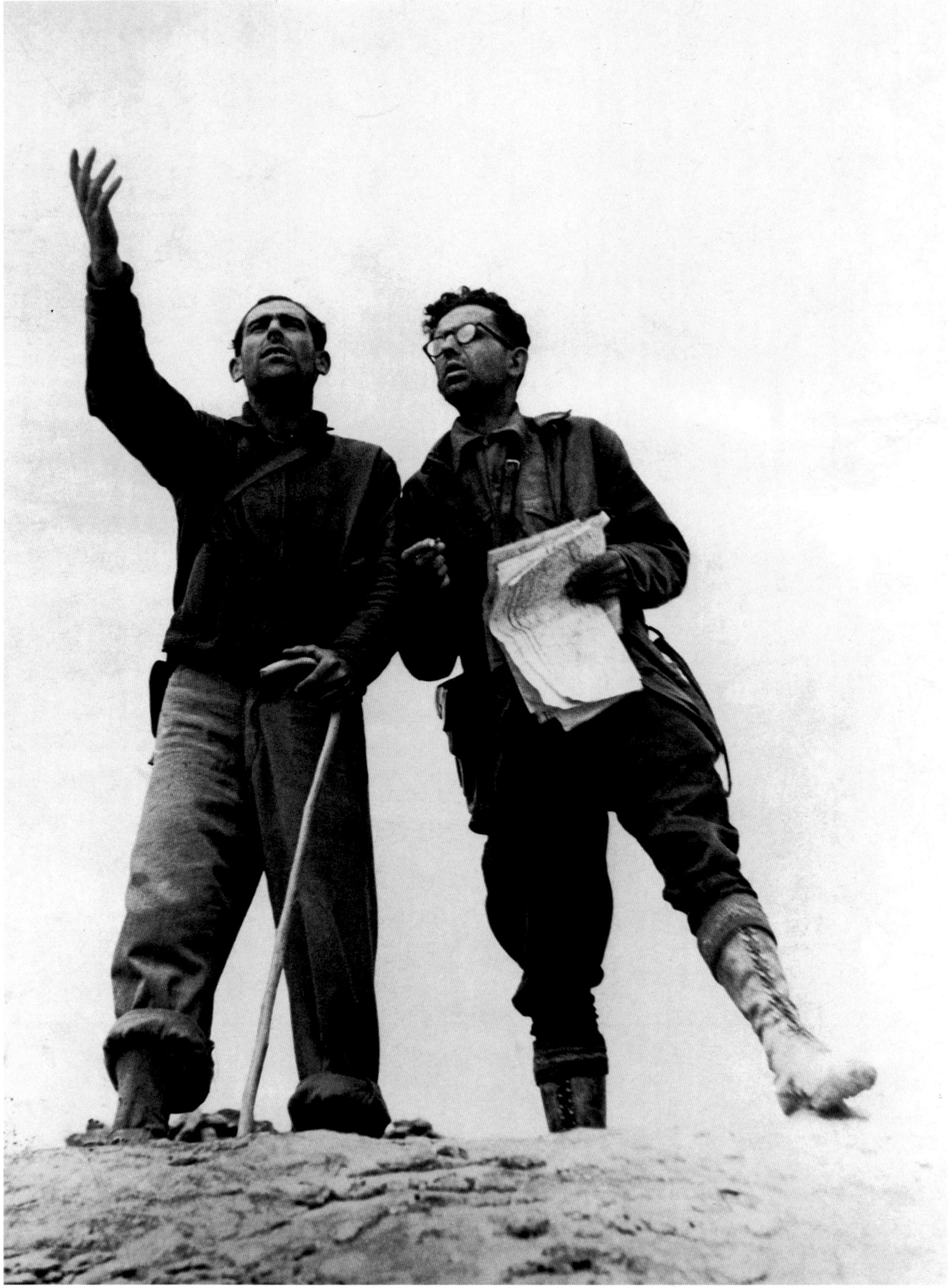

Izquierda y página opuesta: Río Segre, cerca de Fraga, frente de Aragón, 7 de noviembre, 1938

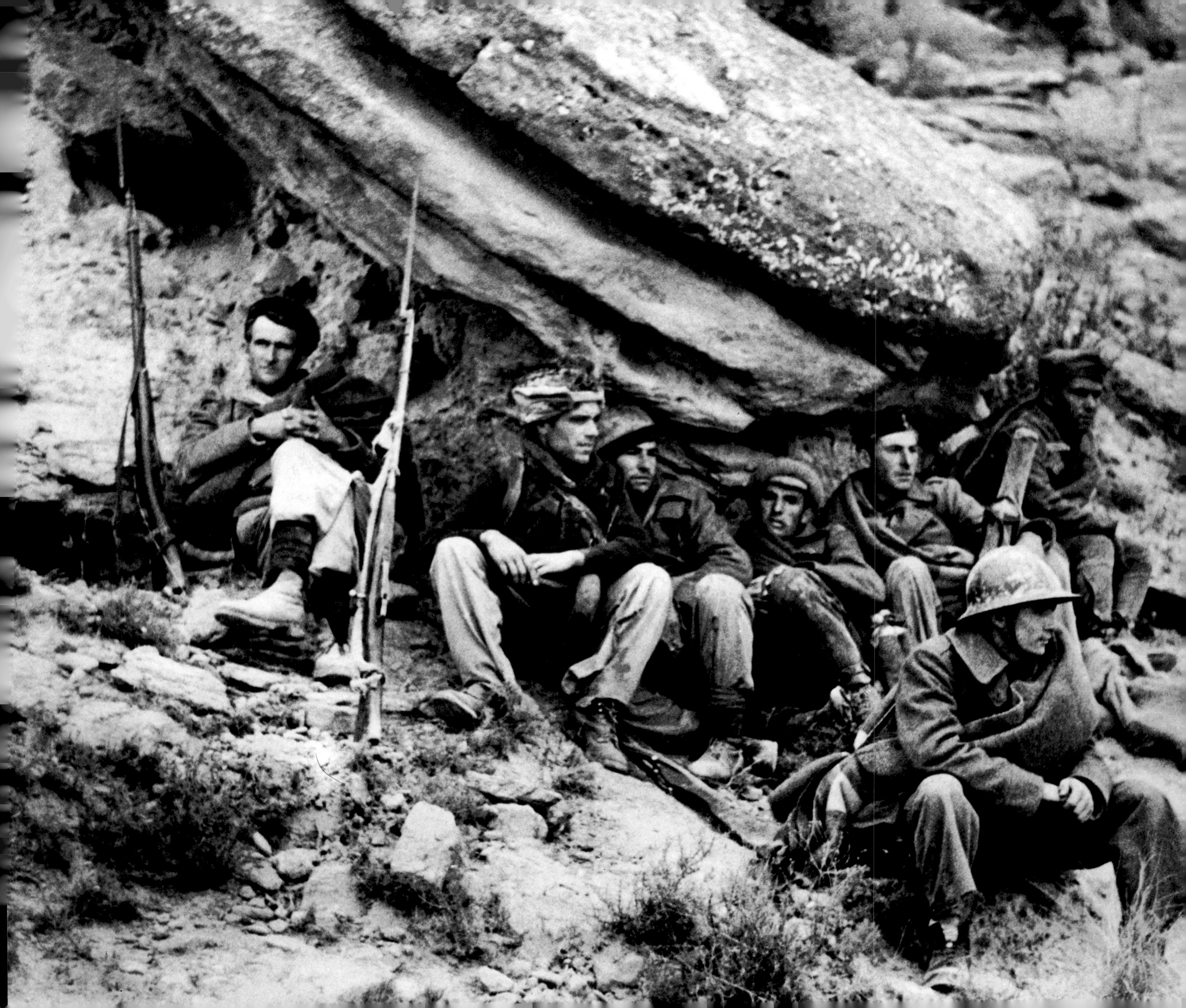

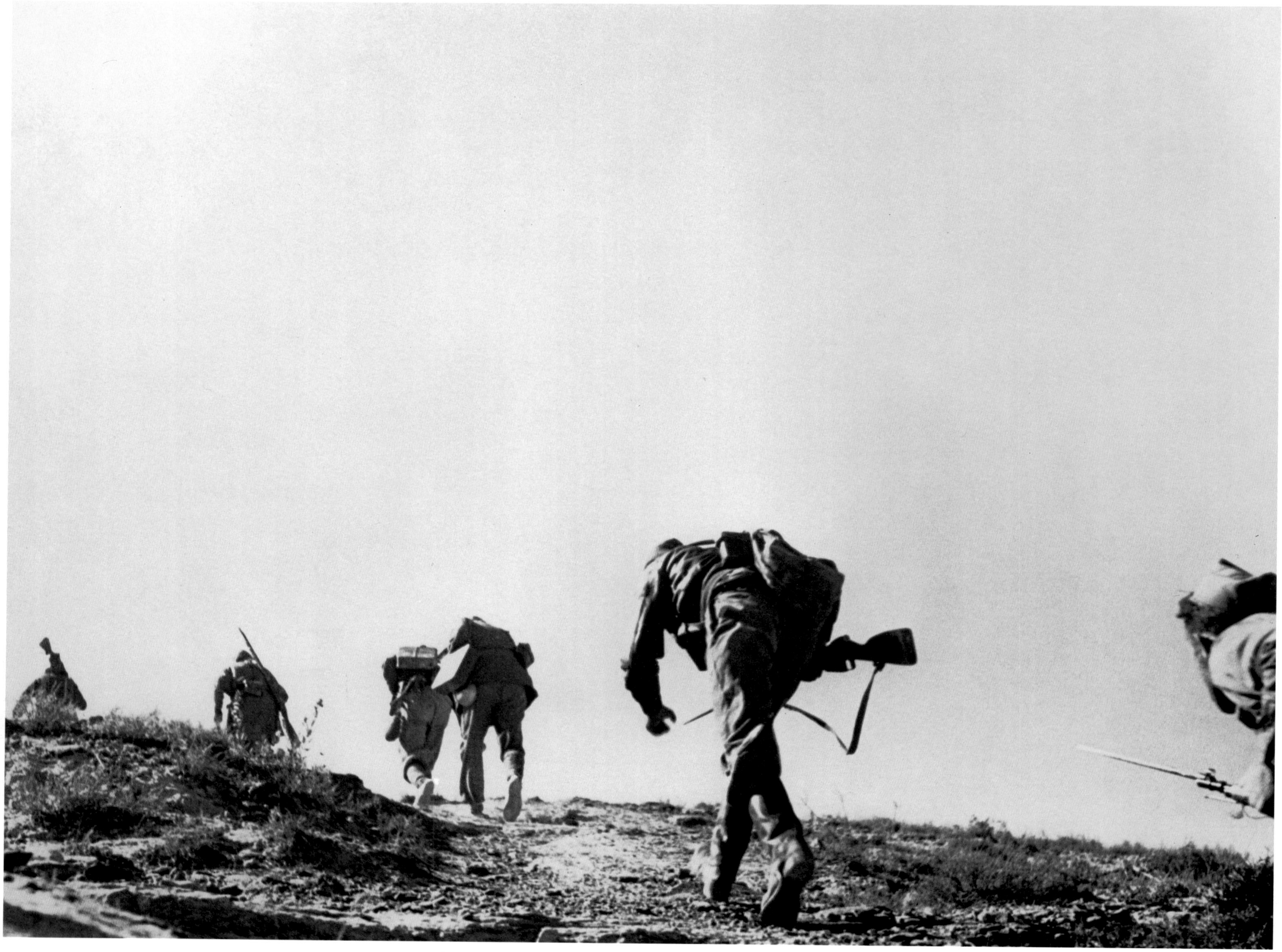

Páginas 136–139: Río Segre, cerca de Fraga, frente de Aragón, 7 de noviembre, 1938

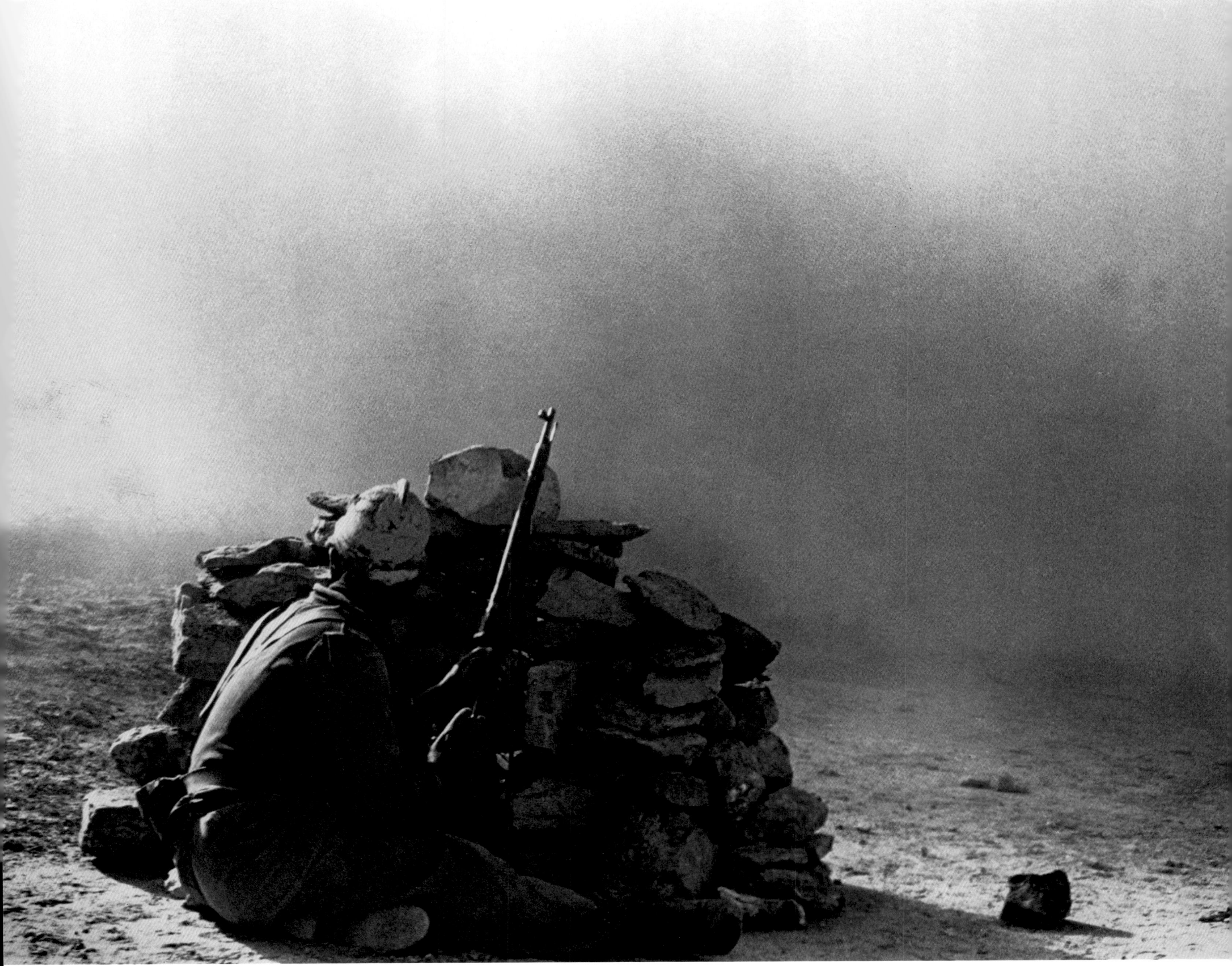

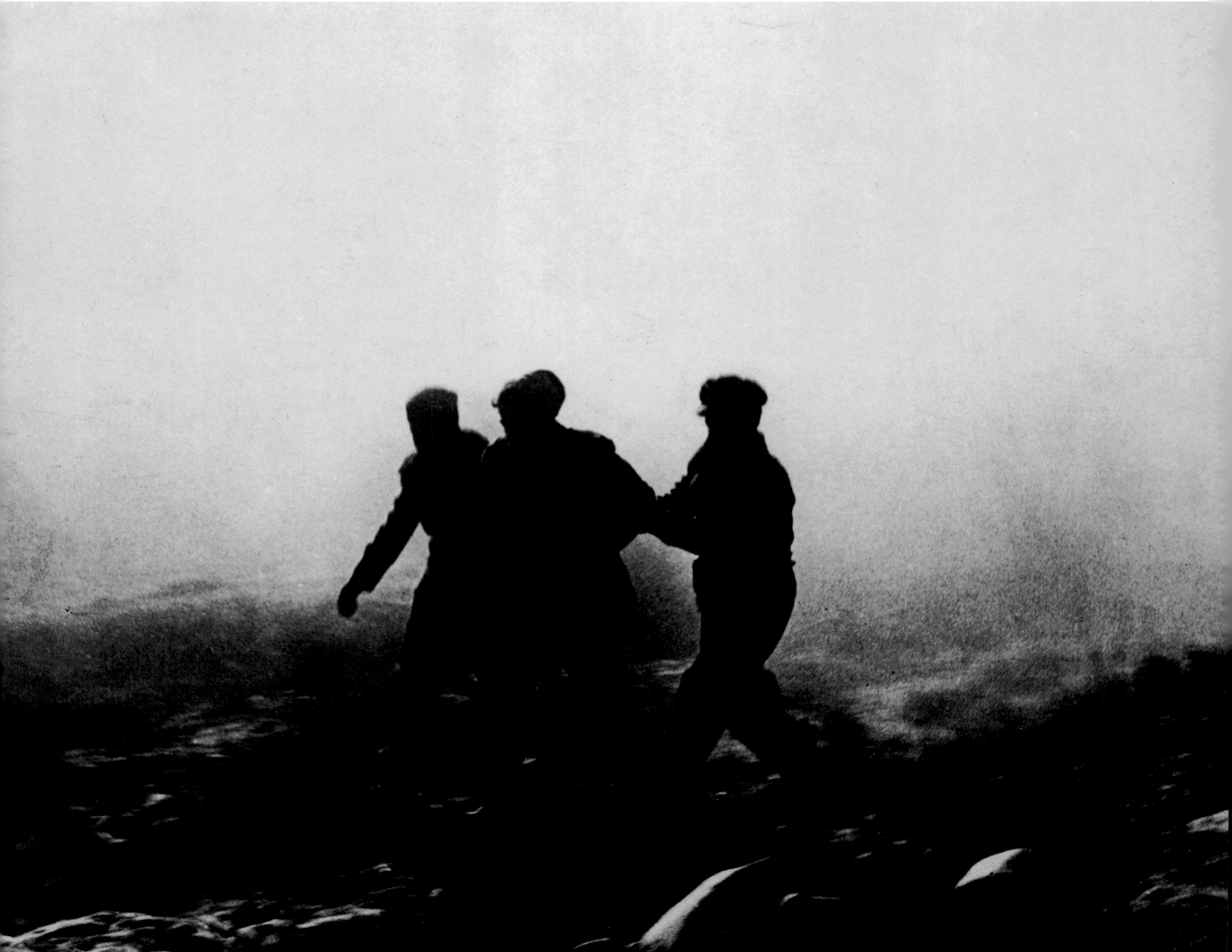

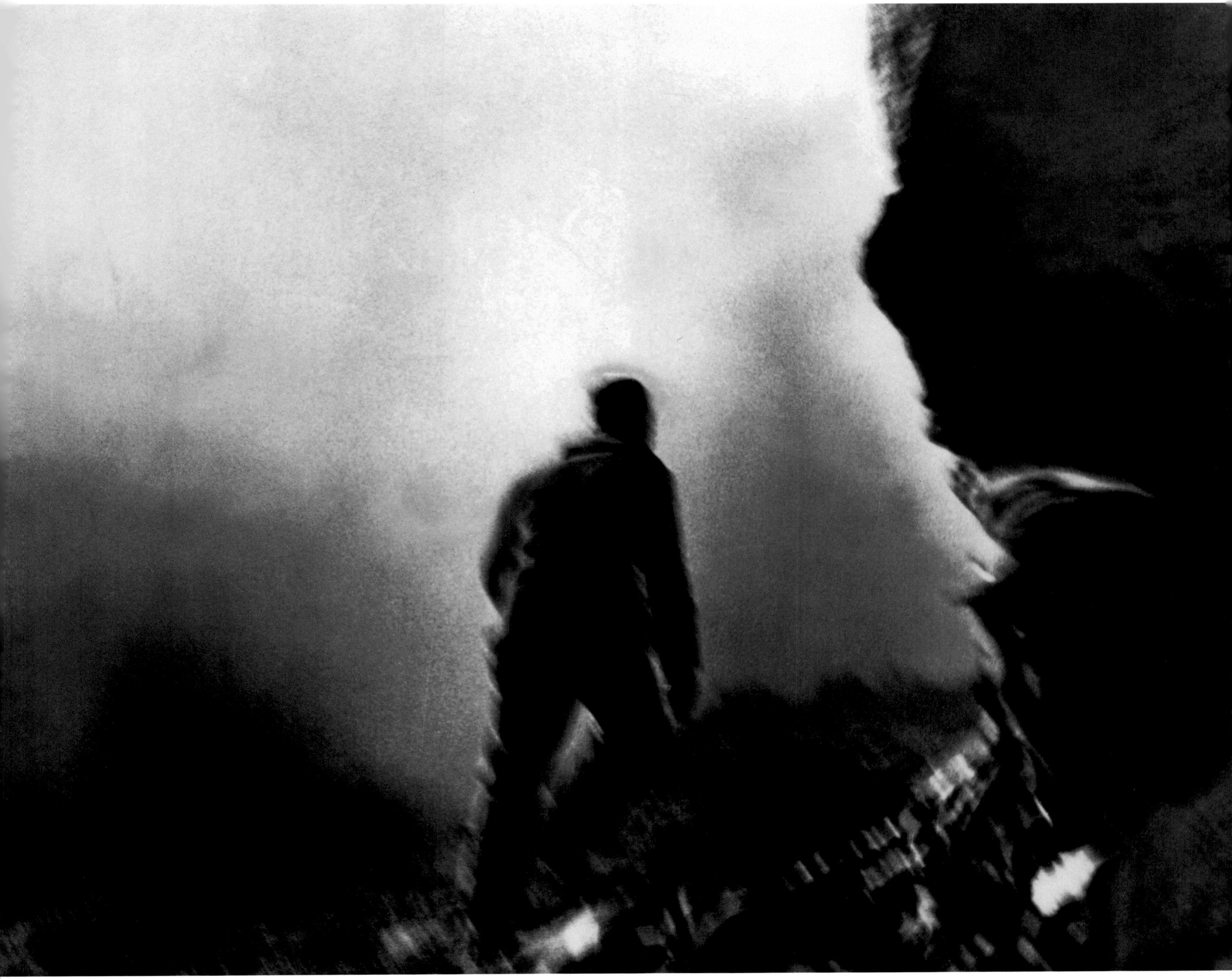

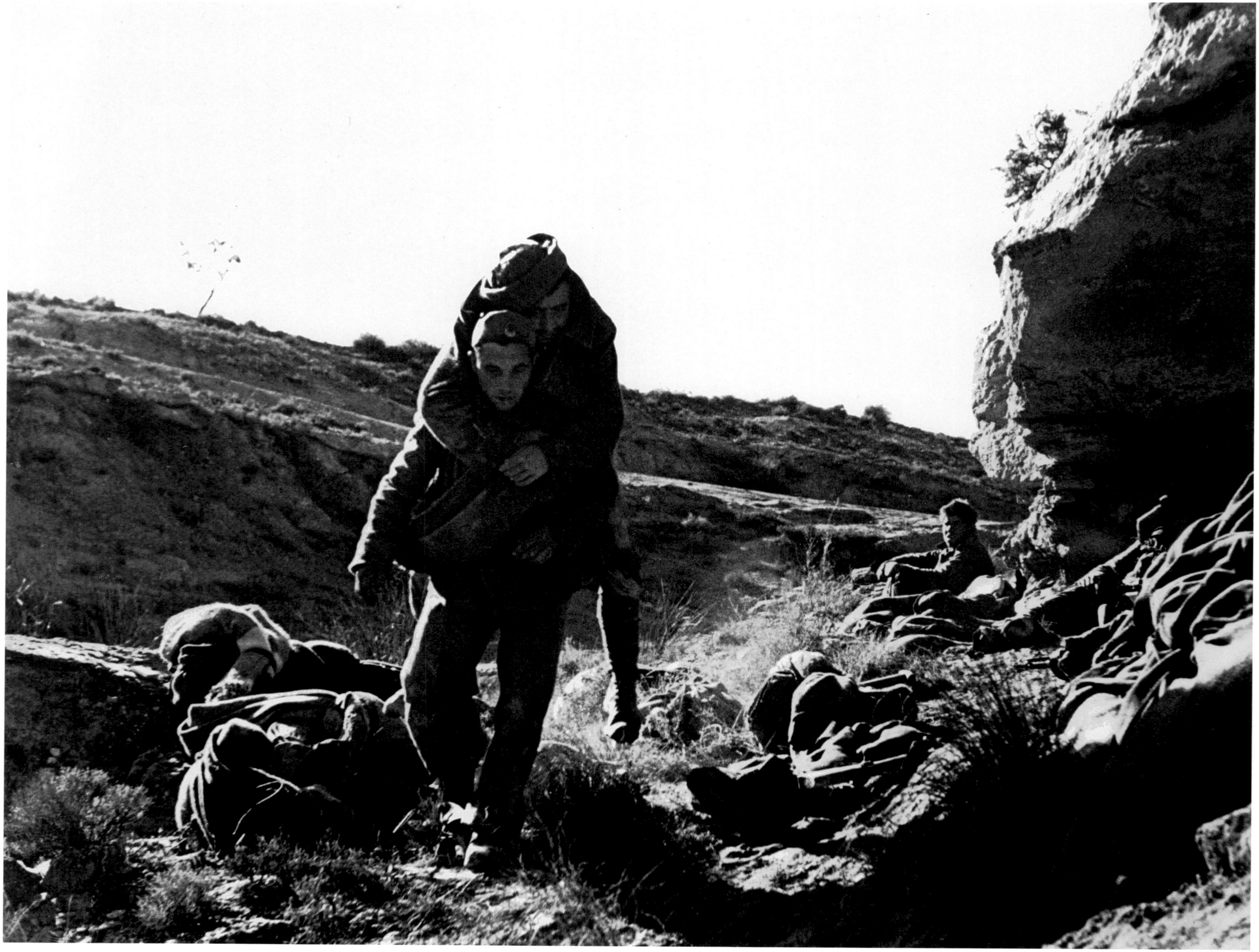

 Río Segre, cerca de Fraga, frente de Aragón, 7 de noviembre, 1938

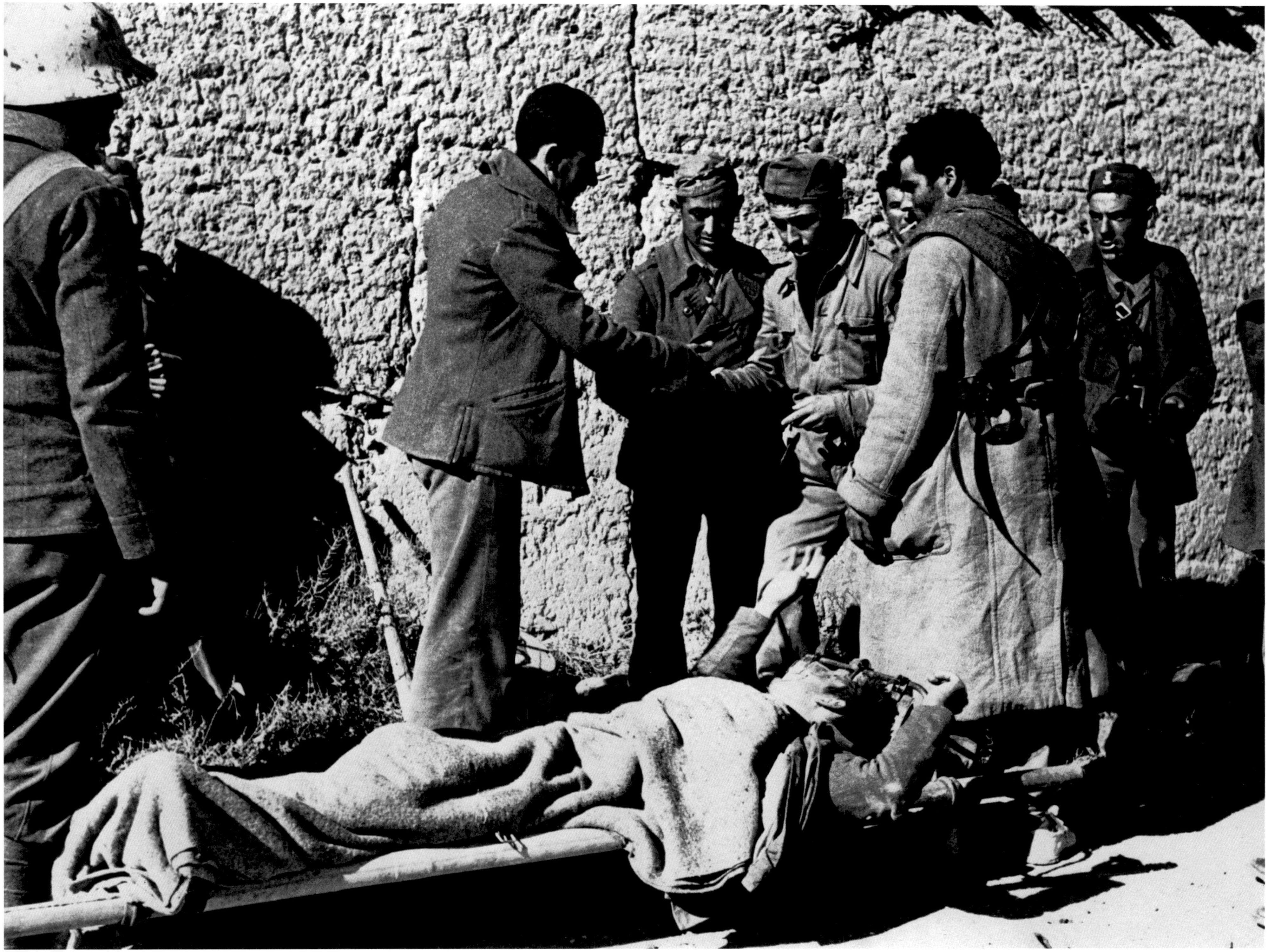

Río Segre, cerca de Fraga, frente de Aragón, 7 de noviembre, 1938

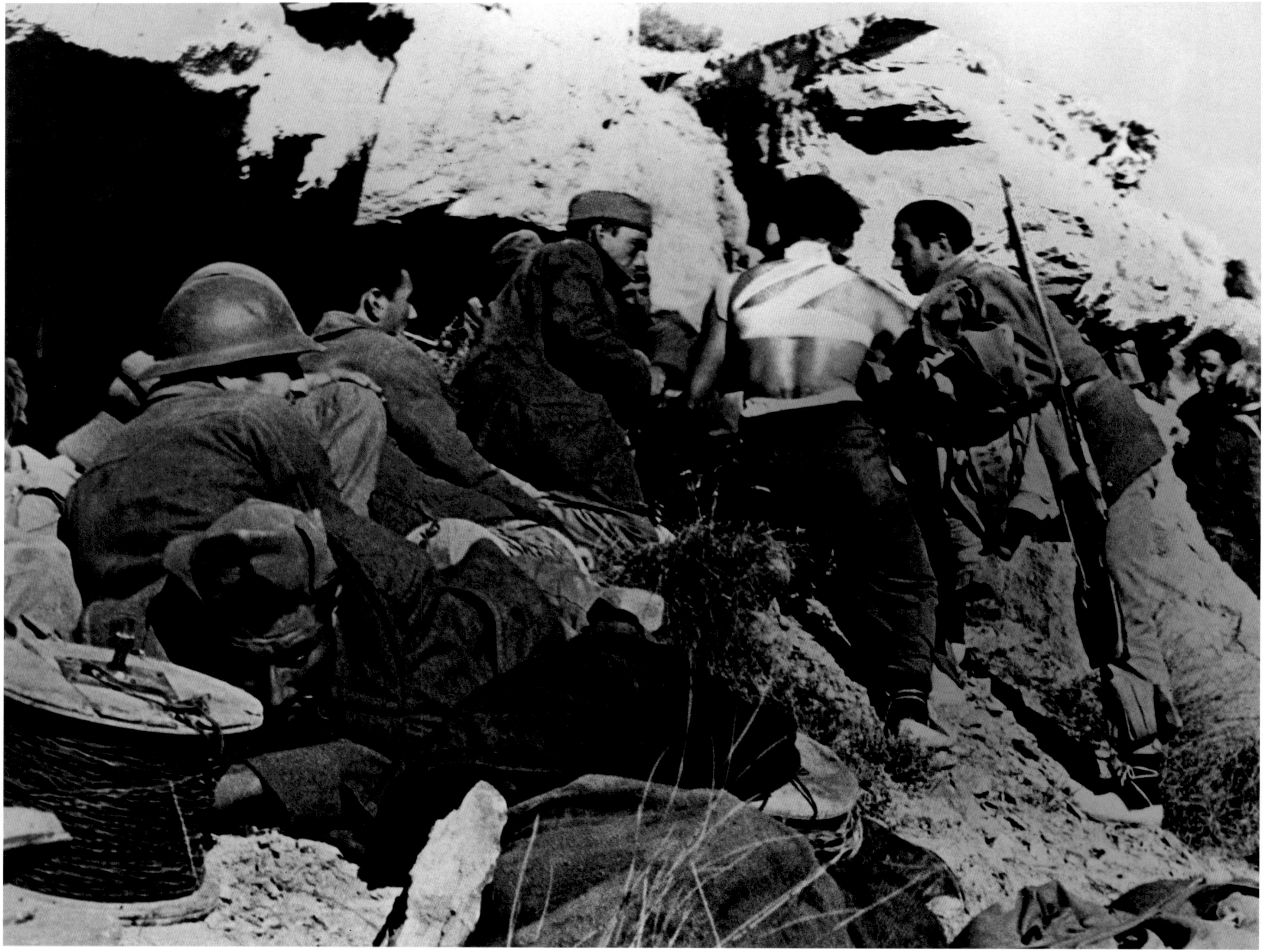

 Río Segre, cerca de Fraga, frente de Aragón, 7 de noviembre, 1938

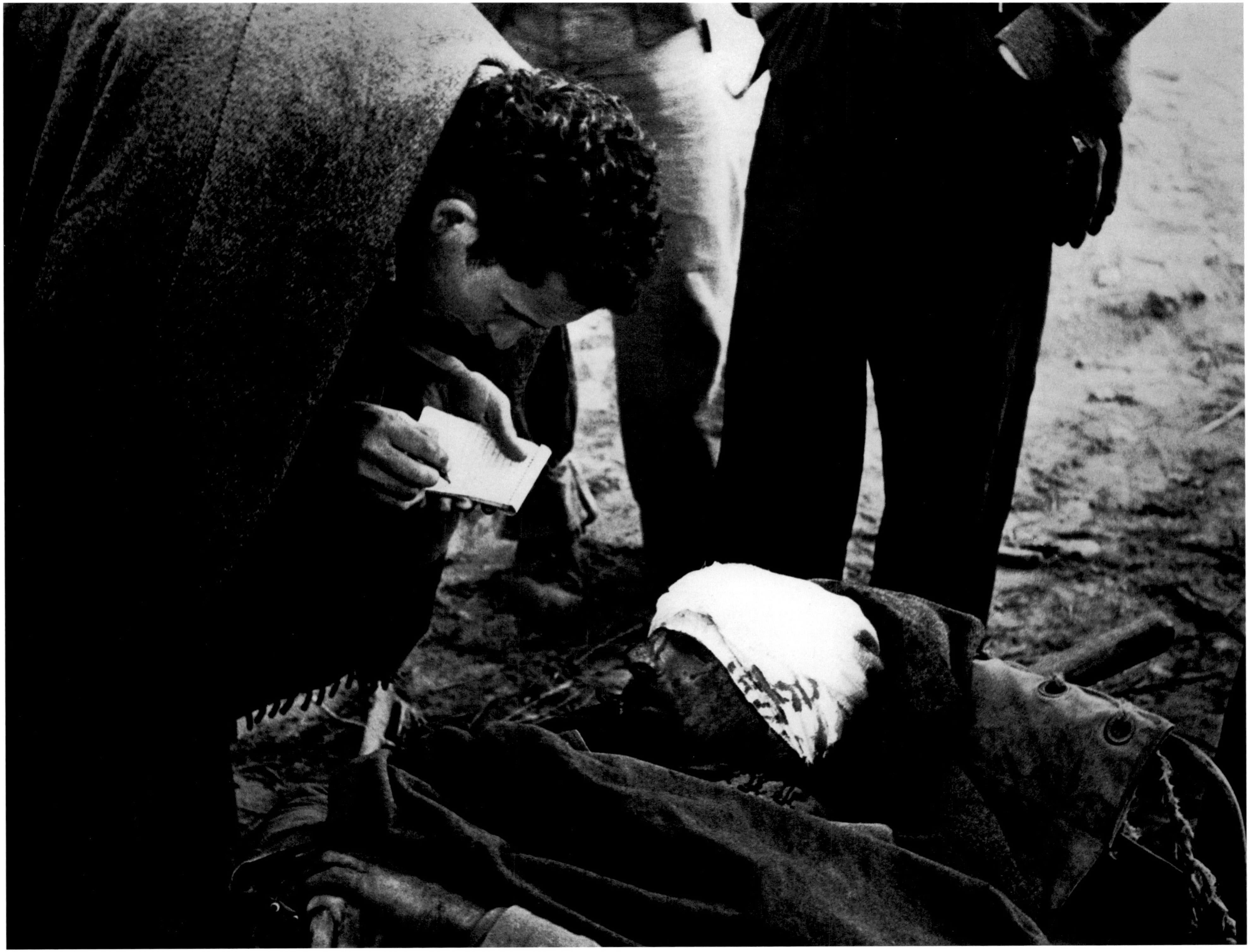

Río Segre, cerca de Fraga, frente de Aragón, 7 de noviembre, 1938

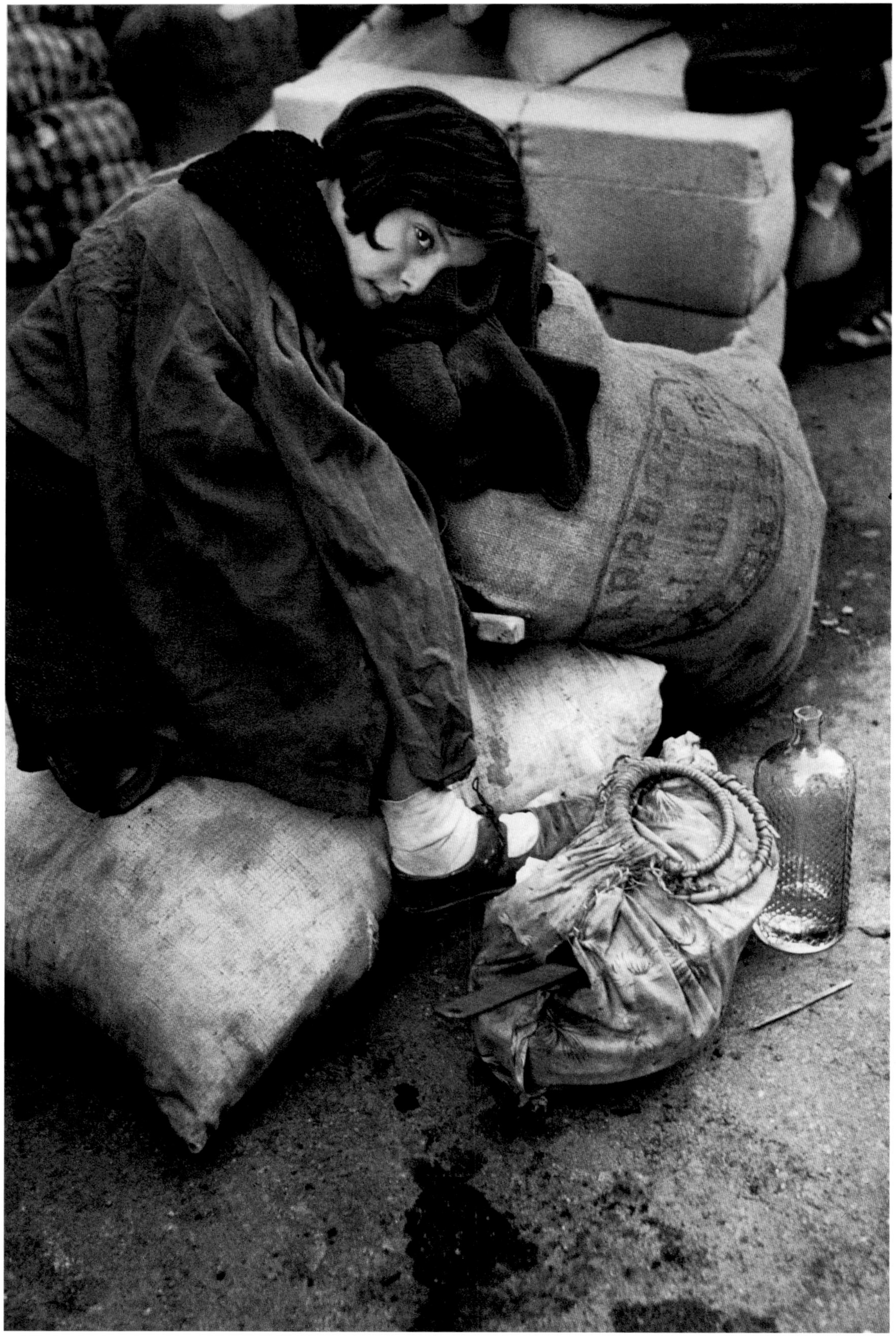

Barcelona, enero, 1939

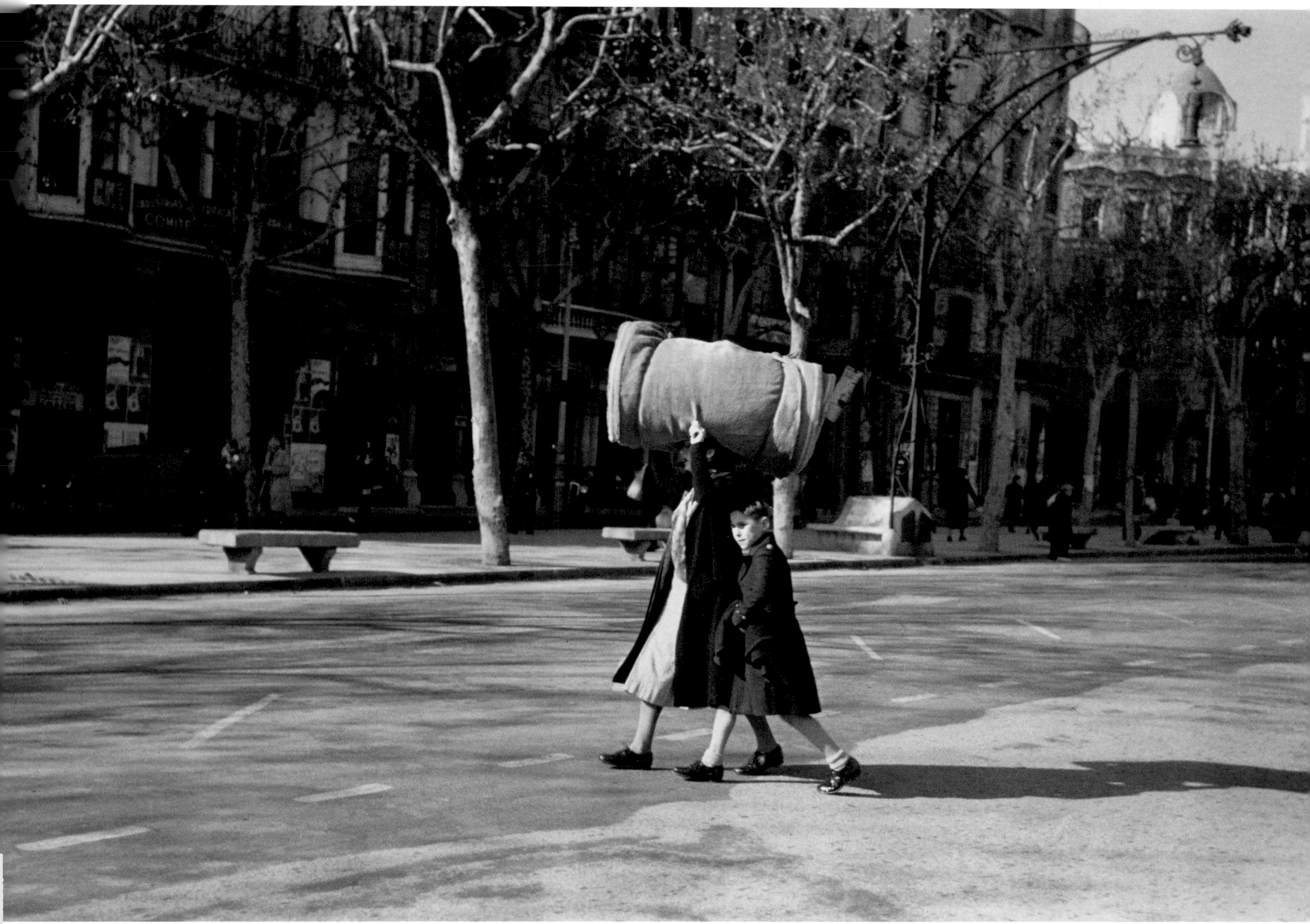

Barcelona, enero, 1939

... Cuando avistaron los aviones, las campanas de las iglesias alertaron a los pueblos... En Bilbao, las sirenas aullaban su advertencia. Un toque prolongado cuando se divisaban los bombarderos en el aire. Tres toques breves cuando éstos ya sobrevolaban la ciudad. En algunas ocasiones se producían entre quince y veinte ataques en una sola mañana. Resultaba imposible huir escaleras abajo en cada ocasión para refugiarse en el sótano, que apenas podía considerarse un refugio, o bajo un puente que tampoco era de gran ayuda, o correr hasta el mejor túnel más cercano, quince a veinte veces en una misma mañana cargando con los niños. Así que, al final, optaban por coger hasta la calceta y salían tocados con sombreros de papel para resguardarse del sol, a sentarse en los sacos de arena justo a la entrada de los bancos, cuyas cámaras acorazadas constituían un refugio bastante seguro.

ROBERT CAPA
Death in the Making

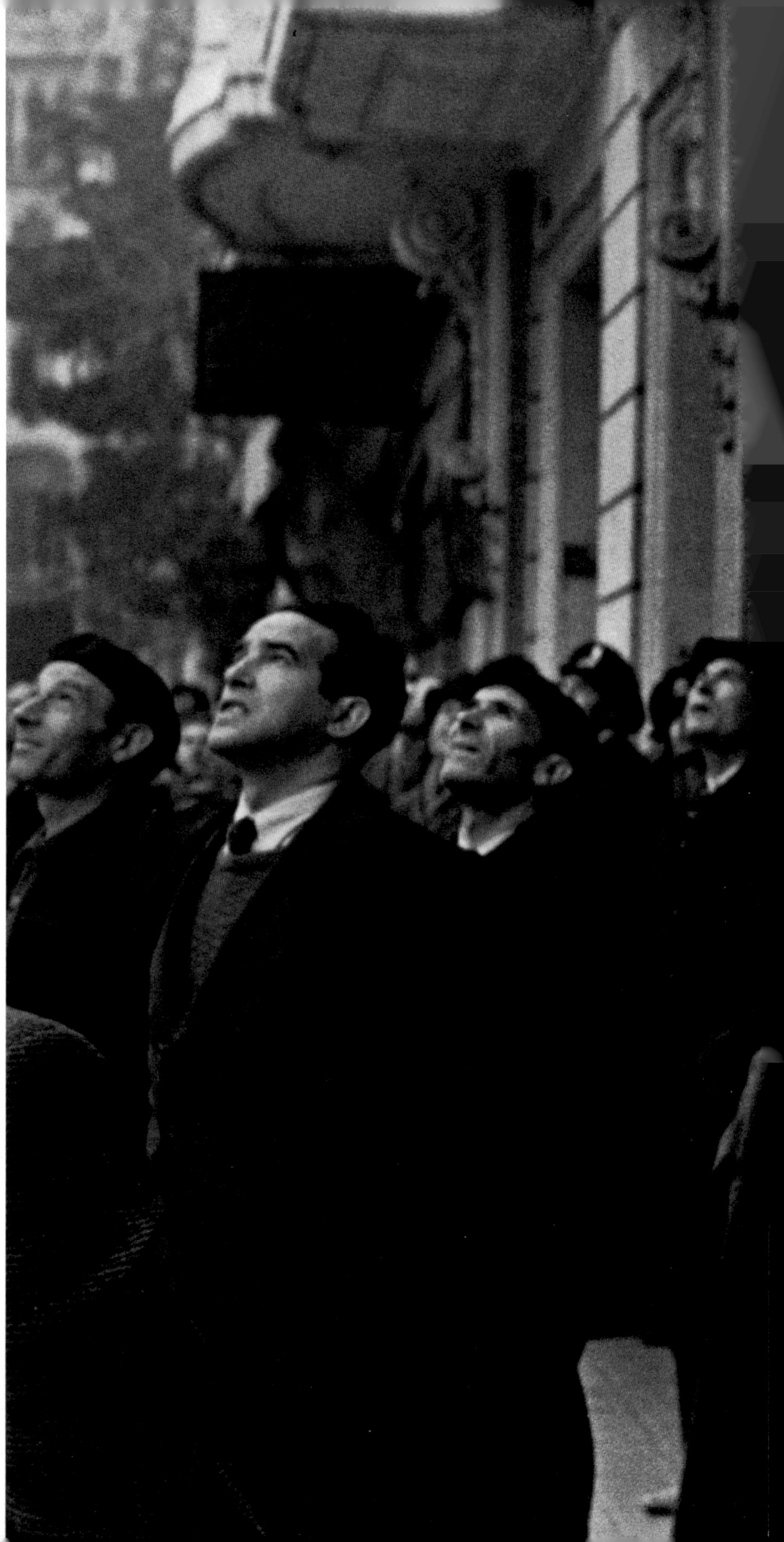

Bilbao, mayo, 1937 (anteriormente identificada como Barcelona, enero, 1939)

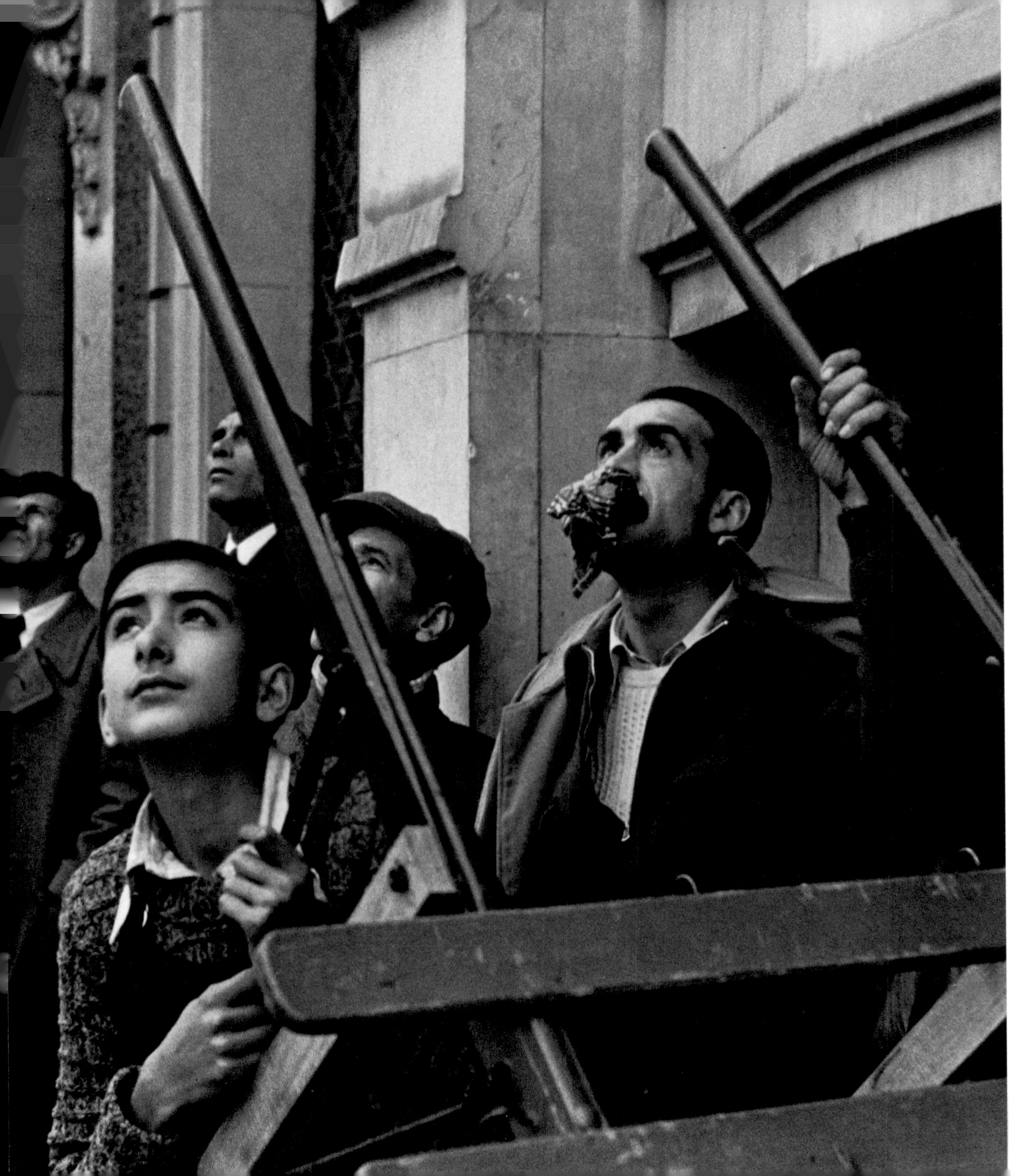

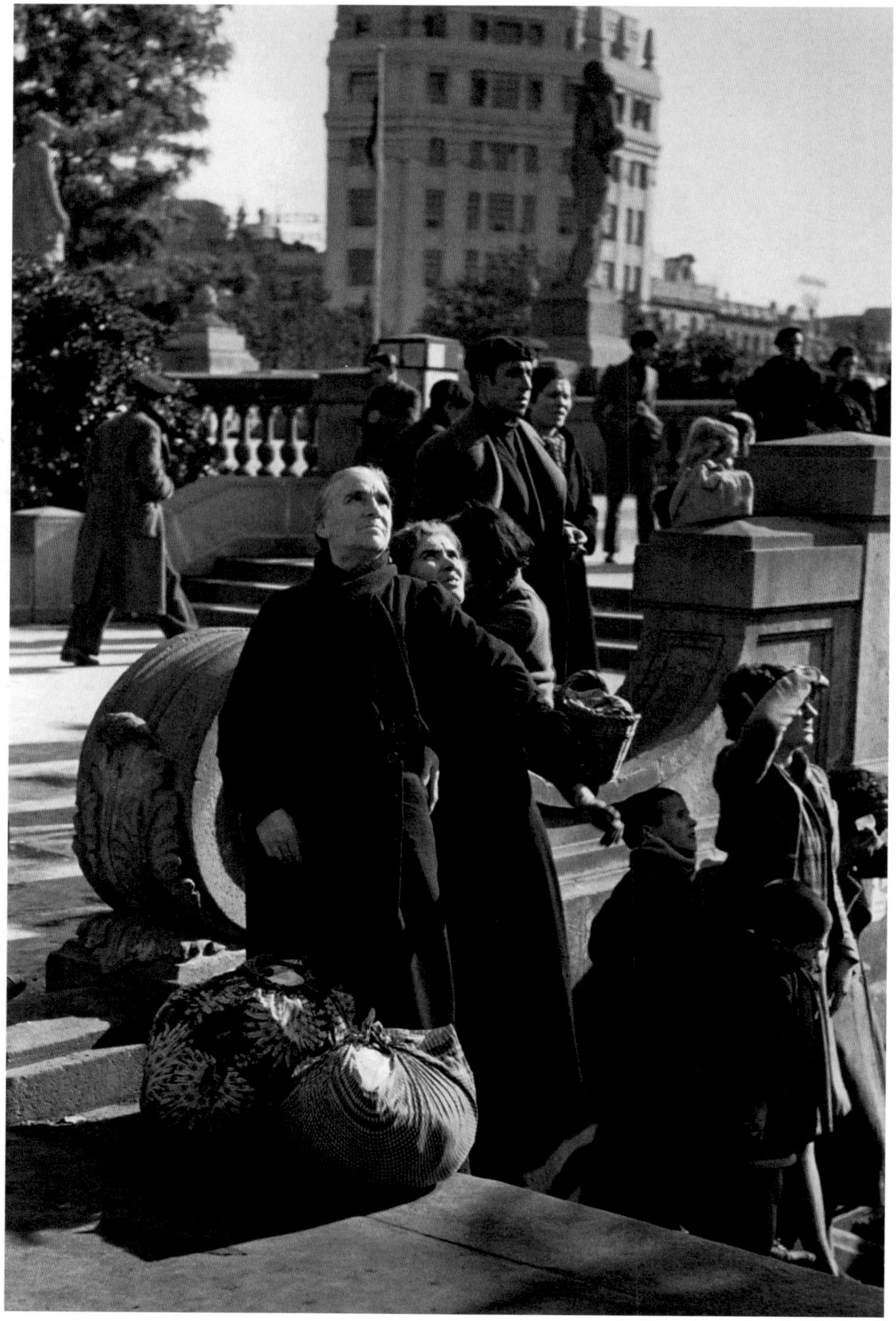

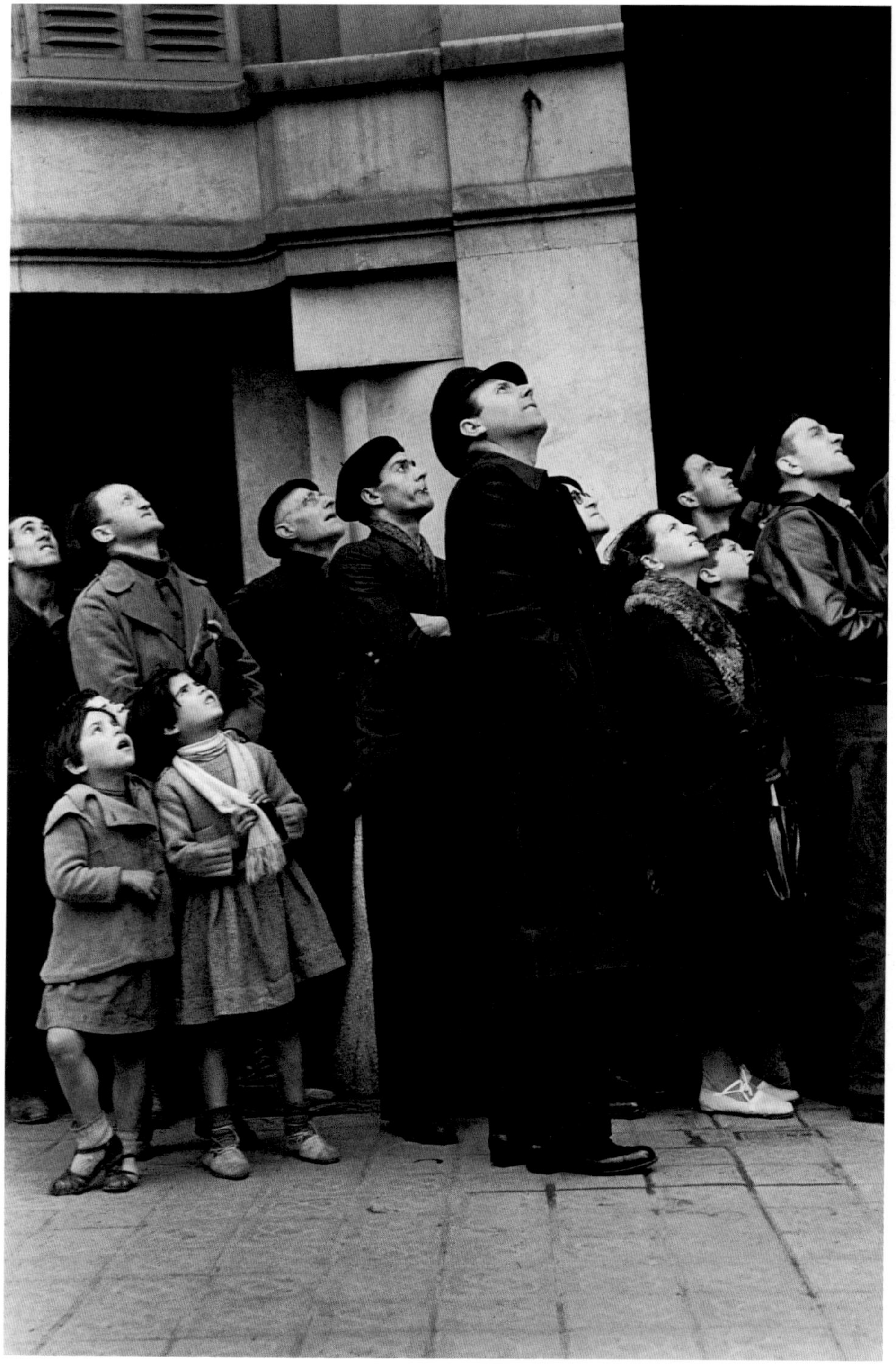

Barcelona, enero, 1939

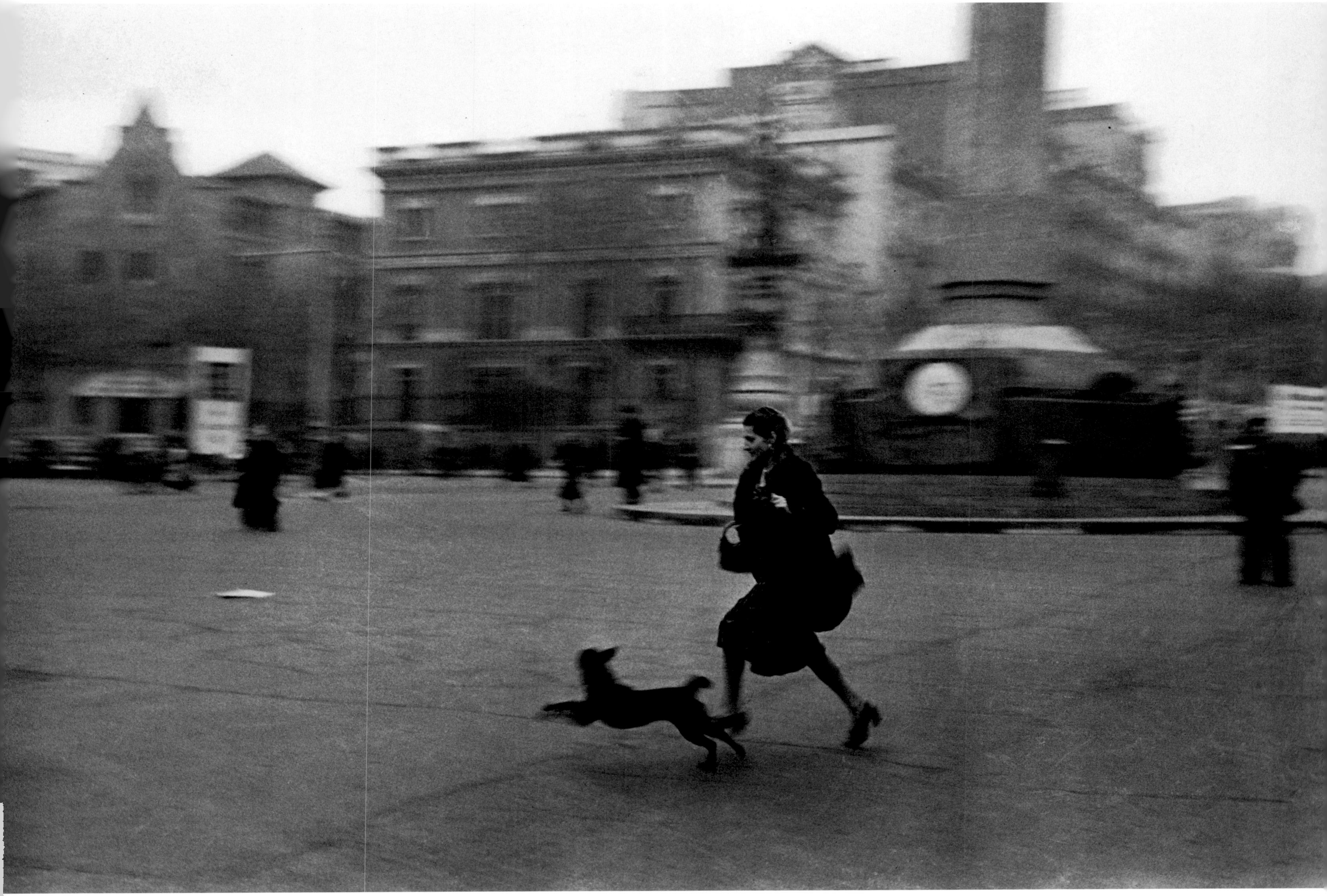

Barcelona, enero, 1939

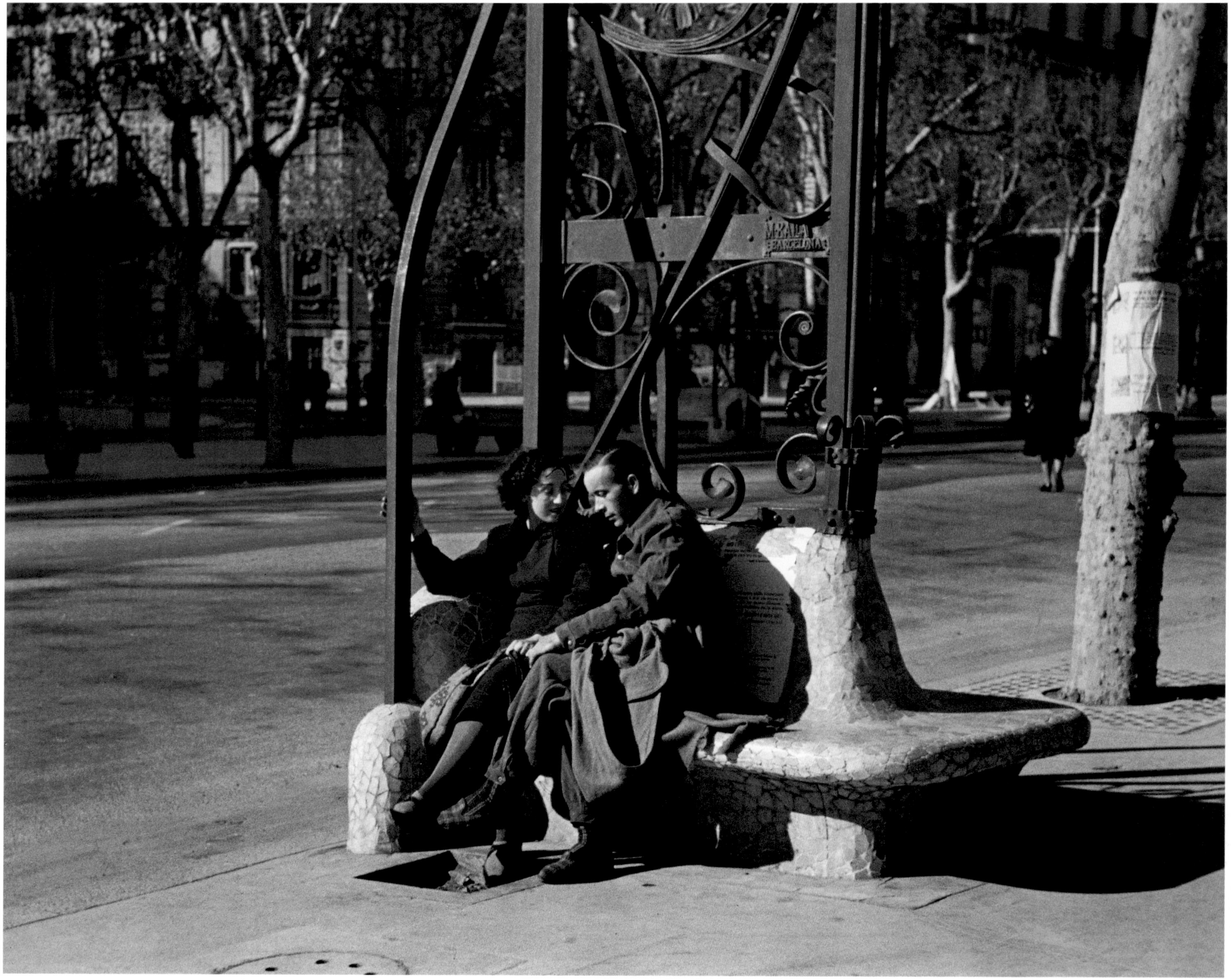

 Barcelona, enero, 1939

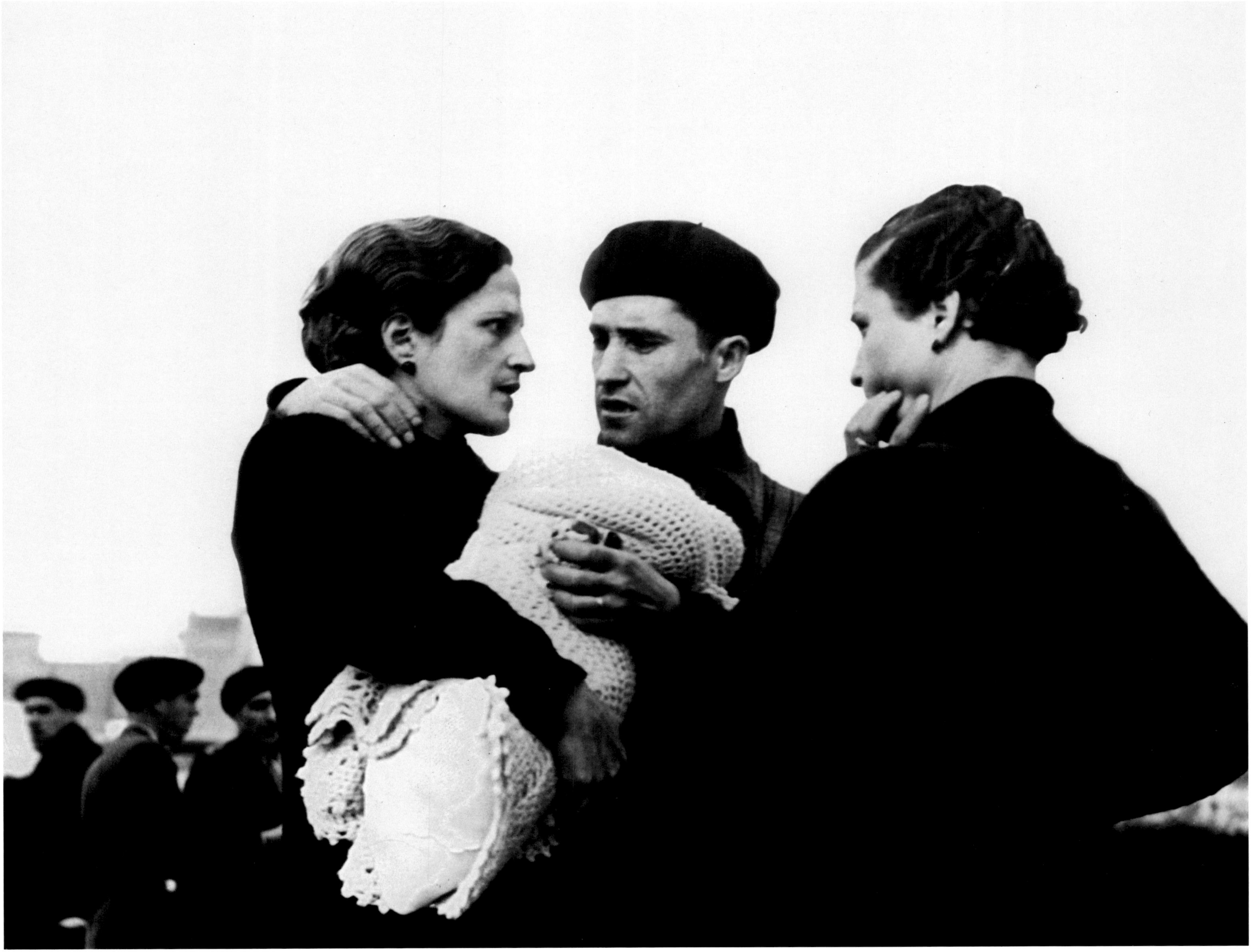

Barcelona, 13 de enero, 1939

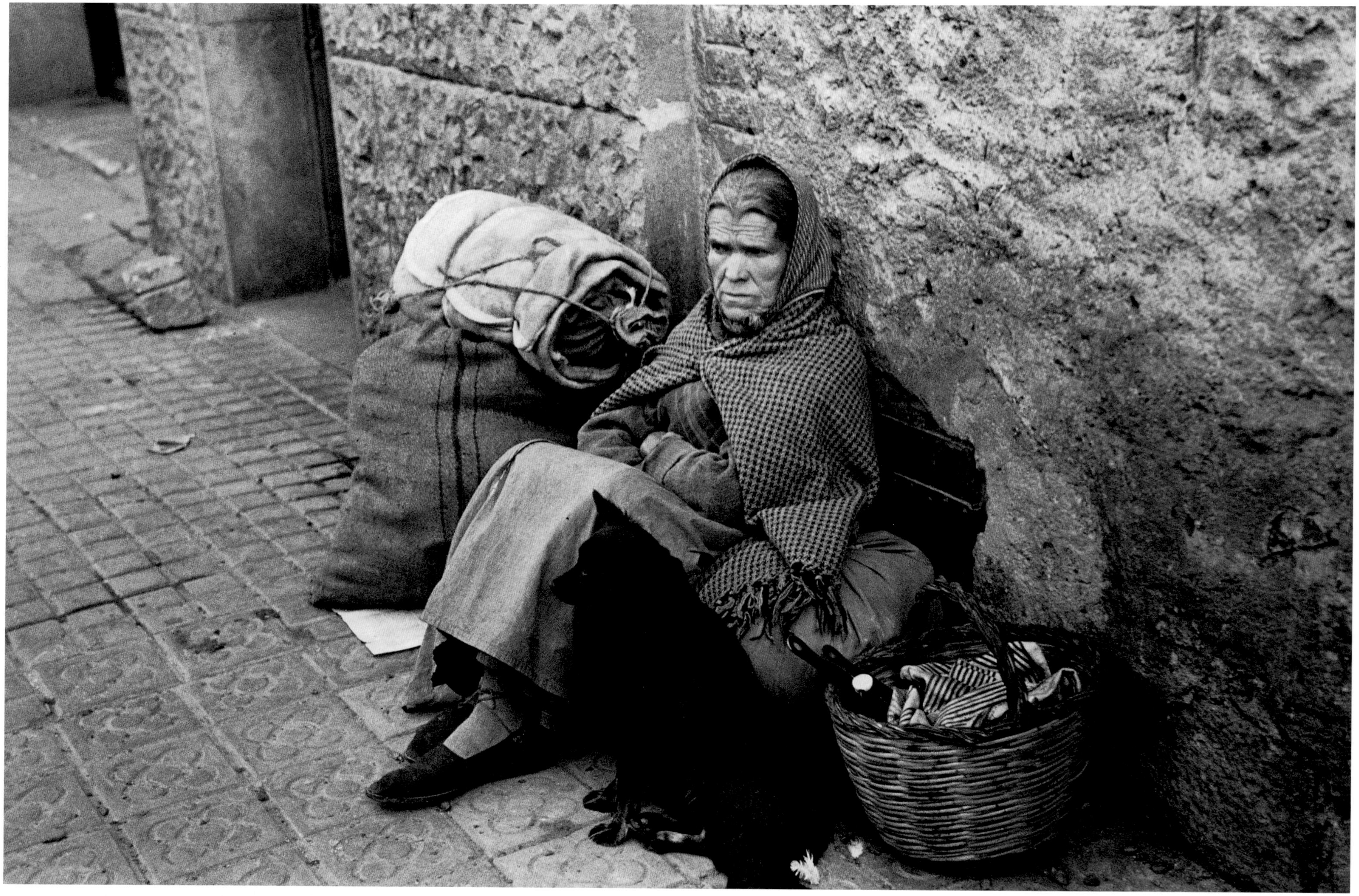

 Barcelona, enero, 1939

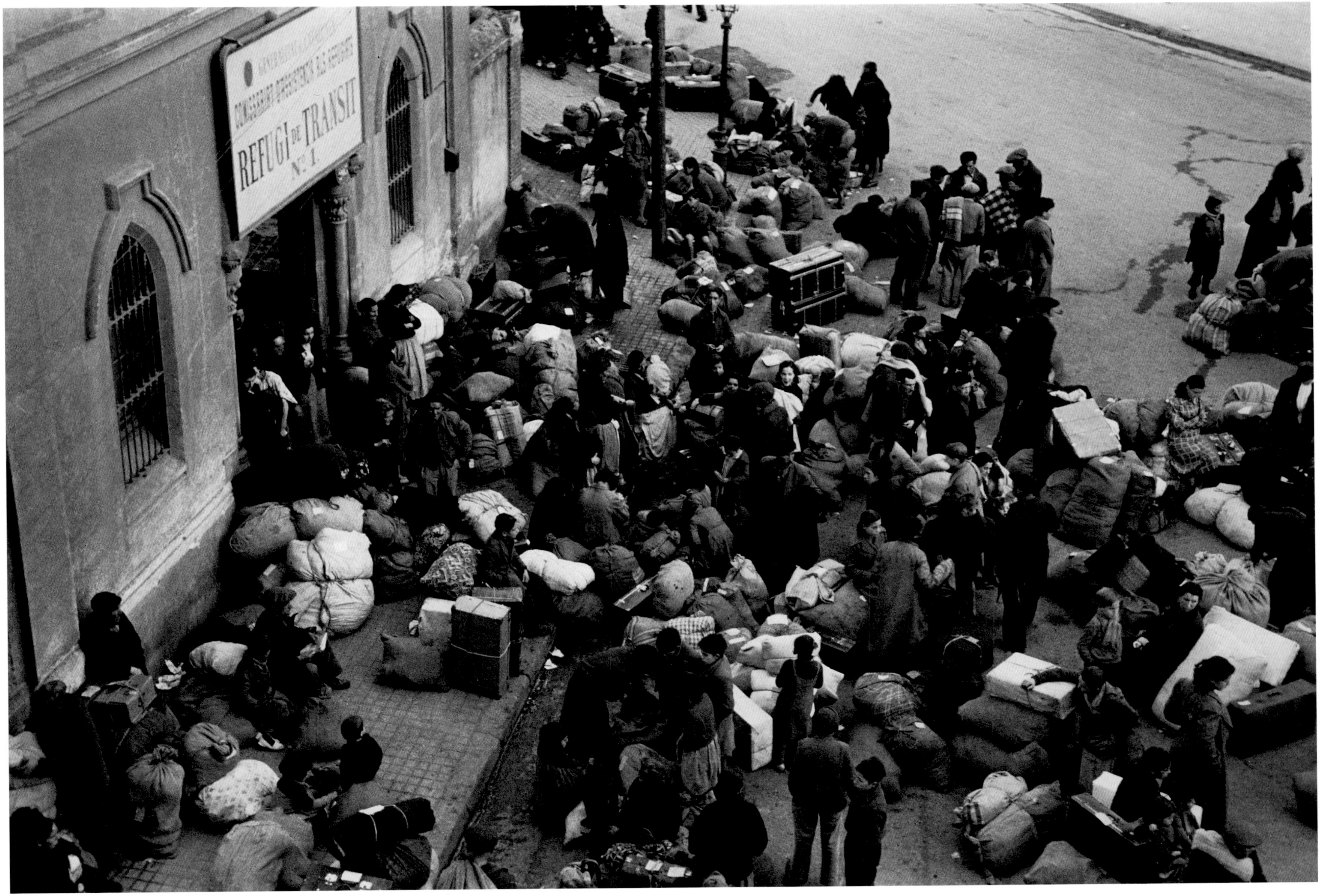

Barcelona, enero, 1939

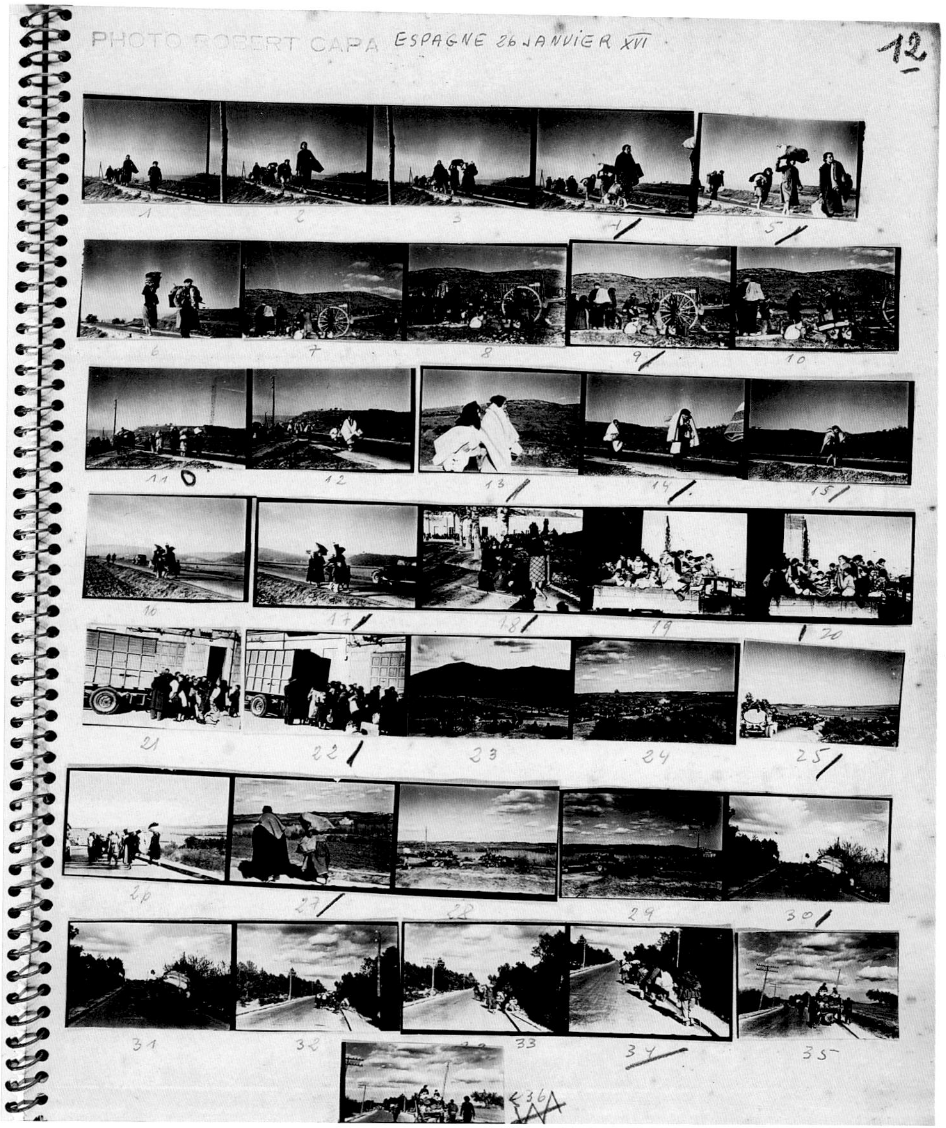

En la hoja adjunta de comentarios sobre esta serie de fotografías, Capa escribió sobre el éxodo: "Había gente a pie, grupos de vecinos y pequeñas familias, algunos con carretillas; muchas mujeres llevaban sacos o cestas de la compra, algunas de ellas bidones de aceite o de vino sobre la cabeza… Pocos días antes, estas personas no eran pobres. Entre los otros que pasaban, muchos sin duda recordaban la prosperidad, pero tales distinciones desaparecen deprisa, lo que permanece es un destino común".

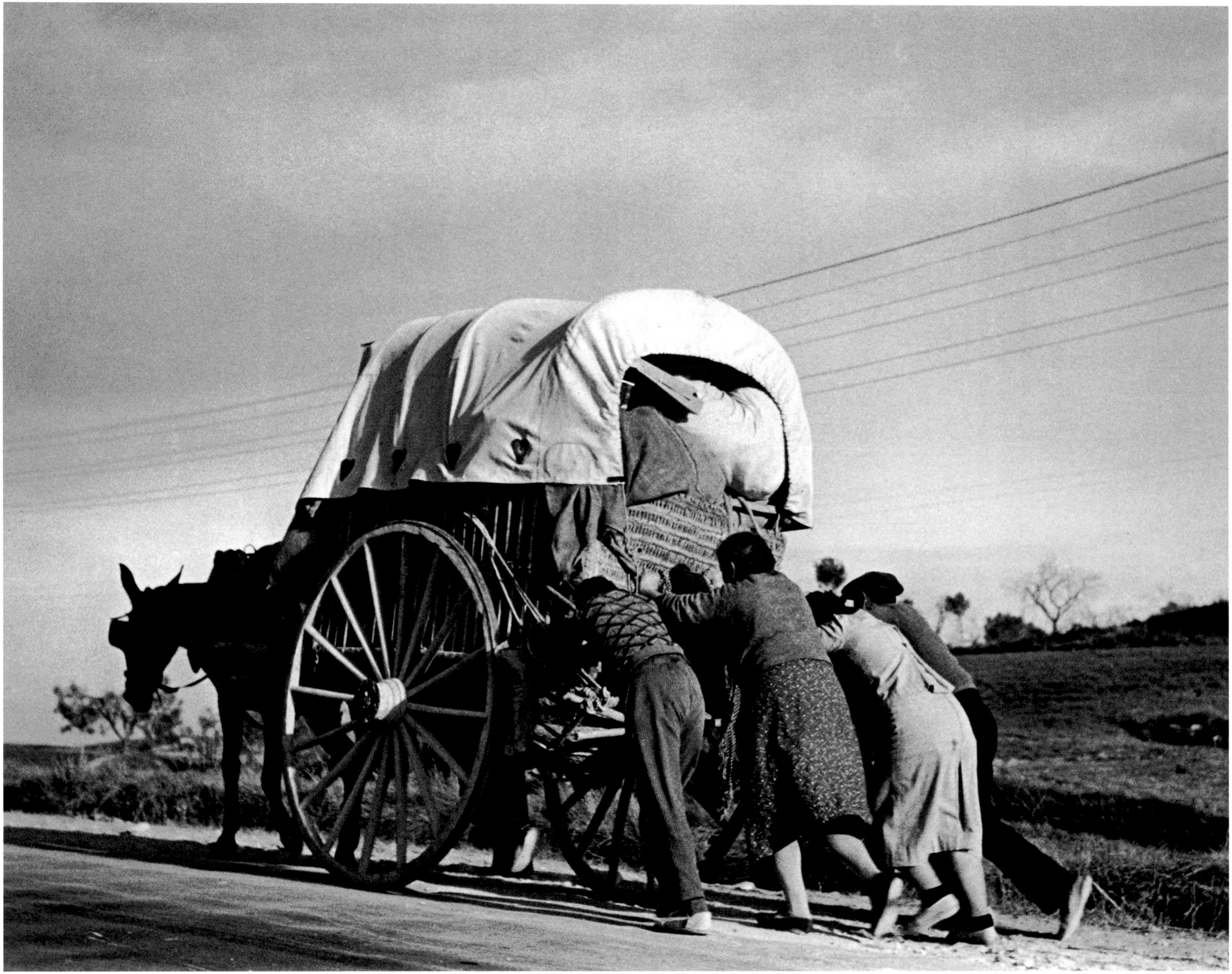

En la carretera de Tarragona a Barcelona, 15 de enero, 1939

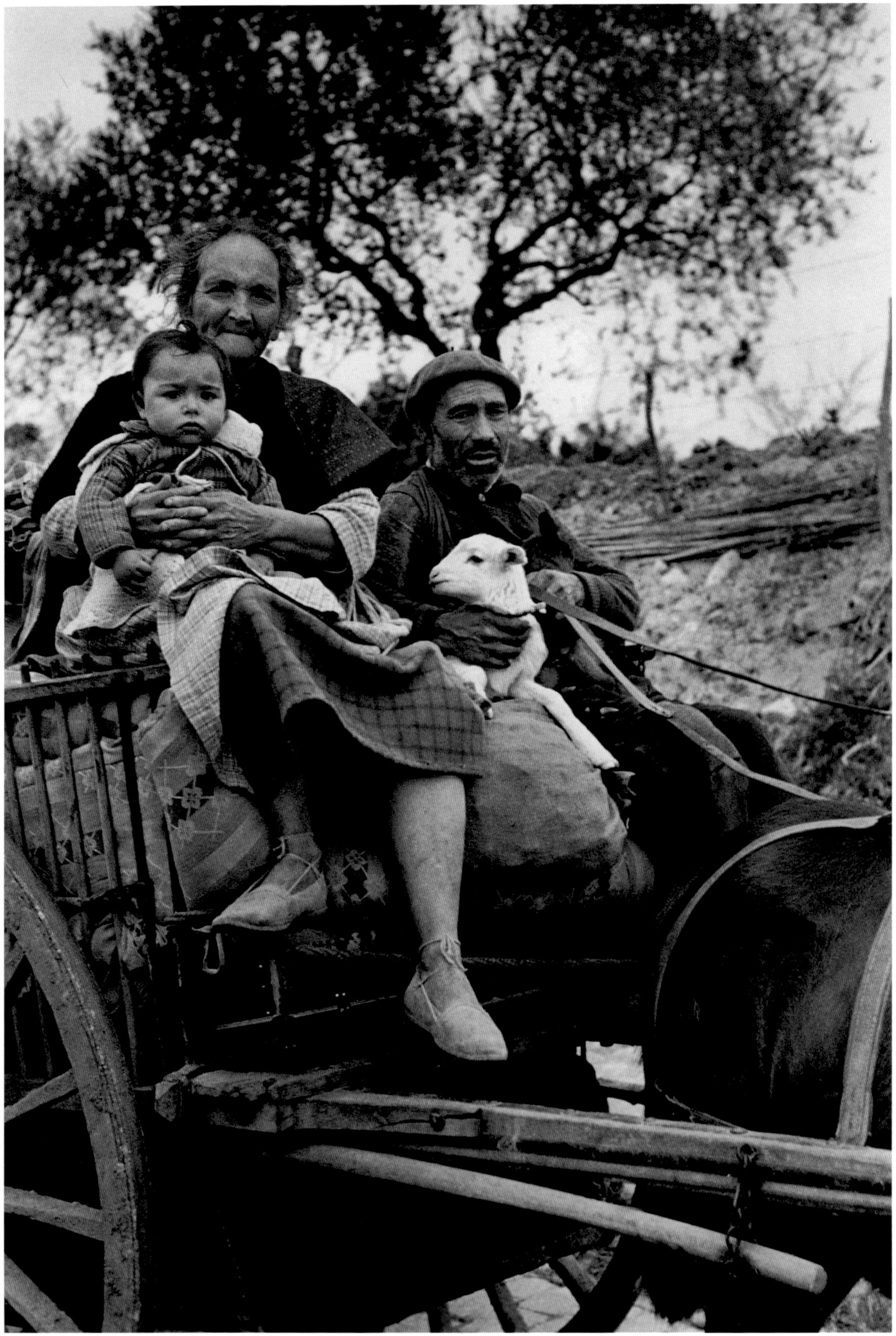

En la carretera de Tarragona
a Barcelona, 15 de enero, 1939

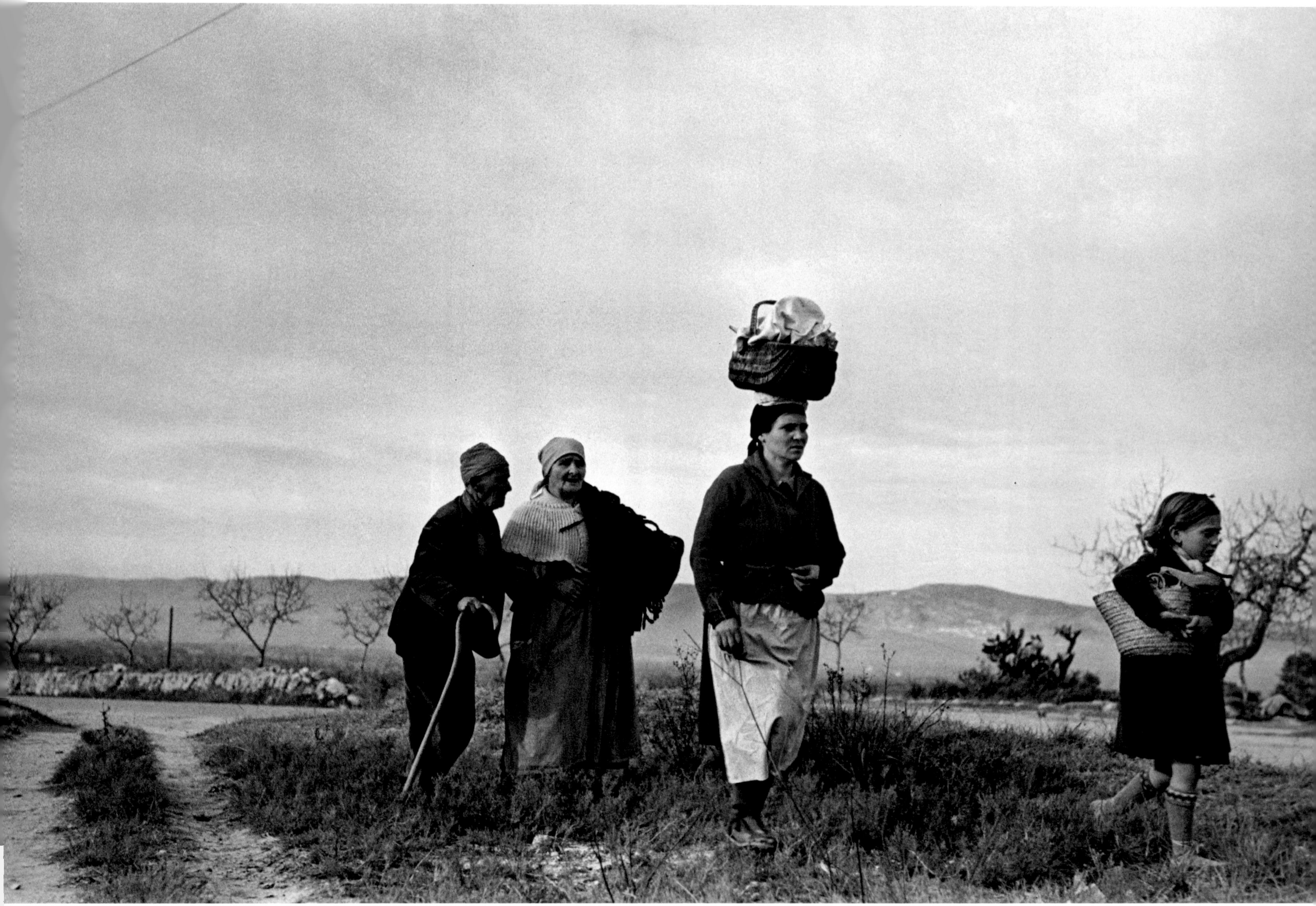

En la carretera de Tarragona a Barcelona, 15 de enero, 1939

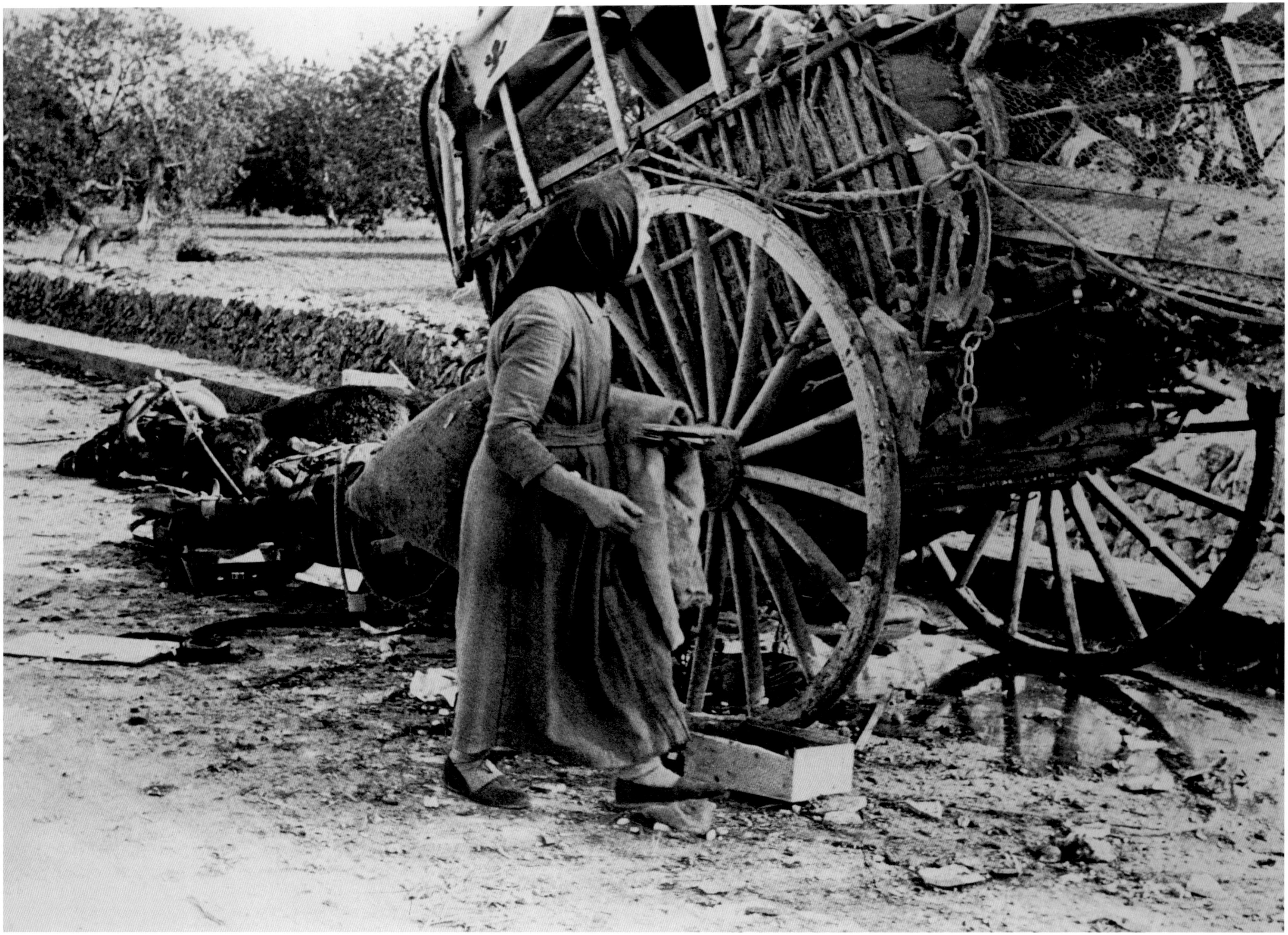

 En la carretera de Tarragona a Barcelona, 15 de enero, 1939

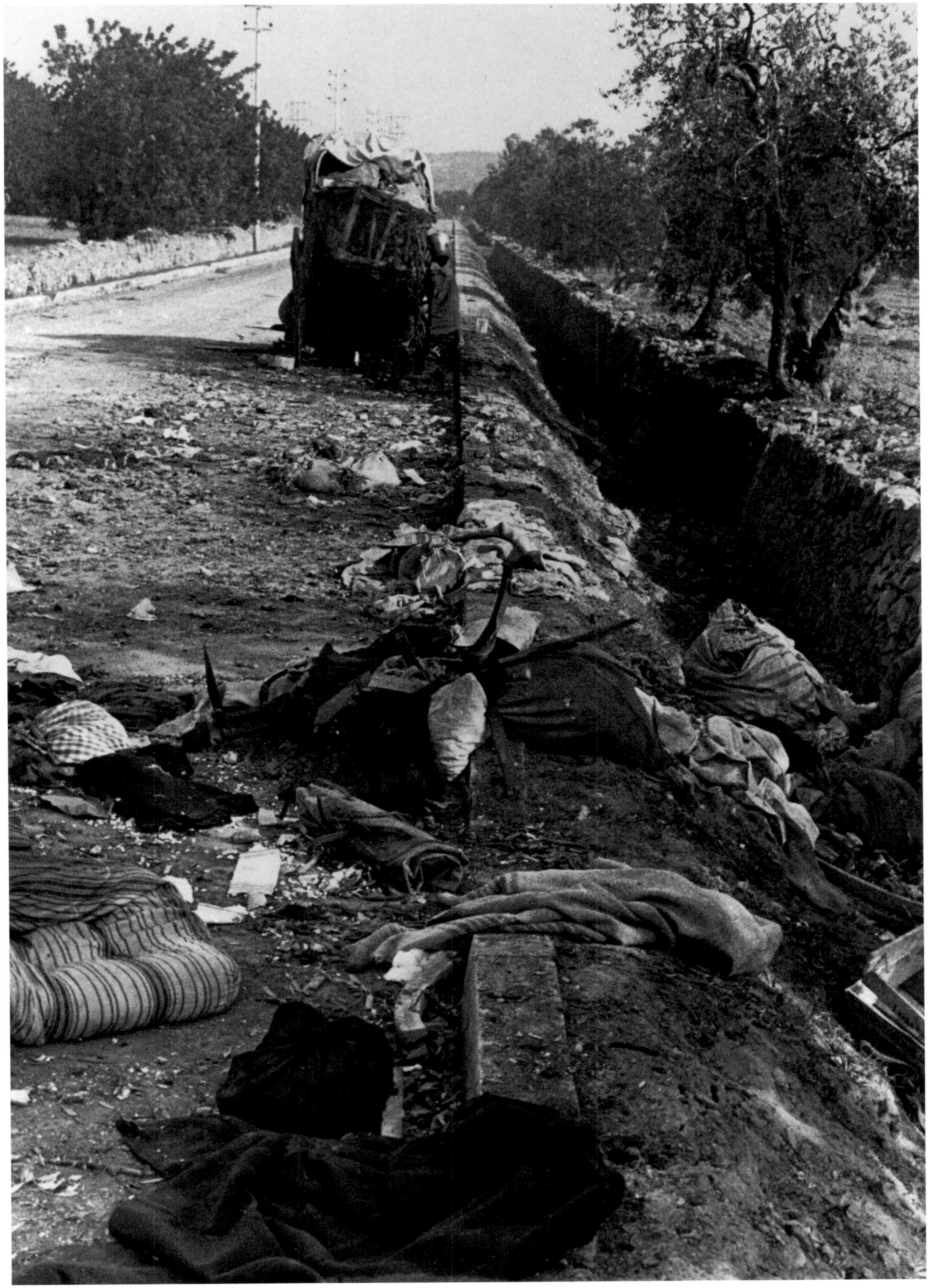

En la carretera de Tarragona a
Barcelona, 15 de enero, 1939

La verdad es ésta: Barcelona sucumbe silenciosamente. Matrona de ubres secas, se recuesta, rendida, en la poltrona de sus sufrimientos, para esperar a los enemigos de su libertad, de su lengua y de su bandera. La cuerda se ha roto. Algunos periódicos lanzan todavía consignas de resistencia, cuando ya todos tienen la obsesión de la frontera, lo cual manifiestan sin ninguna consideración y, como locos, disputan un puesto en los camiones que marchan a Gerona y Figueras...

A las ocho de la noche me he encontrado sin medios de transporte para regresar a mi casa. No había el tren de empleados, habitual a esta hora, en la Estación del Norte. Ya no cruzaban los camiones. Los tranvías, abandonados sobre los raíles, parecían negros fantasmas. He venido a pie por la carretera, solitaria y oscura, pensando en él, que se halla en ese frente cambiable cada mañana. Como los zapatos me hacían daño, me descalcé a los tres kilómetros y el resto los anduve— los gitanos dirían "andé"— clavando los pies sobre el frío asfalto. Mis uñas pintadas de rojo resaltaban sobre el gris sucio del cemento. En derredor todo era silencio y abandono. Ni un guardia. Las ventanas, sin luz, cerradas como ojos de topos. Tras de ellas habría, en algunas, el silencio del vacío, en otras las despedidas llorosas o las piras a donde se arrojan los libros, cartas y papelorios de apuntes que son un mundo para los hombres...

En una especie de consejo familiar y mientras comía las últimas lentejas, se acordó que yo partiera mañana. Mamá me prepara la maleta y recoge las "tonterías" que me gustan: libros, abanicos, tapices, cuadros y objetos curiosos. Papá busca una cuerda para atar un saco. Ninguno de los dos llora, pero se les cortan las palabras en la garganta.

Esta es mi última noche en el hogar paterno. Son las dos de la mañana y todavía ando vagando por la casa como si me despidiera de todas las cosas que la forman. Yo que tanto combatí el régimen familiar siento ahora una pena honda, terrible.

¿Volveré algún día?

Silvia Mistral
Éxodo

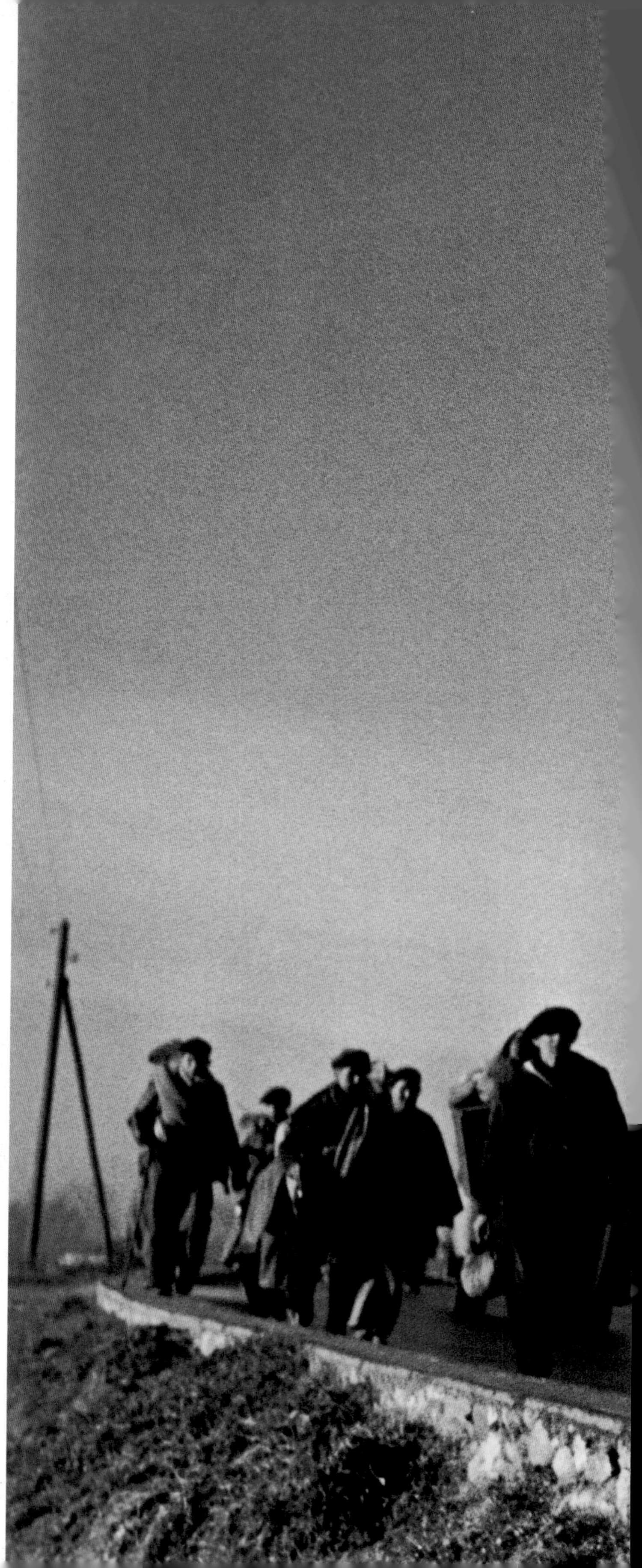

En la carretera de Barcelona a la frontera con Francia, 25–27 de enero, 1939

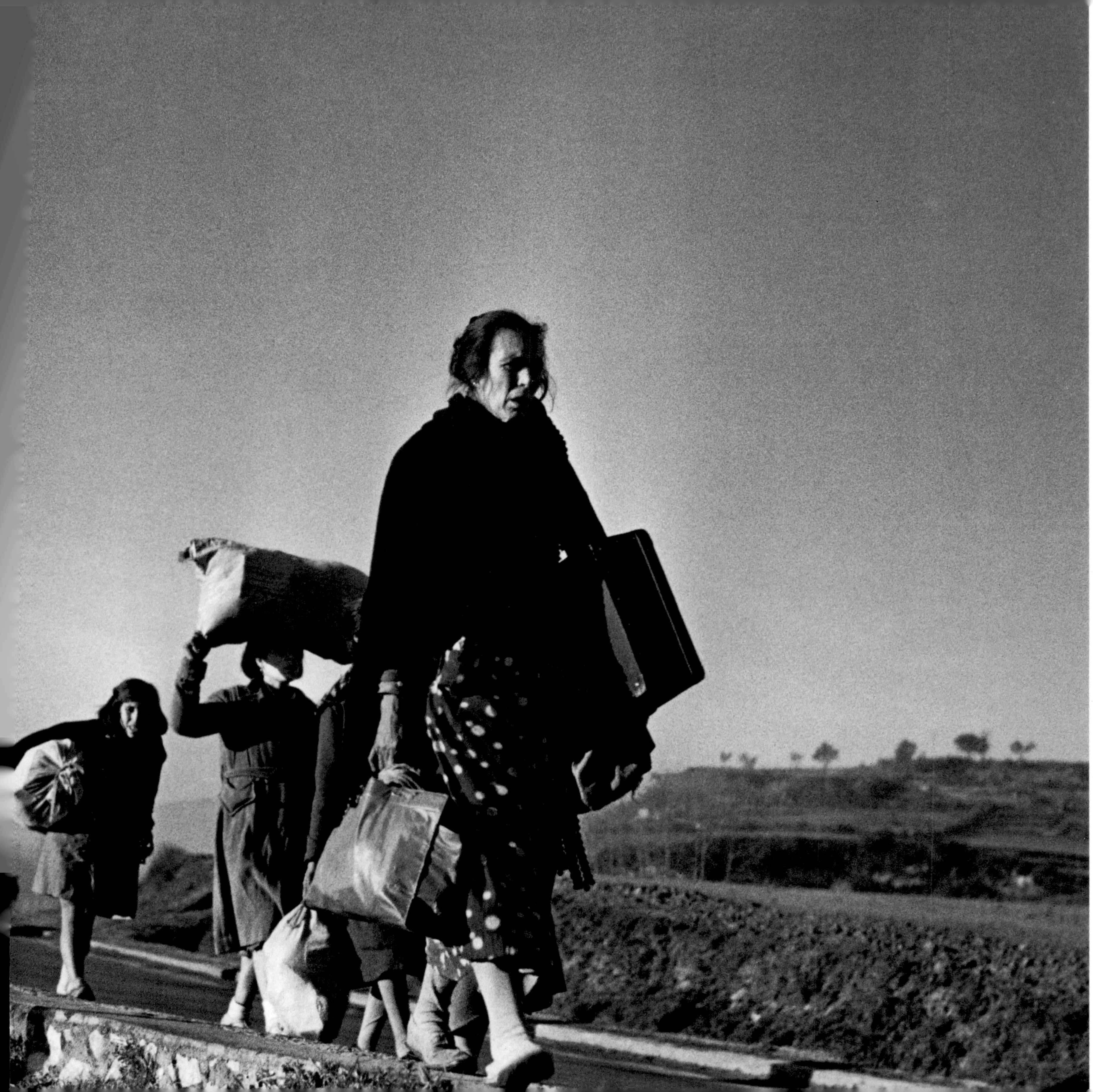

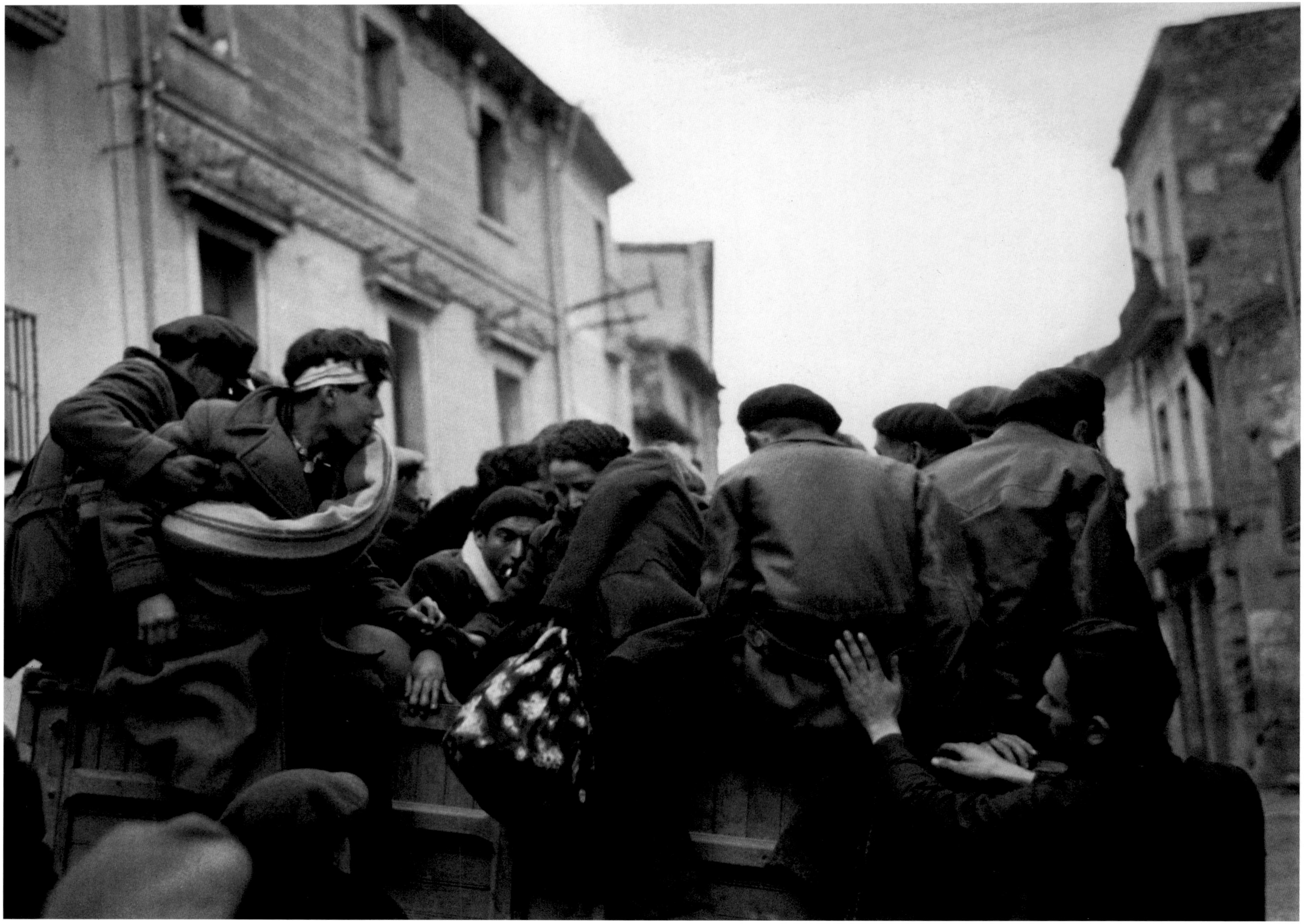

162 En la carretera de Barcelona a la frontera con Francia, 25–27 de enero, 1939

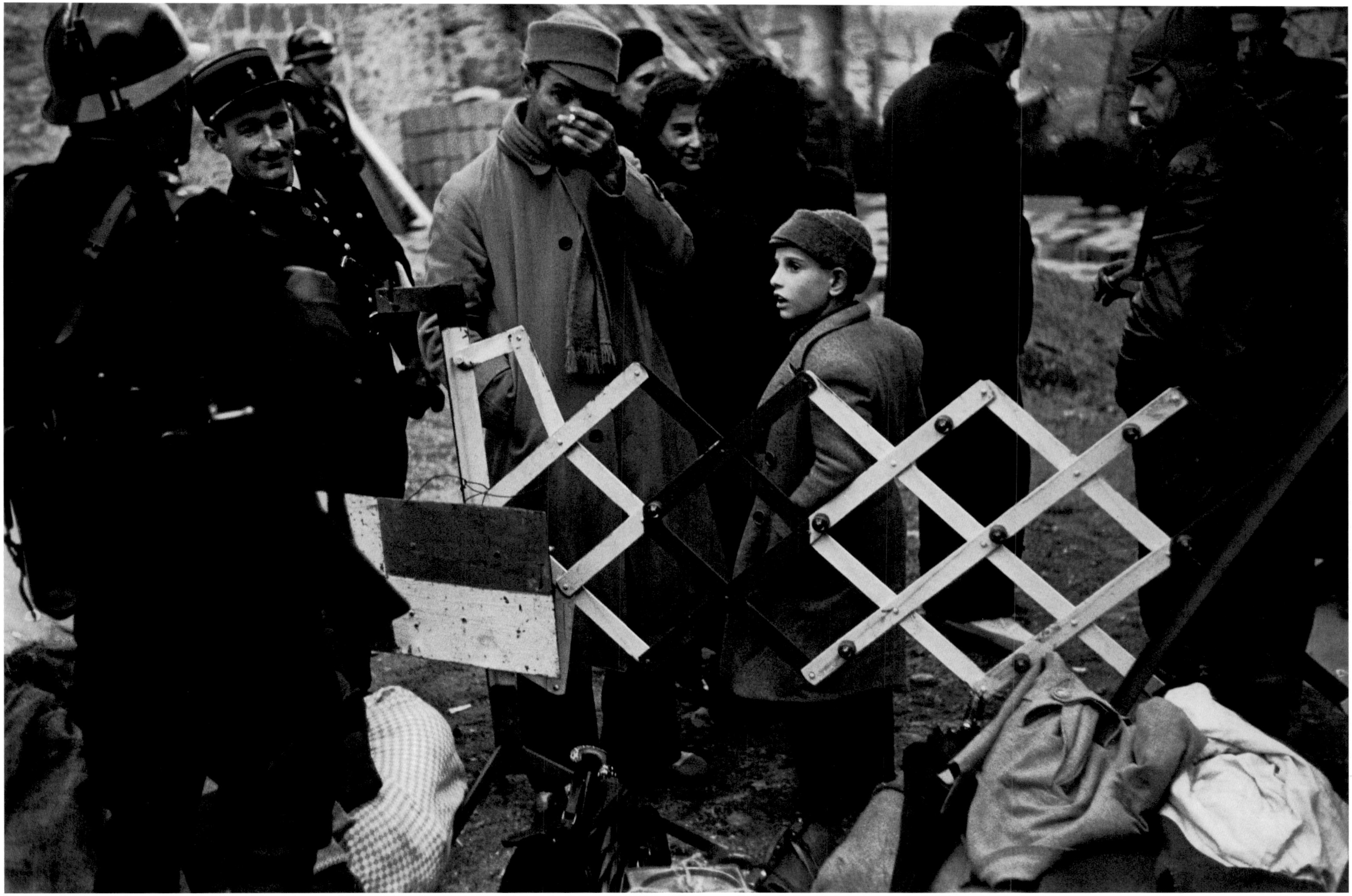

En la frontera con Francia, al norte de Barcelona, 28 de enero, 1939

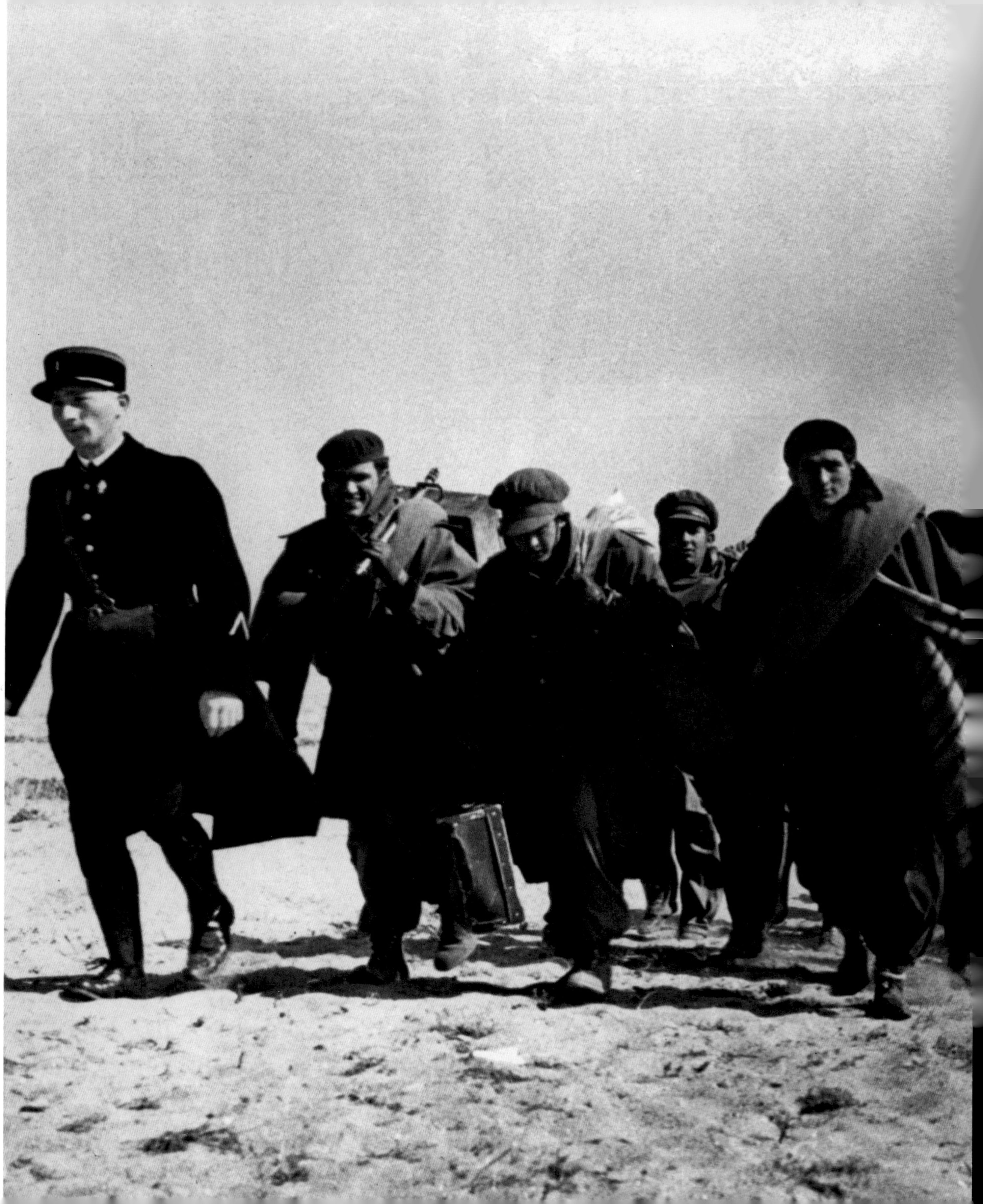

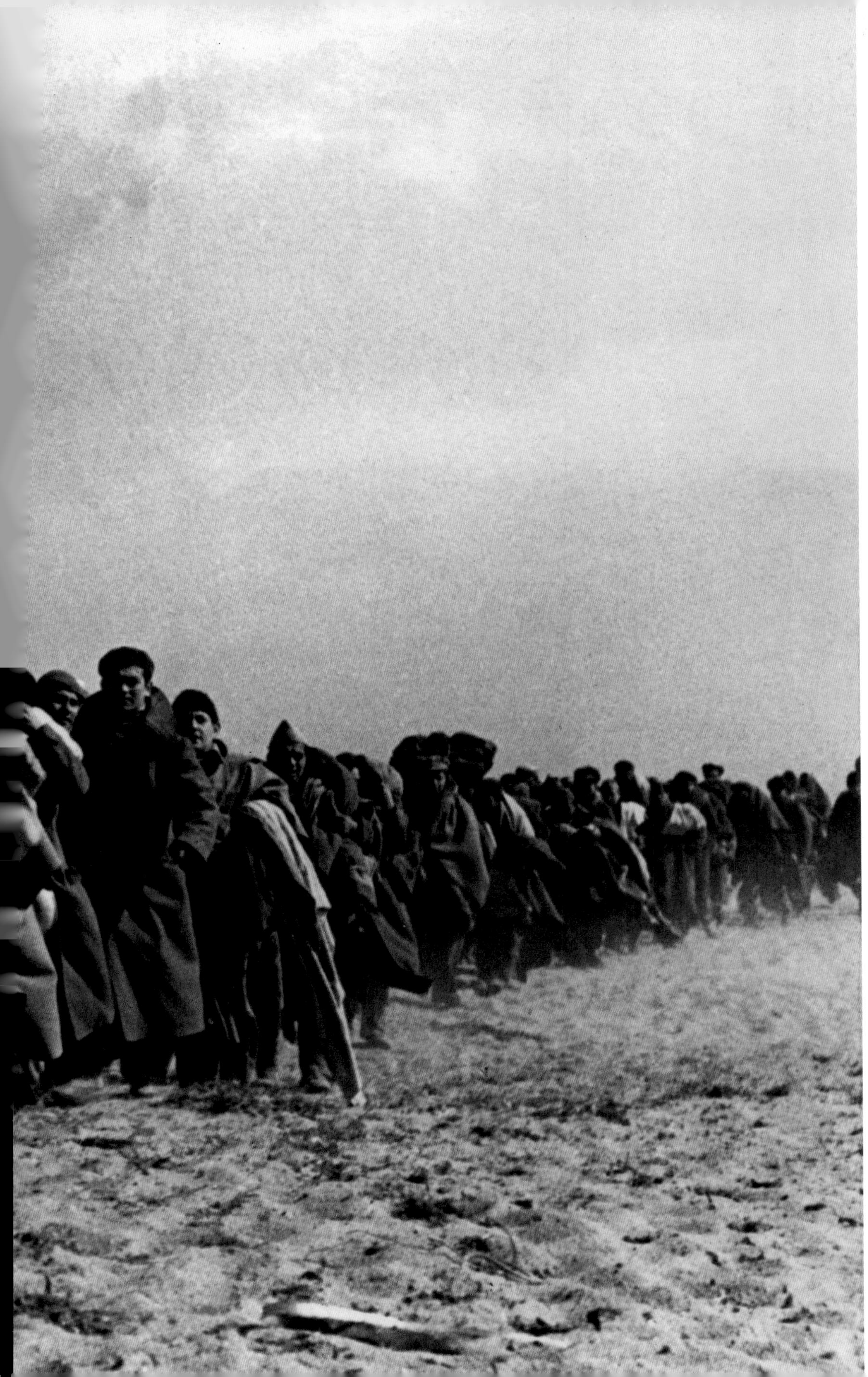

Atrás quedaban para los refugiados españoles dos años de una feroz y descorazonadora guerra, y la mayor parte de ellos habían dejado a sus familias confinadas en su país... tras los años desesperados de su propia guerra,... "esta gente mantiene intacto su espíritu. No han conocido la victoria pero jamás han aceptado la derrota. La suya es la gran fe que hace milagros y cambia la historia. Uno puede sentarse en una taberna de Toulouse y escuchar a hombres que hablan de su República, hombres que han perdido toda seguridad y comodidad sin queja; y por un momento creer que por ser ellos lo que son, habrá un día una República allende las montañas, y que vivirán para regresar a ella.

MARTHA GELLHORN
The Undefeated

Entre Argelès-sur-Mer y Le Barcarès,
Francia, marzo, 1939

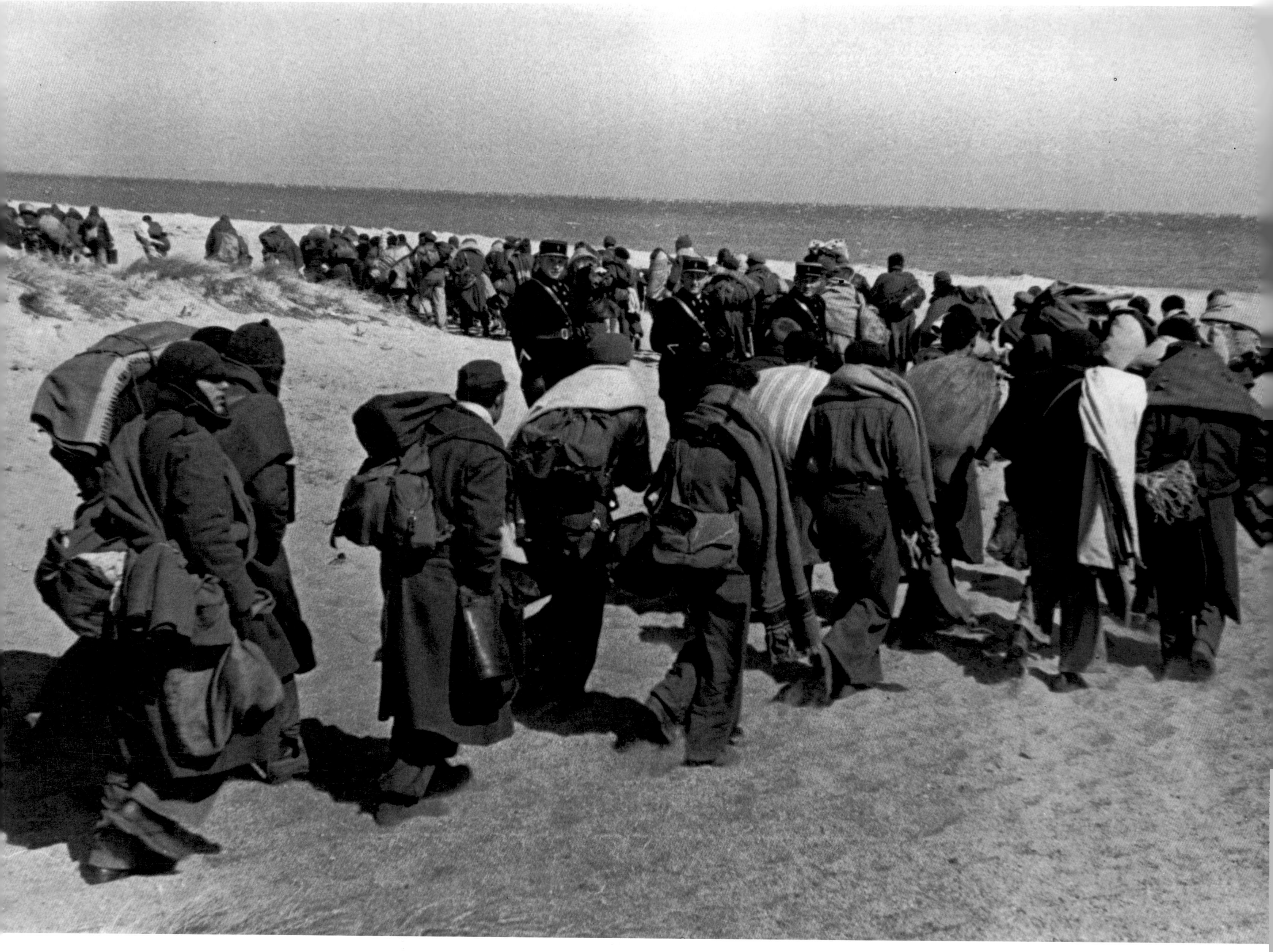

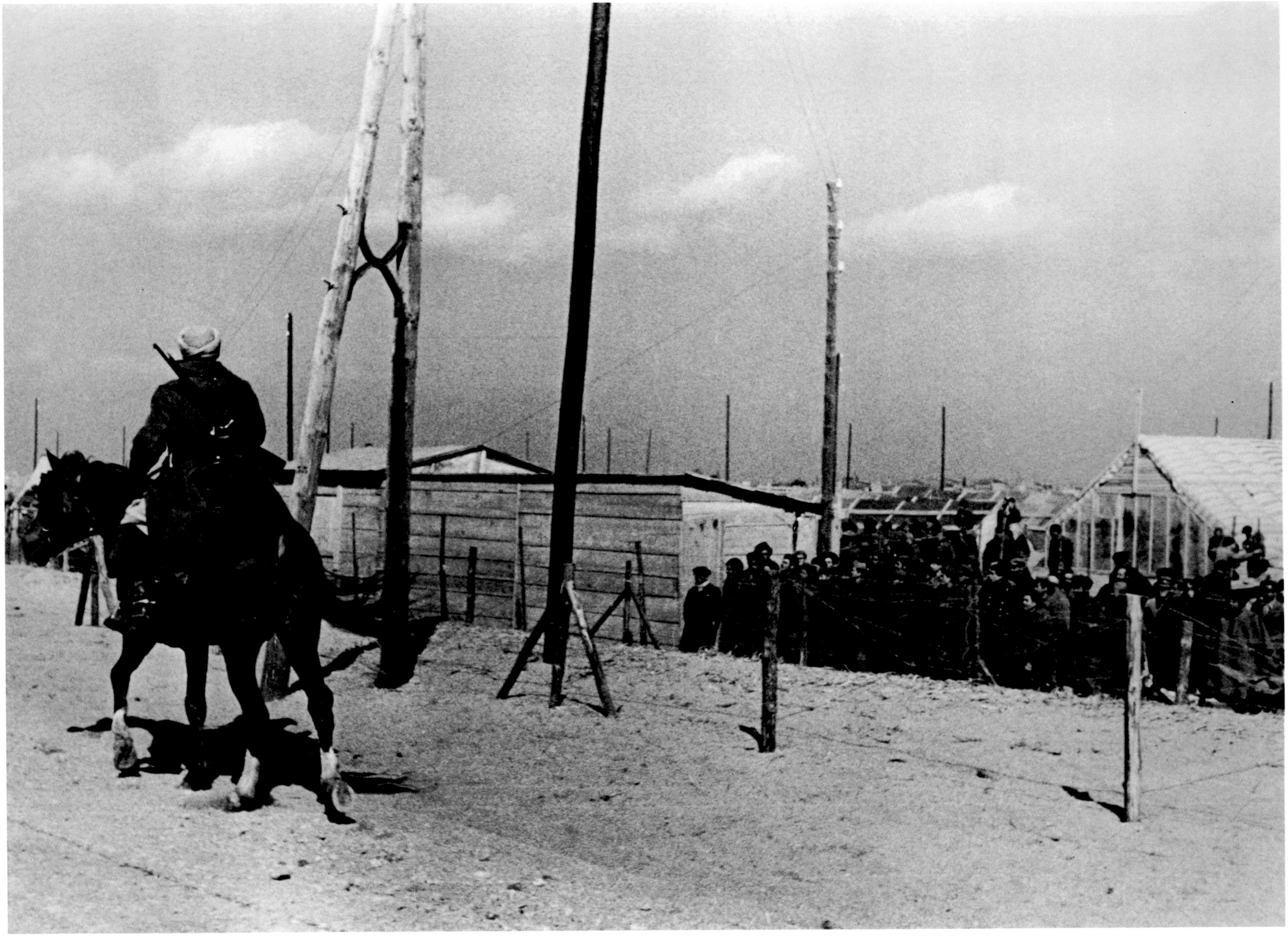

Entre Argelès-sur-Mer y Le Barcarès, Francia, marzo, 1939
Página opuesta: Argelès-sur-Mer o Le Barcarès, Francia, marzo, 1939

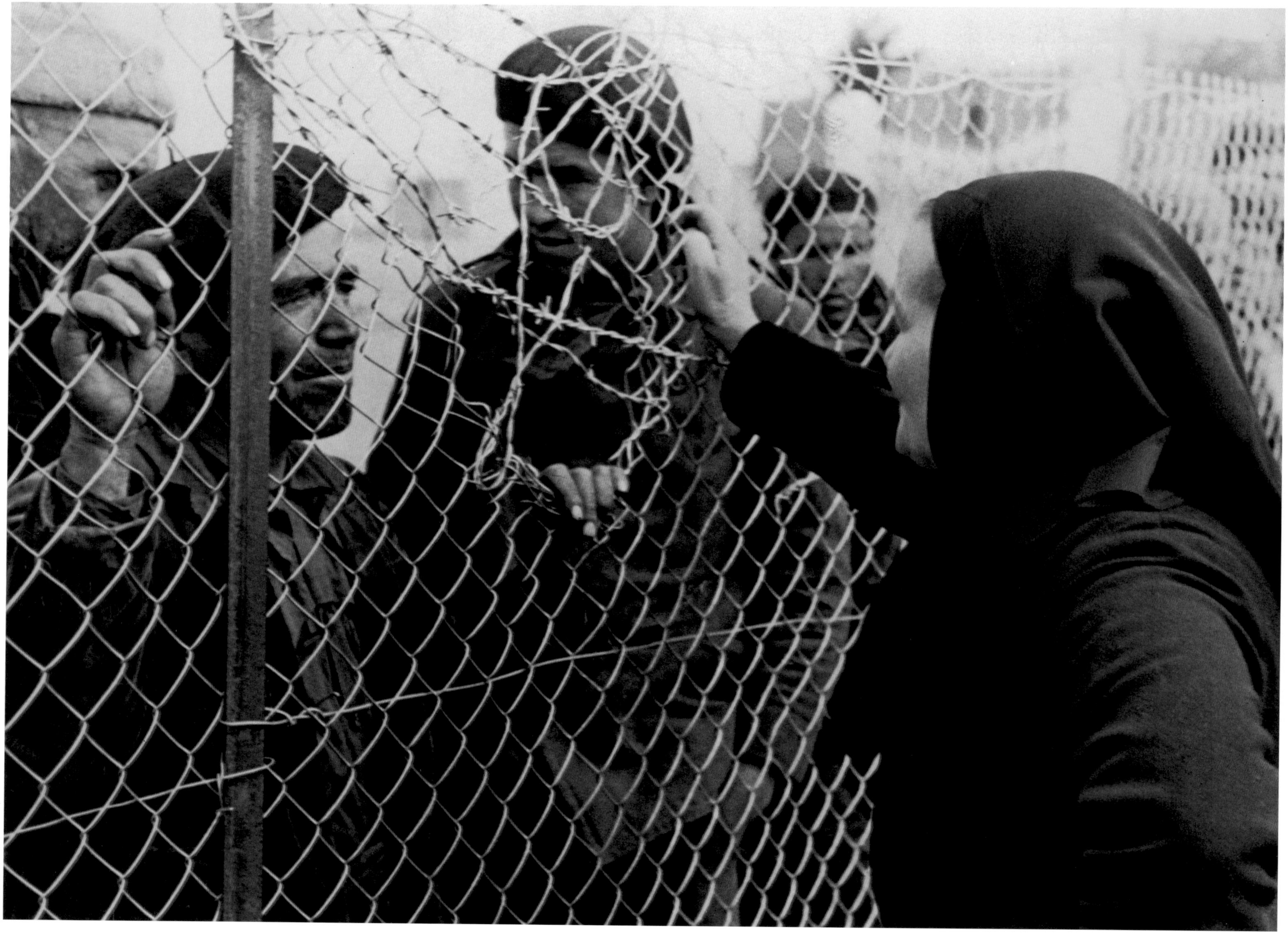

 Argelès-sur-Mer, Francia, marzo, 1939

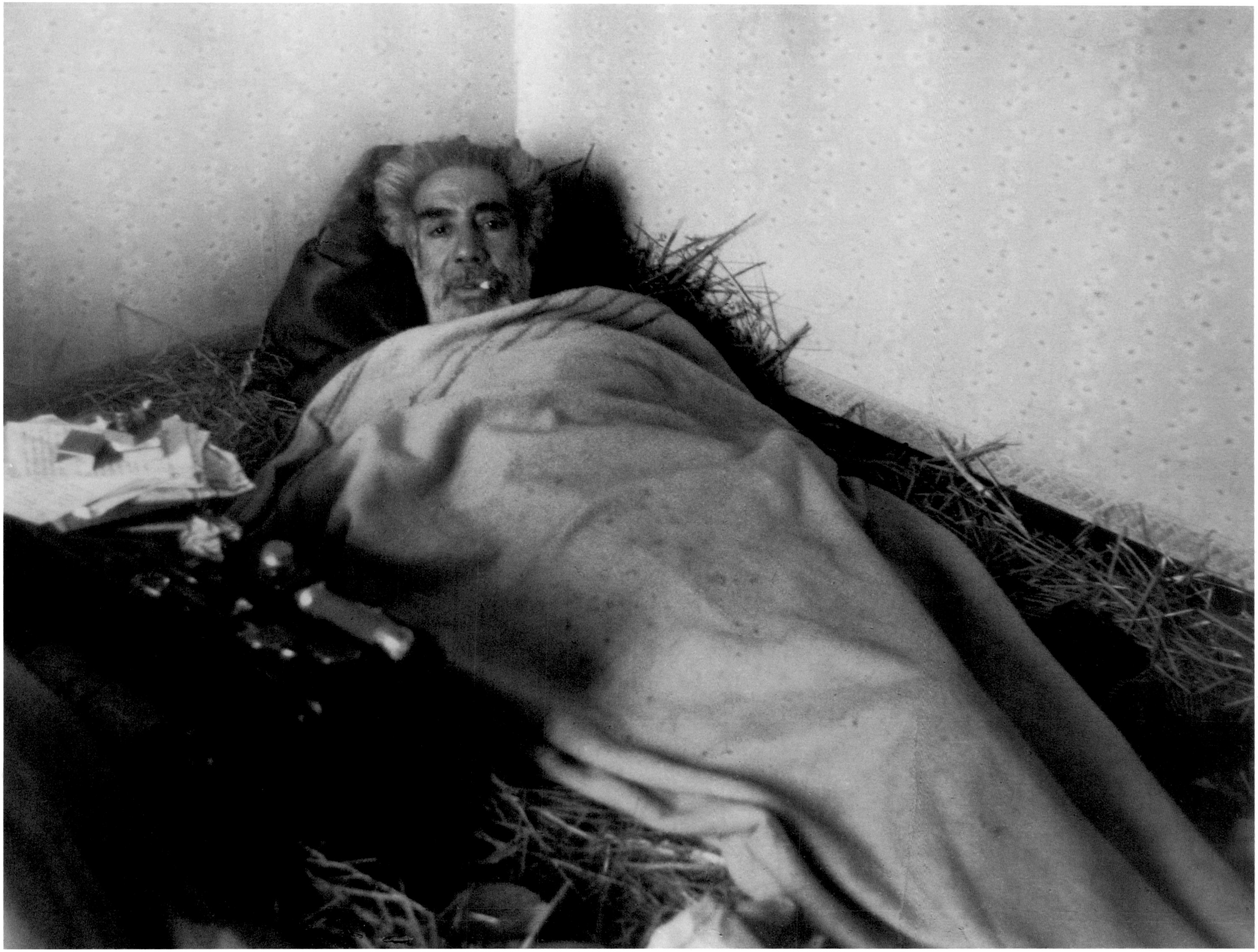

Argelès-sur-Mer o Le Barcarès, Francia, marzo, 1939

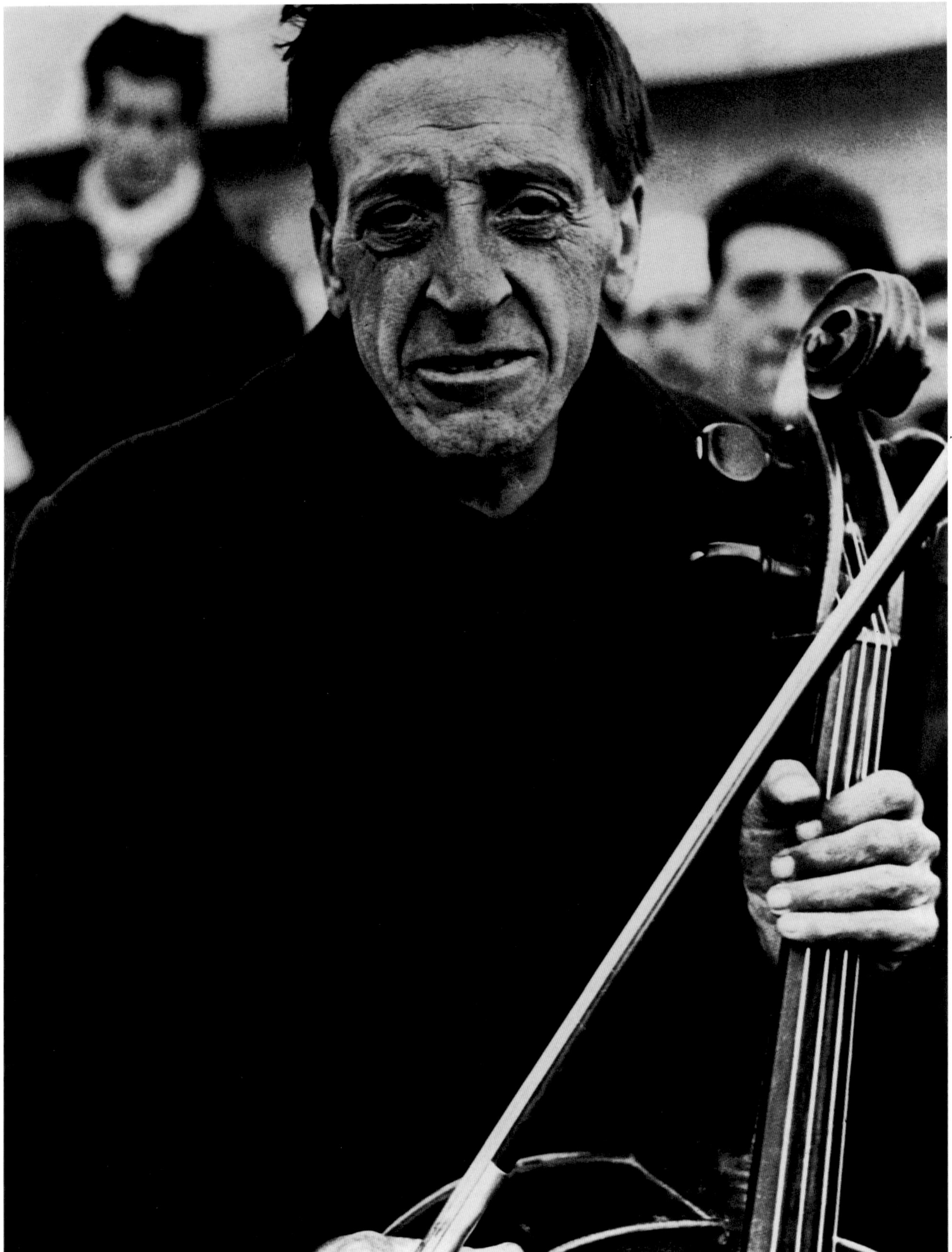

Argelès-sur-Mer o Le Barcarès,
Francia, marzo, 1939

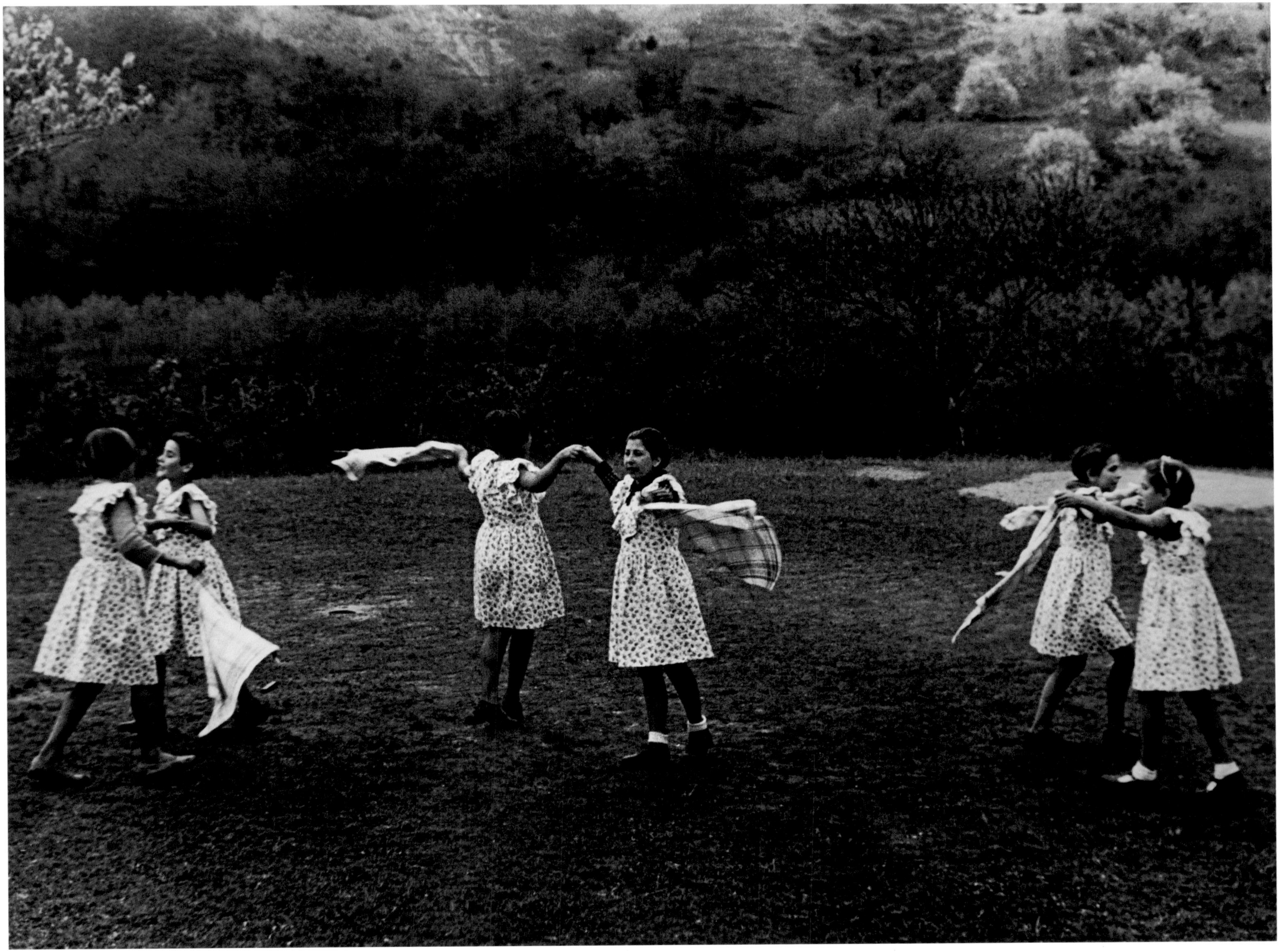

Cerca de Biarritz, Francia, mayo, 1939

NOTAS

LA CULTURA DEL ANTIFASCISMO

JUAN P. FUSI AIZPÚRUA

1. Stephen Spender, *The Thirties and After. Poetry, Politics, People 1933–75* (1978), p. 13.

2. Samuel Hynes, *The Auden Generation: Literature and Politics in the 1930s* (1976) y Peter Stansky and William Abrahams, *Journey to the Frontier. Two Roads to the Spanish Civil War* (1966).

3. Sobre la cultura en los treinta en los Estados Unidos: Richard H. Pells, *Radical Visions and American Dreams* (1973). Para el impacto de la Guerra Civil en ese país: Marta Rey García, *Stars for Spain. La Guerra Civil española en los Estados Unidos* (1997).

4. El libro ya clásico sobre los intelectuales franceses en la década es: Herbert Lottman, *The Left Bank: Writers, Artists and Politics from the Popular Front to the Cold War* (1982), (hay traducción española).

5. Una buena introducción a la cultura alemana del periodo sigue siendo: Peter Gay, *Weimar Culture* (1974).

6. Sobre el caso español, véase Andrés Trapiello, *Las armas y las letras. Literatura de la Guerra Civil (1936–1939)* (1994); también, H. Escolar, *La cultura durante la Guerra Civil* (1987).

7. La bibliografía sobre la Guerra Civil española es inundatoria. Son imprescindibles: Hugh Thomas, *The Spanish Civil War* (ed. 1966); Gabriel Jackson, *The Spanish Republic and Civil War (1931–1939)* (1965); Raymond Carr, *The Spanish Tragedy. The Civil War in Perspective* (1977), (de todos ellos hay traducción española), y E. Malefakis (Ed.), *La guerra de España (1936–1939)* (1996).

8. Sobre Azaña, véase Santos Juliá, *Manuel Azaña. Una biografía política* (1990).

9. El libro clásico sobre ese tema es B. Bolloten, *The Grand Camouflage: The Communist Conspiracy in the Spanish Civil War* (1971).

10. Paul Preston, *Franco. A Biography* (1993), (hay traducción española).

11. S. Orwell y I. Angus (eds.), *The Collected Essays, Journalism and Letters of George Orwell. Volume II. My Country Right or Left. 1940–1943* (1968), p. 294.

ROBERT CAPA EN ESPAÑA

RICHARD WHELAN

1. *Picture Post*, 3 de diciembre 1938, pp. 13–24.

2. *Vu*, 5 de junio, 1935, pp. 755–57; *Berliner Illustirte Zeitung*, 20 de junio, 1935, pp. 897 (portada), 898, 937.

3. *Weekly Illustrated*, Londres, 14 de abril de 1936, pp. 18–19.

4. *Vu*, (número especial sobre la Guerra Civil española), 29 de agosto de 1936, pp. 22–23, 26, 28, 30–31, 34–35, 42–43, 46 y 48.

5. Franz Borkenau, *The Spanish Cockpit; An Eye-Witness Account of the Political and Social Conflicts of the Spanish Civil War*, Londres, Faber & Faber, 1937, pp. 137–165.

6. *Vu*, 23 de septiembre de 1936, pp. 1106–1107.

7. Philip Knightley, *The First Casualty: From the Crimea to Vietnam; The World Correspondent As Hero, Propagandist, and Myth Maker,* Nueva York y Londres, Harcourt Brace Jovanovich, 1975 p. 212.

8. Jorge Lewinsky, *The Camera at War: A History of World Photography From 1848 to Present Day,* Nueva York, Simon & Schuster, 1978, p. 88.

9. Mario Brotons Jordà, *Retazos de una época de inquietudes*, 2 ed., Alcoy: el autor, 1995, pp. 128–135 y separata: la fotografía de la Guerra Civil española mundialmente más difundida: *Muerte de un miliciano*.

10. *Death in the Making*, Nueva York, Covici, Friede, 1938, sin paginar. Fotografías de Robert Capa y Gerda Taro (y Chim). Pies de foto por Robert Capa traducidos por Jay Allen. Prefacio de Jay Allen. Maquetación André Kertsz.

11. *New York World-Telegram*, 2 de septiembre de 1937.

12. Gustav Regler, *The Owl of Minerva,* Londres, R. Hart Davis, 1959.

13. *Regards*, 10 de diciembre de 1936, portada y pp. 11–14; 17 de diciembre, portada y pp. 6–17; 24 de diciembre, portada y pp. 8–11; 31 de diciembre, pp. 12–13.

14. *Ce Soir*, 14 de mayo de 1937, p. 1; 15 de mayo, p. 1.

15. *Ce Soir*, 18 de junio de 1937, p. 10; 20 de junio, p. 10.

16. Alfred Kantorowicz, *Spanisches Tagebuch*, Berlín, Aufbau-Verlag, 1949.

17. *Ce Soir*, 9 de julio de 1937, p. 10; 10 de julio, p. 8; 14 de julio, p. 1; 16 de julio p. 8; 10 de agosto, p. 8. *Regards*, 22 de julio de 1937, pp. 12–13 y contraportada; 5 de agosto, pp. 8–9.

18. Herbert Matthews, *The Education of a Correspondent*, Nueva York, Harcourt Brace, 1946. *Ce Soir*, 30 de diciembre de 1937, p. 8; 1 de enero de 1938, p. 10; 8 de enero, pp. 1 y 5, (texto de Capa) y 10. *Regards*, 6 de enero de 1938, pp. 11–13 y contraportada; 13 de enero, pp. 8–9. *Life*, 24 de enero de 1938, pp. 9–13.

19. *Regards*, 27 de octubre, 1938, pp. 6–7 y contraportada; 10 de noviembre, pp. 12–13; 17 de noviembre, p. 9. *Ce Soir*, 29 de octubre de 1938, p. 8; 15 de noviembre, p. 8; *Picture Post*, 12 de noviembre de 1938, pp. 34–37.

20. Herbert Matthews, *op. cit.*

21. *Regards*, 24 de noviembre de 1938, pp. 11–15 y contraportada. *Picture Post*, 3 de diciembre de 1938, pp. 13–24. *Life*, 12 de diciembre de 1938, pp. 28–9.

22. *Ce Soir*, 22 de enero de 1939, p. 8. *Picture Post*, 4 de febrero de 1939, pp. 13–19.

23. Texto original en alemán. Archivos Capa, International Center of Photography, Nueva York.

24. Texto original en alemán. Archivos Capa, International Center of Photography, Nueva York.

25. Herbert Matthews, *op. cit. Ce Soir*, 29 de enero de 1939, pp. 1 y 8; 30 de enero, pp. 1 y 8; 31 de enero, p. 8. *Regards*, 2 de febrero de 1939, pp. 9–13. *Match,* 2 de febrero de 1939, pp. 9–14. *Collier´s*, 4 de febrero de 1939, pp. 13–20.

26. *Picture Post*, 15 de abril, 1939, pp. 13–20.

27. *Ce Soir*, 5 de mayo d 1939, p. 1 y 8.

28. La versión de Capa de este episodio en su libro, *Slightly Out of Focus*, Nueva York, Henry Holt, 1947, pp. 189–195, está recreada por completo. Véase *Life*, 25 de diciembre, 1944, p. 4 para su versión realista.

LA GUERRA CIVIL DE LAS MUJERES

CATHERINE COLEMAN

1. Richard Whelan, *Robert Capa: A Biography* (Nueva York, Knopf, 1985).

2. Shirley Mangini, *Memories of Resistance, Women's Voices from the Spanish Civil War* (New Haven y Londres, Yale University Press, 1995), pp. 46–47. Federica Montseny (1905–1994) fue nombrada ministra de Sanidad del Gobierno de la República en noviembre de 1936, en contra de la idea anarquista sobre el Gobierno oficial.

3. Victoria Kent fue la primera mujer abogado de España; ocupó el puesto de directora general de Prisiones durante la Segunda República; Clara Campoamor, doctora en leyes, fue directora general de Beneficiencia; Margarita Nelken fue la única mujer elegida tres veces parlamentaria con el Partido Socialista: en 1931, 1933 y 1936. En 1937 se unió al Partido Comunista.

4. Rosa María Capel Martínez, *El sufragio femenino en la Segunda República Española* (Madrid, Dirección General de la Mujer, Ministerio de Cultura, Madrid, 1992), p. 93.

5. La izquierda, con razón o sin ella, culpó a las mujeres de la victoria de la derecha en las urnas en 1933. Sin embargo, el argumento de que las mujeres no estaban preparadas política o ideológicamente no explica la victoria del Frente Popular en febrero de 1936.

6. Julio Álvarez del Vayo, *Freedom's Battle,* trad. Eileen S. Brooke (Nueva York, Hill y Wang, 1971), pp. 184–185.

7. Para ser exactos, 4.654.116 votos frente a 4.503.505. Capel, *op. cit.*, pp. 193–194. La autora cita a Javier Tusell, *Las elecciones del Frente Popular,* 2 vol., (Madrid, 1971), I, p. 13.

8. El Fuero de Trabajo que, entre otras restricciones, prohibía a las mujeres casadas ocupar un puesto de trabajo distinto al del servicio doméstico, se mantuvo hasta 1975.

9. Por ejemplo, se afeitaron el cabello o en el peor caso, fueron "botín de guerra" para los moros. Yannick Ripa, "La violence nationaliste contre les femme pendant la guerre civil espagnole: un enjeu politique," *La Place des Femmes: Les enjeux de l'identité et de l'égalité au regards des science socials* (París, la Découverte, 1995), p. 483.

10. Martha Ackelsberg, *Free Women of Spain: Anarchism and Struggle for Emancipation of Women* (Bloomington, Indiana University Press, 1991), pp. 115–142.

11. Mary Nash, "Milicianas and Homefront Heroines. Images of Women in Revolutionary Spain, 1935–39", *History of European Ideas II* (Inglaterra, Pergamin Press, 1989), p. 238. Nash merece el reconocimiento de su trabajo innovador en el ámbito de la historia de la mujer en España; estudia la importancia del género. Véase también: Mary Nash, *Las mujeres en la Guerra Civil*, catálogo de la exposición, (Madrid, Ministerio de Cultura, 1989), pp. 9–35.

12. La serie de conferencias que tuvieron lugar en Salamanca para celebrar el cincuenta aniversario de la Guerra Civil se realizaron para reivindicar el papel de la mujer en la contienda. Fue la primera vez que se trató abiertamente el tema de las milicianas. Véase *Las mujeres y la Guerra Civil española*, (Madrid, Ministerio de Asuntos Sociales/Instituto de la Mujer y Ministerio de Cultura/Dir. Gral. de Archivos Estatales, 1991).

13. Anthony Beevor, *The Spanish Civil War*, (Nueva York, Peter Bedrick Books, 1982), p. 89, citada en Shirley Mangini, *op. cit.*, capítulo 5, nota 40.

14. H. E. Kaminski, *Los de Barcelona* (Barcelona, Ediciones del Cotal, 1976), pp. 209–210. Citado en Shirley Mangini, *op cit.*

15. Mika Etchebéhère, *Mi guerra de España* (Barcelona, Plaza y Janés, 1976), pp. 56–57.

16. Lina Odena fue capturada en Granada y se suicidó para evitar que la entregaran a los legionarios norteafricanos.

17. Nash, *op. cit.*, p.238. El periodista inglés Henry Buckely escribió en 1940: "Ya había muchas críticas por la presencia de las mujeres en la milicia. Obviamente, algunas eran prostitutas de la clase más baja que se habían visto empujadas por un torbellino de entusiasmo y habían ido con sus amigas al frente... Pero la mayoría de las muchachas fueron a cocinar y a cuidar de los hombres. Hay que recordar que estas unidades reunidas precipitadamente no tenían cocineros o cocinas ni hombres encargados de los primeros auxilios ni nada parecido. La empleada del hogar del piso de al lado del mío cuando vivía en Madrid se fue al frente de Somosierra para cuidar de sus dos hermanos. Varias semanas después volvió sin darle importancia al asunto, guardó su bata de trabajo para seguir sirviendo la comida tan eficientemente como siempre. Sus hermanos necesitaban que alguien los cuidara, y había que ayudar a la República." *Life and Death of the Spanish Republic* (Londres, Hamish Hilton, 1940), p. 227.

18. Mangini, *op. cit.*, nota 54.

19. La Alianza de Intelectuales Antifascistas para la Defensa de la Cultura, una sección de la Alianza Española Internacional de Escritores Antifascistas fundada en 1935, publicó *El Mono Azul*. La revista se publicó de agosto de 1936 a febrero de 1939 y en total sacó cuarenta y siete números.

20. Entre ellas estaba *Companya* (Unión de las Dones); *Emancipación* (POUM); *Muchachas* (Unión de Muchachas); *Mujeres y La Pasionaria* (Agrupación de Mujeres Antifascistas); *Mujeres Libres* (CNT/FAI); *Trabajadoras* (Partido Comunista); y *Noies Muchachas* (Aliança Nacional de la Dona Jove). Véase también: Julio Pérez Serrano, "La mujer y la imagen de la mujer en la resistencia antifascista española". *El Mono Azul* (1936–39); *Jornadas de Investigación Interdisciplinaria*, (Madrid, Mujeres y Hombres en la Formación del Pensamiento Intelectual, Universidad Autónoma, 1989), pp. 353–65.

21. Ackelsberg, *op. cit.*, p. 115.

22. Irme Schaber, *Gerda Taro, Fotoreporterin in spanischen Bürgerkreit eine Biografie.* (Marburg, Jonas Verlag, 1995). Toda la información sobre Gerda Taro proviene de esta fuente.

23. Le dedicaron la calle Tarostrasse en Leipzig (entonces Berlín del Este) en 1970, con la placa "Gerda Taro. Joven comunista, cofundadora de las Brigadas Internacionales. Cayó en 1937 en la lucha contra el fascismo en España". Vivió en Leipzig de 1929 a 1932, en cuyo cementerio hay un monumento conmemorativo. En 1938, en Filadelfia se imprimieron juegos de cartas que contaban su vida. Está enterrada en el cementerio Père la Chase de París, y en la tumba se colocó una escultura de Giacometti.

24. Córdova Iturburu. *España bajo el comando del pueblo* (Buenos Aires), p. 178. Originalmente se publicó como "Adiós a Gerda Taro" en *El Mono Azul*.

25. Robert Capa, *Death in the Making* (Nueva York, Covici Friede, 1937). Fotografías de Robert Capa y Gerda Taro. Prólogo de Jay Allen, diseño de André Kertesz.

26. Yannick, *op. cit.*, p. 483.

CATÁLOGO RAZONADO

Entre 1990 y 1992, Cornell Capa y Richard Whelan analizaron meticulosamente todas las láminas de contactos de Robert Capa. De los 70.000 negativos aproximadamente, eligieron 937 imágenes que constituyen un repaso en profundidad de las mejores obras. Los expertos impresores Igor Bakht y Teresa Engle Moreno supervisaron detalladamente la edición limitada estrictamente a tres series idénticas de 937 copias de gelatina de plata en papel de 40,64 x 50,8 cm. El Tokyo Fuji Art Museum adquirió una de las series y la otra se donó a la colección permanente del International Center of Photography de Nueva York.

Las 205 copias donadas por Cornell Capa al Museo Nacional Centro de Arte Reina Sofía (MNCARS) constituyen una serie especialmente reunida de la sección de 937 imágenes de la Guerra Civil española. La colección del MNCARS está integrada por 205 copias de gelatina de plata hechas sobre papel recortado a 38,8 x 48,8 cm. Cada una de las 205 copias lleva un sello en el margen inferior de cada copia en el que se lee *Robert Capa*. El primer número que aparece con cada imagen es el número de registro asignado por el MNCARS. El segundo número, asignado por el International Center of Photography, Nueva York, corresponde a la sección sobre la Guerra Civil española de la colección principal integrada por 937 imágenes (números 112/001–316/205).

Todos los comentarios son de Richard Whelan, a no ser que se especifique otro autor.

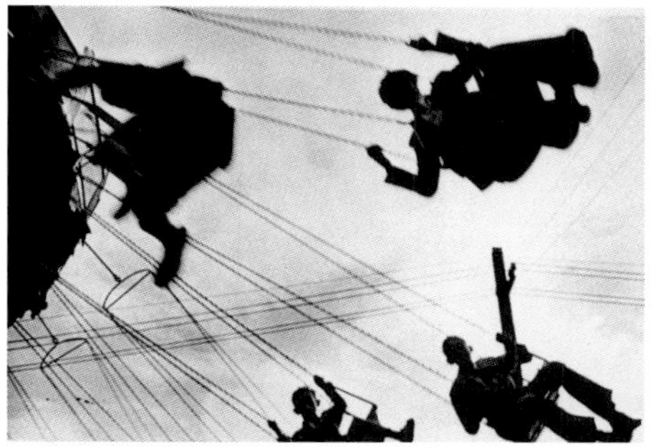

AD 687 112 / 001
Sevilla, abril, 1935.
Feria.

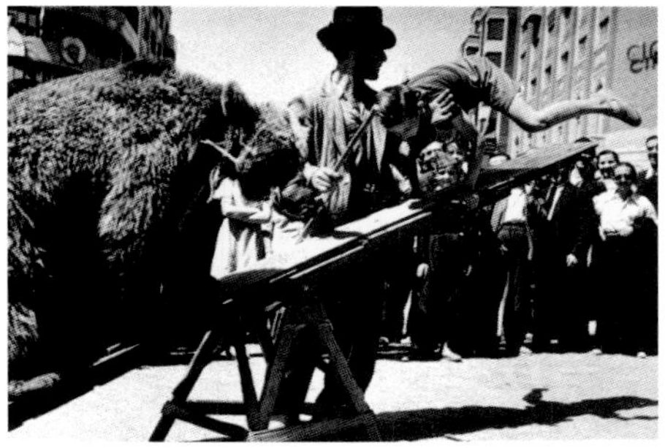

AD 688 113 / 002
Madrid, agosto–septiembre, 1936.
Actor callejero con oso amaestrado.

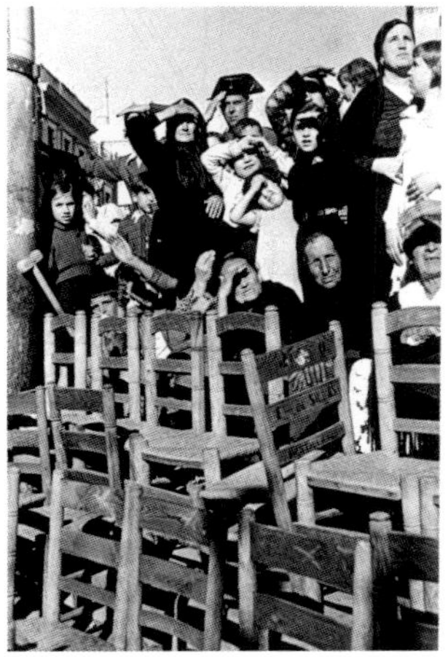

AD 689 114 / 003
Sevilla, abril, 1935.
Asistentes a una procesión de Semana Santa.

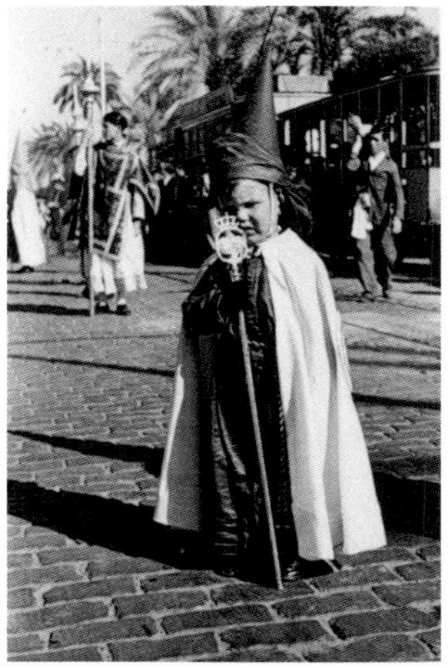

AD 690 115 / 004
Sevilla, abril, 1935.
Niño participando en una procesión de Semana Santa. En toda la obra de Capa sus fotografías de niños aportan una visión microcósmica del mundo adulto que les rodea, una visión que a menudo exagera las locuras y las virtudes de los mayores.

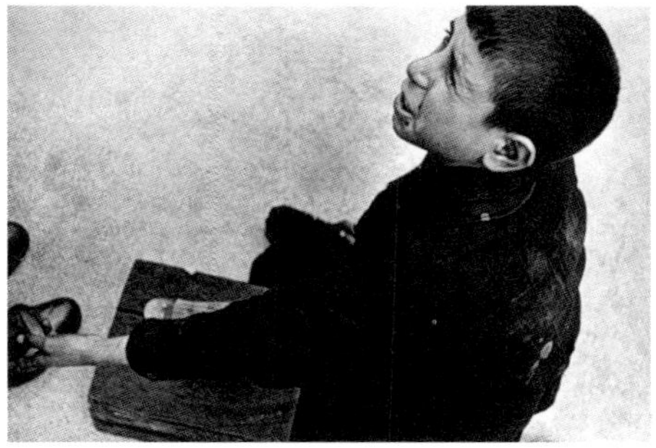

AD 691 116 / 005
San Sebastián, abril, 1935.
Limpiabotas.

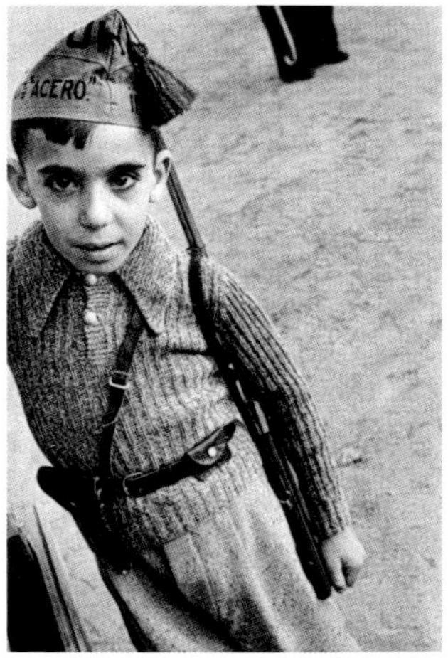

•AD 692 117 / 006
(p. 2)
Barcelona, agosto–septiembre, 1936.
El niño lleva una gorra del Batallón de Acero de la Unión de Hermanos Proletarios, una de las milicias anarquistas.

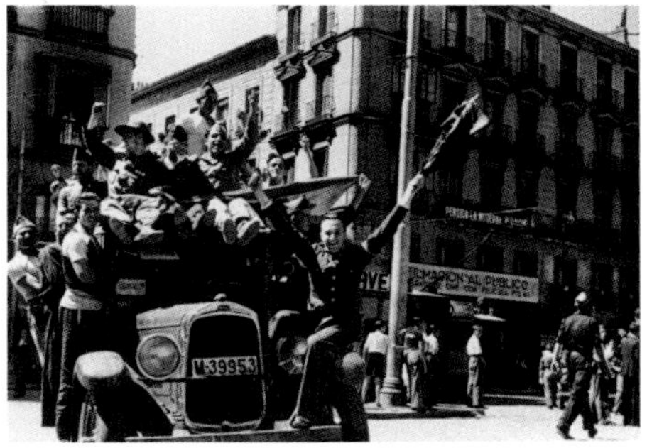

•AD 694 118 / 007
(p. 53)
Madrid, agosto–septiembre, 1936.

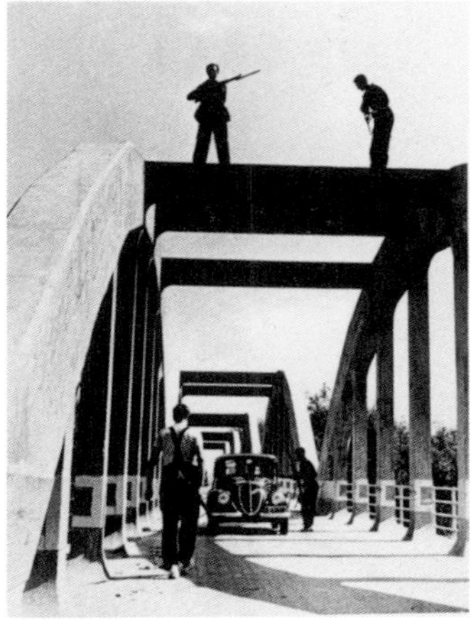

•AD 701 119 / 008
(p. 56)
Alrededores de Barcelona, agosto–septiembre, 1936.

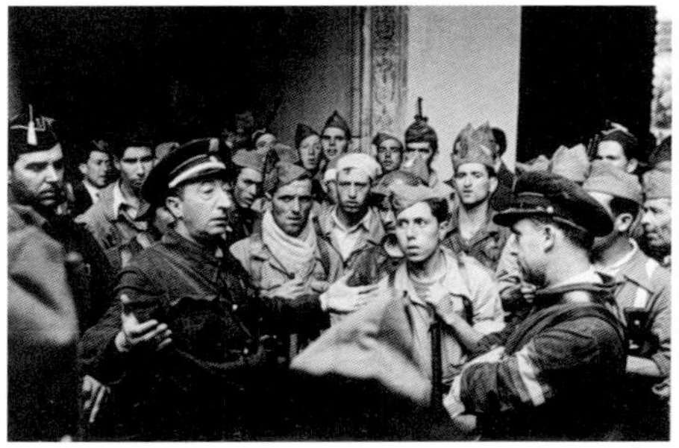

AD 695 120 / 009
Madrid, agosto–septiembre, 1936.
Oficial o policía fascista interrogado por un oficial republicano.

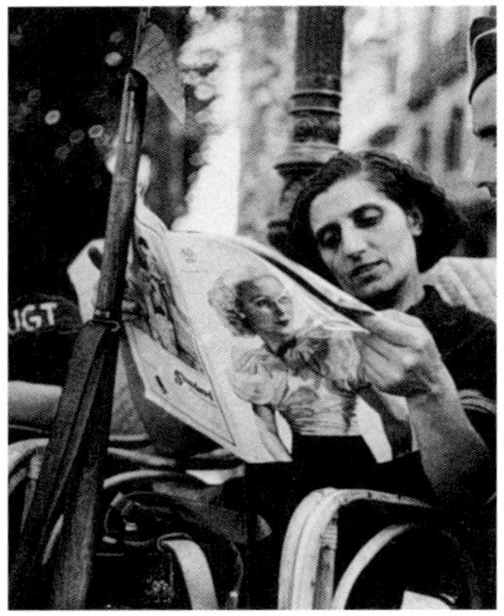

AD 693 121 / 010
Barcelona, agosto, 1936.
Miliciana republicana. Entre las innovaciones más radicales durante los primeros días de la guerra se encontraban las milicias de mujeres, que a menudo eran más disciplinadas que las de sus compañeros.

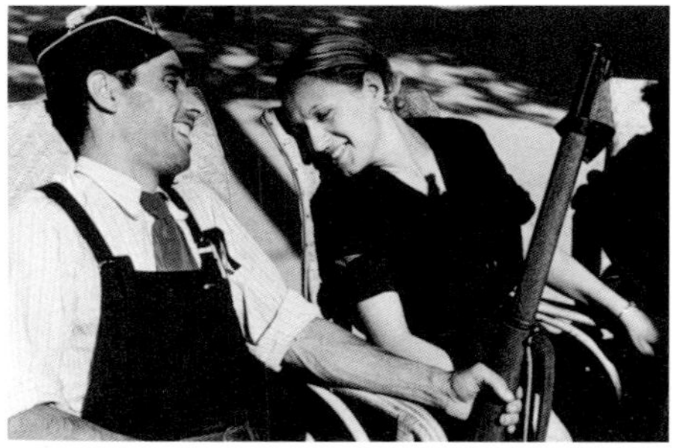

•AD 696 122 / 011
(pp. 14–15)
Barcelona, agosto, 1936.
Miliciano y miliciana.

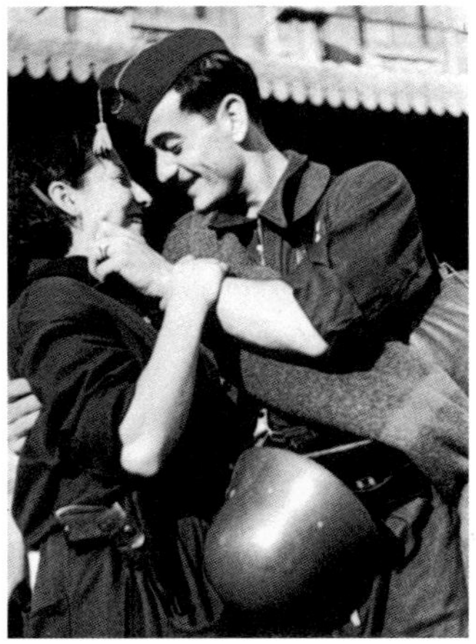

•AD 697 123 / 012
(p. 54)
Barcelona, agosto, 1936.
Las fotografías de Capa de la partida desde Barcelona de un tren militar no reflejan la tristeza que suele caracterizar a estas despedidas. Por el contrario, lo que vemos es un optimismo entusiasta; la alegría y la confianza de los soldados y sus familias en que todo saldrá bien, en que todos estos hombres y mujeres derrotarán a la amenaza fascista y volverán a casa sanos y salvos.

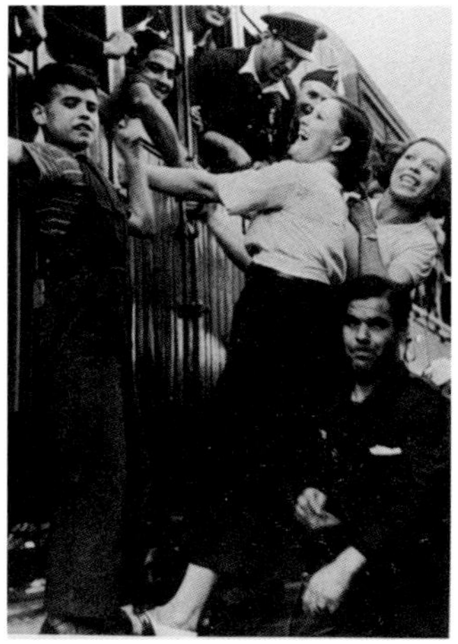

•AD 698 124 / 013
(p. 55)
Barcelona, agosto, 1936.

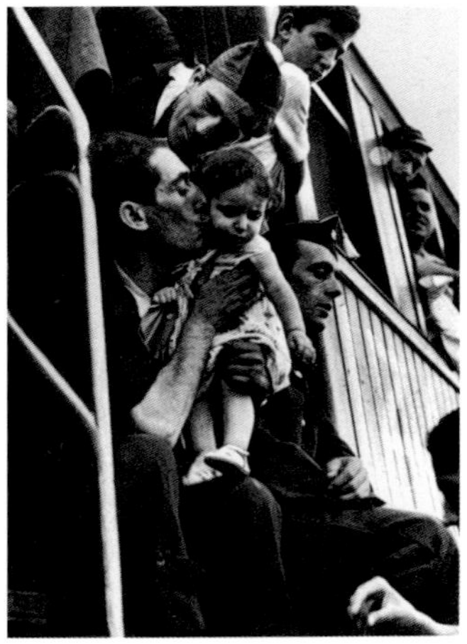

•AD 699 125 / 014
(p. 55)
Barcelona, agosto, 1936.

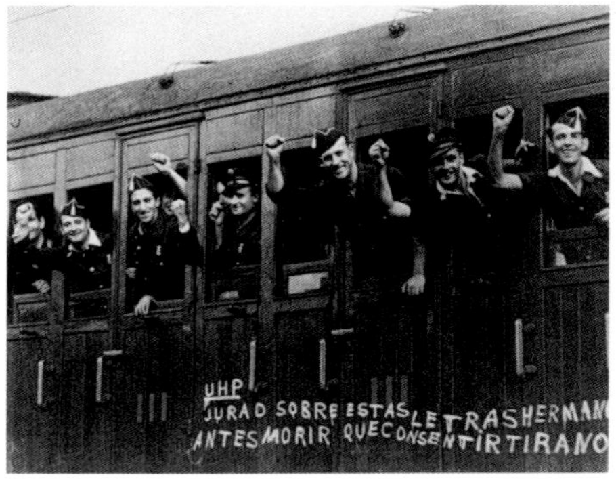

•AD 700 126 / 015
(p. 57)
Barcelona, agosto, 1936.
La consigna pintada en el lateral del tranvía dice: "UHP" Unión de Hermanos Proletarios.

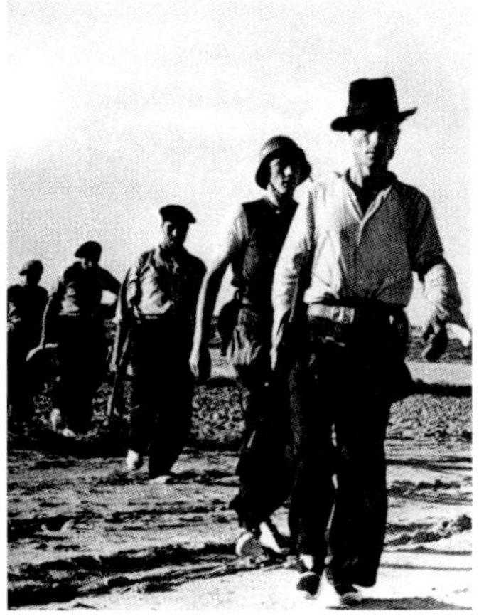

•AD 702 127 / 016
(p. 58)
Alrededores de Barcelona, agosto, 1936.
Milicianos. Muchas de las milicias que se formaron apresuradamente para hacer frente a las tropas franquistas, mucho mejor entrenadas, estaban integradas por maleantes y grupos de trabajadores anarquistas mal equipados que se negaban a llevar uniforme o a acatar la disciplina y la jerarquía militares. A menudo, lo que les faltaba en entrenamiento les sobraba en entusiasmo y coraje.

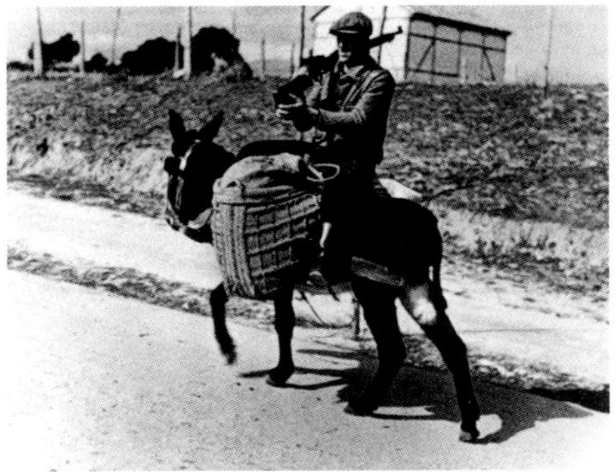

•AD 703 128 / 017
(p. 59)
Alrededores de Madrid, noviembre, 1936.

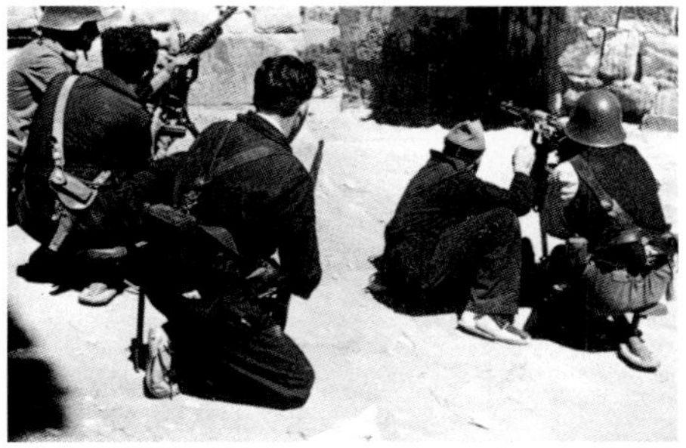

AD 704 129 / 018
Barcelona, agosto, 1936.
Entrenamiento de milicianos.

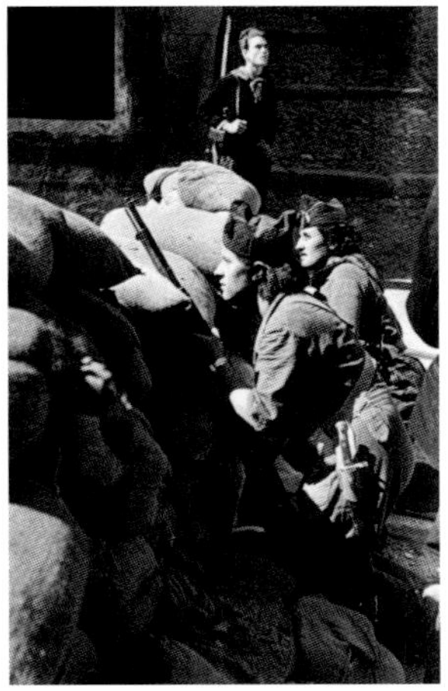

•AD 708 130 / 019
(p. 42)
Barcelona, agosto, 1936.
Milicianas vigilando una barricada en una calle.

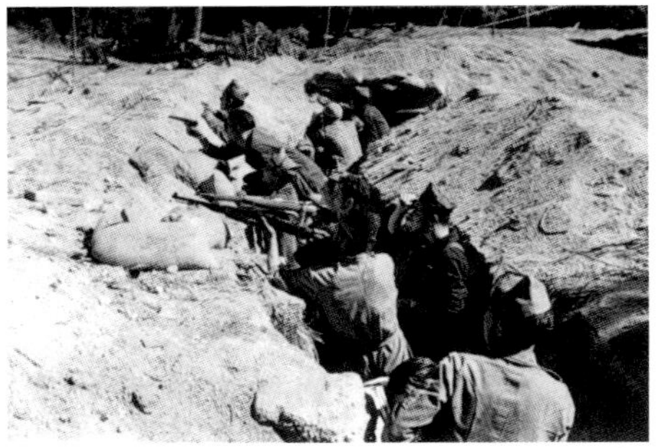

AD 711 131 / 020
Frente de Aragón, agosto, 1936.
Milicianos.

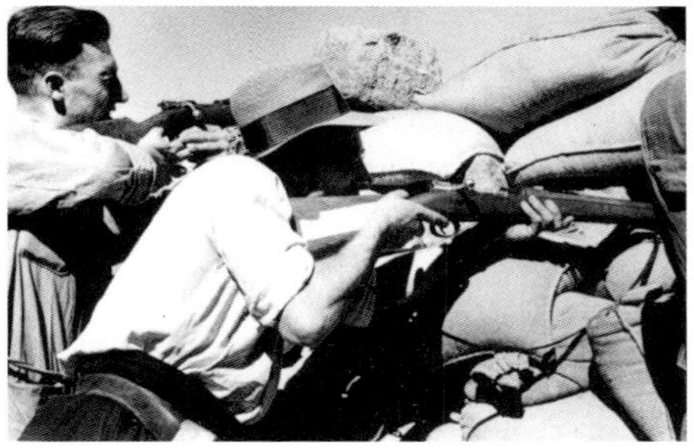

•AD 707 132 / 021
(p. 61)
Barcelona o inmediaciones, agosto, 1936.
Milicianos. Resulta sorprendente ver a un miliciano luciendo un sombrero de fieltro ya que, a los ojos de los anarquistas más radicales de Barcelona, llevar una prenda tan genuinamente burguesa podría ser motivo de ejecución.

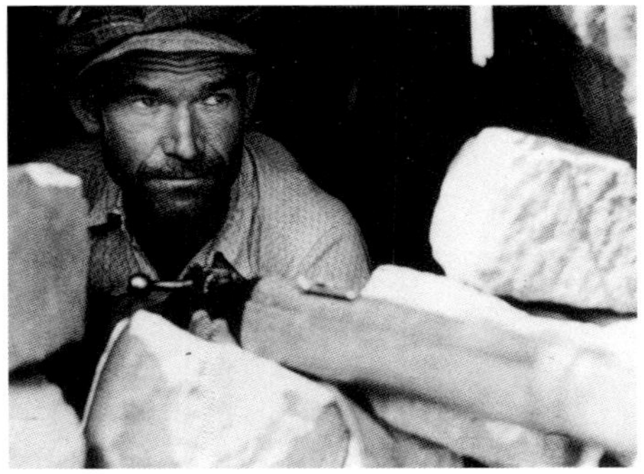

•AD 705 133 / 022
(p. 60)
Barcelona o inmediaciones, agosto, 1936.
Milicianos.

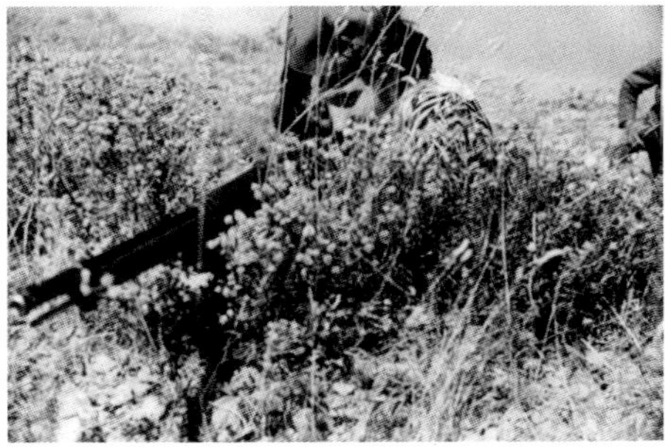

AD 706 134 / 023
Frente de Aragón, agosto, 1936.
Miliciana.

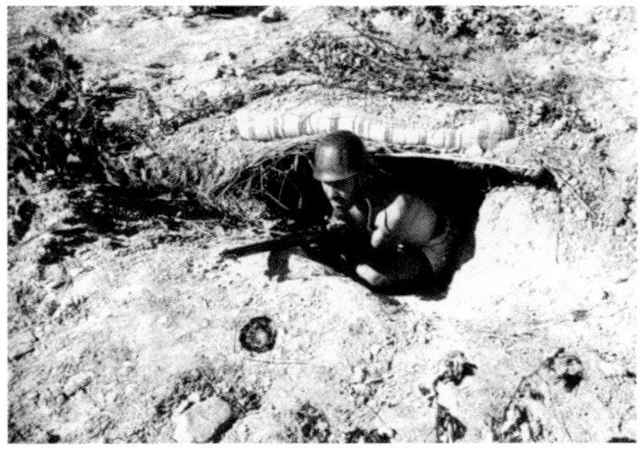

AD 710 135 / 024
Frente de Aragón, agosto, 1936.
Miliciano.

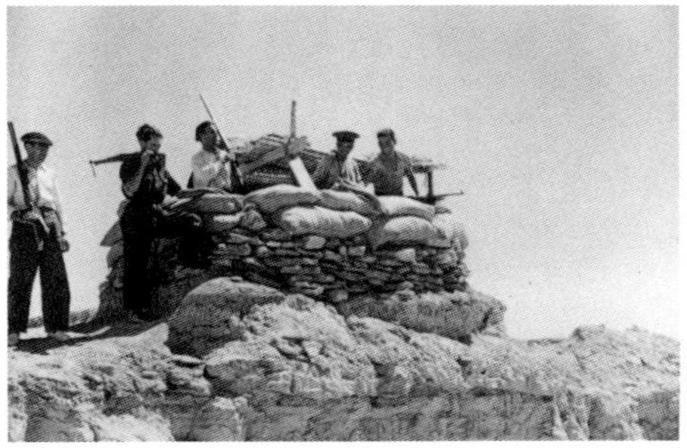

AD 709 136 / 025
Alrededores de Huesca, frente de Aragón, agosto, 1936.
Milicianos.

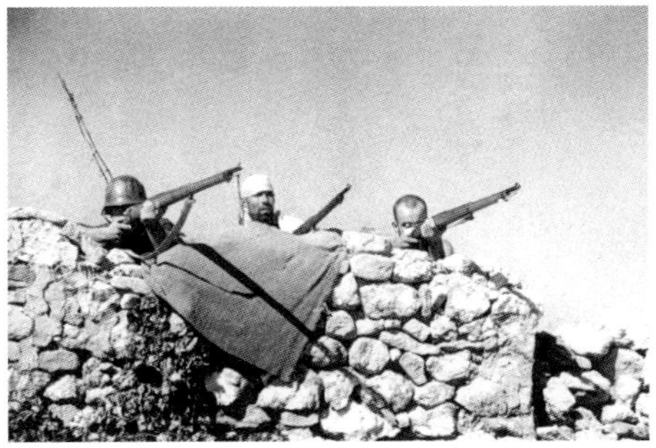

AD 713 137 / 026
Alrededores de Huesca, frente de Aragón, agosto, 1936.
Milicianos.

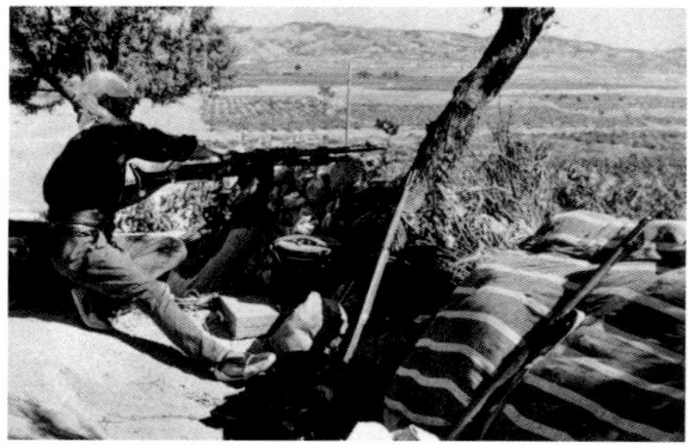

•AD 714 138 / 027
(p. 62)
Alrededores de Huesca, frente de Aragón, agosto, 1936.
Miliciano.

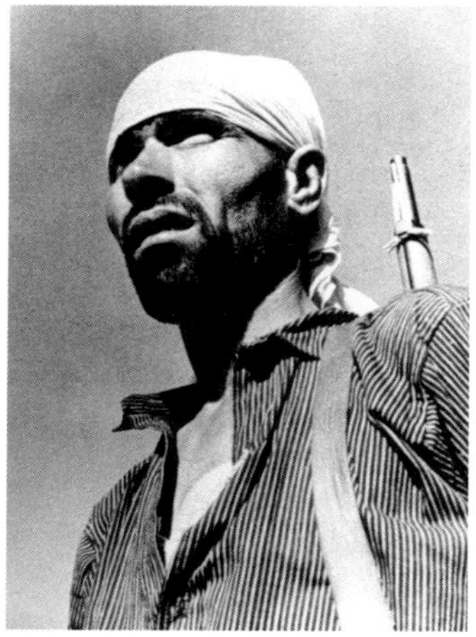

•AD 715 139 / 028
(p. 63)
Alrededores de Huesca, frente de Aragón, agosto, 1936.
Miliciano.

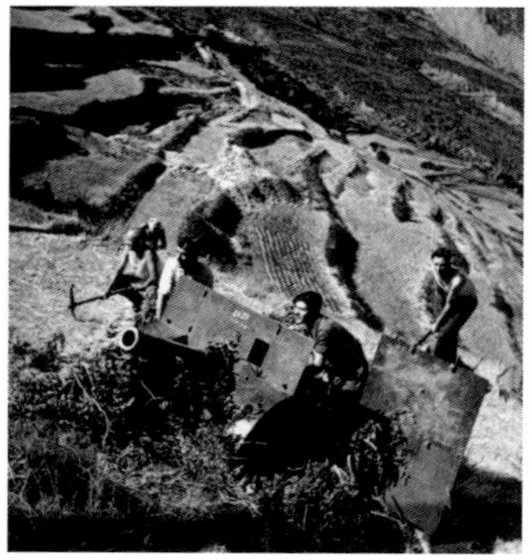

•AD 712 140 / 029
(p. 65)
Alrededores de Huesca, frente de Aragón, agosto, 1936.
Milicianos.

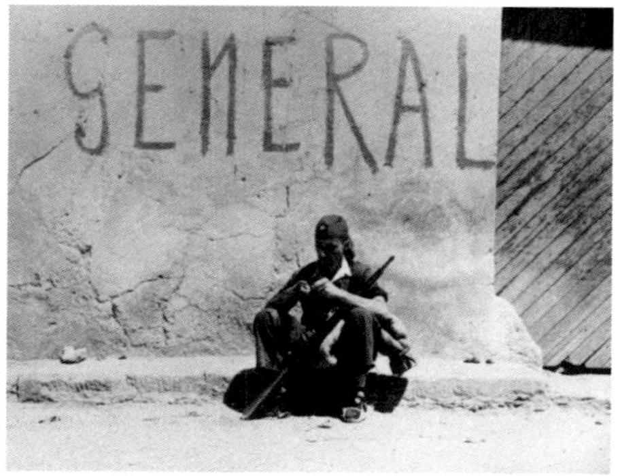

AD 718 141 / 030
Frente de Aragón, agosto, 1936.
Miliciano junto al cuartel general local.

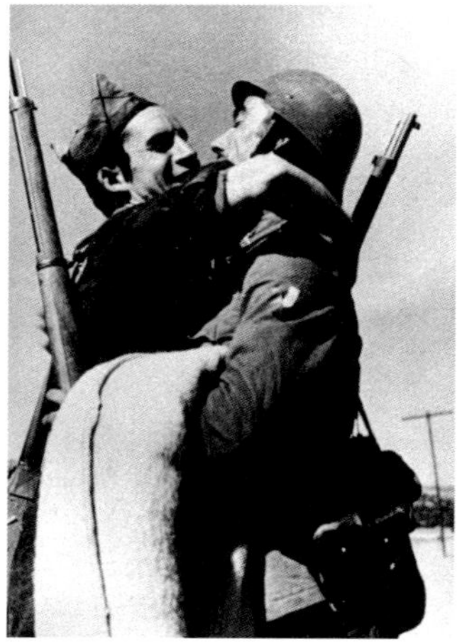

•AD 716 142 / 031
(p. 66)
Frente de Aragón, agosto, 1936.
Milicianos.

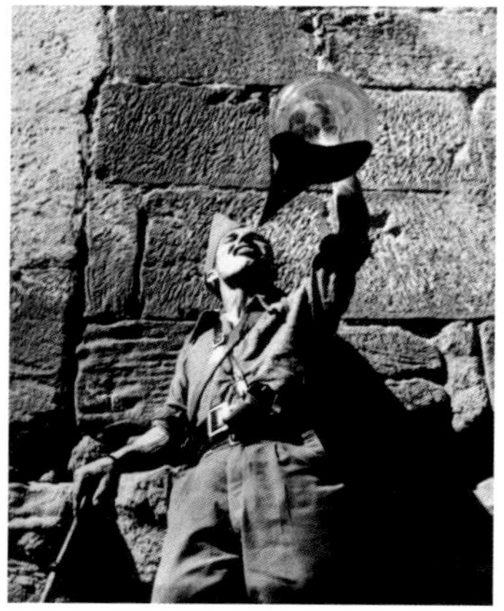

AD 717 143 / 032
Frente de Aragón, agosto, 1936.
Miliciano.

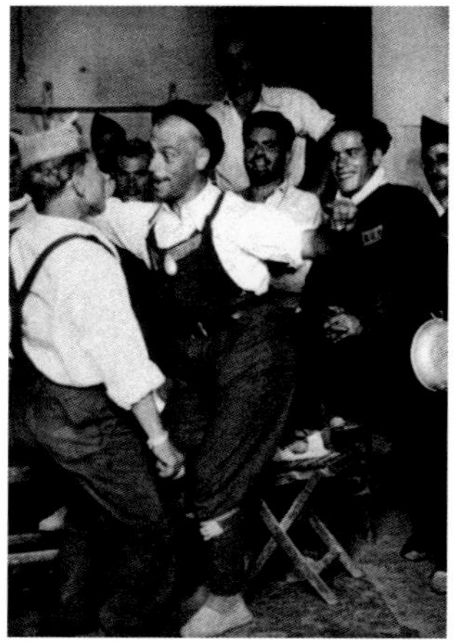

•AD 719 144 / 033
(p. 66)
Leciñena, frente de Aragón, agosto, 1936.
Miembros de la milicia de orientación troskista del POUM (Partido Obrero de Unificación Marxista).

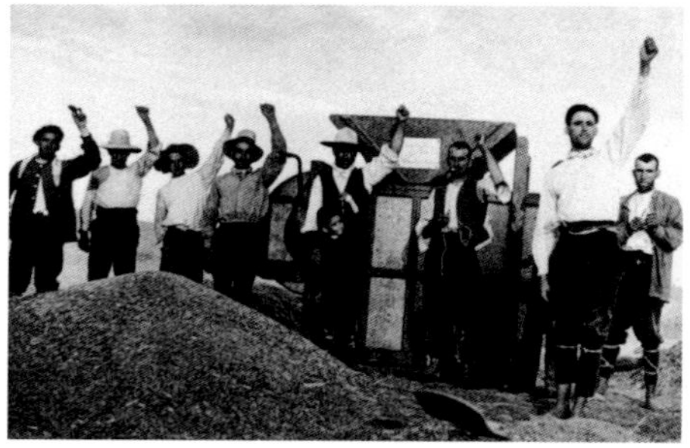

•AD 721 145 / 034
(p. 67)
Frente de Aragón, agosto, 1936.

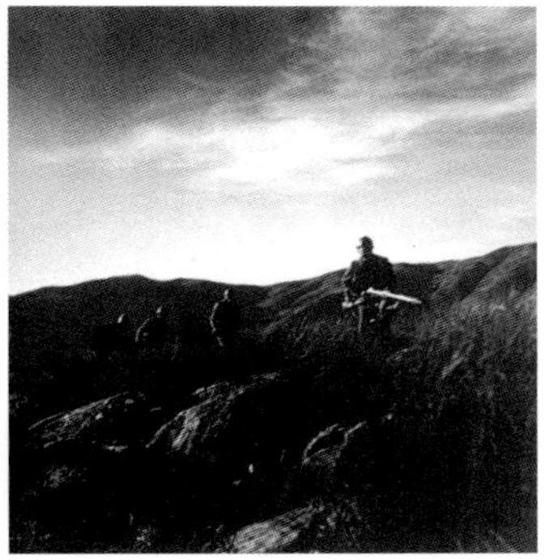

AD 722 146 / 035
Santa Eulalia, frente de Aragón, agosto, 1936.
En su libro Death in the Making, *Capa escribió que la primera batalla que presenció junto a Taro fue cerca de Santa Eulalia, un pueblo aragonés. "El enemigo permanecía oculto al otro lado del barranco. Los defensores del pueblo, soldados, campesinos, jóvenes profesionales, alguna que otra mujer, permanecían desprotegidos en los maizales; en un país sin tradición militar se desconocía el arte de hacer trincheras... Se oía el silbido de las balas, pero no se divisaba al enemigo. Las filas republicanas avanzan para alcanzar una posición más favorable."*

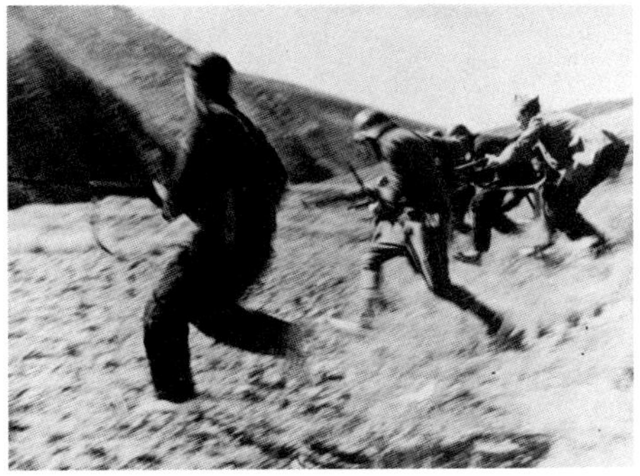

•AD 723 147 / 036
(pp. 68–69)
Santa Eulalia, frente de Aragón, agosto, 1936.

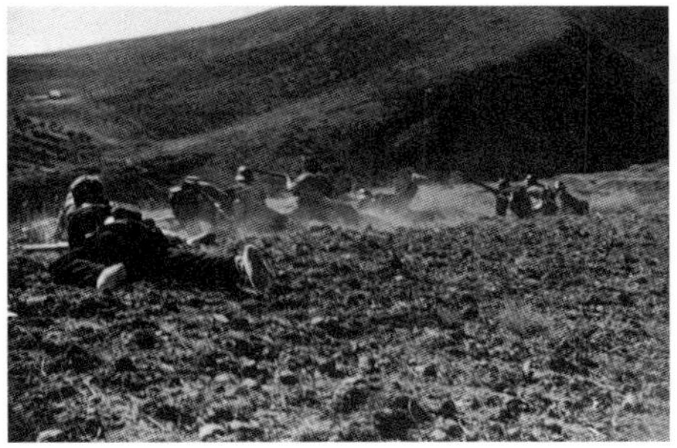

AD 724 148 / 037
Santa Eulalia, frente de Aragón, agosto, 1936.

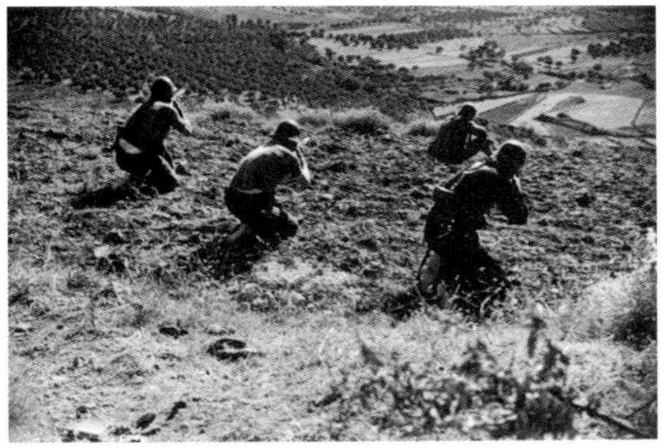

AD 725 149 / 038
Santa Eulalia, frente de Aragón, agosto, 1936.

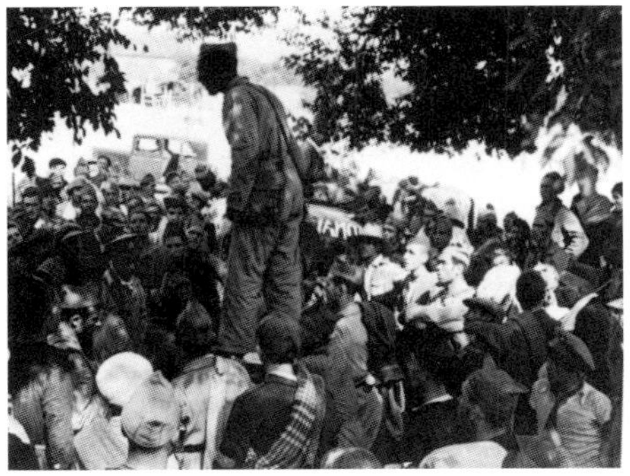

•AD 720 150 / 039
(p. 71)
Frente de Córdoba, septiembre, 1936.
Oficial dirigiéndose a los miembros de la milicia antes de combatir.

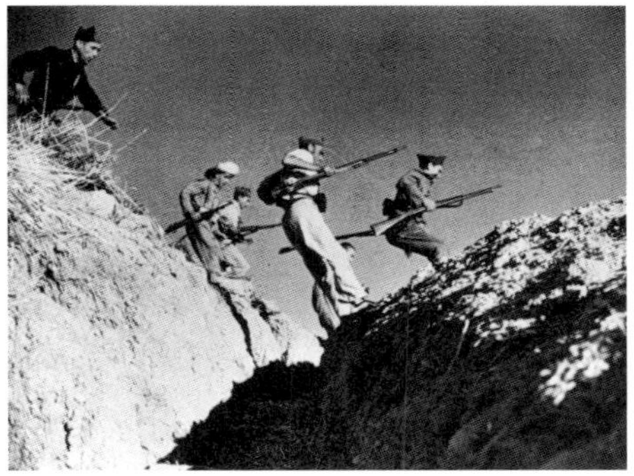

•AD 727 151 / 040
(p. 32)
Cerro Muriano, frente de Córdoba, 5 de septiembre, 1936.
Milicia republicana.

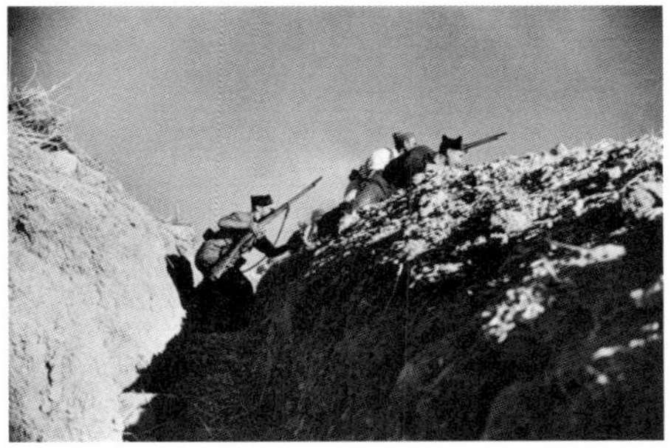

•AD 728 152 / 041
(p. 32)
Cerro Muriano, frente de Córdoba, 5 de septiembre, 1936.
Milicia republicana.

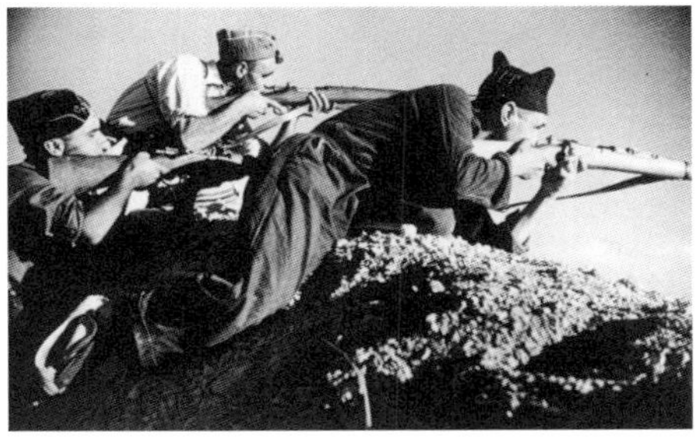

•AD 726 153 / 042
(p. 32)
Cerro Muriano, frente de Córdoba, 5 de septiembre, 1936.

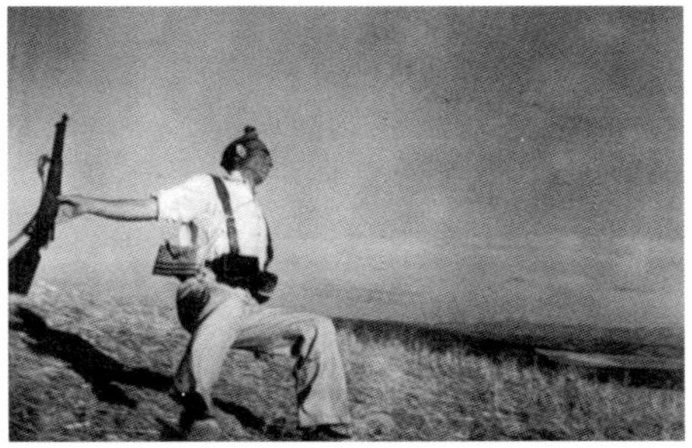

•AD 729 154 / 043
(p. 26)
Cerro Muriano, frente de Córdoba, 5 de septiembre, 1936.
Muerte de un miliciano. Se ha identificado al hombre como Federico Borrell García, miembro del regimiento miliciano del pueblo de Alcoy, próximo a Alicante.

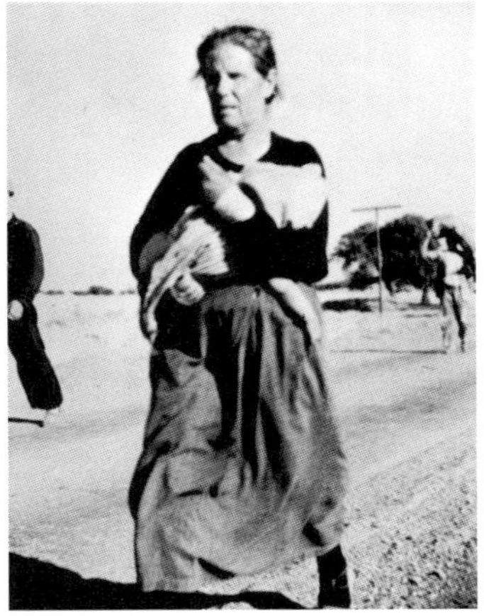

•AD 731 155 / 044
(p. 72)
Cerro Muriano, frente de Córdoba, 5 de septiembre, 1936.
Esta fotografía y las cuatro siguientes muestran a los habitantes de Cerro Muriano huyendo aterrorizados de un ataque aéreo nacional.

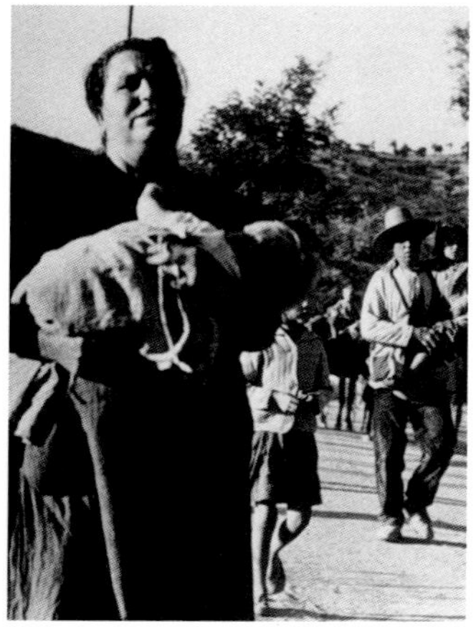

AD 730 156 / 045
Cerro Muriano, frente de Córdoba, 5 de septiembre, 1936.

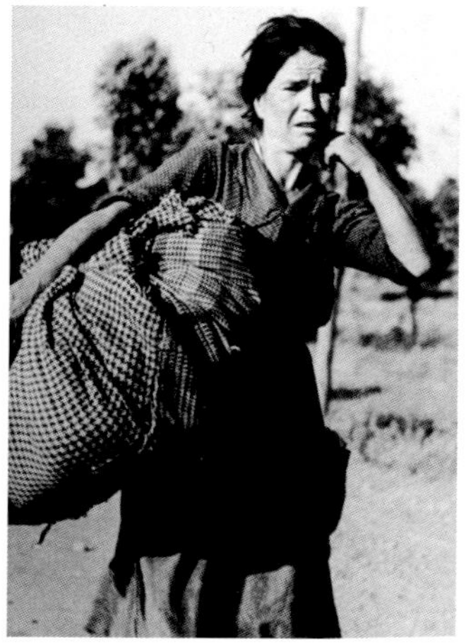

•AD 734 157 / 046
(p. 72)
Cerro Muriano, frente de Córdoba,
5 de septiembre, 1936.

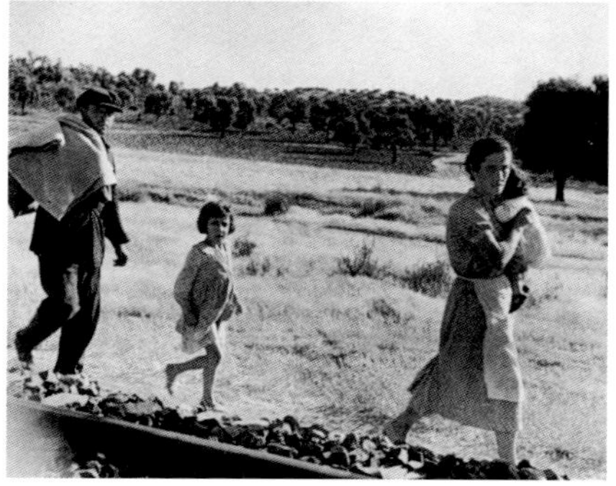

AD 733 158 / 047
Cerro Muriano, frente de Córdoba,
5 de septiembre, 1936.

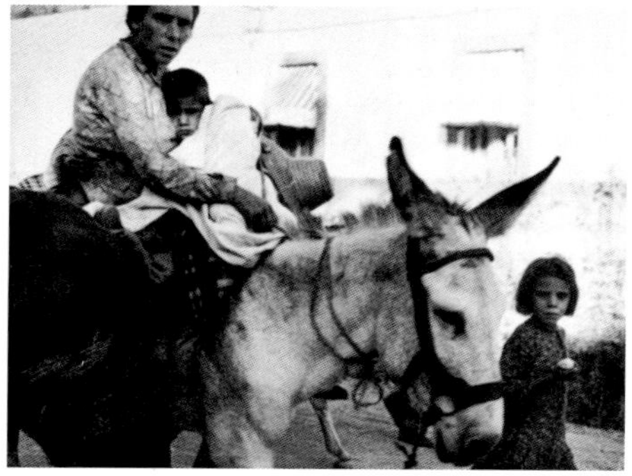

•AD 732 159 / 048
(p. 73)
Cerro Muriano, frente de Córdoba,
5 de septiembre, 1936.

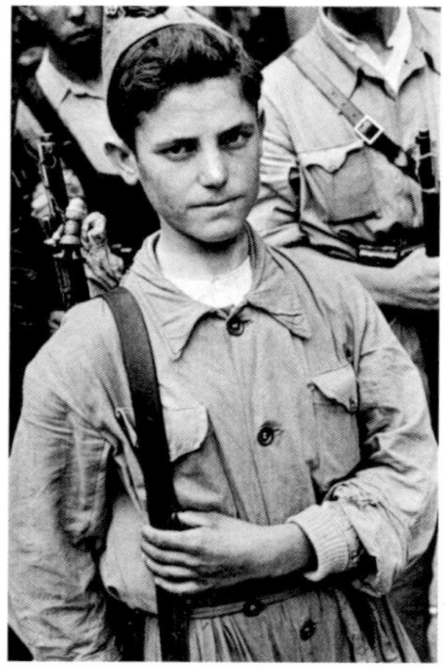

•AD 739 160 / 049
(p. 70)
Madrid, finales de agosto o principios de septiembre, 1936.
Los primeros planos de rostros tomados por Capa reflejan su extraordinaria capacidad para reflejar en sus reportajes la variedad humana. Algunos años más tarde, cuando en una ocasión se le preguntó qué consejo le daría a un aspirante a fotógrafo, contestó que su "único secreto era sencillamente querer a las personas y demostrárselo". De hecho, independientemente de con quién estuviera o de las condiciones en las que se hallara, siempre lograba que la gente se sintiera a gusto con él, e incluso hacerles reír. Entre sus fotografías más interesantes de la Guerra Civil española se encuentran sus retratos improvisados de los miembros de las milicias republicanas y de las Brigadas Internacionales.

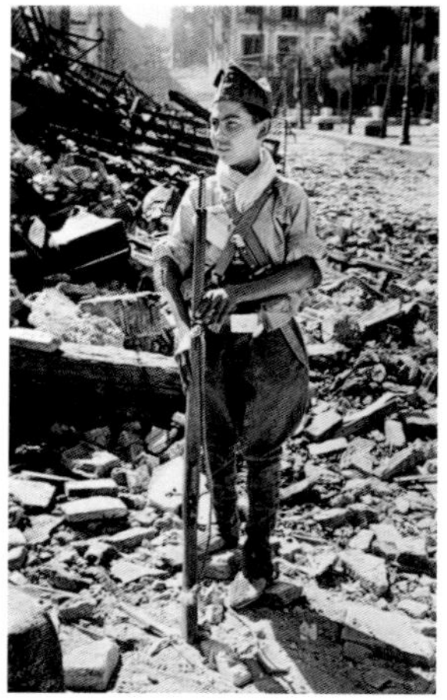

AD 740 161 / 050
Localidad desconocida, agosto-septiembre, 1936.
Soldado del bando republicano.

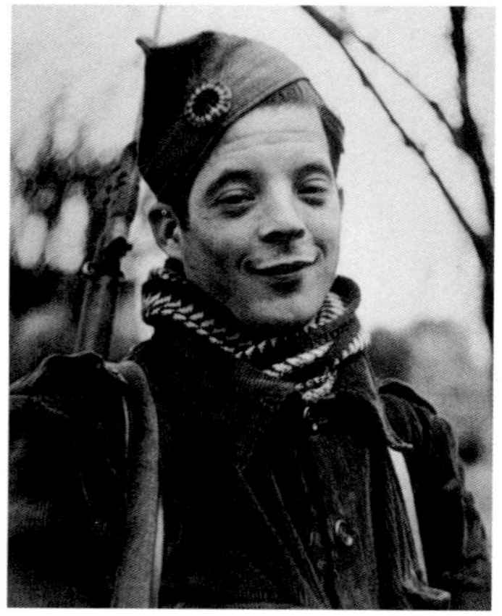

•AD 738 162 / 051
(p. 75)
Madrid, noviembre–diciembre, 1936.

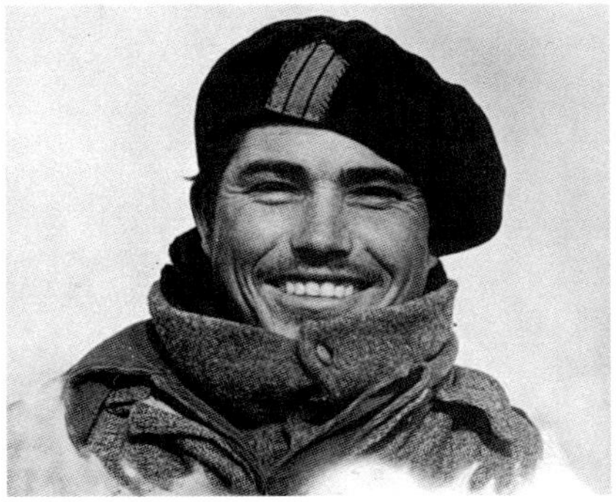
•AD 737 163 / 052
(p. 64)
Madrid, noviembre–diciembre, 1936.

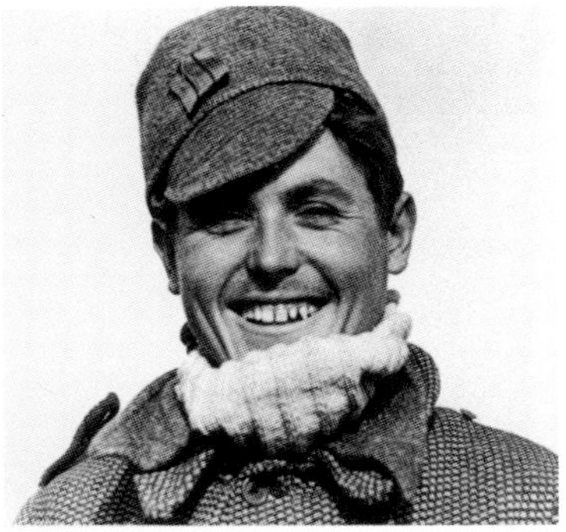
AD 736 164 / 053
Madrid, noviembre–diciembre, 1936.

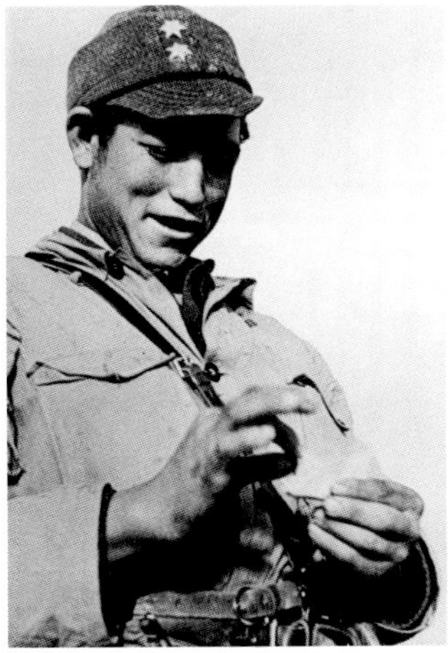
AD 735 165 / 054
Madrid, noviembre–diciembre, 1936.

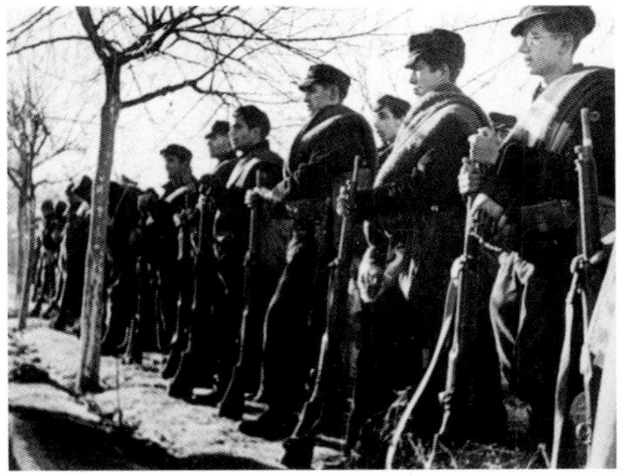
AD 742 166 / 055
Madrid, noviembre–diciembre, 1936.
A Capa le impresionó profundamente la diversidad que caracterizaba a las fuerzas republicanas, integradas por soldados poco convencionales y que, en su mayor parte, provenían de diferentes entornos sociales. Debió impactarle la transformación radical de una población civil en militar, y muchas de sus fotografías ponen de manifiesto hasta qué punto esta transformación no era total. Con frecuencia, fue capaz de captar la tristeza, el temor, la confusión o el tedio que dominaban a estos soldados reacios a la disciplina militar.

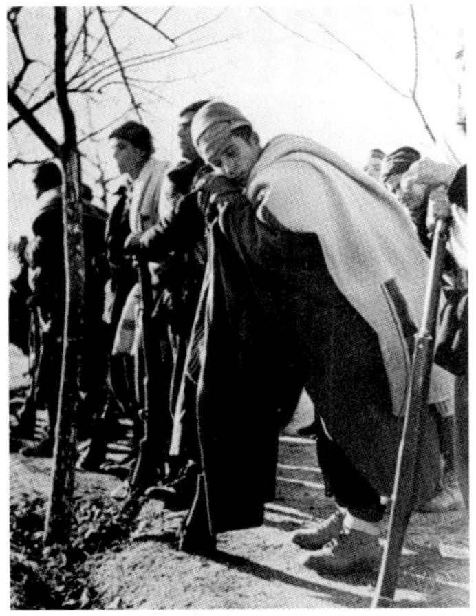
•AD 743 167 / 056
(p. 76)
Madrid, noviembre–diciembre, 1936.

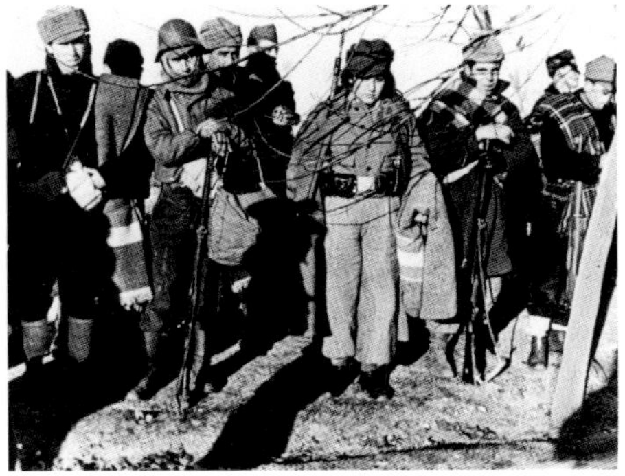
AD 741 168 / 057
Madrid, noviembre–diciembre, 1936.

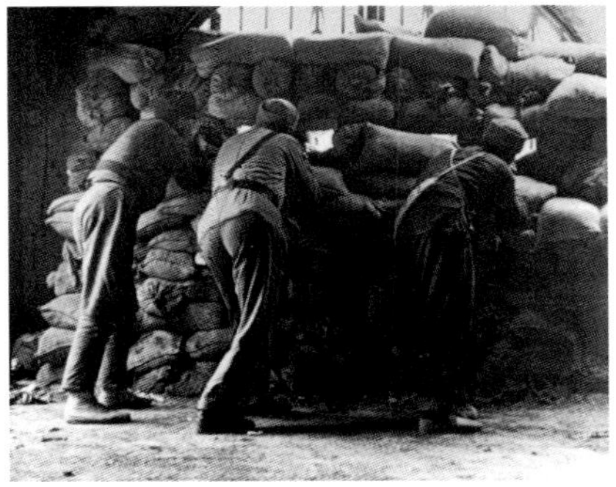
AD 744 169 / 058
Madrid, noviembre-diciembre, 1936.
El 6 de noviembre de 1936, las tropas nacionales llegaron hasta las afueras de Madrid por el oeste, donde en el transcurso de las siguientes semanas se desencadenaron los enfrentamientos más cruentos de toda la Guerra Civil. Los combates se centraron con especial intensidad en la Ciudad Universitaria y sus inmediaciones y en los mataderos cercanos. Día tras día Capa, como un gran número de milicianos, cogería un tranvía desde el centro de Madrid hasta el frente.

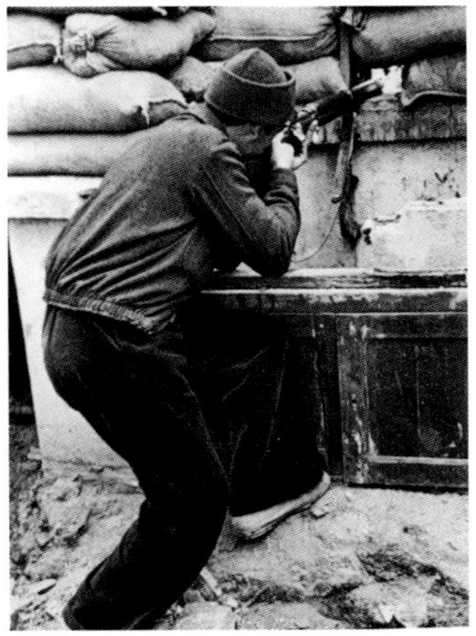
AD 745 170 / 059
Madrid, noviembre–diciembre, 1936.

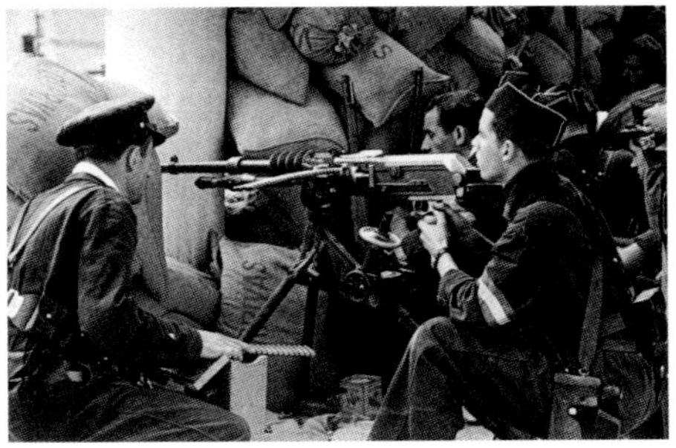
AD 747 171 / 060
Madrid, noviembre–diciembre, 1936.

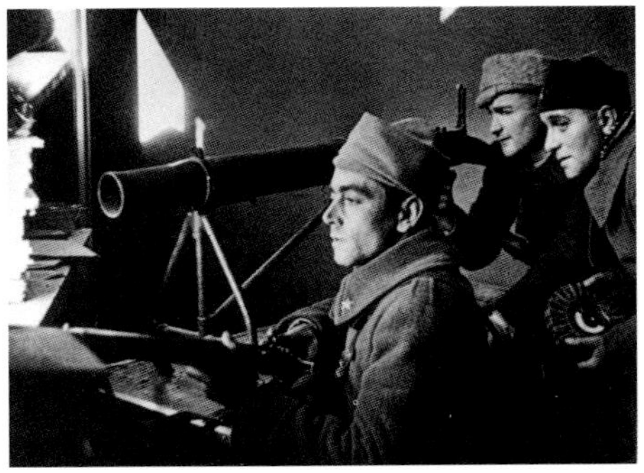
•AD 746 172 / 061
(pp. 78–79)
Madrid, noviembre–diciembre, 1936.

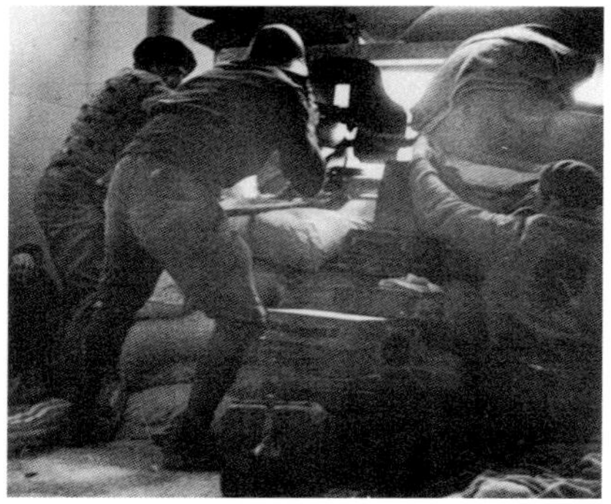

AD 748 173 / 062
Madrid, noviembre–diciembre, 1936.

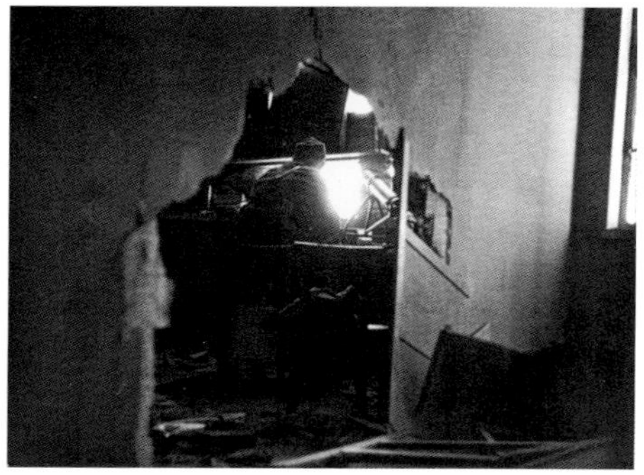

AD 749 174 / 063
Madrid, noviembre–diciembre, 1936.

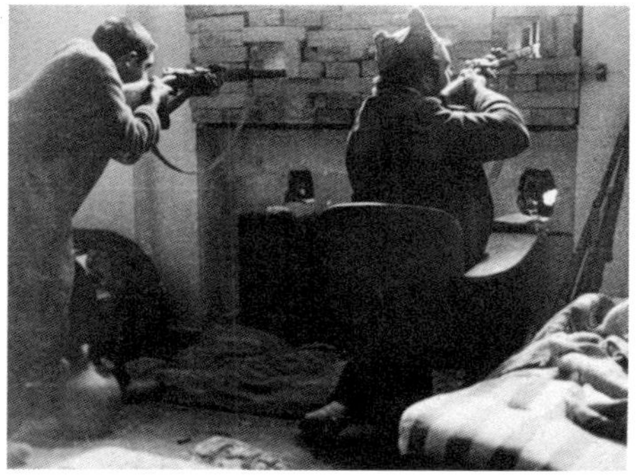

•AD 750 175 / 064
(p. 94)
Madrid, noviembre-diciembre, 1936.
Capa compartió varios días con los hombres de la Commune de París, batallón de las Brigadas Internacionales, en la Facultad de Medicina de la Ciudad Universitaria. En su libro Death in the Making, *Capa escribió sobre esta fotografía y las otras tres de la serie: "La palabra ya no reina en la universidad de Madrid; ahora, lo que impera es el acero de los rifles, de las metralletas y de la artillería. Los soldados impregnan con balas el terreno en el que, anteriormente, los estudiantes se cobijaban del sol abrasador de Castilla, ocupan las sillas desde las que los profesores transmitían sin cesar la sabiduría de los tiempos. En la mesa de la biblioteca descansa un cañón anti-tanques preparado para la acción, por si acaso... Los defensores de la causa duermen, comen y se refugian del fuego rebelde en un laboratorio de química".*

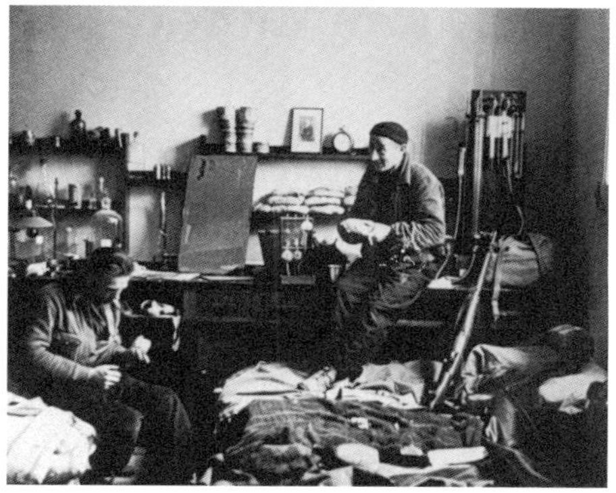

•AD 761 176 / 065
(p. 82)
Madrid, noviembre–diciembre, 1936.

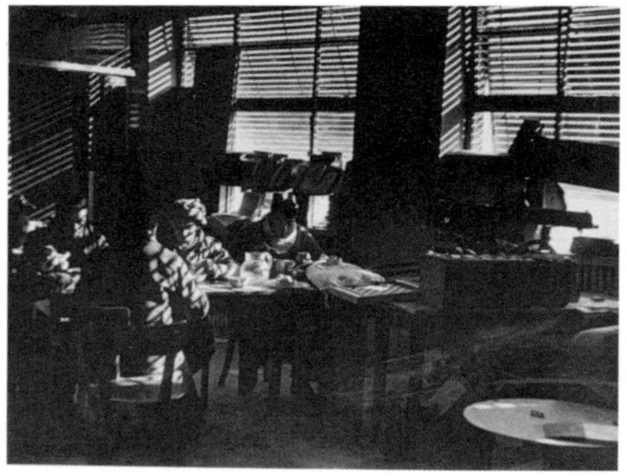

AD 760 177 / 066
Madrid, noviembre–diciembre, 1936.

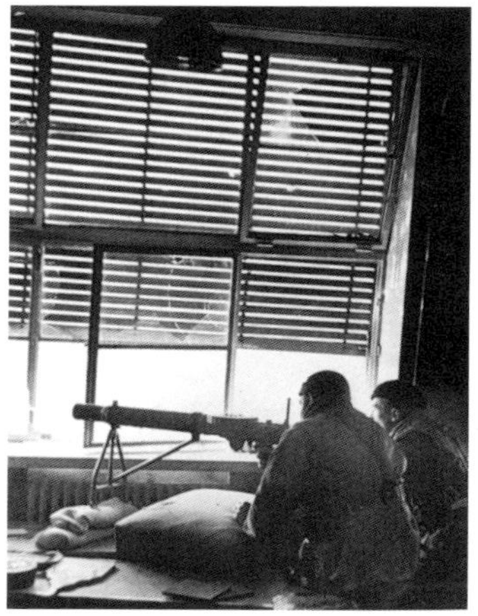

AD 762 178 / 067
Madrid, noviembre–diciembre, 1936.

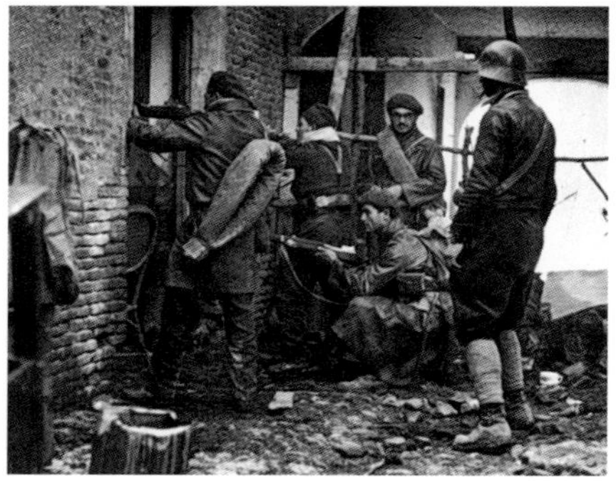

AD 755 179 / 068
Madrid, noviembre–diciembre, 1936.
Capa acompañó a los hombres de diversas unidades de las Brigadas Internacionales en los enfrentamientos que tenían lugar de un edificio a otro y en las misiones de reconocimiento. Entre los hombres que aparecen en esta fotografía y en las siguientes se encuentran algunos miembros de la XII Brigada del Batallón Thälmann, integrado por voluntarios alemanes antifascistas.

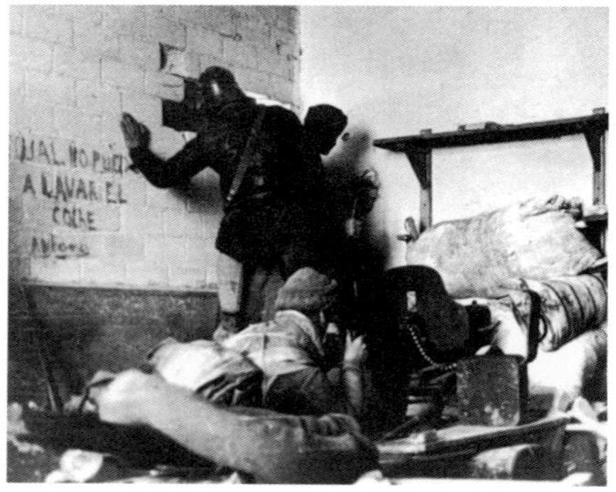

AD 754 180 / 069
Madrid, noviembre–diciembre, 1936.

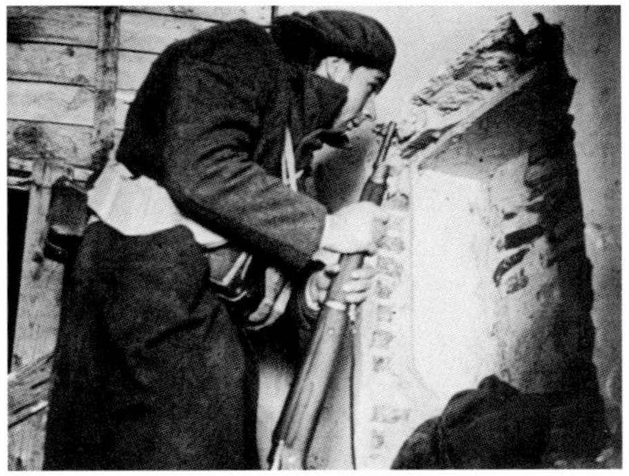

AD 752 181 / 070
Madrid, noviembre–diciembre, 1936.

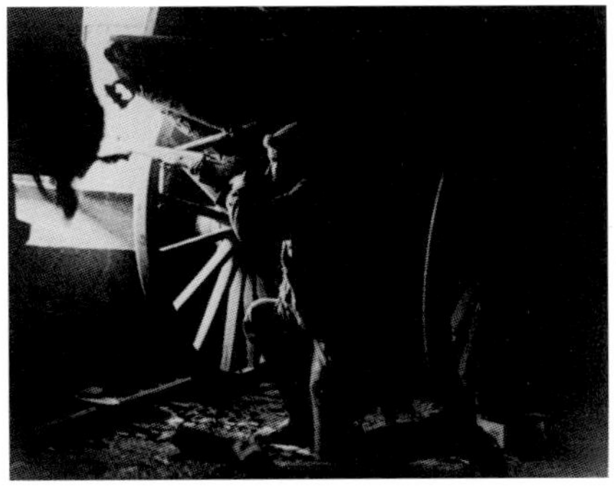

•AD 753 182 / 071
(p. 86)
Madrid, noviembre–diciembre, 1936.

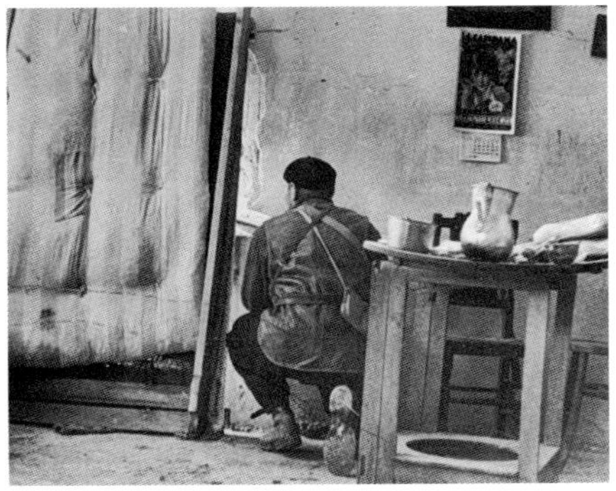

•AD 751 183 / 072
(p. 87)
Madrid, noviembre–diciembre, 1936.
En la parte inferior del calendario que cuelga en la pared se puede leer "Málaga", pero lo más probable es que Capa tomara esta fotografía en Madrid.

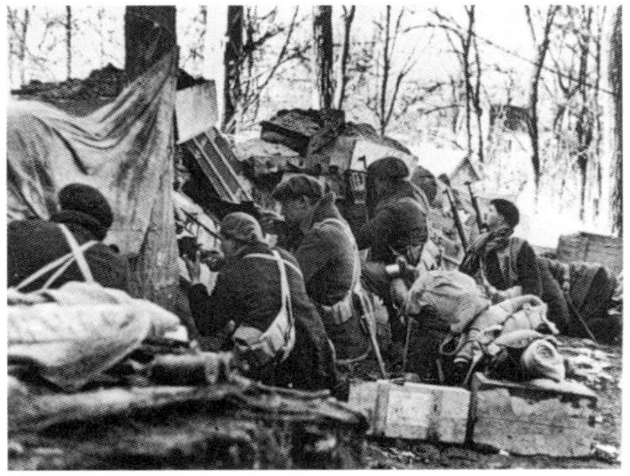

•AD 756 184 / 073
(pp. 88–89)
Madrid, noviembre–diciembre, 1936.
Barricada republicana hecha de basura y maletas sacadas de la consigna de la Estación del Norte, la estación de ferrocarril cercana.

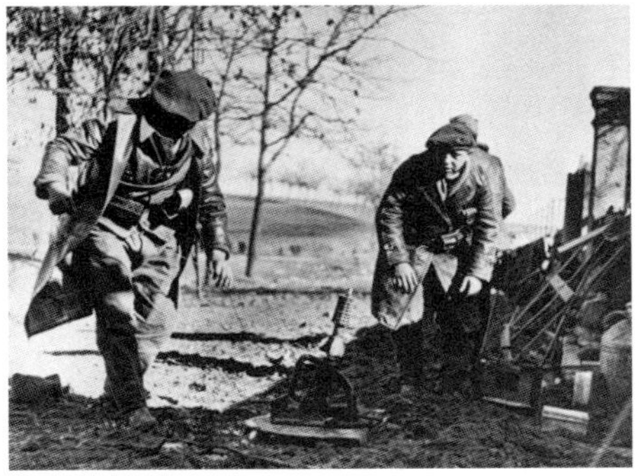

AD 757 185 / 074
Madrid, noviembre–diciembre, 1936.
Dinamiteros asturianos.

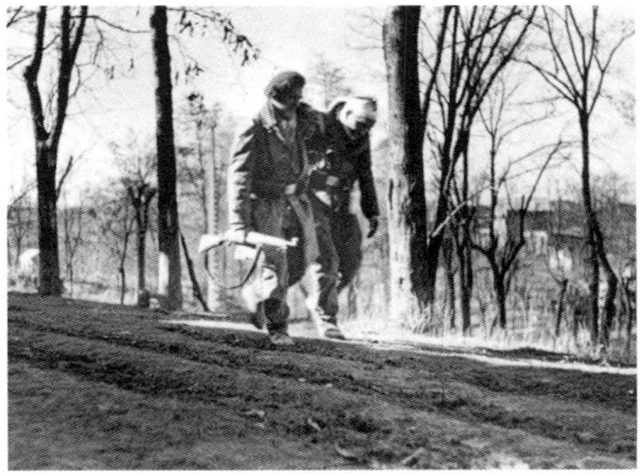

•AD 758 186 / 075
(p. 93)
Madrid, noviembre–diciembre, 1936.

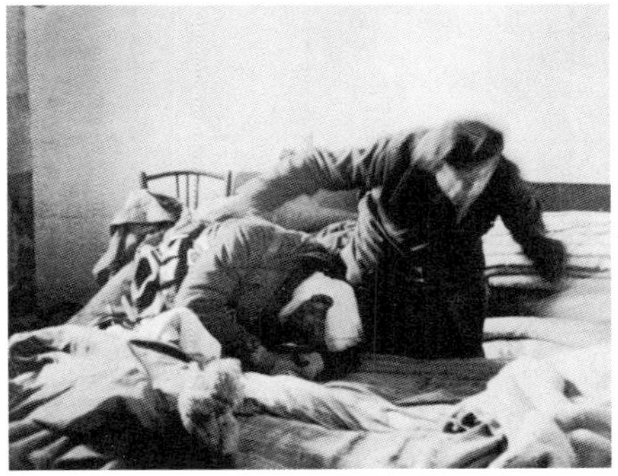

AD 759 187 / 076
Madrid, noviembre–diciembre, 1936.

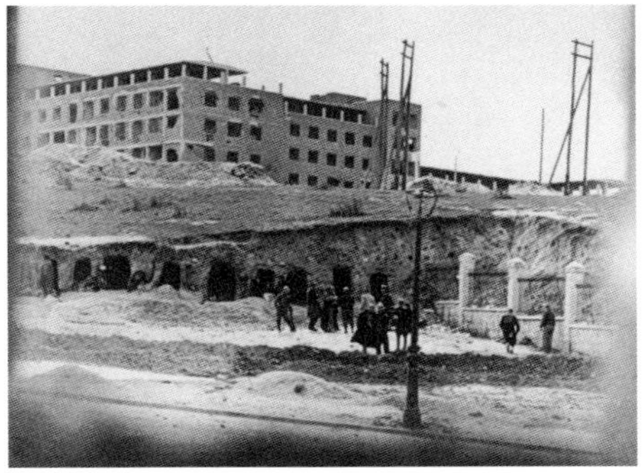

•AD 763 188 / 077
(p. 95)
Madrid, febrero, 1937.
En febrero de 1937, Capa y Taro fotografiaron el elaborado sistema de trincheras, túneles y cuevas que los republicanos habían cavado alrededor del Hospital Clínico de la Ciudad Universitaria, uno de los principales bastiones de los nacionales. En esa época no se producían muchos enfrentamientos, sólo los disparos de los francotiradores e interminables horas de vigilancia y espera bajo las inclemencias del frío y la humedad.

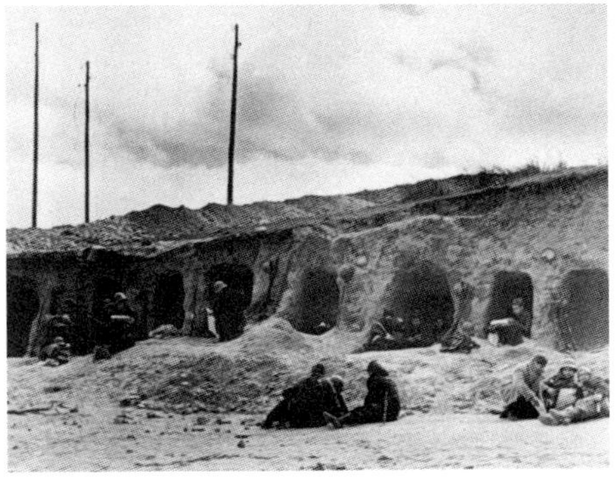

AD 764 189 / 078
Madrid, febrero, 1937.

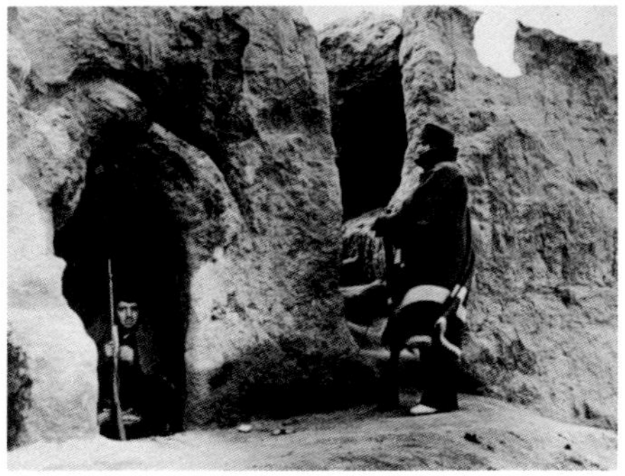

AD 766 190 / 079
Madrid, febrero, 1937.

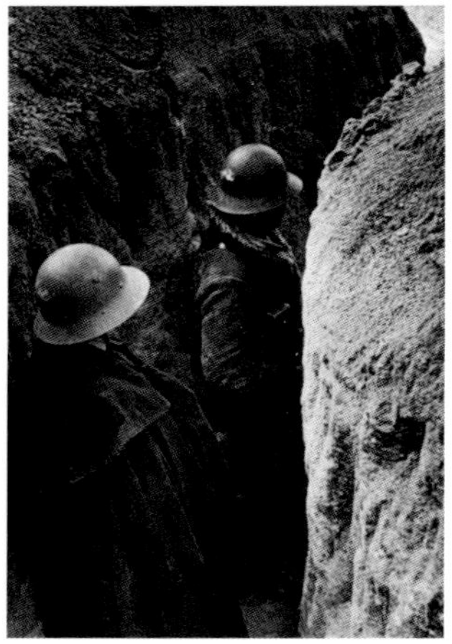

AD 765 191 / 080
Madrid, febrero, 1937.

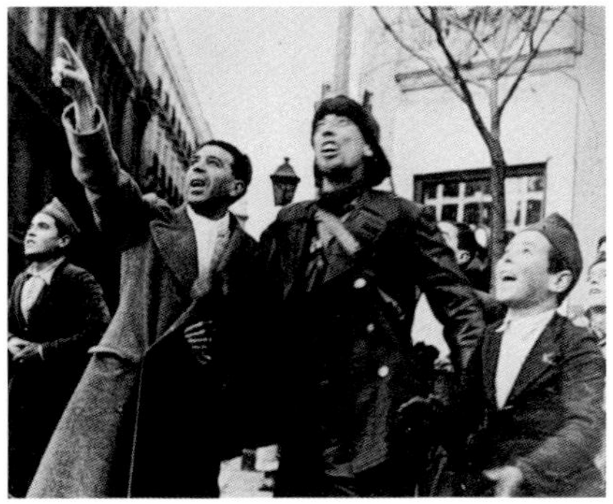

•AD 767 192 / 081
(p. 109)
Madrid, noviembre–diciembre, 1936.
Observando un combate aéreo sobre la ciudad.

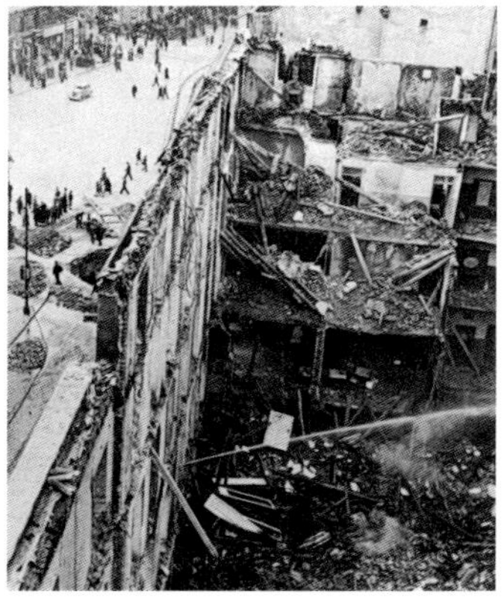

•AD 768 193 / 082
(p. 83)
Madrid, invierno, 1936–1937.
Los barrios residenciales y comerciales de Madrid sufrían incesantes bombardeos aéreos y de artillería, y Capa realizó un amplio reportaje de la destrucción que dejaban a su paso.

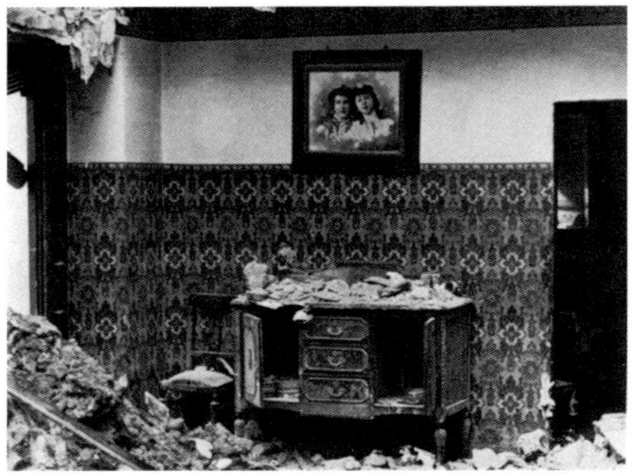

•AD 769 194 / 083
(pp. 84–85)
Madrid, invierno, 1936–1937.

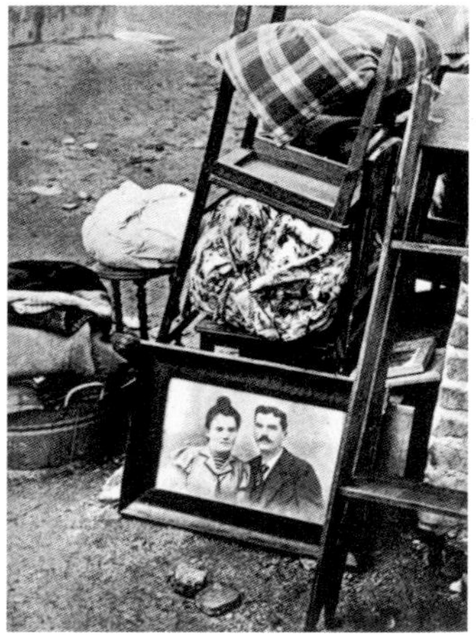

AD 770 195 / 084
Madrid, invierno, 1936–1937.

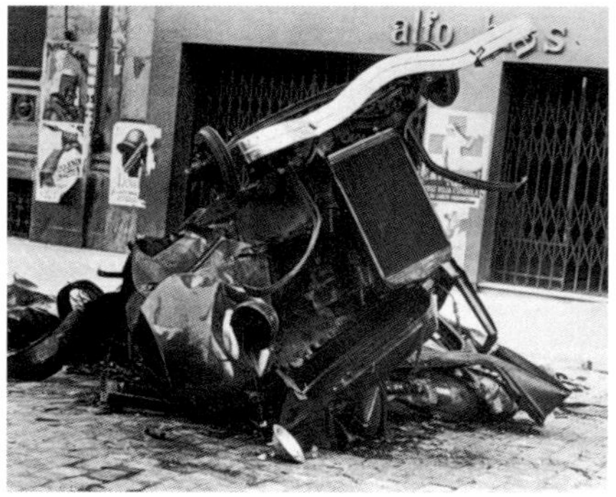

AD 774 196 / 085
Madrid, invierno, 1936–1937.

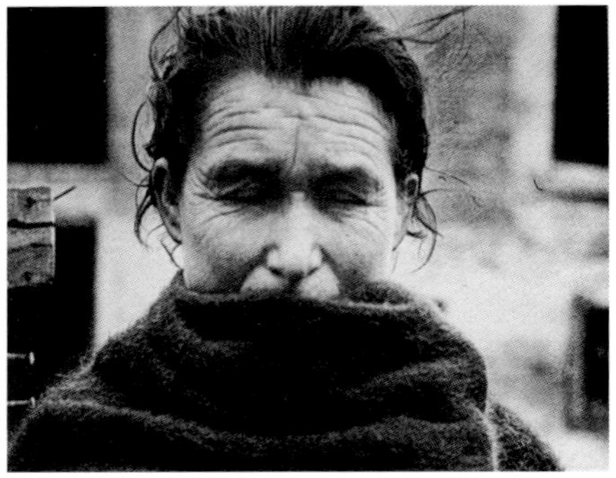

•AD 777 197 / 086
(p. 101)
El barrio de Vallecas, Madrid, invierno, 1936–1937.
Entre las mejores imágenes de Capa de los primeros meses del asedio de Madrid se encuentran las del pueblo intentando sobrevivir entre las ruinas de Vallecas, barrio de clase obrera, que se vio afectado con especial dureza. Los habitantes de Vallecas, rodeados de muerte y sufrimiento, aguantaban estoicamente.

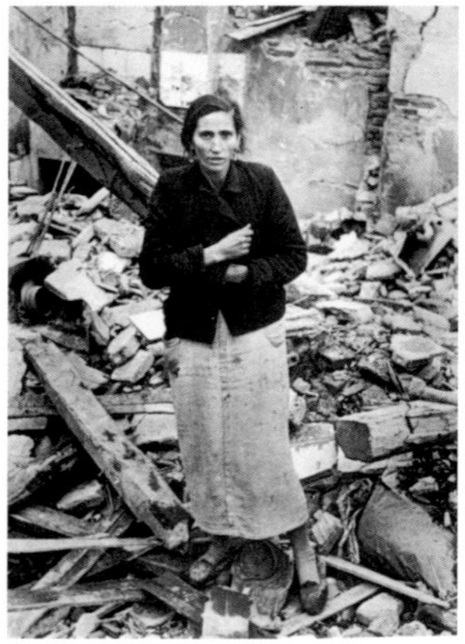

•AD 778 198 / 087
(p. 97)
El barrio de Vallecas, Madrid, invierno, 1936–1937.

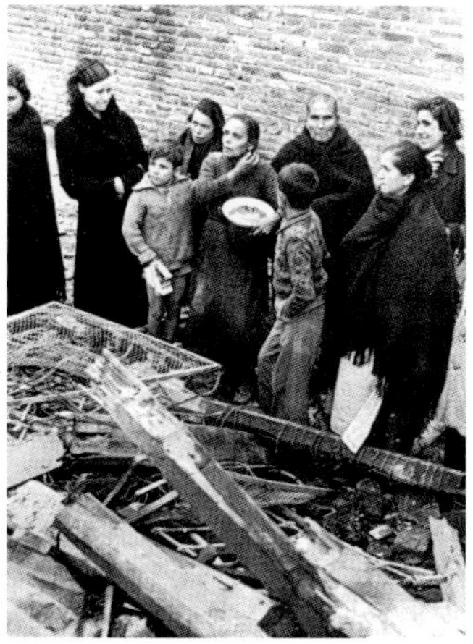

AD 779 199 / 088
El barrio de Vallecas, Madrid, invierno, 1936–1937.

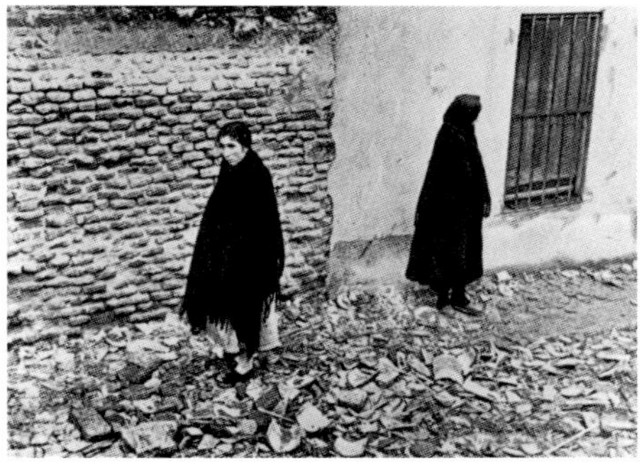

•AD 776 200 / 089
(pp. 98–99)
El barrio de Vallecas, Madrid, invierno, 1936–1937.

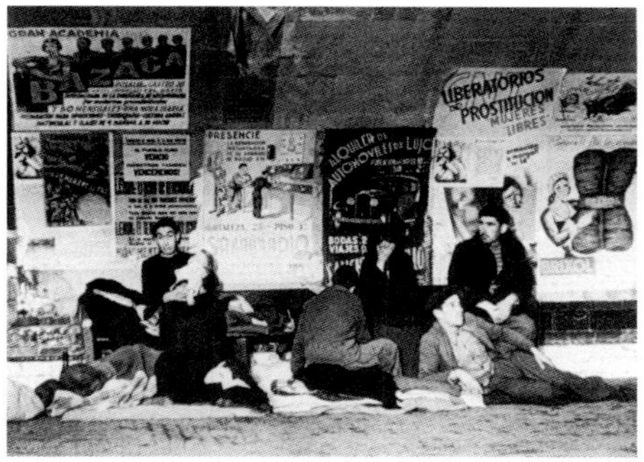

AD 780 201 / 090
Madrid, noviembre–diciembre, 1936.
Muchos madrileños, cuyas casas habían quedado destruidas por los ataques aéreos nacionales, y otros que intentaban refugiarse de los bombardeos, se instalaron durante semanas y meses en los andenes del metro. Capa realizó amplios reportajes fotográficos en la estación de Gran Vía, en el centro de Madrid, donde jugaban los niños, ajenos a lo que sucedía a su alrededor. Pero en los rostros de sus mayores se reflejaba el temor, el dolor y el aburrimiento.

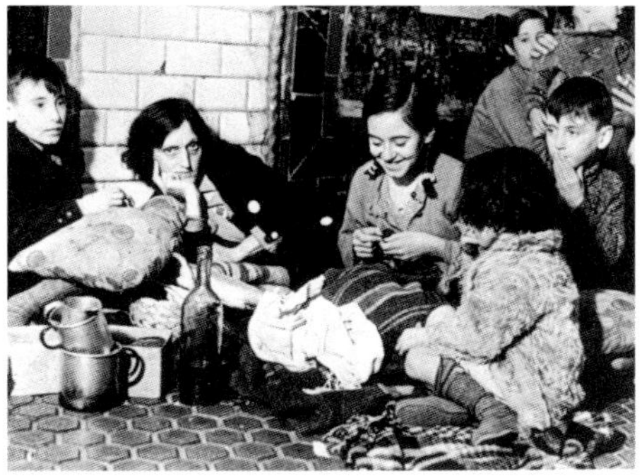

•AD 781 202 / 091
(pp. 102–103)
Madrid, noviembre–diciembre, 1936.

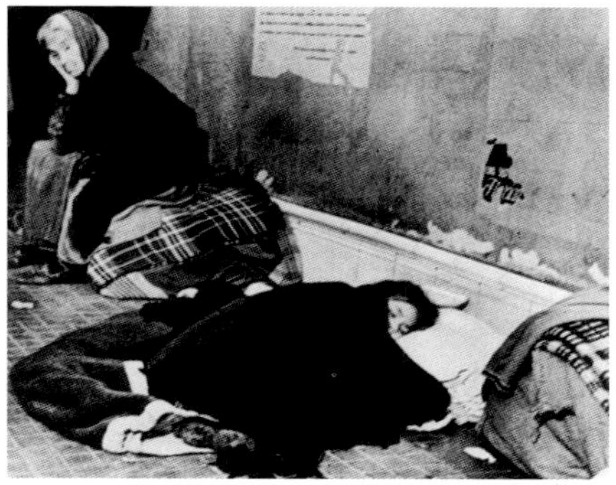

AD 782 203 / 092
Madrid, noviembre–diciembre, 1936.

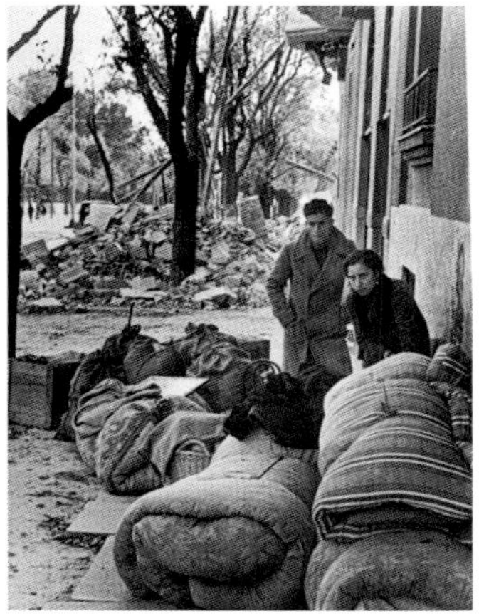

AD 771 204 / 093
Madrid, noviembre–diciembre, 1936.
Capá documentó el gran éxodo de miles de personas que huían desde la ciudad hacia lugares más seguros.

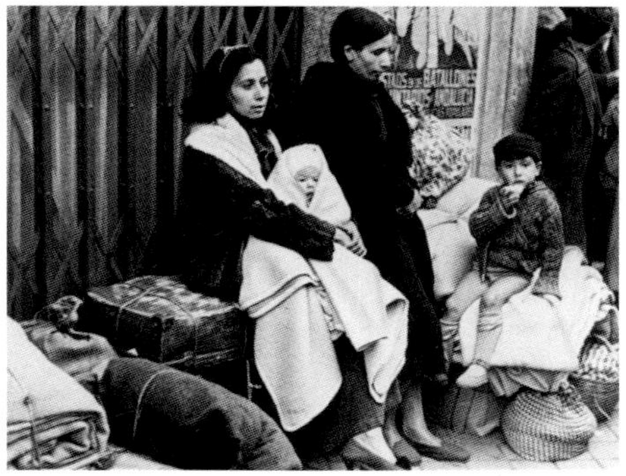

•AD 772 205 / 094
(p. 90)
Madrid, noviembre–diciembre, 1936.

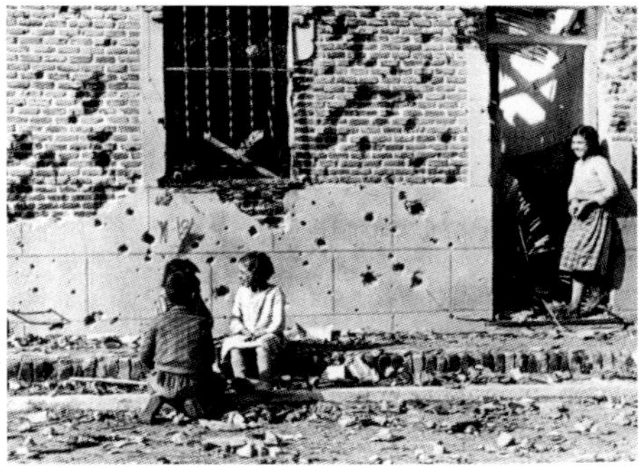

•AD 775 206 / 095
(p. 96)
Madrid, noviembre–diciembre, 1936.

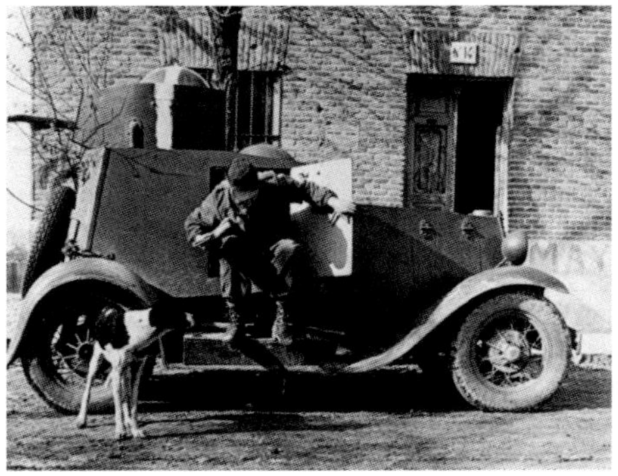

•AD 773 207 / 096
(p. 107)
Madrid, noviembre–diciembre, 1936.
Coche blindado utilizado por oficiales de las Brigadas Internacionales.

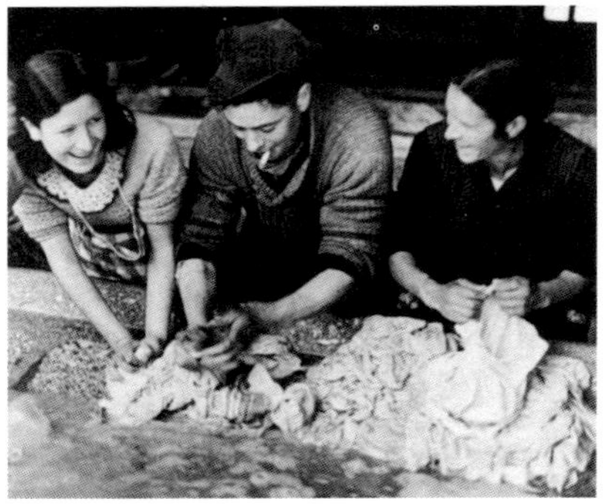

•AD 784 208 / 097
(p. 47)
Madrid, noviembre–diciembre, 1936.
A Capa le atrapó el espíritu de camaradería que reinaba entre los republicanos y las Brigadas Internacionales. Él y Taro disfrutaban al ver como hombres y mujeres compartían tareas tales como hacer la colada, algo impensable anteriormente por parte de cualquier hombre español que tuviera algo de orgullo.

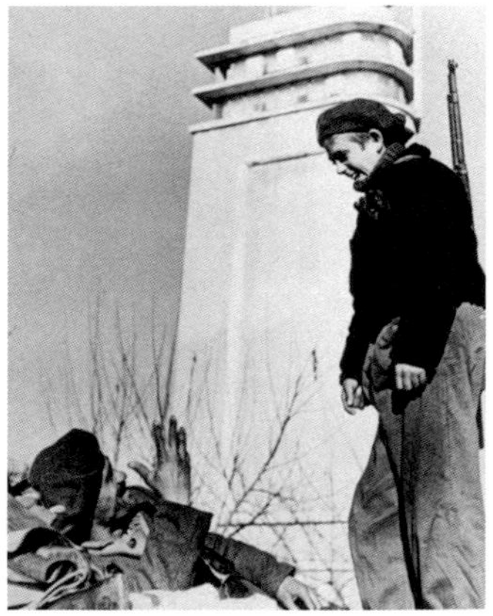

•AD 785 209 / 098
(p. 105)
Madrid, noviembre–diciembre, 1936.

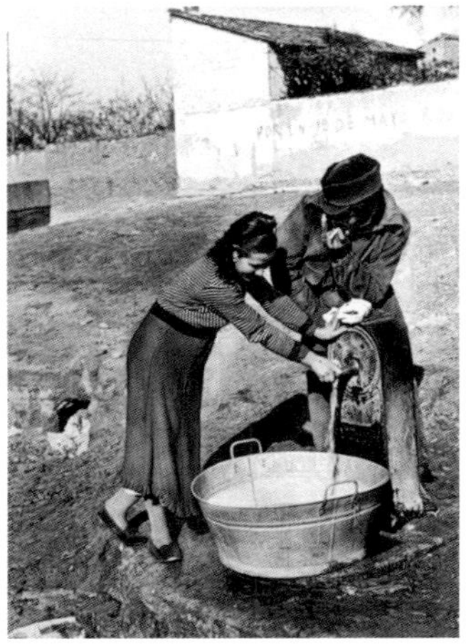

•AD 783 210 / 099
(p. 105)
Madrid, noviembre–diciembre, 1936.

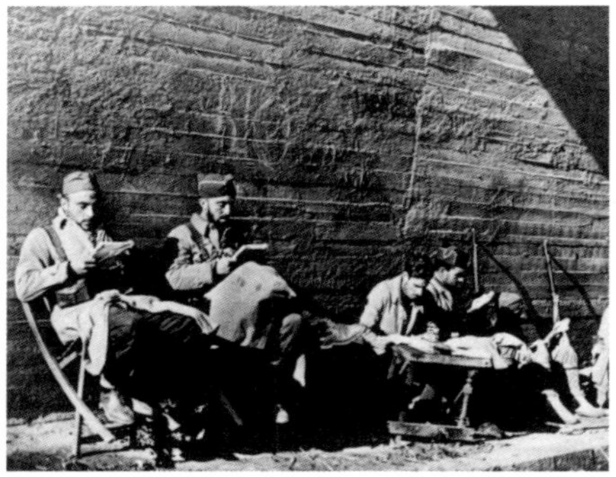

AD 792 211 / 100
Madrid, noviembre–diciembre, 1936.
Capa comprendió que durante la guerra la verdad no sólo se encuentra en el corazón de la batalla, sino también en el frente, en las caras de los soldados soportando el frío, la fatiga y el tedio. Muchas de sus mejores fotografías de guerra constituyen estudios llenos de solidaridad y comprensión hacia los hombres y mujeres del pueblo llamados a realizar un esfuerzo extraordinario para servir a su país, o a una causa en la que creían apasionadamente.

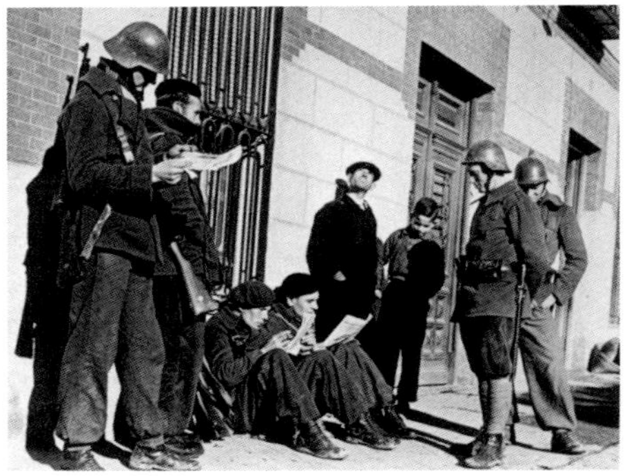

•AD 793 212 / 101
(p. 104)
Madrid, noviembre–diciembre, 1936.
Miembros alemanes de las Brigadas Internacionales.

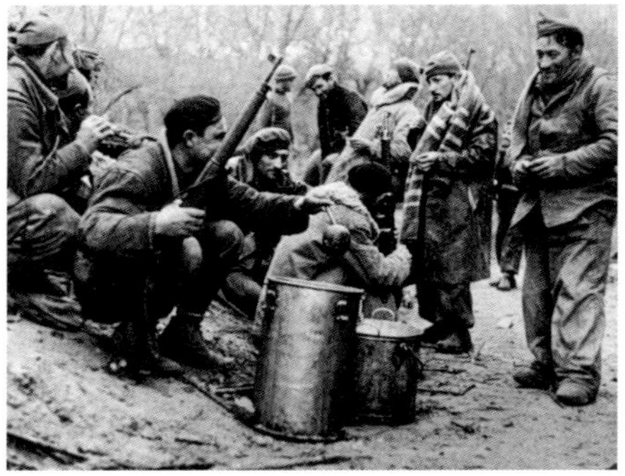

•AD 790 213 / 102
(p. 106)
Madrid, noviembre–diciembre, 1936.

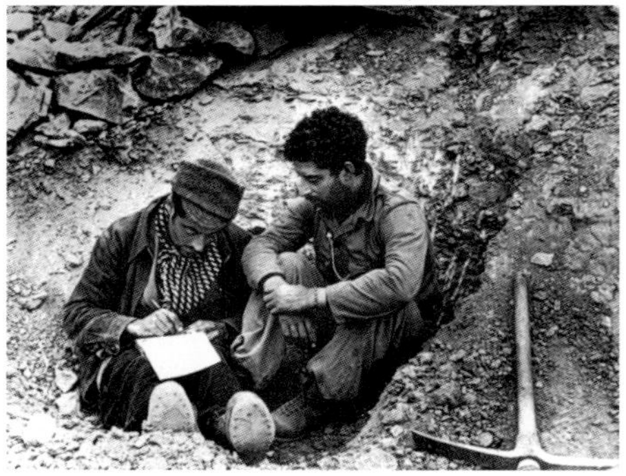

AD 786 214 / 103
Madrid, noviembre–diciembre, 1936.

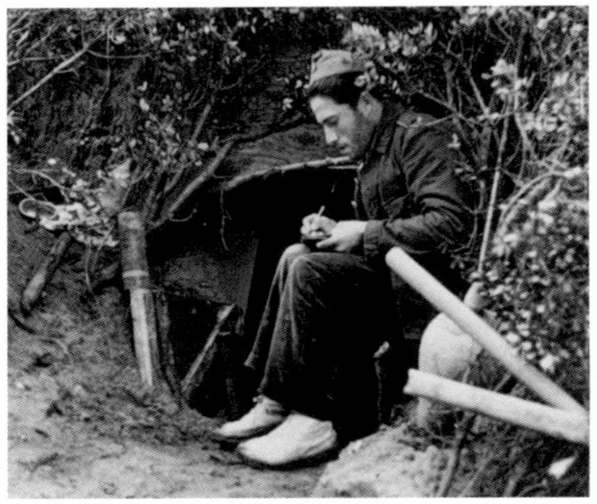

•AD 789 215 / 104
(p. 80)
Madrid, noviembre–diciembre, 1936.

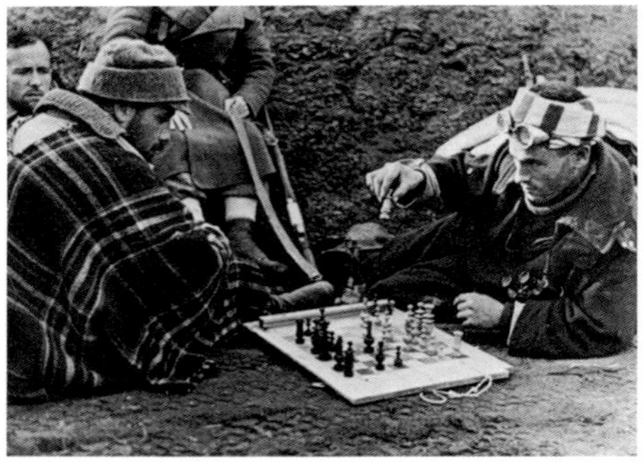

•AD 791 216 / 105
(p. 81)
Madrid, noviembre–diciembre, 1936.

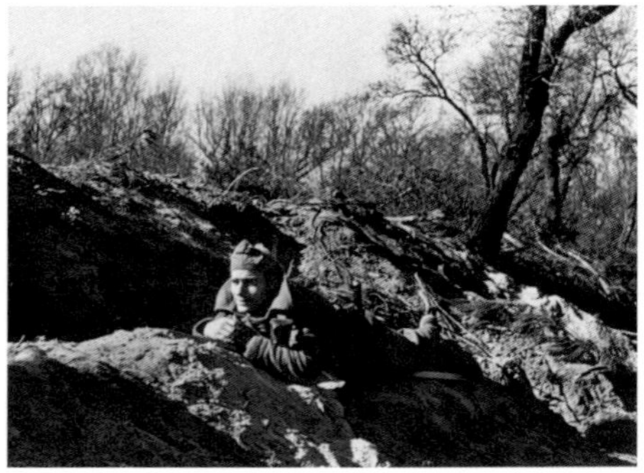

•AD 787 217 / 106
(p. 77)
Madrid, noviembre–diciembre, 1936.

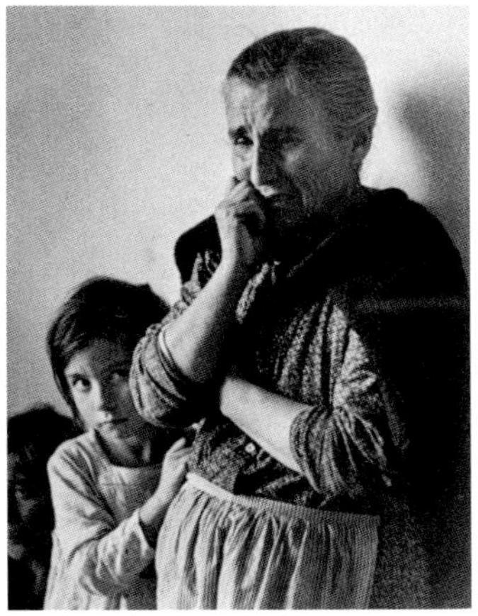

•AD 795 218 / 107
(p. 91)
Almería o Murcia, febrero, 1937.
Refugiados procedentes de Málaga. Cuando los nacionales tomaron la ciudad de Málaga el 8 de febrero de 1937, miles de habitantes de la ciudad huyeron por la carretera de la costa hacia Almería, a 225 kilómetros al este. Muchos murieron en los bombardeos de los nacionales o de la artillería naval; otros caían desfallecidos por el hambre y el cansancio. Finalmente, en la noche del 12 de febrero, mientras los refugiados dormían abarrotando las calles de Almería, los aviones nacionales bombardearon la ciudad. Capa y Taro fotografiaron a algunos supervivientes de esta ciudad y de la cercana ciudad de Murcia.

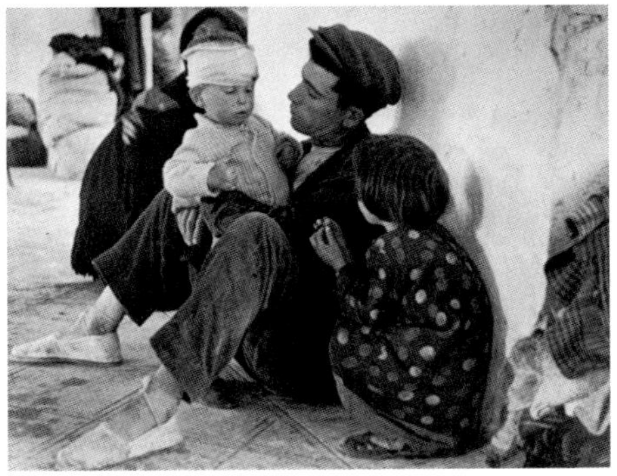

AD 788 219 / 108
Almería o Murcia, febrero, 1937.
Refugiados procedentes de Málaga.

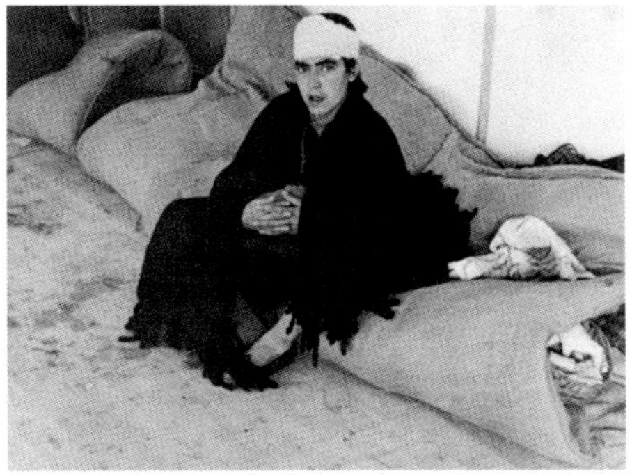

AD 796 220 / 109
Almería o Murcia, febrero, 1937.
Refugiados procedentes de Málaga.

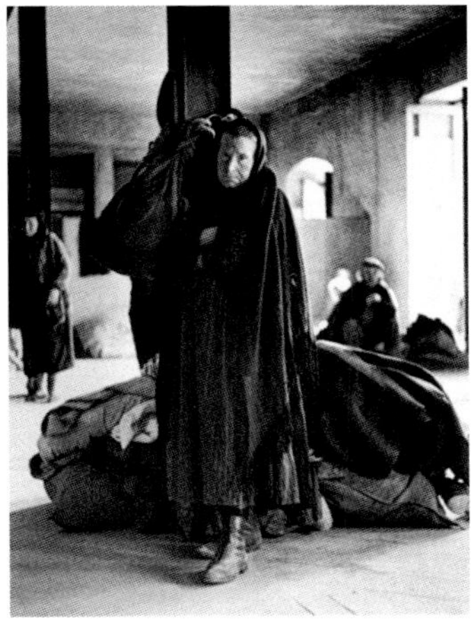

•AD 794 221 / 110
(p. 91)
Almería o Murcia, febrero, 1937.
Refugiados procedentes de Málaga.

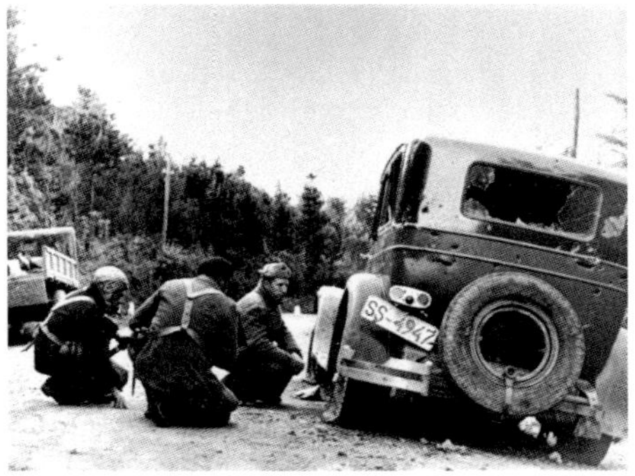

•AD 797 222 / 111
(p. 92)
Monte Sollube, frente de Bilbao, 7 de mayo, 1937.
A comienzos de mayo de 1937, las tropas nacionales se cernían sobre la gran ciudad vasca de Bilbao. El 7 de mayo atacaron el monte Sollube, cima estratégica en la pequeña cordillera de montañas convertida en la última línea de defensa de la ciudad. Capa cubrió esta batalla crucial y dramática que terminó con la victoria del bando republicano que, en poco tiempo, logró frenar el avance nacional.

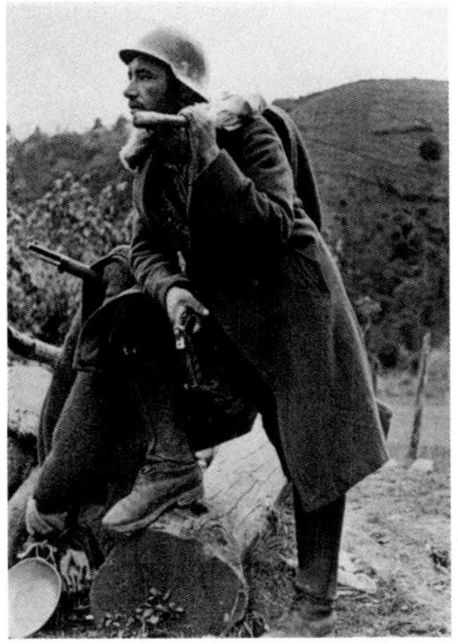

AD 798 223 / 112
Monte Sollube, frente de Bilbao, 7 de mayo, 1937.

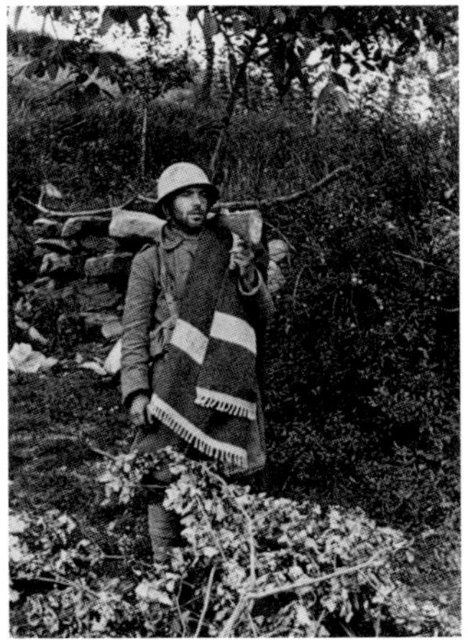

AD 800 224 / 113
Monte Sollube, frente de Bilbao, 7 de mayo, 1937.

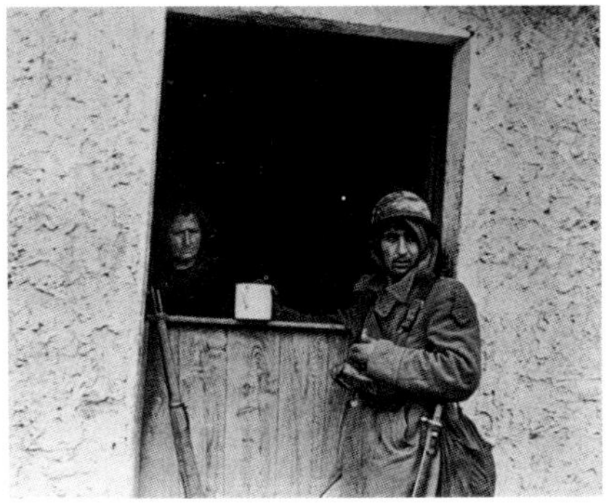

•AD 801 225 / 114
(p. 117)
Monte Sollube, frente de Bilbao, 7 de mayo, 1937.

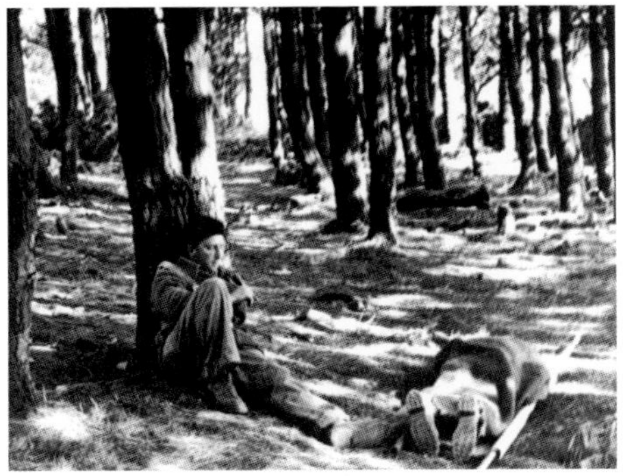

AD 799 226 / 115
Monte Sollube, frente de Bilbao, 7 de mayo, 1937.

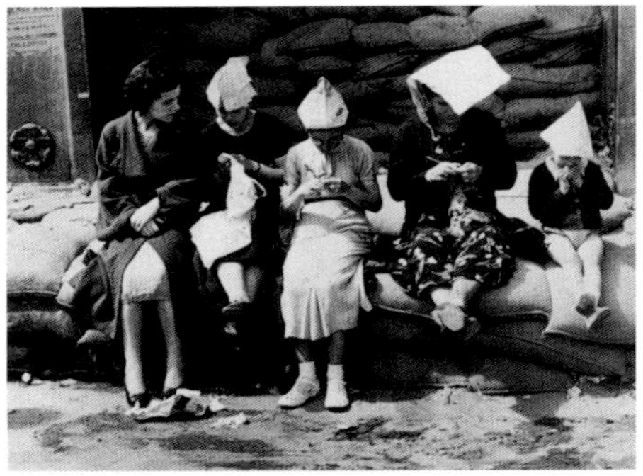

AD 803 227 / 116
Bilbao, mayo, 1937.
Capa escribió acerca de esta fotografía y de las tres siguientes de la serie: "En Bilbao, las sirenas aullaban su advertencia. Un toque prolongado cuando se divisaban los bombarderos en el aire. Tres toques breves cuando éstos ya sobrevolaban la ciudad. En algunas ocasiones se producían entre quince y veinte ataques en una sola mañana. Resultaba imposible huir escaleras abajo en cada ocasión para refugiarse en el sótano, que apenas podía considerarse un refugio, o bajo un puente que tampoco era de gran ayuda, o correr hasta el mejor túnel más cercano, quince a veinte veces en una misma mañana cargando con los niños. Así que, al final, optaban por coger el punto y salían a sentarse en los sacos de arena junto a los sótanos de los bancos, que constituían un refugio relativamente seguro, con un sombrero de papel para resguardarse del sol. Al sonar los tres toques, tres toques histéricos, las calles quedaban completamente vacías; la policía disparaba para que los más rezagados se apresuraran a resguardarse bajo tierra.

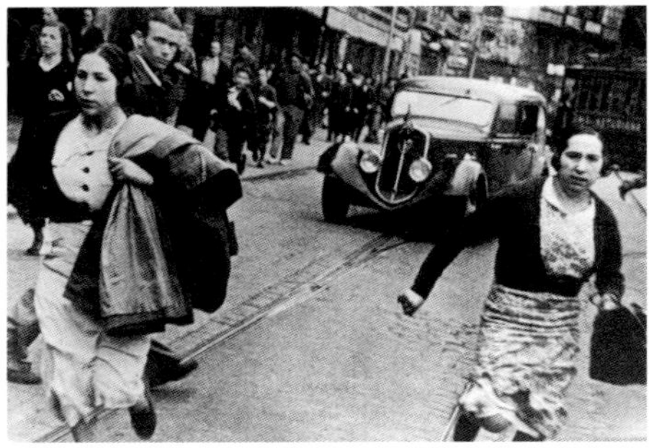

•AD 806 228 / 117
(pp. 110–111)
Bilbao, mayo, 1937.

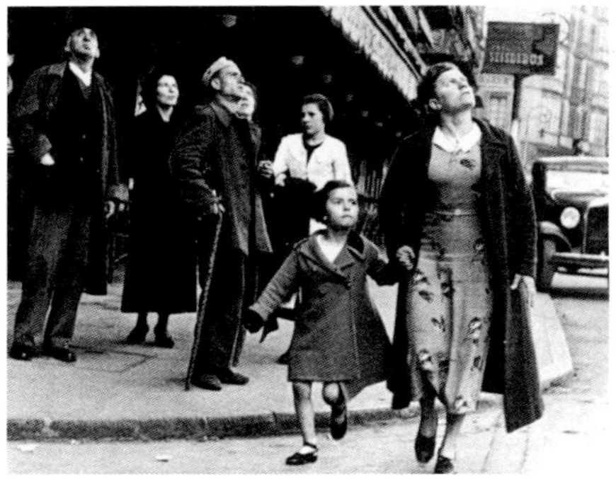

•AD 807 229 / 118
(pp. 114–115)
Bilbao, mayo, 1937.
Esta es, sin lugar a dudas, una de las fotografías más impresionantes de Capa. La niña, aturdida, confusa y aterrorizada, se ha abrochado mal el abrigo. Capa tenía una especial habilidad para captar detalles tan expresivos y reveladores como este.

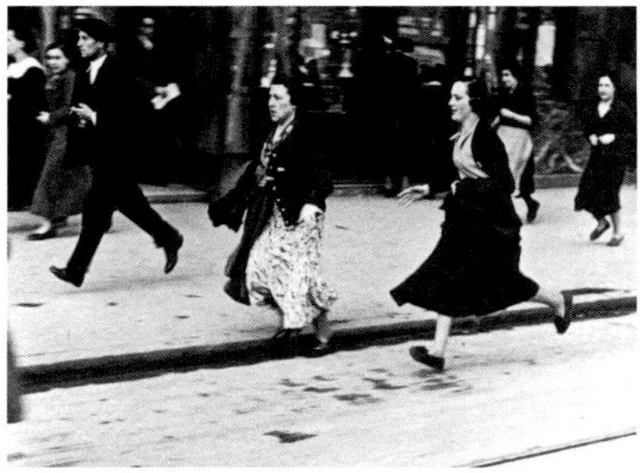

AD 805 230 / 119
Bilbao, mayo, 1937.

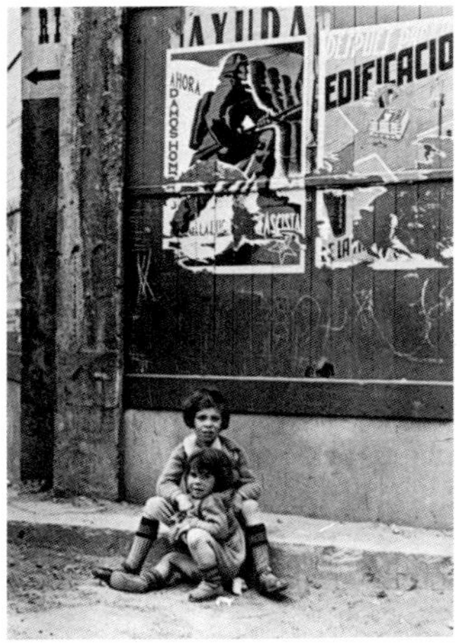

•AD 802 231 / 120
(p. 108)
Bilbao, mayo, 1937.

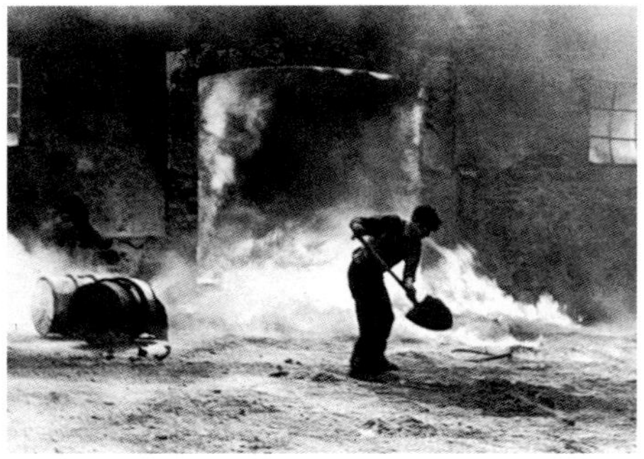

•AD 804 232 / 121
(p. 112)
Bilbao, mayo, 1937.
Luchando contra las llamas de un depósito de gasolina incendiado tras un ataque aéreo de los nacionales.

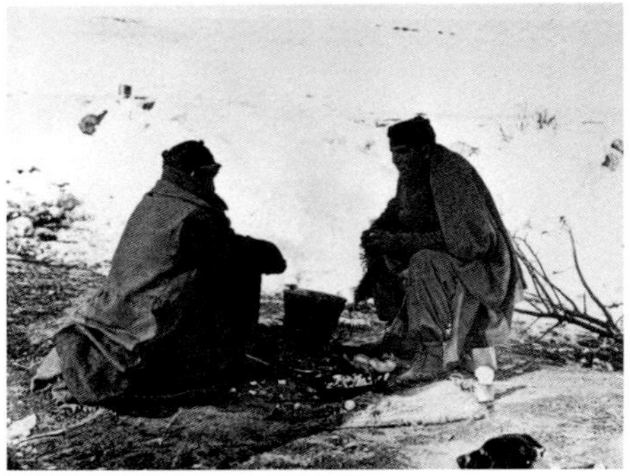

AD 811 233 / 122
Teruel, frente de Aragón, diciembre 1937–enero 1938.
En diciembre de 1937 y enero de 1938, Capa cubrió la crucial batalla de Teruel, ciudad estratégica en el nordeste de España, tomada por las fuerzas nacionales en octubre. James Michener, historiador y novelista, escribió que Teruel "se había convertido en la piedra angular del frente republicano desde Valencia a Barcelona, y su defensa determinaría quién ganaría la guerra". Durante veinticuatro días de crudo invierno, los republicanos asediaron la ciudad hasta que lograron recuperarla.

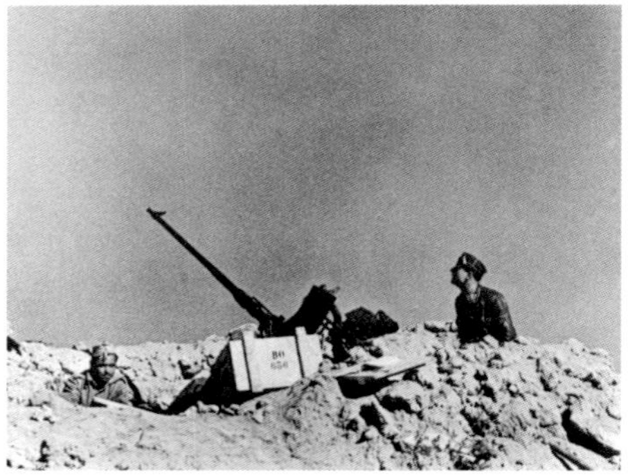

AD 810 234 / 123
Teruel, frente de Aragón, diciembre 1937–enero 1938.

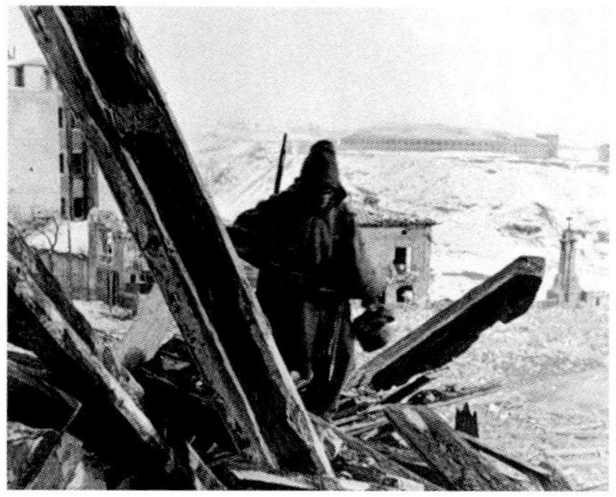

•AD 808 235 / 124
(p. 119)
Teruel, frente de Aragón, diciembre 1937–enero 1938.

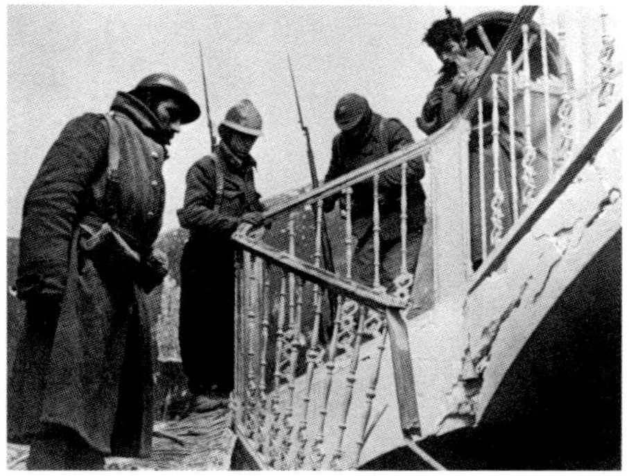

•AD 809 236 / 125
(p. 116)
Teruel, frente de Aragón, 3 de enero, 1938.
Interior del palacio de Gobernación, uno de los últimos bastiones del bando nacional.

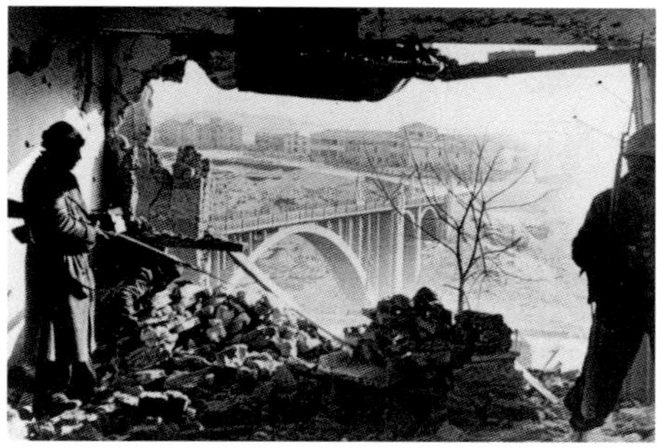

•AD 812 237 / 126
(pp. 4–5)
Teruel, frente de Aragón, 3 de enero, 1938.
Interior del palacio de Gobernación. Muy poco después de que Capa tomara esta fotografía, los republicanos dinamitaron una de sus paredes externas.

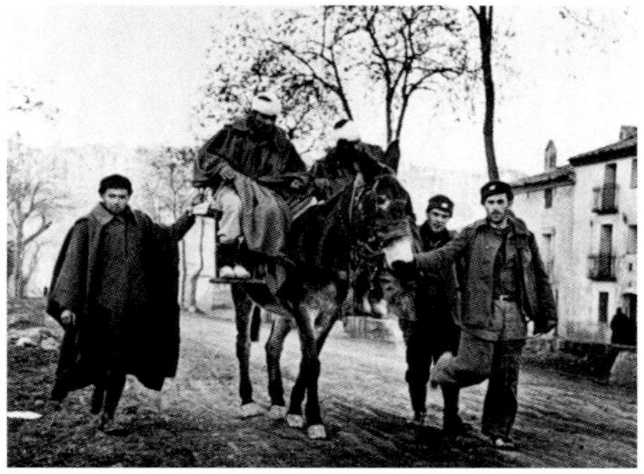

AD 813 238 / 127
Teruel, frente de Aragón, diciembre 1937–enero 1938.

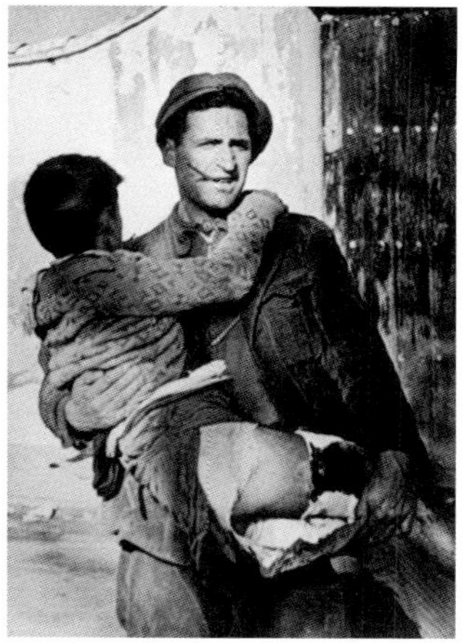

•AD 816 239 / 128
(p. 113)
Teruel, frente de Aragón,
21 de diciembre, 1937.
Cuando entraron en la ciudad sitiada con las primeras tropas republicanas, Capa y su colega Herbert Matthews del New York Herald Tribune, *se encontraron con esta dolorosa escena entre un padre y un hijo.*

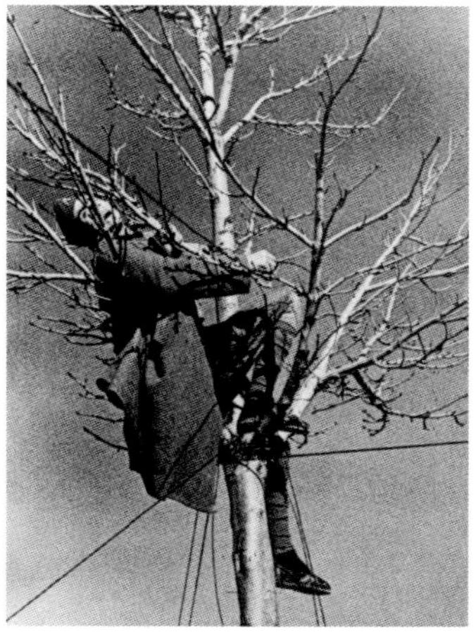

•AD 815 240 / 129
(p. 118)
Teruel, frente de Aragón,
21–24 de diciembre, 1937.
El 4 de enero de 1938, Capa volvió a París con sus carretes que incluían un gran número de fotografías magníficas. Cuando Life *publicó una selección de ellas, entre las que se incluyen ésta y la siguiente, el texto que las acompañaba versaba: "El amor por la paz no tiene ni significado ni vigor a no ser que se base en el conocimiento de los horrores de la guerra". El hombre de la fotografía murió a causa de un disparo mientras tendía las líneas telefónicas.*

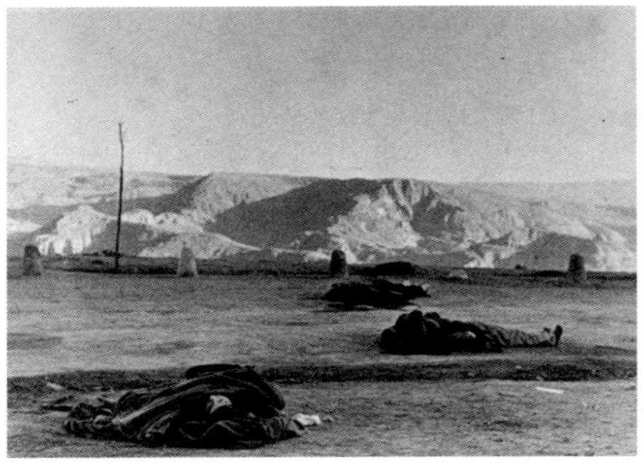

•AD 814 241 / 130
(pp. 120–121)
Teruel, frente de Aragón,
21 de diciembre, 1937.
Cuando Life *publicó esta fotografía el 28 de enero de 1938, los editores tuvieron cuidado en contextualizar la desoladora escena, advirtiendo a sus lectores, sin duda los muertos habrían muerto en vano si los vivos no quisieran mirarles.*

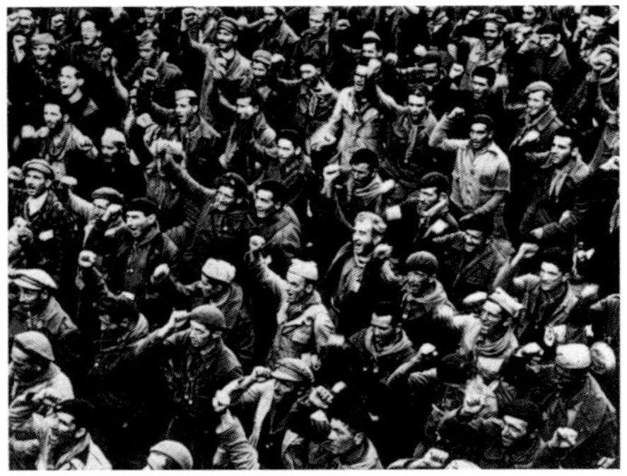

•AD 824 242 / 131
(p. 125)
Montblanc, Tarragona,
25 de octubre, 1938.
Cuando Capa volvió a España en otoño de 1938, tras pasar seis meses en China, las noticias no eran nada alentadoras. En un primer acercamiento a Hitler, Stalin obligó al gobierno español a desmantelar las Brigadas Internacionales, medida que supuso, en mayor o menor medida, la garantía de la victoria final de Franco, aliado de Hitler. Ésta y las siguientes seis fotografías se tomaron el día en que las Brigadas se reunieron para asistir al discurso del primer ministro Juan Negrín, de André Marty (comandante de las Brigadas Internacionales), y los generales Rojo, Modesto y Líster. Todos disfrutaron después de una fiesta de despedida en la cual (como lo demuestran algunas fotografías de Capa) algunos de los hombres lograron olvidar su tristeza temporalmente.

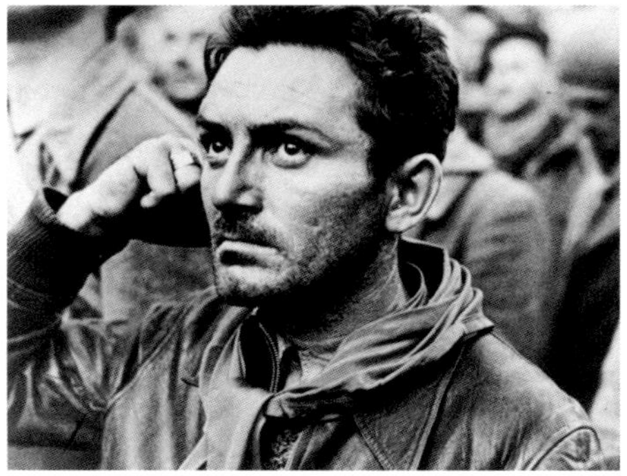

•AD 817 243 / 132
(p. 16)
Montblanc, Tarragona,
25 de octubre, 1938.

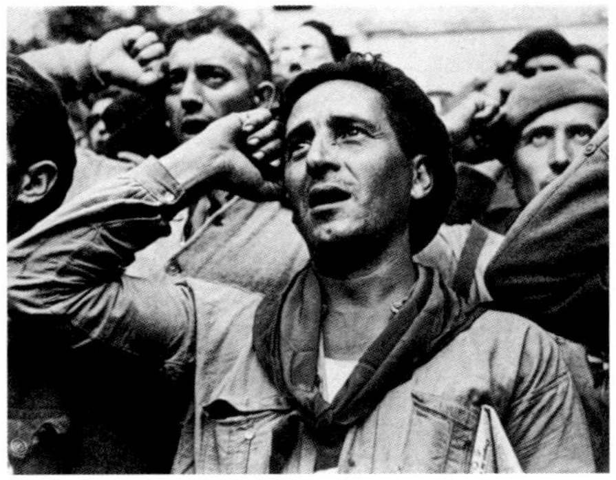

•AD 818 244 / 133
(p. 123)
Montblanc, Tarragona,
25 de octubre, 1938.

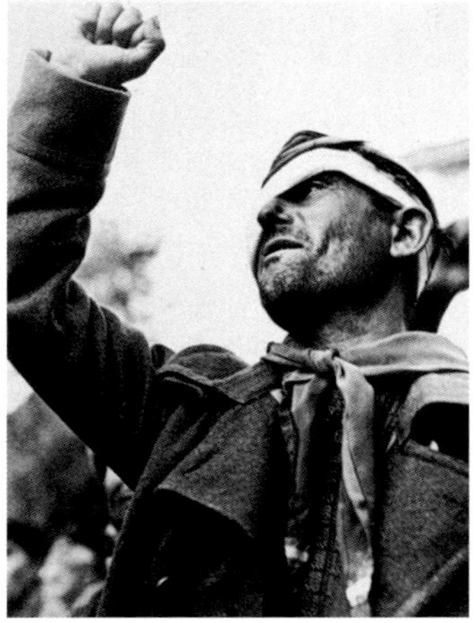

•AD 819 245 / 134
(p. 128)
Montblanc, Tarragona,
25 de octubre, 1938.

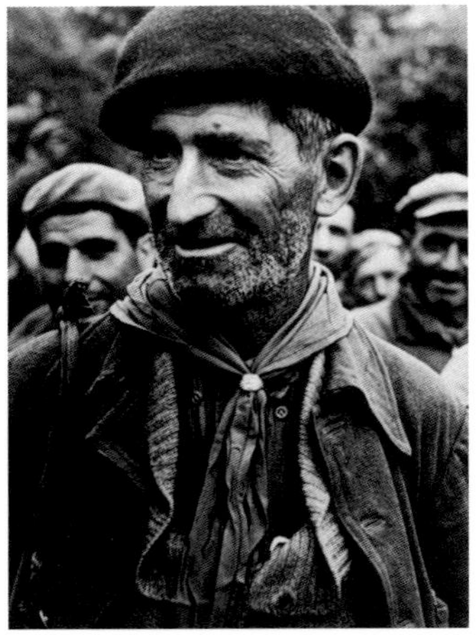

•AD 820 246 / 135
(p. 129)
Montblanc, Tarragona,
25 de octubre, 1938.

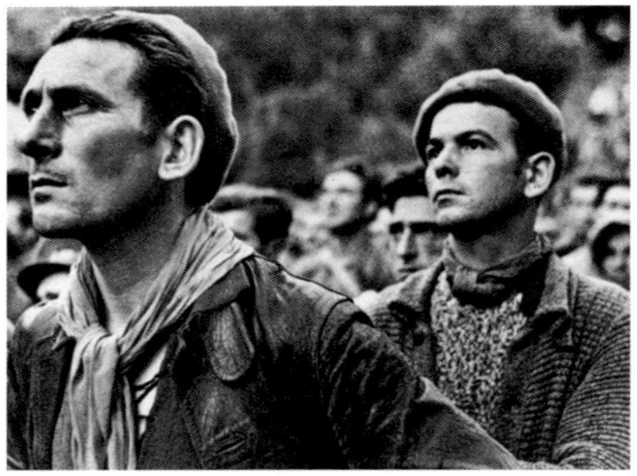

•AD 822 247 / 136
(pp. 12–13)
Montblanc, Tarragona,
25 de octubre, 1938.

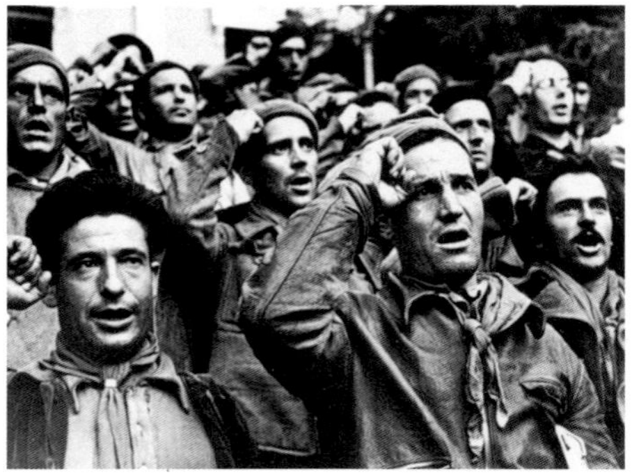

AD 821 248 / 137
Montblanc, Tarragona,
25 de octubre, 1938.

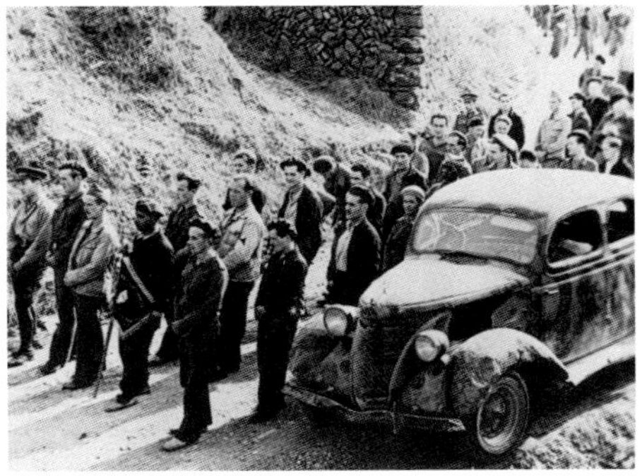

AD 826 249 / 138
Falset, cerca de Barcelona,
16 de octubre, 1938.
Hombres de las Brigadas Internacionales pasan revista por última vez ante un grupo de camiones descubiertos (que aparecen en otras fotografías de Capa), que hacían de gradas improvisadas.

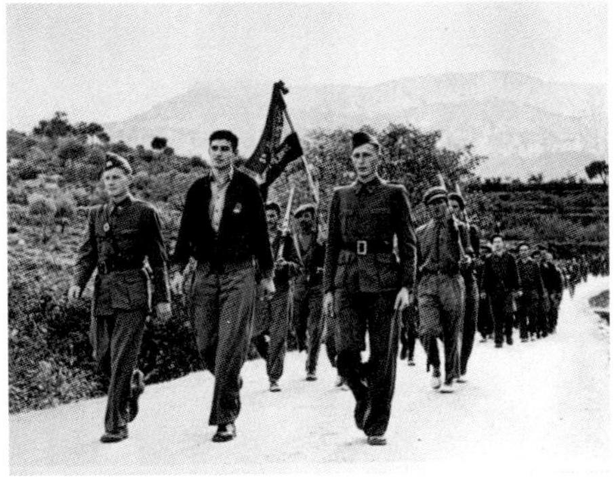

•AD 827 250 / 139
(p. 124)
Falset, alrededores de Barcelona,
16 de octubre, 1938.
Milt Wolff (en el centro en la primera fila), comandante del Batallón Abraham Lincoln (la unidad americana de las Brigadas Internacionales), dirigiendo a sus hombres para pasar revista por última vez.

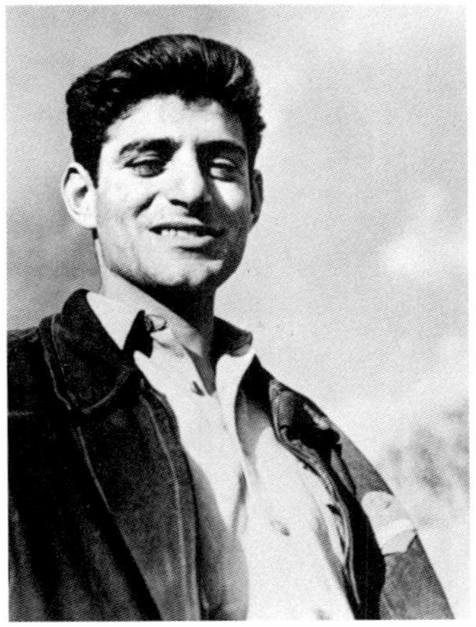

•AD 825 251 / 140
(p. 128)
Falset, alrededores de Barcelona,
16 de octubre, 1938.
Milt Wolf, comandante del Batallón Abraham Lincoln.

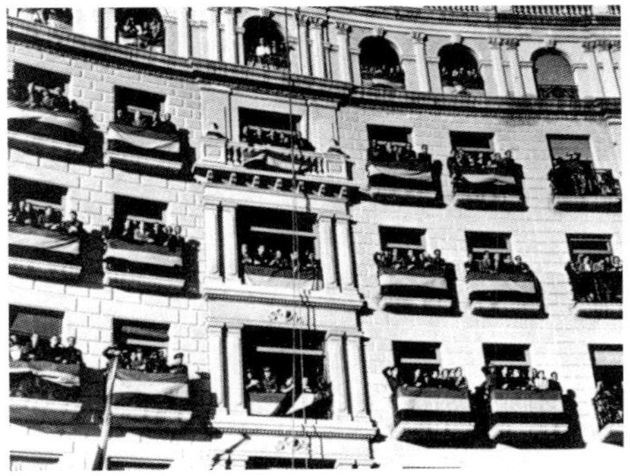

•AD 823 252 / 141
(pp. 126–127)
Barcelona, 29 de octubre, 1938.
Grupo de espectadores observando el desfile de despedida de las Brigadas Internacionales.

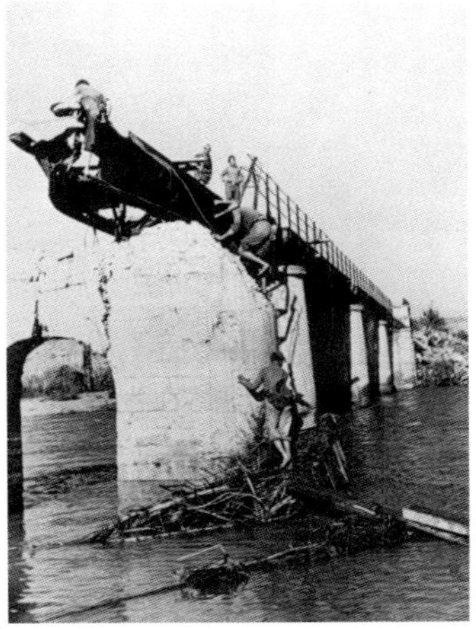

AD 832 253 / 142
Mora de Ebro, frente de Aragón,
5 de noviembre, 1938.
Con la esperanza de evitar que los republicanos cruzaran el río Ebro, los nacionales habían bombardeado el puente de Mora de Ebro y habían abierto los embalses en el norte. Capa, Ernest Hemingway y varios periodistas más condujeron desde Barcelona para hacer un balance de la situación. Los periodistas cruzaron el traicionero río en un pequeño bote poniendo en peligro sus vidas para visitar al general Líster y su 5º Cuerpo del Ejército que resistía a duras penas una ofensiva nacional. De hecho, al final del día se produjo una retirada en masa de las tropas republicanas.

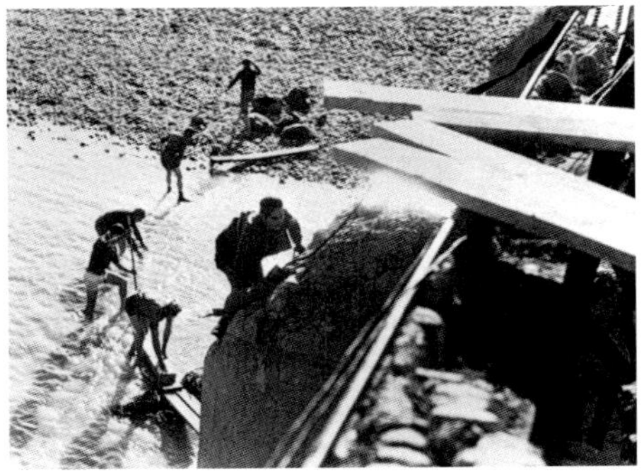

•AD 833 254 / 143
(p. 132)
Mora de Ebro, frente de Aragón,
5 de noviembre, 1938.

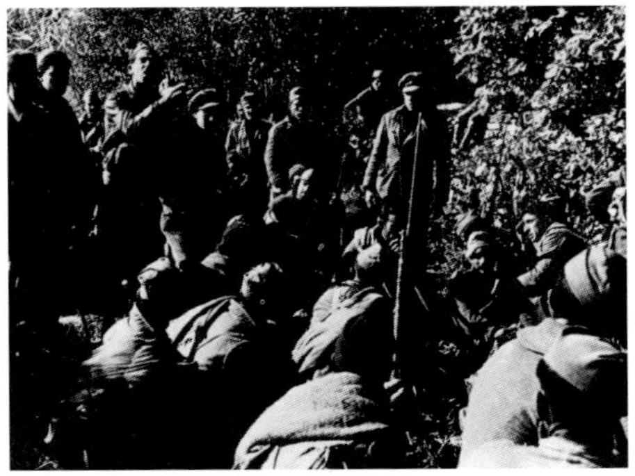

AD 834 255 / 144
Río Segre, cerca de Fraga, frente de
Aragón, 7 de noviembre, 1938.
En la noche del 6 de noviembre, en un intento por expulsar a los nacionales de Mora, las tropas republicanas lanzaron una ofensiva cerca de Fraga, en el río Segre, unos 60 kilómetros al norte. Cuando, en la madrugada del día siete, llegaron a Barcelona noticias de esta ofensiva, Capa se dirigió inmediatamente al frente. Esta fotografía y las dieciocho siguientes cubren el desarrollo de esta batalla infructuosa.

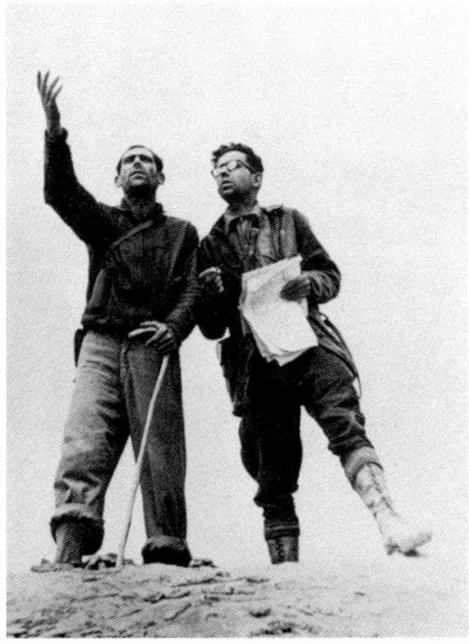

•AD 828 256 / 145
(p. 134)
Río Segre, cerca de Fraga, frente de
Aragón, 7 de noviembre, 1938.
Comisario político exhortando a las tropas.

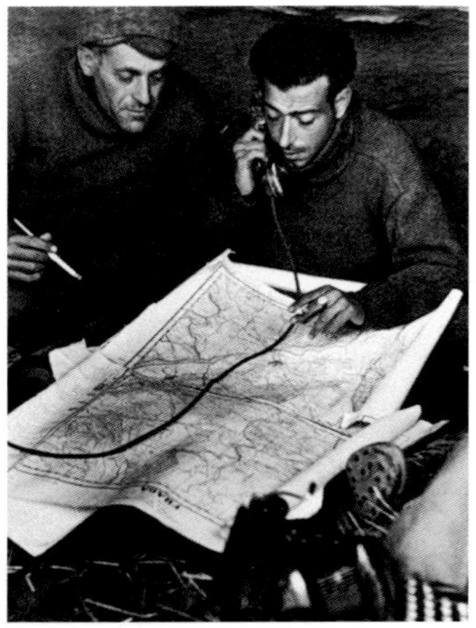

•AD 831 257 / 146
(p. 133)
Río Segre, cerca de Fraga, frente de Aragón, 7 de noviembre, 1938.

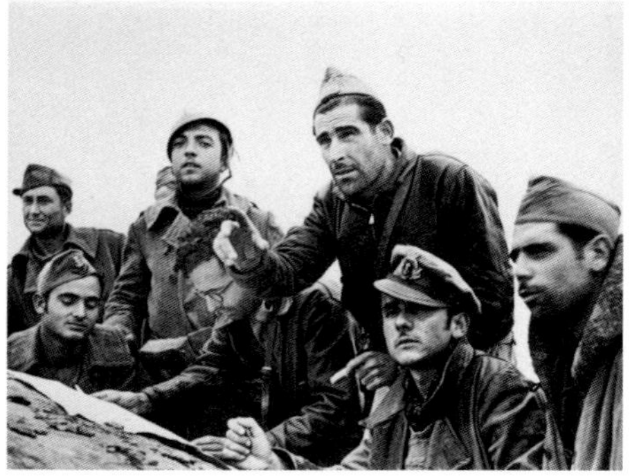

•AD 830 258 / 147
(p. 131)
Río Segre, cerca de Fraga, frente de Aragón, 7 de noviembre, 1938.
Cuartel general de campaña durante la ofensiva republicana sobre el río Segre.

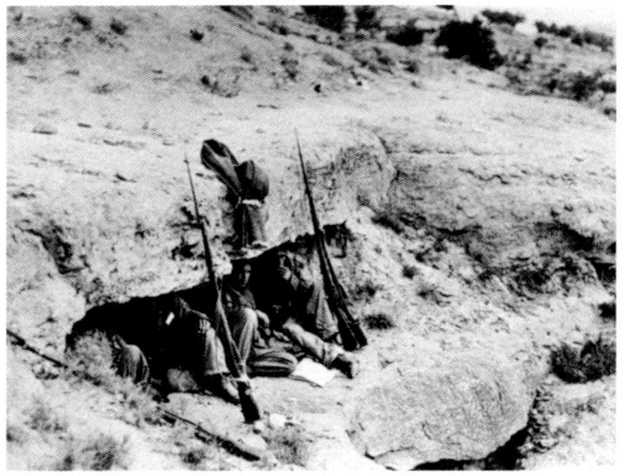

AD 835 259 / 148
Río Segre, cerca de Fraga, frente de Aragón, 7 de noviembre, 1938.

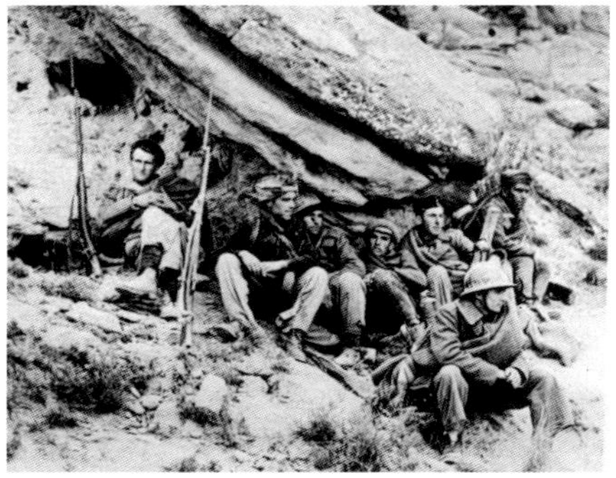

•AD 836 260 / 149
(p. 135)
Río Segre, cerca de Fraga, frente de Aragón, 7 de noviembre, 1938.

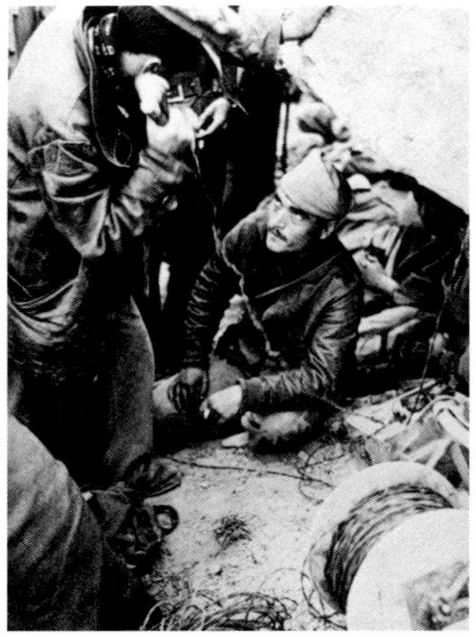

•AD 829 261 / 150
(p. 133)
Río Segre, cerca de Fraga, frente de Aragón, 7 de noviembre, 1938.

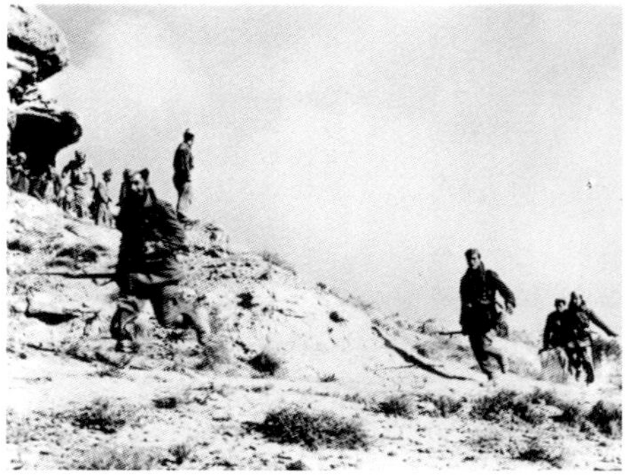

AD 838 262 / 151
Río Segre, cerca de Fraga, frente de Aragón, 7 de noviembre, 1938.

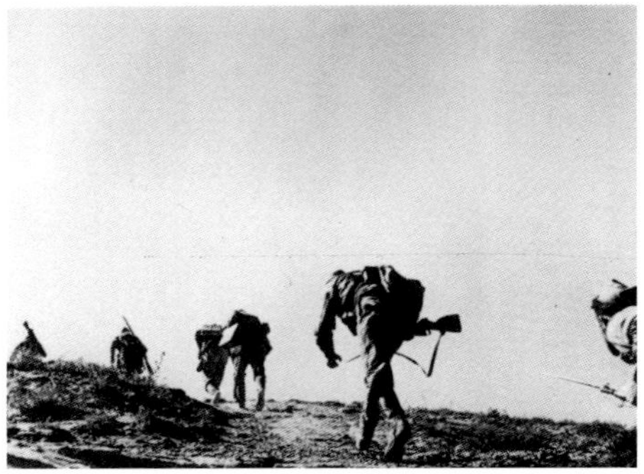

•AD 837 263 / 152
(p. 136)
Río Segre, cerca de Fraga, frente de Aragón, 7 de noviembre, 1938.

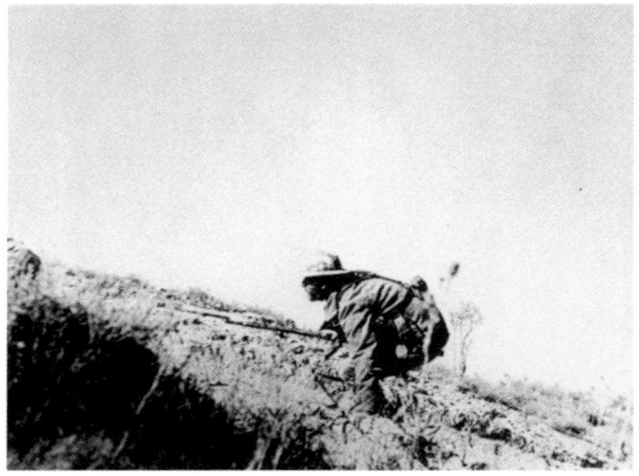

AD 839 264 / 153
Río Segre, cerca de Fraga, frente de Aragón, 7 de noviembre, 1938.

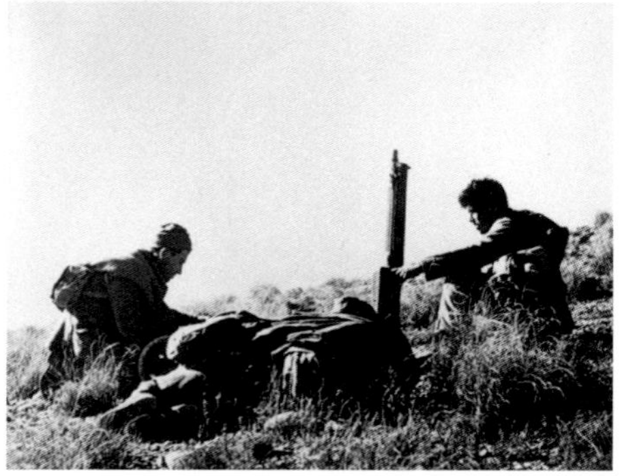

AD 840 265 / 154
Río Segre, cerca de Fraga, frente de Aragón, 7 de noviembre, 1938.

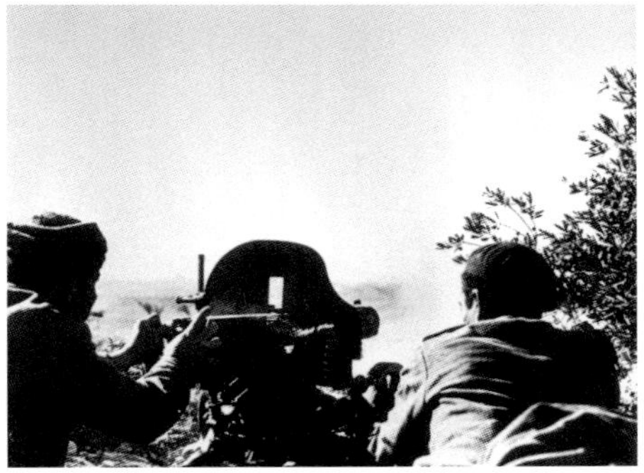

AD 841 266 / 155
Río Segre, cerca de Fraga, frente de Aragón, 7 de noviembre, 1938.

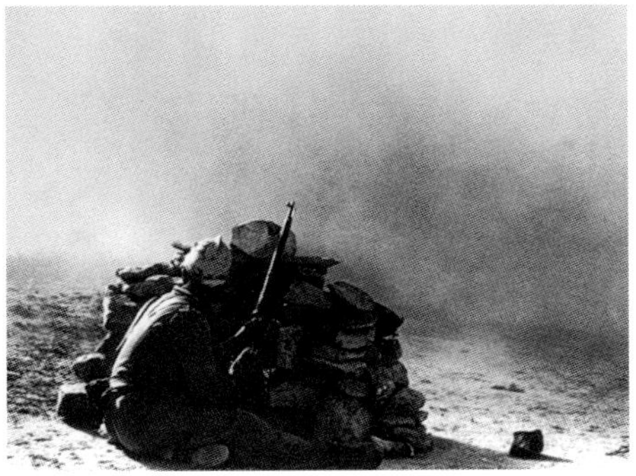

•AD 842 267 / 156
(p. 137)
Río Segre, cerca de Fraga, frente de Aragón, 7 de noviembre, 1938.

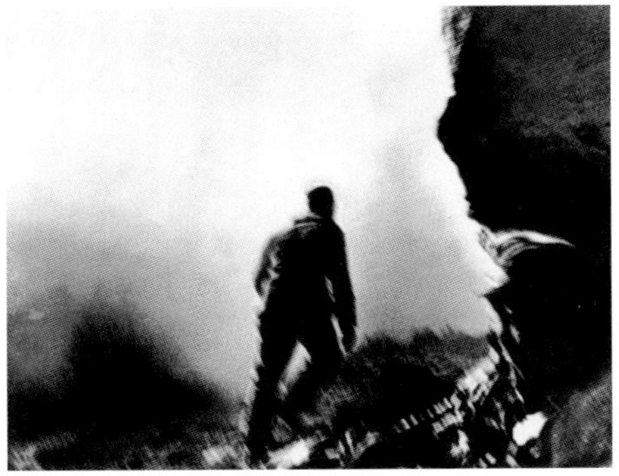

•AD 843 268 / 157
(p. 139)
Río Segre, cerca de Fraga, frente de Aragón, 7 de noviembre, 1938.

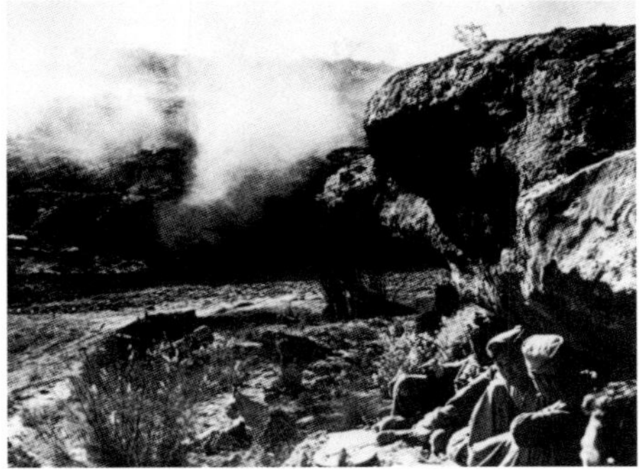

AD 847 269 / 158
Río Segre, cerca de Fraga, frente de Aragón, 7 de noviembre, 1938.

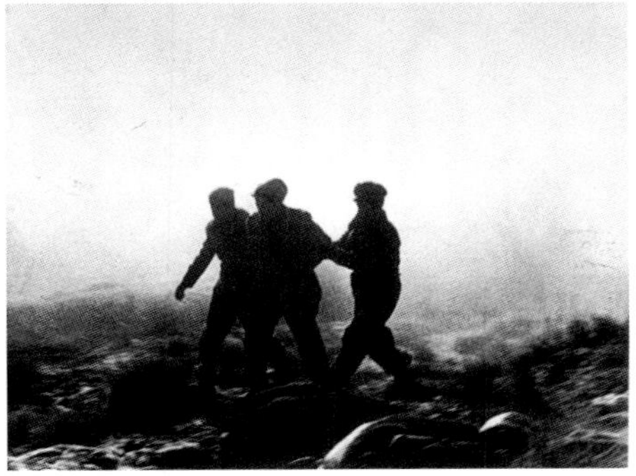

•AD 844 270 / 159
(p. 138)
Río Segre, cerca de Fraga, frente de Aragón, 7 de noviembre, 1938.

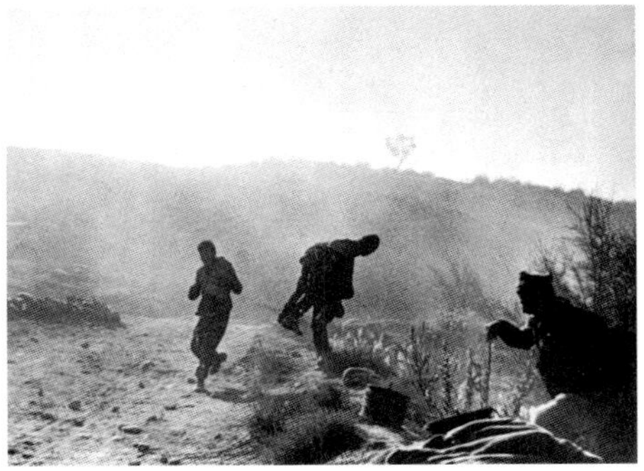

AD 845 271 / 160
Río Segre, cerca de Fraga, frente de Aragón, 7 de noviembre, 1938.

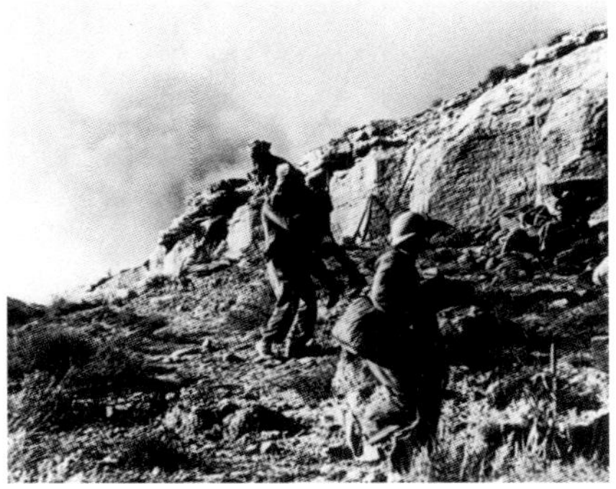

AD 848 272 / 161
Río Segre, cerca de Fraga, frente de Aragón, 7 de noviembre, 1938.

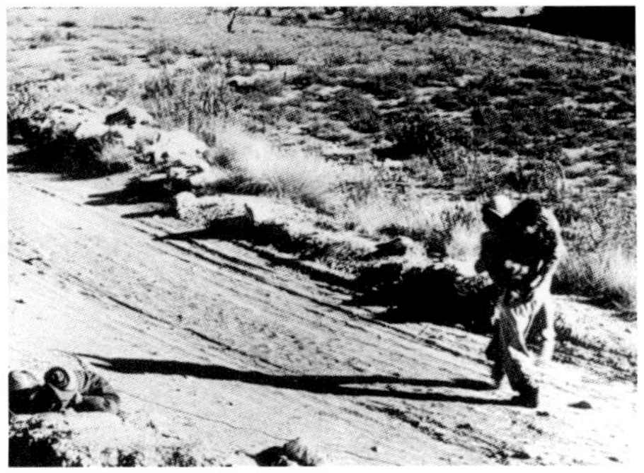

AD 849 273 / 162
Río Segre, cerca de Fraga, frente de Aragón, 7 de noviembre, 1938.

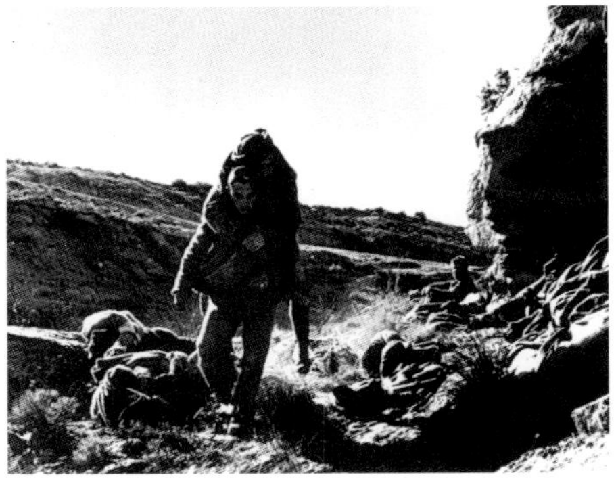

•AD 846 274 / 163
(p. 140)
Río Segre, cerca de Fraga, frente de Aragón, 7 de noviembre, 1938.

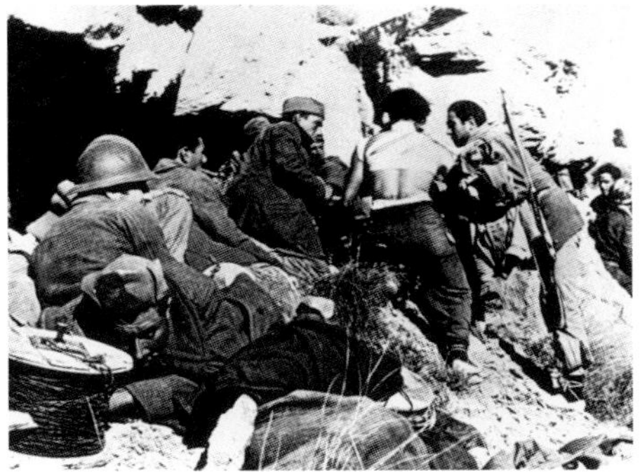

•AD 851 275 / 164
(p. 142)
Río Segre, cerca de Fraga, frente de Aragón, 7 de noviembre, 1938.

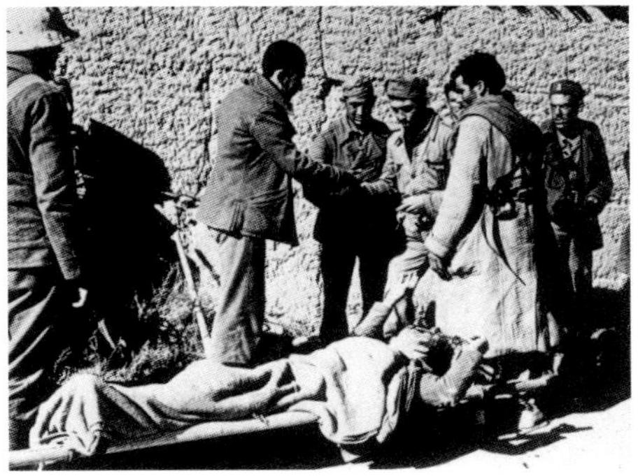

•AD 850 276 / 165
(p. 141)
Río Segre, cerca de Fraga, frente de Aragón, 7 de noviembre, 1938.

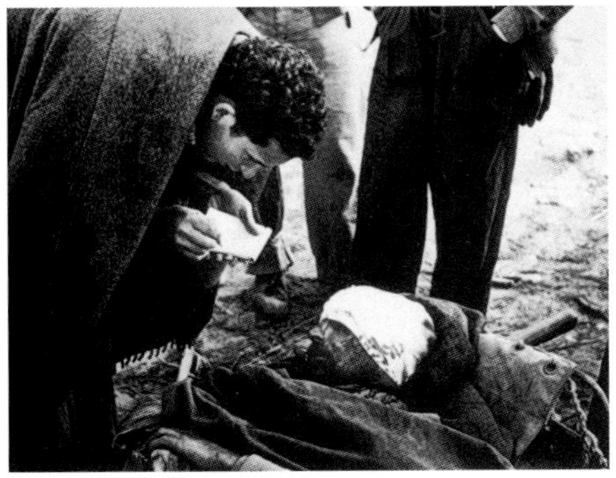

•AD 852 277 / 166
(p. 143)
Río Segre, cerca de Fraga, frente de Aragón, 7 de noviembre, 1938.

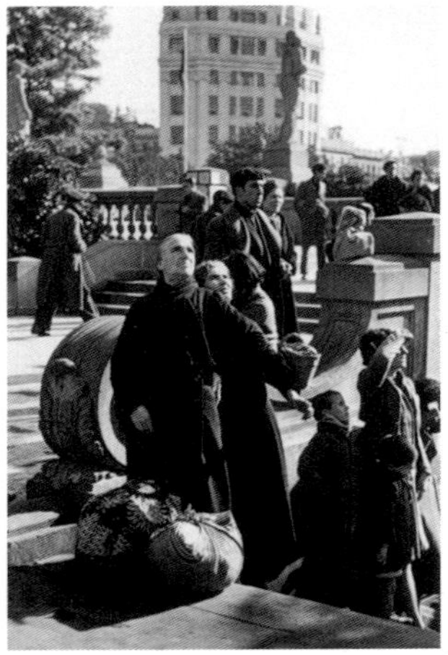

•**AD 853** 278 / 167
(p. 148)
Barcelona, enero, 1939.
Agotado, Capa abandonó la ciudad de Barcelona arrasada por las bombas, hacia el 10 de diciembre. Después de pasar las navidades en París volvió a Barcelona hacia el 10 de enero de 1939, cuando los nacionales estaban cercando la ciudad. Durante las dos semanas siguientes a menudo fotografió a gente corriendo a refugiarse tras los avisos de las sirenas que alertaban de los ataques aéreos. Cuando los cazas republicanos atacaron a los bombarderos nacionales, algunas personas no pudieron resistir permanecer al descubierto para presenciar el combate aéreo.

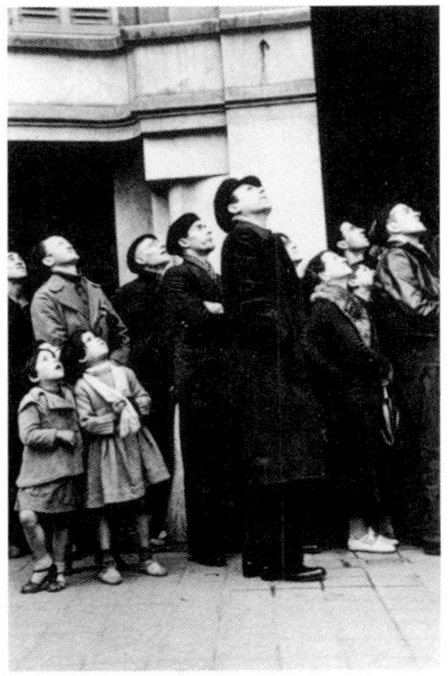

•**AD 854** 279 / 168
(p. 148)
Barcelona, enero, 1939.

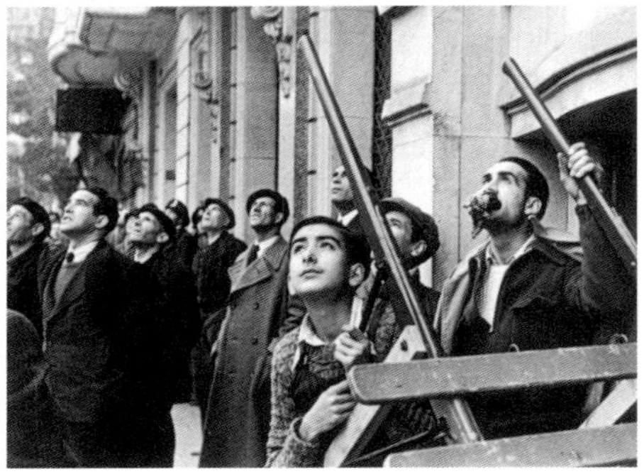

•**AD 855** 280 / 169
(pp. 146–147)
Bilbao, mayo, 1937 (anteriormente identificada como Barcelona, enero, 1939).

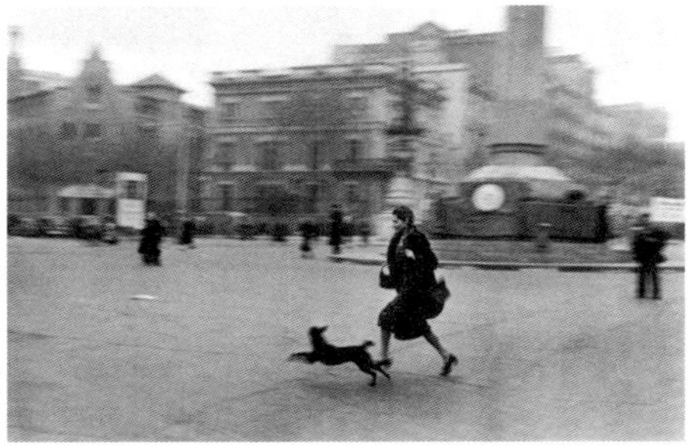

•**AD 858** 281 / 170
(p. 149)
Barcelona, enero, 1939.

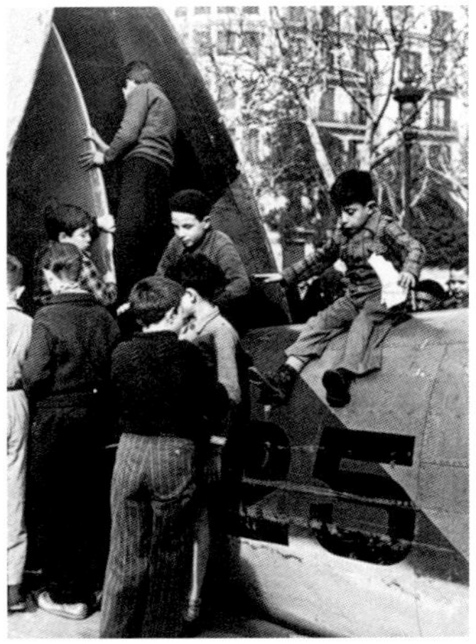

AD 857 282 / 171
Barcelona, enero, 1939.
Un bombardero nacional estropeado (un Heinkel de fabricación alemana) logró a duras penas aterrizar en las afueras de la ciudad y se expuso en un parque del centro para deleite de los niños que trepaban por él.

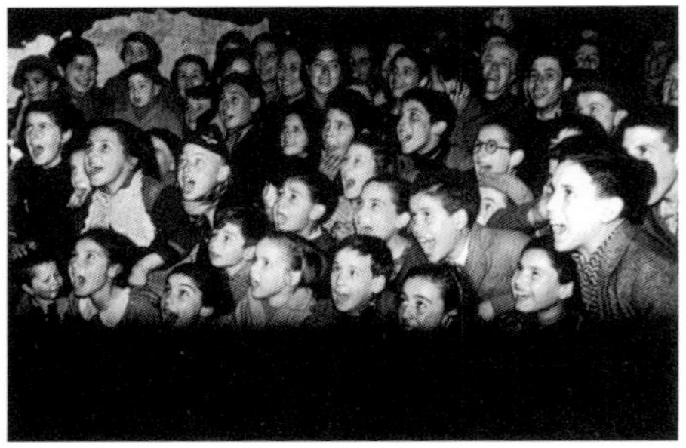

AD 856 283 / 172
Barcelona, enero, 1939.
Estos niños disfrutaron de un espectáculo de payasos antes de que les evacuaran de la ciudad.

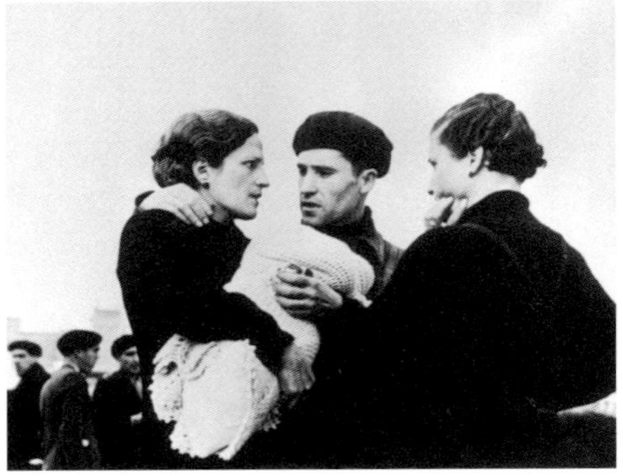

•**AD 867** 284 / 173
(p. 151)
Barcelona, 13 de enero, 1939.
A mediados de enero de 1939 todo hombre sano, de menos de 50 años fue movilizado para resistir a las tropas nacionales que avanzaban rápidamente hacia Barcelona.

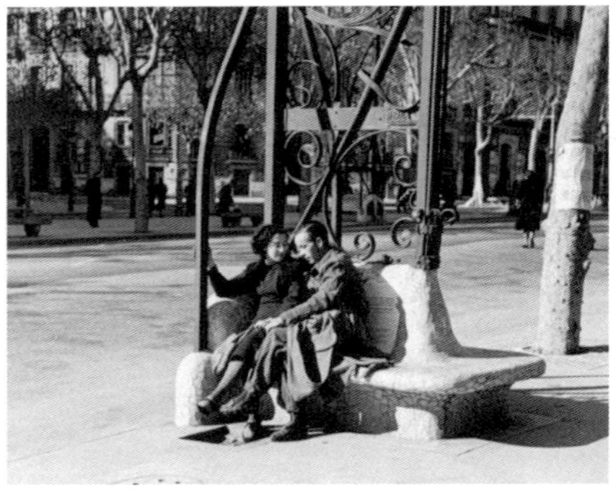

•**AD 868** 285 / 174
(p. 150)
Barcelona, enero, 1939.

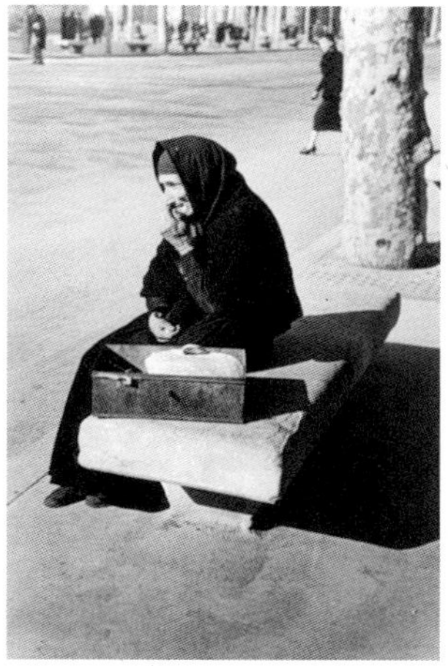

AD 871 286 / 175
Barcelona, enero, 1939.
A mediados de enero, prácticamente se había logrado la evacuación masiva de la ciudad. Miles de mujeres, niños y ancianos, muchos de ellos a pie, iniciaron el largo camino hasta la frontera francesa con las pocas pertenencias que podían cargar.

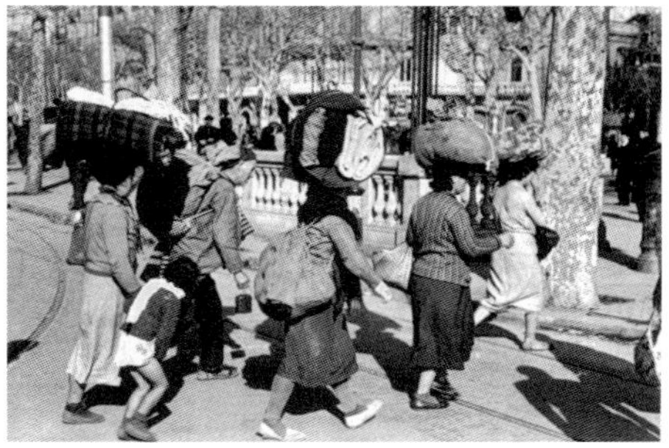

AD 869 287 / 176
Barcelona, enero, 1939.

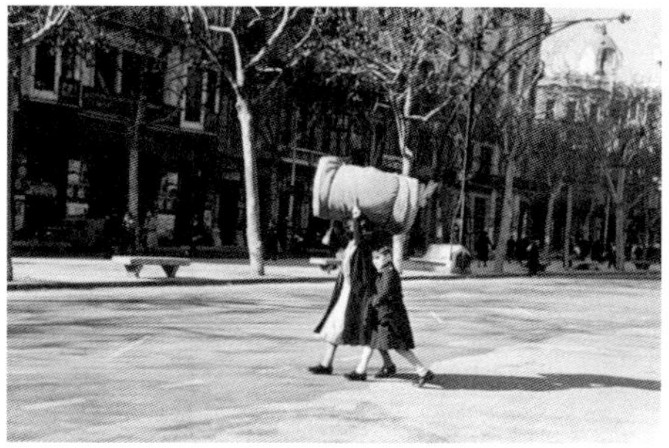

•AD 870 288 / 177
(p. 145)
Barcelona, enero, 1939.

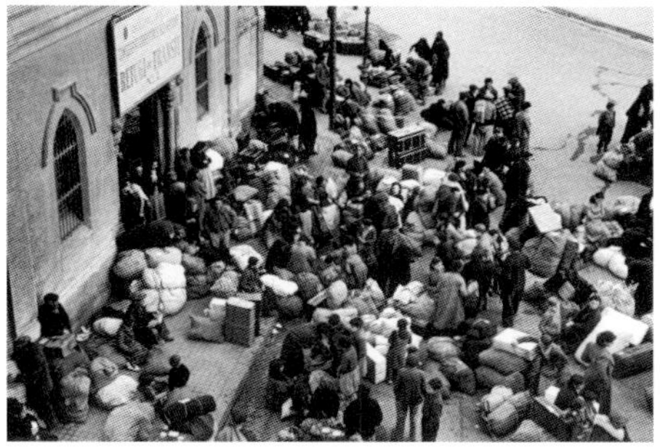

•AD 872 289 / 178
(p. 153)
Barcelona, enero, 1939.
Un centro de acogida de refugiados.

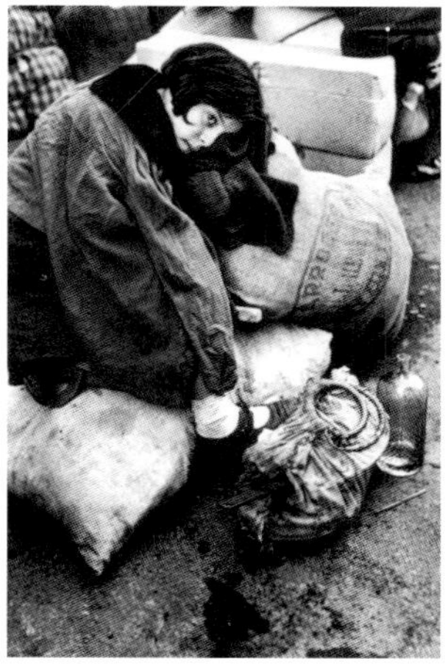

•AD 875 290 / 179
(p. 144)
Barcelona, enero, 1939.
Capa, al escribir sobre el centro de refugiados de la anterior fotografía, describía a la niña que aparece aquí (en la parte inferior central de la panorámica) y se lamentaba "no siempre resulta fácil mantenerse al margen, incapaz de hacer nada, salvo reflejar los sufrimientos que te rodean".

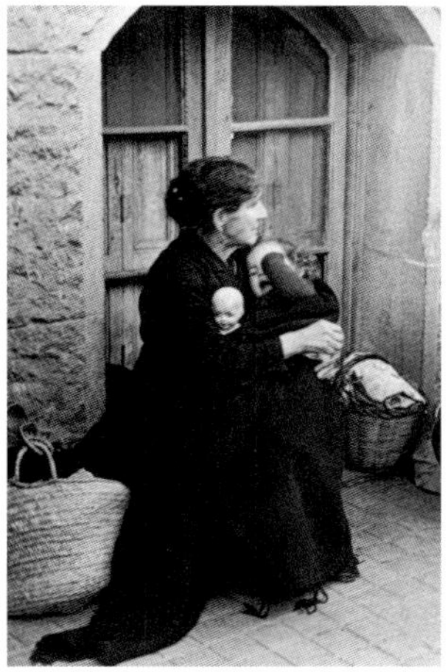

AD 874 291 / 180
Barcelona, enero, 1939.
En el centro de acogida de refugiados de la fotografía número 289.

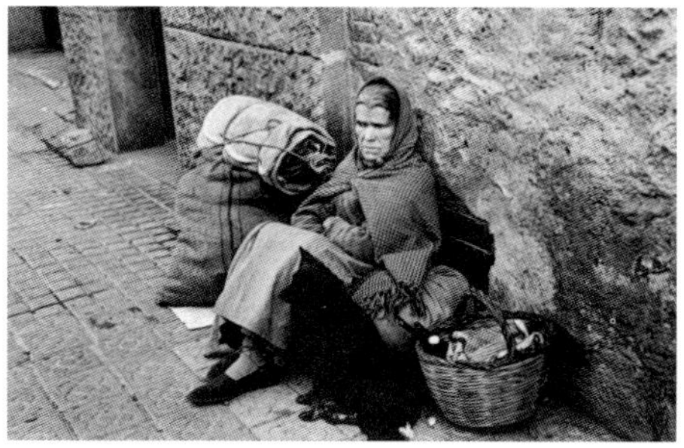

•AD 873 292 / 181
(p. 152)
Barcelona, enero, 1939.
En el centro de acogida de refugiados de la fotografía número 289.

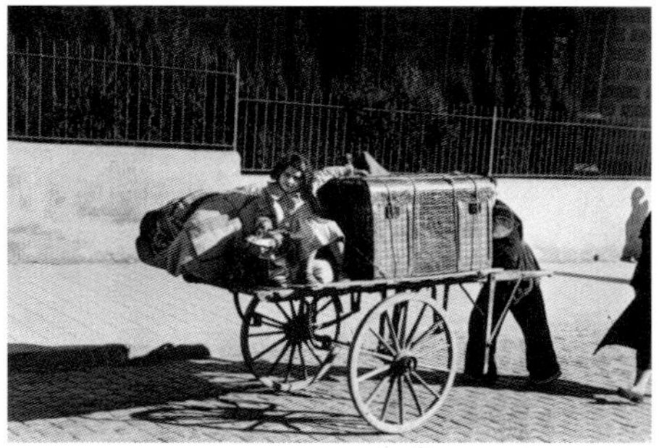

AD 876 293 / 182
Barcelona, enero, 1939.

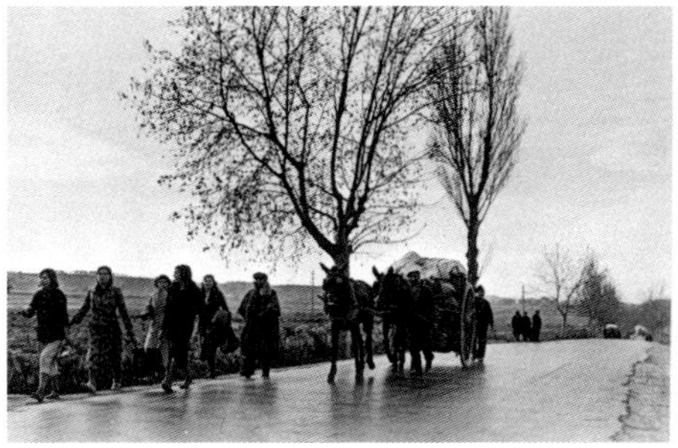

AD 863 294 / 183
En la carretera de Tarragona a Barcelona, 15 de enero, 1939.

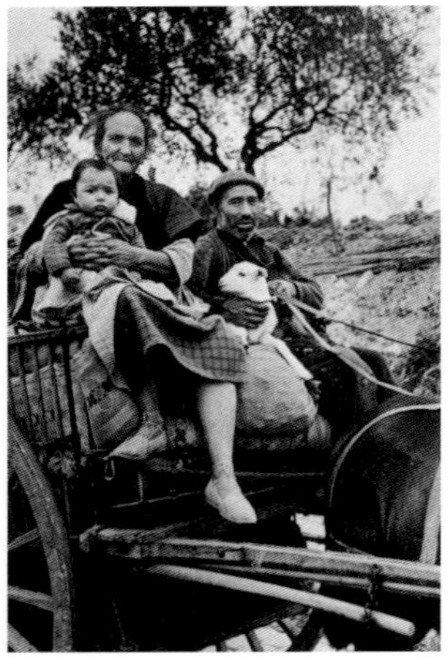

•AD 859 295 / 184
(p. 156)
En la carretera de Tarragona a Barcelona, 15 de enero, 1939.

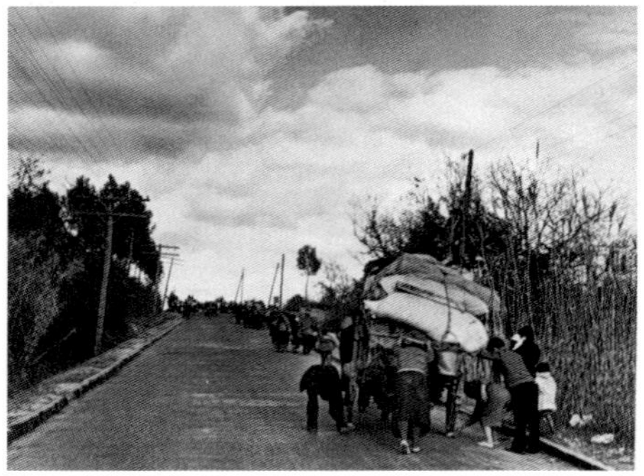

AD 878 296 / 185
En la carretera de Barcelona a la frontera con Francia, 25–27 de enero, 1939.

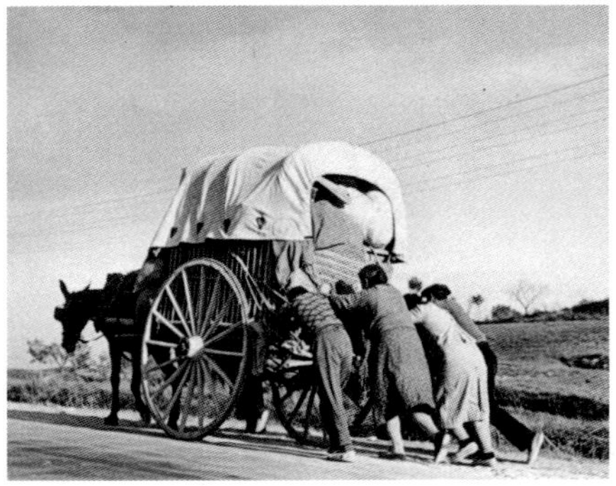

•AD 860 297 / 186
(p. 155)
En la carretera de Tarragona a Barcelona, 15 de enero, 1939.

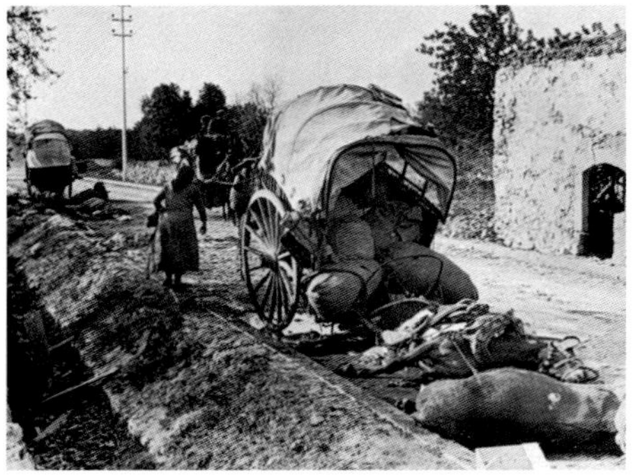

AD 864 298 / 187
En la carretera de Tarragona a Barcelona, 15 de enero, 1939.
Antes de que los refugiados pudieran llegar a su destino, los aviones nacionales les bombardearon sin piedad, matando a muchos de ellos y esparciendo sus pertenencias por doquier. Las fotografías más trágicas de Capa (números 298, 299 y 300) muestran a una anciana que sobrevivió al ataque que mató al resto de su grupo, incluyendo a su perro y sus dos mulas. Conmocionada, daba vueltas alrededor de su carreta sin cesar.

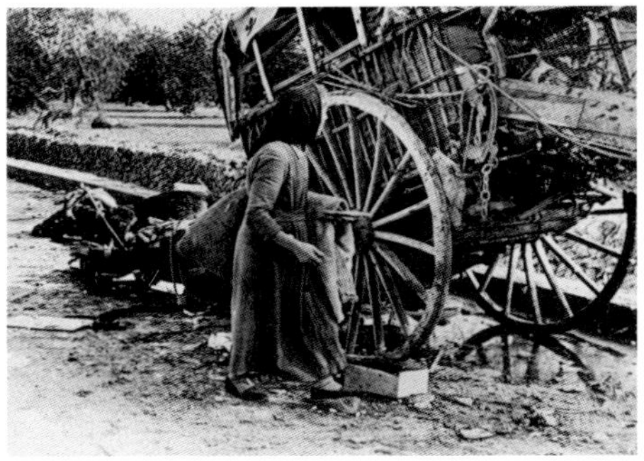

•AD 865 299 / 188
(p. 158)
En la carretera de Tarragona a Barcelona, 15 de enero, 1939.

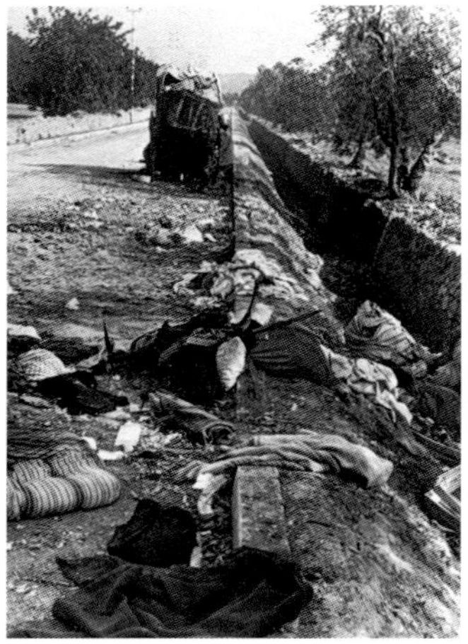

•AD 866 300 / 189
(p. 159)
En la carretera de Tarragona a Barcelona, 15 de enero, 1939.

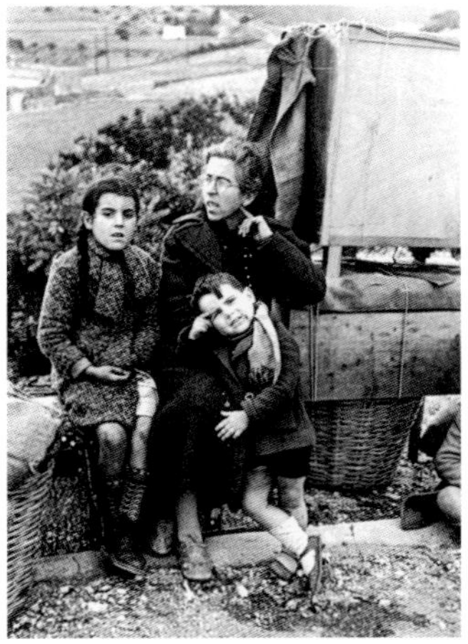

AD 861 301 / 190
En la carretera de Tarragona a Barcelona, 15 de enero, 1939.

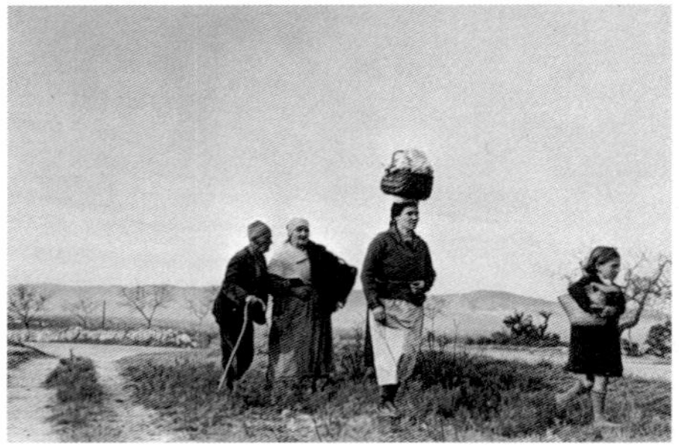

•AD 862 302 / 191
(p. 157)
En la carretera de Tarragona a Barcelona, 15 de enero, 1939.

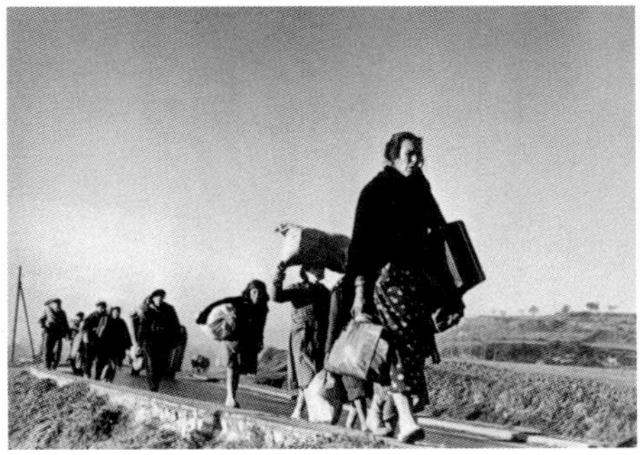

•AD 880 303 / 192
(pp. 160–161)
En la carretera desde Barcelona a la frontera con Francia, 25–27 de enero, 1939.
Con la inminente caída de Barcelona y la victoria del bando nacional por todo el territorio español, miles de civiles españoles buscaban refugio o asilo político en Francia. Al amanecer del 25 de enero de 1939, con las tropas nacionales a tan sólo 15 kilómetros de Barcelona, Capa abandonó la ciudad y se dirigió al norte por la carretera de la costa hacia la frontera con Francia. Un periodista que le acompañaba escribió que en el trayecto "adelantamos a miles y miles de refugiados que viajaban en carretas, a mula y a pie, rogando que les transportaran en camiones o coches". Capa se quedó en la zona de Figueras durante tres días para fotografiar las dificultades de los refugiados en las carreteras.

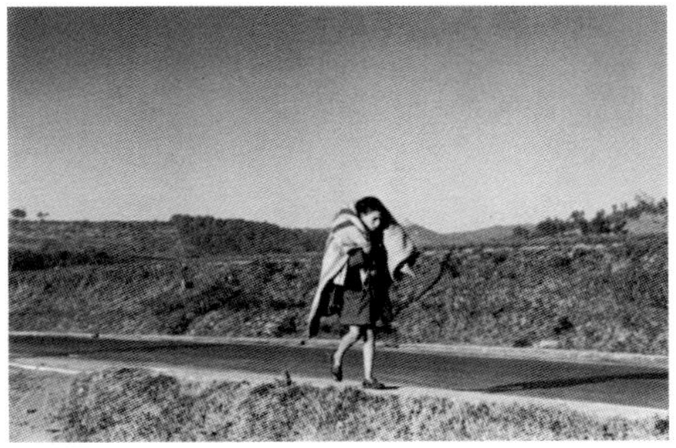

AD 879 304 / 193
En la carretera de Barcelona a la frontera con Francia, 25–27 de enero, 1939.

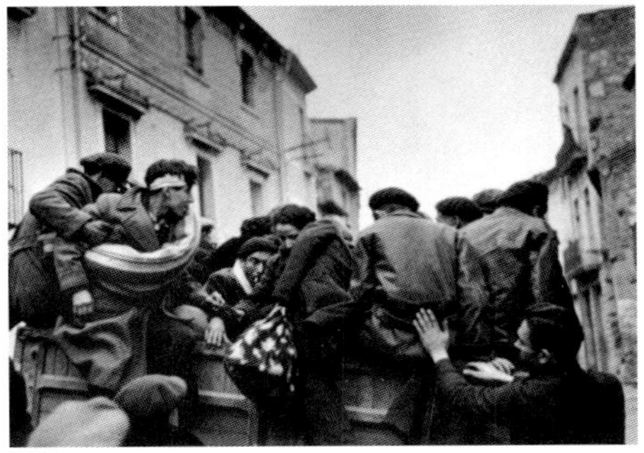

•AD 877 305 / 194
(p. 162)
En la carretera de Barcelona a la frontera con Francia, 25–27 de enero, 1939.

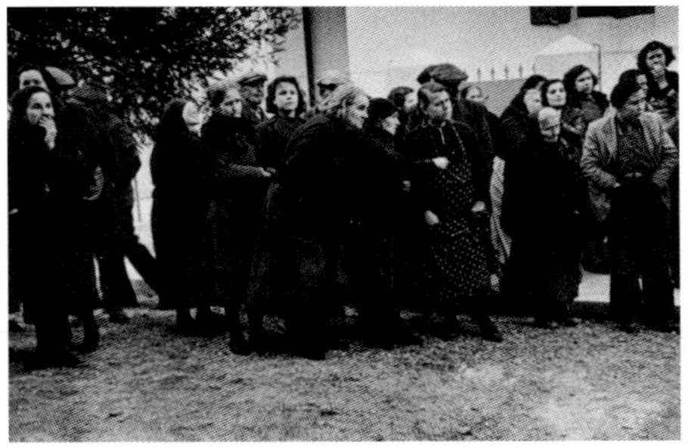

AD 881 306 / 195
En la carretera de Barcelona a la frontera con Francia, 25–27 de enero, 1939.

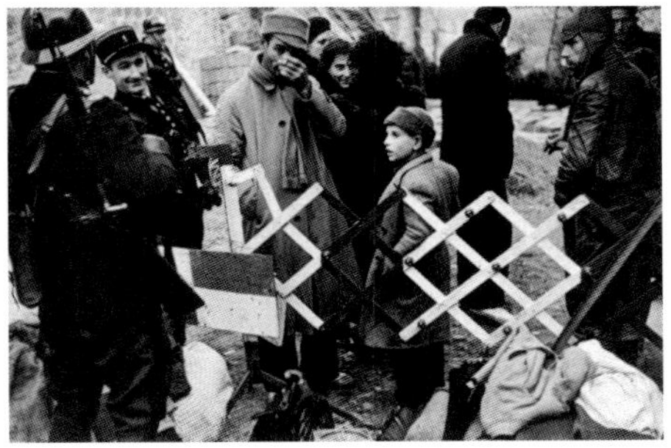

•AD 882 307 / 196
(p. 163)
En la frontera con Francia, al norte de Barcelona, 28 de enero, 1939.
El 28 de enero el Gobierno francés abrió finalmente la frontera a los refugiados y se inició el exilio de los primeros hombres, mujeres y niños españoles que llegarían a ser cerca de 400.000.

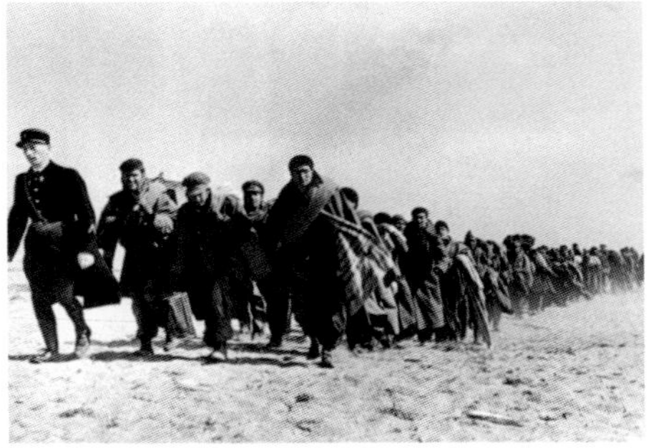

•AD 883 308 / 197
(pp. 164–165)
Entre Argelès-sur-Mer y Le Barcarès, Francia, marzo, 1939.
Los soldados republicanos españoles que atravesaron la frontera de Francia hacia el exilio acabaron internados en enormes campos rudimentarios que no podían visitar ni siquiera sus familiares más cercanos. A mediados de marzo de 1939, Capa visitó el campo situado en la playa de Argelès-sur-Mer en el que estaban internados unos 75.000 hombres. Vivían en condiciones infrahumanas, en tiendas improvisadas y barracas sin agua corriente. Durante su estancia allí, Capa fotografió el traslado del nutrido grupo de hombres que aparecen en esta fotografía y en la siguiente desde este campo hasta uno algo más confortable en Le Bacarès, treinta kilómetros al norte.

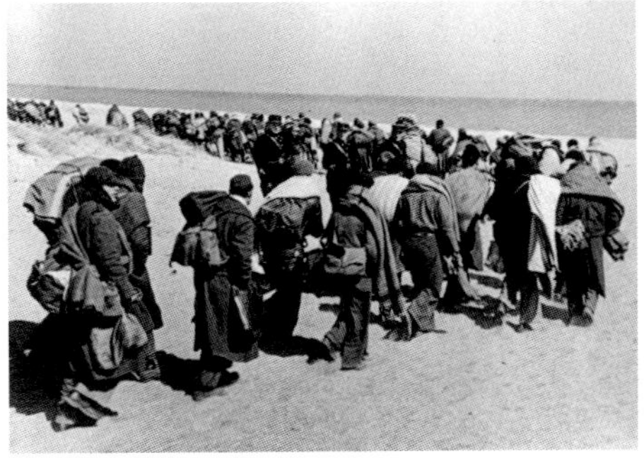

•AD 885 309 / 198
(p. 166)
Entre Argelès-sur-Mer y Le Barcarès, Francia, marzo, 1939.

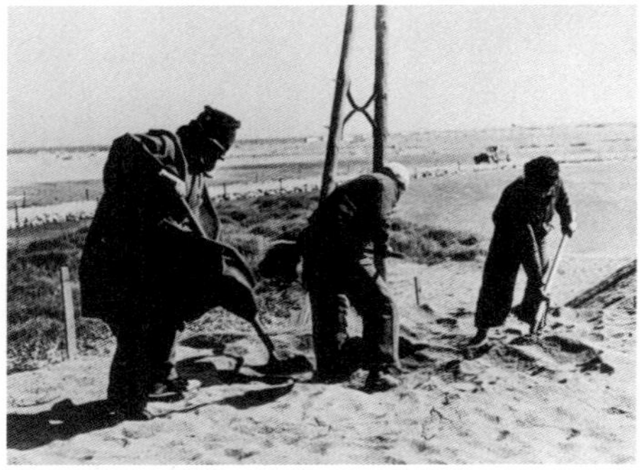

AD 888 310 / 199
Argelès-sur-Mer o Le Barcarès, Francia, marzo, 1939.

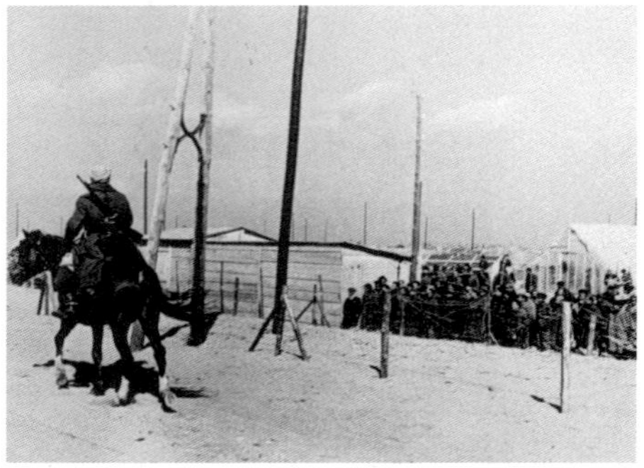

•AD 889 311 / 200
(p. 167)
Argelès-sur-Mer o Le Barcarès, Francia, marzo, 1939.

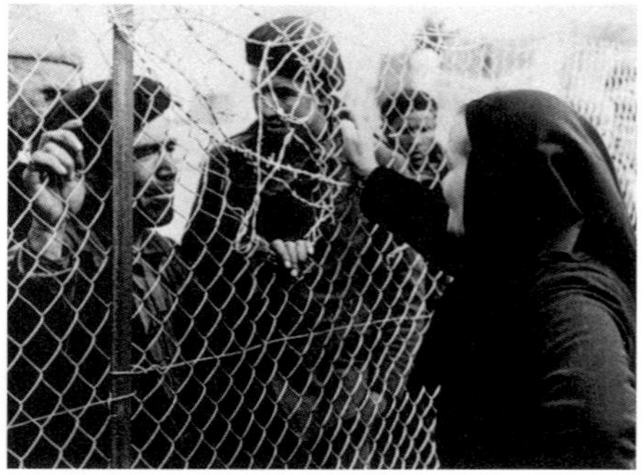

•AD 887 312 / 201
(p. 168)
Argelès-sur-Mer, Francia, marzo, 1939.

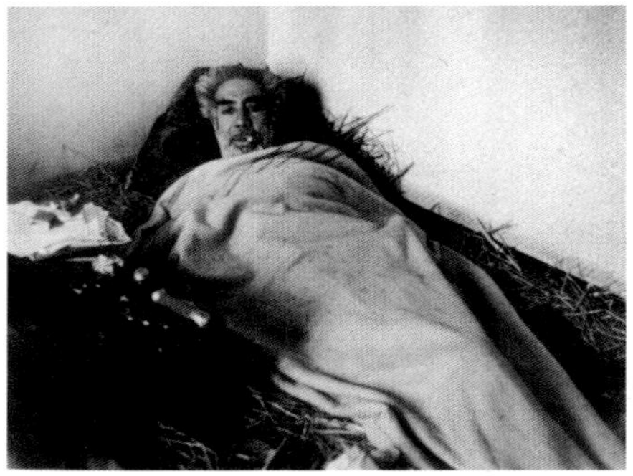

•AD 886 313 / 202
(p. 169)
Argelès-sur-Mer o Le Barcarès, Francia, marzo, 1939.

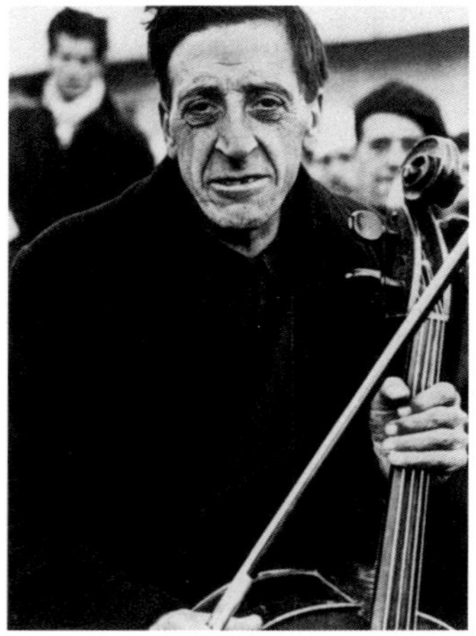

•AD 884 314 / 203
(p. 170)
Argelès-sur-Mer o Le Barcarès, Francia, marzo, 1939.

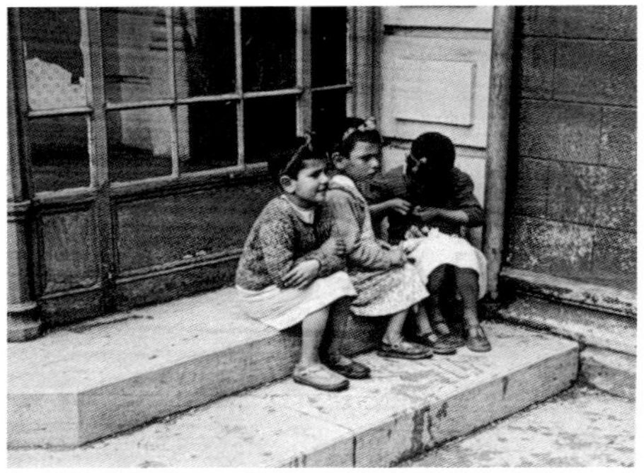

AD 890 315 / 204
Cerca de Biarritz, Francia, mayo, 1939.
Durante la primera semana de mayo de 1939, Capa visitó la ciudad costera y turística de Biarritz para escribir sobre los orfanatos excepcionalmente cuidados que dirigía el Plan de Padres Adoptivos para Niños Españoles financiado, en gran parte, con las contribuciones de ciudadanos americanos. Como había fotografiado el espantoso conflicto que habían vivido estos niños, se sintió alentado al descubrir que estaban siendo atendidos adecuadamente. Capa donó copias de sus fotografías a la organización patrocinadora para que las utilizaran en sus iniciativas para recaudar fondos.

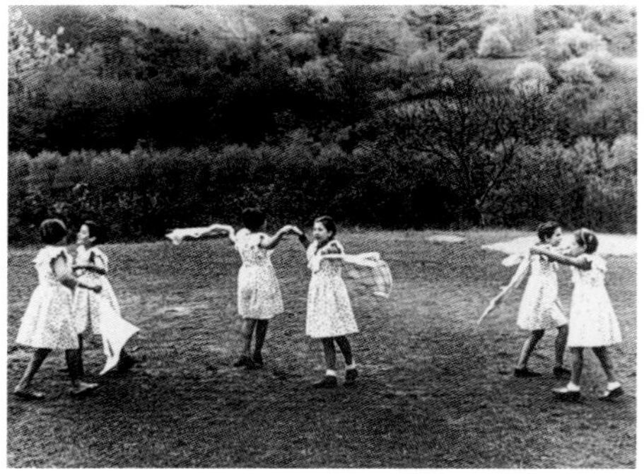

•AD 891 316 / 205
(p. 171)
Cerca de Biarritz, Francia, mayo, 1939.

FOTOGRAFÍAS PROCEDENTES DEL ARCHIVO HISTÓRICO NACIONAL, SECCIÓN GUERRA CIVIL, SALAMANCA

Incluidas en la exposición que tiene lugar en el Museo Nacional Centro de Arte Reina Sofía en 1999, son veintidos fotografías de época de Robert Capa y una de Fred Stein, procedentes de la colección del Archivo Histórico Nacional, Sección Guerra Civil (Salamanca). El título en francés está manuscrito al dorso; cada una mide 18 x 24 cms. Los títulos con un asterisco están reproducidos en este catálogo.

**Madrid*, 1937; *Sur le Front de Madrid*; *Madrid*; *Madrid après un bombardement*, 1937; *Ruines de Madrid*, 1937; *Madrid*, 1937; *Madrid*, 1937; *Madrid*; *Fortification de Madrid*; *Défense de Barcelone*, 1936; *Défense de Barcelone*; *Front de Guadarrama; Front de Huesca*, 1936; *Sur le front de Huesca*; *Héros inconnus*; *Tête de milicien*; **Milicienne*; *Milicien*; *... École improvisée pour les analphabets*; *Rencontre*; *La vie collective chez les paysans espagnols*; *Fuite de la population*; y *Gerda Taro tuée sur le front de Brunete en 1937*, de Fred Stein.

AGRADECIMIENTOS

MINISTERIO DE EDUCACIÓN Y CULTURA

Ministro de Educación y Cultura
Mariano Rajoy Brey

Secretario de Estado de Cultura
Miguel Ángel Cortés Martín

MUSEO NACIONAL
CENTRO DE ARTE REINA SOFÍA

Director
José Guirao Cabrera

Subdirectora General-Gerente
Mercedes Morales Minero

Consejero Técnico
Luís Jiménez-Clavería

Directora de Comunicaciones
Janine Ronsmans

Jefe del Departamento
de Exposiciones Temporales
Marta González Orbegozo

Coordinadora Eyposiciones Itinerantes
Sonsoles Vallina

Conservadora Jefe de Colecciones
Paloma Esteban Leal

Conservadora de Fotografía
Catherine Coleman

Jefe del Departamento de Publicaciones
Cristina Torra

REAL PATRONATO DEL MUSEO NACIONAL
CENTRO DE ARTE REINA SOFÍA

Presidente
Juan Manuel Urgoiti López-Ocaña

Vicepresidente
Eugenio Trías Sagnier

Vocales
Kosme María Barañano
Juan Manuel Bonet
Miguel Ángel Cortés
Álvaro Delgado Gal
José Antonio Fernández Ordóñez
José Guirao Cabrera
Antonio López Fernández
Tomàs Llorens Serra
Luis Monreal
Mercedes Morales Minero
Benigno Pendás
Claude Picasso
María Elvira Rodríguez Herrer
Juan Torres Piñón
Julián Trincado
José Luis Yuste

Secretaria
Concha Vela

EXPOSICIÓN: MUSEO NACIONAL CENTRO DE
ARTE REINA SOFÍA, 2 FEBRERO–5 ABRIL, 1999

Comisarios: Catherine Coleman
Richard Whelan
Coordinación administrativa: Ángel Serrano
Diseño del montaje: Manuel Martínez Muñiz
Montaje: Alcoarte, S.A.
Seguros: Plus Ultra
Documentación: Laura Suárez-Galbán
Registro Obras de Arte: Reyes Carretero
Restauración: Pilar García, Manuela Gómez
Catálogo:
Correctora: Sonia Álvarez
Traducciones: Entrelíneas

EL MNCARS AGRADECE la colaboracíon de:

Ramón Buckley
Jorge Buckley
Edie Capa
María Blanca Desantes Fernández
Thomas Eintwhistle
Gabriela Matthes
Maria José Salazar
Laura Suárez-Galbán
Rosalind Williams, Photo Projects

DESEO EXPRESAR mi más sincero agradecimiento a la plantilla del International Center of Photography, el cual posee la colección más grande del material de Robet Capa. Sin su generosa ayuda e inestimable destreza, este libro nunca hubiera podido ser producido. También deseo dar mi más caluroso agradecimiento a Teresa Engle Moreno, quien realizó las copias maestras para el Museo Nacional Centro de Arte Reina Sofía. Me gustaría dar las gracias a todo el que ha participado en la producción de este libro en Aperture. Especialmente al director ejecutivo, Michael E. Hoffman, a la editora, Lesley Martin, la diseñadora, Wendy Byrne y al director de producción, Stevan Baron.

Como en cada proyecto de Robert Capa, el respaldo de Magnum Photos, Inc., del cual Bob fue un miembro fundador, se reconoce y agradece.

Sobre todo, doy mi agradecimiento más profundo a mi maravillosa esposa, Edie, que ha cuidado el Archivo Robert Capa con habilidad extraordinaria y dedicación durante muchas décadas.

CORNELL CAPA

LA EDITORIAL AGRADECE EL PERMISO DE REPRODUCCIÓN DE LOS SIGUIENTES TEXTOS

"Vientos del pueblo me llevan" de Miguel Hernández. Traducido del castellano por Marilyn Rosenthal. Reproducido con autorización de la editorial, *Poetas de la Guerra Civil Española*, Buenos Aires, Ed. Losada, 1975.

"Casida of Sobbing" de Federico García Lorca. Reproducido con autorización del traductor, *Lorca & Jiménez: Selected Poems*, Boston, Beacon Press, 1997.

Extracto de *Laberinto de soledad* de Octavio Paz. Reproducido con autorización de la editorial, *Labyrinth of Solitude*, Nueva York, Grove/Atlantic, Inc., 1985.

"Offended Lands" de Pablo Neruda. Reproducido con autorización de la editorial, *Spain in the Heart: Hymn to the Glories of the People at War*, Falls Church, Virginia, Ed. Azul, 1993.

"Madrid Front" de José Moreno Villa. Reproducido con autorización de José Moreno Nieto © 1999. *Antología poética*, Sevilla: Biblioteca de Cultura Andaluza, 1993.

"Fall of a City" de Stephen Spender. Reproducido con autorización de Lady Spender, *The Penguin Book of Spanish Civil War Verse*, Londres, Penguin Books Limited, 1980.

"Today's Meditation" de Antonio Machado. Traducción reproducida con autorización la editorial. *Times Alone: Selected Poems of Antonio Machado*, Hanover, New Hampshire, Weslyan University Press, 1983.

"Thälmann Battalion" de Aileen Palmer. Reproducido con autorización del editor, *The Penguin Book of Spanish Civil War Verse*, Valentine Cunningham, ed. Londres, Penguin Books Limited, 1980.

Extracto de "Éxodo" de Silvia Mistral. Reproducido con autorización de la editorial, *Memories of Resistance: Women's Voices from the Spanish Civil War*, Shirley Mangini, ed., New Haven, Connecticut, Yale University Press, 1995.

Extracto de "The Undefeated" de Martha Gellhorn. Reproducido con autorización de la editorial, *Women's Voices of the Spanish Civil War*, Londres, Lawrence & Wishart, 1991.

Ilustraciones: las páginas de los cuadernos y notas de Robert Capa han sido reproducidas con autorización de los Archives Nationales, París, © 1999 Cornell Capa; pp. 20 y 48, con autorización del Archivo Histórico Nacional, Sección Guerra Civil, Salamanca; p. 25 con autorización de Lawrence & Wishart, Londres; p. 32 con autorización de Bridgeman Art Library, Nueva York y Museo del Prado, Madrid; todas las demás imágenes han sido generosamente cedidas por el International Center of Photography, Nueva York.

BIOGRAFÍA

CATHERINE COLEMAN nació en Westfield, New Jersey. Se licenció en Wells College, Nueva York, y obtuvo el doctorado en Historia del Arte por la Universidad Complutense de Madrid. Es miembro del Cuerpo de Conservadores de Museos de España y Conservadora titular de Fotografía del Museo Nacional Centro de Arte Reina Sofía. Reside en Madrid desde 1971.

RICHARD WHELAN es historiador independiente de la cultura y ha escrito extensamente sobre fotografía. Como biógrafio de Robert Capa, desempeña la función de Conservador Asesor del Archivo Robert Capa en el International Center of Photography, Nueva York. Ha organizado numerosas exposiciones y ha editado varios libros de fotografías de Capa. Entre sus obras se incluyen una historia politica de la Guerra de Corea y una biografía de Alfred Stieglitz.

Nacido en San Sebastiän, España, en 1945, JUAN PABLO FUSI AIZPÚRUA obtuvo su doctorado por la Oxford University en 1974. Desde 1986 a 1990, fue director de la Biblioteca Nacional, Madrid. Es catedrático de historia contemporánea en la Universidad Complutense de Madrid desde 1990. Fusi ha publicado *Personal Power* (1995), *Spain: Dictatorship to Democracy* (1979), con Sir Raymond Carr, y *España 1808–1996 el desafio de la modernidad* (1997) junto a José Palavox.

Edición inglesa (tapa dura) Aperture
ISBN: 0-89381-831-3
Edición española (tapa dura) Aperture
ISBN: 0-89381-883-6
Edición española (tapa blanda) Aperture
ISBN: 0-89381-886-0
Edición española (tapa blanda) MNCARS
ISBN: 84-80-26-117-X
NIPO: 181-99-001-1

Tipografia: Transperfect
Impreso y encuadernado: L.E.G.O/ Eurografica, Vincenza, Italia
Bitonos de Robert Hennessey, U.S.A. y Sele Offset, Túrin, Italia

Han colaborado en *Capa: Cara A Cara*:

EQUIPO DE APERTURE
Director ejecutivo, Michael E. Hoffman
Director de producción, Stevan A. Baron
Editora, Lesley A. Martin
Diseño, Wendy Byrne
Gerente de producción, Helen Marra
Asisentes, Nell Elizabeth Farrell, Phyllis Thompson Reid
Asisentes de producción, Jacquie Byrnes, Jorge Del Olmo
Asisentes editoriale, Jane Goldberg

EQUIPO DE MNCARS
Conservadora de Fotografía, Catherine Coleman
Correctora, Sonia Álzarez